Sous la direction de Martine Fournier

Éduquer et Former

Connaissances et débats en Éducation et Formation

Éditions Sciences Humaines
Ouvrages de synthèse

Le présent ouvrage est l'édition entièrement revue et augmentée du livre *Éduquer et Former*, coordonné pour les premières éditions par Jean-Claude Ruano-Borbalan.

INTRODUCTION

MIEUX ÉDUQUER ET MIEUX FORMER

Lorsque *Sciences Humaines* publia en 1996 un hors-série intitulé « Éduquer et Former », le succès de ce numéro fut surprenant pour ce magazine qui n'avait que six ans d'existence. Non seulement en France, mais dans tout le monde francophone : des départements de sciences de l'éducation en Suisse, en Belgique, au Canada demandaient des livraisons massives, le standard de la petite entreprise auxerroise explosait... En 1998, *Éduquer et Former* devint un livre (dirigé par Jean-Claude Ruano-Borbalan) qui connut lui aussi un destin plus qu'honorable et trois rééditions dans l'espace de ces quinze dernières années.

Depuis la fin du XXe siècle, nous sommes entrés dans des sociétés de la connaissance. Dans tous les pays développés, l'école, l'université et des kyrielles d'écoles professionnelles accueillent des bataillons d'élèves de plus en plus nombreux. L'éducation permanente, « la formation tout au long de la vie » que Jacques Delors appelait de ses vœux dans les années 1970, constitue désormais un objectif premier dans les chartes européennes mais aussi indispensable dans un monde du travail en pleine mutation. Enseignants des écoles primaires, secondaires, spécialisées, formateurs du monde professionnel, ou d'enseignants, étudiants en sciences de l'éducation ou préparant les concours sont devenus, eux aussi, de plus en plus nombreux et demandeurs de connaissances en matière d'éducation et de formation.

Mais depuis quinze ans, date de la première publication de l'ouvrage, qui pourrait soutenir que rien n'a changé ? Les transformations économiques, sociales, culturelles d'un monde en pleine globalisation, l'usage généralisé des « nouvelles » technologies de l'information, la démocratisation croissante des études et leur allongement, ont atteint de plein fouet le monde de l'école, de l'université et de la formation. Conséquemment, le dynamisme de la recherche scientifique en psychologie, sociologie, politique et plus globalement dans les sciences de l'éducation, ne cesse de fournir des connaissances nouvelles, et de soulever des débats animés.

Les nouvelles psychologies de l'éducation

Le déploiement des recherches en psychologie cognitive est venu ébranler nombre de certitudes dans le domaine des apprentissages. Les conceptions du grand psychologue Jean Piaget ont été amendées, complétées, voire parfois contredites, par des recherches sur le fonctionnement de la mémoire, des stratégies mentales, de la diversité des formes d'intelligence. Aujourd'hui, on reconsidère les manières d'apprendre, en prenant davantage en compte le rôle des représentations de l'élève, la diversité des processus cognitifs, les facettes de la motivation à apprendre, l'importance des émotions et de la construction de l'estime de soi... En définitive, les clés d'une « pédagogie efficace » s'avèrent beaucoup plus diversifiées et complexes que l'on ne l'a cru longtemps. Ainsi, par exemple, s'il est désormais généralement admis que l'élève doit construire ses connaissances de manière autonome, on s'est aperçu qu'il avait aussi besoin, à certains moments, d'être guidé de manière parfois très directive pour progresser et corriger ses erreurs.

Ces constats continuent d'engendrer de vastes débats. La querelle des méthodes d'apprentissage de la lecture par exemple, certes récurrente depuis les années 1950, s'en est trouvée profondément renouvelée.

Les différents credo pédagogiques ont également connu un grand dépoussiérage. Pendant longtemps, deux camps s'affrontaient : les tenants d'une transmission impositive, dans laquelle le maître délivrait son savoir aux élèves. Cette « forme scolaire » où tout le monde était censé avancer au même rythme relevait de la pédagogie dite « traditionnelle ». De l'autre côté, un courant – tout aussi ancien – inspiré de ce que l'on appelle « l'éducation nouvelle » mettait en avant l'importance de l'initiative et du choix des élèves dans leur parcours. Aujourd'hui, on admet les bénéfices de cette « conception humaniste » de l'apprentissage, dont nombre de principes sont intégrés dans la plupart des textes officiels et des grandes lois d'orientation, tout en reconnaissant le bien fondé de certains cours magistraux. Tout est en fait question de dosage et d'opportunité, liée aux besoins des « apprenants ».

Les apports féconds de la sociologie...

Les transformations sociales sont, elles aussi, venues ébranler les certitudes. Dans un monde où l'enfant et l'individu sont devenus rois, la question de l'autorité éducative se fait problématique. Mener sa classe, délivrer des cours, et même former des adultes ne va plus de soi. La diversité des publics qui fréquentent les bancs des diverses salles de cours, l'exigence du respect de tous et de la prise en compte des personnalités et de la culture de chacun, oblige enseignants et formateurs à reconsidérer ce qui était une autorité de statut. Il leur faut parfois associer la bienveillance à la ruse, pour prendre en compte le rapport au savoir que chacun se construit.

Les manifestations de violences scolaires – thème très prisé dans les médias depuis quelques années – questionnent la part de responsabilité de l'institution, des formes d'évaluation..., même si ce sont souvent les mutations de la société qui sont pointées du doigt.

C'est une des raisons pour lesquelles les recherches en sociologie de l'éducation, en plein développement depuis ces dernières décennies, sont devenues indispensables pour savoir comment éduquer et former. Les recherches sur les inégalités notamment ont sensibilisé les éducateurs à la prise en compte de la diversité de leurs publics. Les actions de discrimination positive, à travers l'expérience des Zep et des réseaux d'éducation prioritaires se sont étendues aujourd'hui à l'enseignement supérieur et aux grandes écoles, en France, restées longtemps des temples de l'élitisme républicain.

... et contrastés des politiques d'éducation

En fin de compte, même si ce constat en chagrine quelques-uns, la relation enseignant-élève ne se réduit plus à l'univers clos de la salle de classe, et l'institution scolaire ne peut plus fonctionner comme une forteresse qui resterait à l'abri des évolutions de la société et du monde. La relation pédagogique est aujourd'hui au cœur d'un ensemble de facteurs d'ordre très divers.

C'est ainsi que depuis l'année 2000, des évaluations comparatives dans les pays de l'OCDE, montrent les forces et les faiblesses de chaque système éducatif. Les enquêtes Pisa notamment, publiées par l'OCDE, ont fait l'effet d'un électrochoc en montrant les résultats inégaux de l'école française ; plusieurs classements des universités mondiales ont pointé les faiblesses de l'enseignement supérieur hexagonal.

Ces publications nourrissent les débats et les recherches dans le domaine des politiques d'éducation. Des politiques qui par ailleurs, sont dictées par bien d'autres impératifs que les résultats de la recherche. Depuis quelques années, la formation des enseignants et la formation continue en France se voient sans cesse réduites par des contraintes budgétaires. Les crédits alloués à la formation diminuent. Les IUFM qui avaient remplacé les canoniques Écoles normales depuis vingt ans semblent être menacés de disparition, réduisant ainsi la formation pédagogique des professeurs du premier et du second degré à peau de chagrin…

Des travaux théoriques aux mutations de terrain

Une version entièrement refondue d'*Éduquer et Former* s'avérait donc nécessaire pour fournir aux enseignants et aux formateurs en herbe ou plus expérimentés des outils utiles et pertinents pour leur pratique. Nous y avons réuni des textes que l'on peut considérer comme des fondamentaux, propres à nourrir la réflexion, venant de penseurs comme Edgar Morin, de psychologues tel Jerome Bruner, de pédagogues comme Philippe Meirieu ou de sociologues comme François Dubet ou Marie Duru-bellat. Mais ce livre couvre également l'ensemble des recherches en sciences de l'éducation les plus récentes qui prennent en compte aussi bien les développements de la recherche que les mutations du terrain. Puisse-t-il permettre, à tous ceux qui en ont la charge lourde mais non moins prestigieuse, de pouvoir mieux éduquer et mieux former…

Martine Fournier

Les termes techniques et les mots-clés sont explicités dans un lexique situé en fin d'ouvrage.

Sciences humaines et éducation Repères historiques

- Une histoire de l'éducation (V. Troger)
- La sociologie de l'éducation (V. Troger)
- Aux origines de la psychologie de l'enfant (D. Ottavi)
- Psychologie du développement et des apprentissages (Encadré)
- Petite histoire de la pensée éducative (Encadré)

Vincent Troger

Une histoire de l'éducation

Longtemps, l'histoire de l'éducation a été le fait d'historiens qui ne s'y intéressaient qu'occasionnellement. Il a fallu attendre les années 1970 pour assister à sa constitution comme champ de recherche spécifique, à la faveur notamment de travaux qui posaient un regard critique sur l'institution scolaire républicaine.

Genèse et objet

Au début des années 1970, au moment où l'école historique des Annales atteignait son apogée avec des auteurs comme Pierre Goubert, Emmanuel Le Roy Ladurie ou Fernand Braudel, l'histoire de l'éducation était encore très peu reconnue. Elle demeurait à la marge d'autres champs de la recherche historique, qu'il s'agisse d'histoire culturelle, d'histoire politique et sociale ou d'histoire des mentalités. Les publications d'histoire de l'éducation les plus marquantes étaient souvent le résultat d'un détour dans l'itinéraire d'historiens qui se consacraient prioritairement à d'autres objets.

Trois des ouvrages pionniers qui font encore autorité aujourd'hui illustrent cette tendance. Le premier, *Histoire de l'éducation dans l'Antiquité*, publié en 1948, toujours disponible en collection de poche, a été rédigé par un spécialiste de saint Augustin, Henri Irénée Marrou. Le deuxième, une analyse de la vie des universitaires du Quartier latin dans le Paris médiéval intitulée *Les Intellectuels au Moyen Âge* et publiée en 1957, n'est qu'un jalon dans l'œuvre que Jacques Le Goff a consacrée à la reconstitution de la vie sociale et culturelle médiévale. Philippe Ariès enfin, lorsqu'il publie en 1960 *L'Enfant et la vie familiale sous l'Ancien Régime*, veut se consacrer à une reconstitution des mentalités collectives dans les sociétés d'Ancien Régime, et le livre qui lui a valu la notoriété n'en est à ses yeux qu'une étape.

Dans ce tableau des auteurs pionniers, Paul Gerbod, décédé au cours de l'été 2004, semble faire figure d'exception dans la mesure où il avait d'emblée consacré sa thèse d'État à « La condition universitaire au XIXe siècle », puis publié en 1968 une *Vie quotidienne dans les lycées et collèges au XIXe siècle*. Mais il a ensuite, lui aussi, orienté sa carrière vers d'autres sujets de l'histoire des pratiques culturelles contemporaines, dont il est devenu un spécialiste reconnu.

C'est pourquoi ces travaux fondateurs ne constituaient pas à proprement parler l'histoire de l'éducation en champ de recherche à part entière. C'est la culture gréco-romaine dans son ensemble qui intéresse H.I. Marrou, c'est la reconstitution de la vie intellectuelle et culturelle médiévale que J. Le Goff veut mener à bien, et c'est un projet ambitieux d'élaboration d'une histoire des mentalités collectives qui motive P. Ariès. Les sources utilisées et les problématiques mises en œuvre ont ainsi constitué une base méthodologique pour une histoire spécifique des pratiques d'éducation familiales, professionnelles ou scolaires, ce qui n'était pas leur intention première.

Seuls des ouvrages d'histoire scolaire institutionnelle, parfois rédigés par des acteurs du système éducatif, se donnaient alors pour objet spécifique l'histoire de l'éducation. Qu'il s'agisse de monographie d'établissements ou d'histoires de l'ensemble du système scolaire, ils se limitaient la plupart du temps à une énumération événementielle faiblement problématisée. À l'exception des monographies d'établissements, ces productions n'étaient que très peu fondées sur le dépouillement d'archives, ce qui en limitait la portée, même si elles ont constitué des outils de travail systématiquement utilisé par les historiens de l'éducation. C'est le cas du recueil publié en 1971 par Pierre Chevallier et Bernard Grosperrin sous le titre *L'Enseignement français de la Révolution à nos jours*, dans une collection consacrée à l'histoire des institutions : les lois, projets, règlements ou textes divers collectés et commentés par les auteurs ont été ensuite abondamment utilisés par les historiens de l'éducation, et même les sociologues.

Deux tendances dominantes

De ce que l'on pourrait appeler cette préhistoire de l'histoire de l'éducation, il ressort quelques tendances dominantes qui ont ensuite en partie déterminé le développement de la discipline.

La première est celle d'un clivage assez net entre les travaux consacrés exclusivement à une histoire des institutions scolaires et ceux consacrés à l'ensemble des pratiques éducatives, familiales, professionnelles ou scolaires. Alors que les premiers reposaient souvent sur une adhésion implicite au projet d'instruction du peuple propre à la philosophie des Lumières et à l'idéologie républicaine, les seconds étaient plus distanciés par rapport aux discours dominants dans l'institution scolaire. De ce point de vue, les travaux de H.I. Marrou, de P. Ariès ou de P. Gerbod ont par exemple en commun de mettre en évidence la dimension coercitive et parfois brutale des pratiques pédagogiques ou éducatives des sociétés qu'ils étudient. Ils ont notamment insisté sur l'usage systématique des punitions corporelles ou sur le caractère rébarbatif et répétitif des techniques d'apprentissage tout au long des périodes sur lesquelles ils travaillent.

La seconde tendance concerne la question de la périodisation. La rareté des recherches dans le champ de l'histoire de l'éducation a longtemps eu pour conséquence la persistance de connaissances très approximatives sur de longues périodes, notamment le Moyen Âge. Là aussi, J. Le Goff et P. Ariès ont ouvert le champ des investigations sur des périodes mal connues, du haut Moyen Âge jusqu'au XVIIe siècle.

Enfin, conséquence de ce qui précède, la question des ruptures et des continuités, classique en histoire, a commencé à se poser dès lors que l'histoire de l'éducation s'intéressa à des périodes jusque-là peu étudiées. P. Ariès avance par exemple l'hypothèse d'une rupture entre la place centrale que l'enfant occupe dans les sociétés contemporaines et le mode de relation à l'enfance, plus fruste et moins affectueux, qui aurait caractérisé les sociétés d'Ancien Régime. Hypothèse exemplaire et féconde, tant par son originalité que par les débats qu'elle a provoqués.

Enjeux et débats

À partir des années 1970, les recherches en histoire de l'éducation deviennent plus nombreuses et poursuivent dans les directions indiquées par les travaux pionniers qui viennent d'être évoqués. Mais elles sont plus souvent porteuses d'une réflexion critique sur le système scolaire qui a sans doute quelque chose à voir avec les travaux de Pierre Bourdieu sur les inégalités sociales à l'école, et avec ceux de Michel Foucault sur les nouvelles modalités de contraintes sociales mises en œuvre par la modernité. Même si elles ne se positionnent pas explicitement par rapport à ces travaux, et même si elles sont parfois très critiques à l'égard des théories de P. Bourdieu et de M. Foucault, les nouvelles recherches en histoire de l'éducation privilégient souvent des périodes et des problématiques qui replacent l'œuvre scolaire de la IIIe République dans une continuité historique et participent indirectement à sa démythification. Ce regard critique sur l'idéologie scolaire républicaine semble avoir constitué pour le développement de l'histoire de l'éducation un moment déterminant.

En 1976, Roger Chartier, Marie-Madeleine Compère et Dominique Julia publient *L'Éducation en France du XVIe au XVIIIe siècle*, où ils montrent que le développement de l'école moderne est largement antérieur au XIXe siècle. Ils mettent en évidence la relation entre la croissance des collèges, particulièrement jésuites, au cours de cette période, avec la généralisation de l'usage de l'écrit consécutive à l'invention de l'imprimerie. La forme scolaire moderne qui commence alors à se construire, centrée sur la pratique individuelle de l'écrit, plus contraignante qu'auparavant, apparaît comme un dispositif de contrôle de l'enfance et de la jeunesse que l'école républicaine ne fera que reprendre à son compte. Un an plus tard, en 1977, François Furet et Jacques Ozouf publient *L'Alphabétisation de Calvin à Jules Ferry*, qui révèle la précocité du processus d'alphabétisation, bien antérieur à l'action de l'école de J. Ferry et déjà très avancé au moment où celle-ci se met en place.

Parallèlement à la publication de ces recherches fondatrices, en décembre 1978, Guy Caplat et Pierre Caspard, qui animaient depuis un an le service d'histoire de l'éducation à l'Institut national de recherche pédagogique, publient le premier numéro de la revue *Histoire de l'éducation*. La fin des années 1970 peut ainsi être retenue comme une période charnière pour ce courant historique.

Les recherches se font dès lors plus nombreuses et suivent pour l'essentiel deux axes problématiques. Le premier consiste à réduire le clivage initial entre histoire scolaire et histoire de l'éducation au sens large, en incluant en quelque sorte la première dans la seconde et en la soumettant à la critique scientifique. Le second axe, centré sur l'histoire des XIXe et XXe siècles, approfondit l'analyse critique du processus d'extension de la scolarisation qui a caractérisé cette période.

Des productions inscrites dans le premier axe problématique, les deux premiers tomes de *L'Histoire de l'enseignement et de l'éducation en France*, rédigés par Michel Rouche pour le Moyen Âge et par François Lebrun, Marc Venard et Jean Quéniart pour la période allant de la Renaissance à la Révolution, ont dès 1981 offert une remarquable synthèse. Ils prennent notamment en compte les travaux de Pierre Riché (1979) et Jacques Verger (1973) sur l'éducation et la scolarisation au Moyen Âge. C'est d'ailleurs une élève de P. Riché, Danièle Alexandre-Bidon, qui a été à l'origine d'une critique assez vive de l'hypothèse de P. Ariès sur la brutalité des pratiques éducatives dans les sociétés d'Ancien Régime. En arrière-plan de ce débat, on a pu évidemment percevoir les traces d'un désaccord sur l'interprétation des méthodes d'éducation inspirées par le catholicisme. Plus récemment, Giovanni Levi et Jean-Claude Schmitt ont dirigé une *Histoire des jeunes en Occident* (1996) qui a apporté des éléments essentiels à la compréhension de l'histoire de l'éducation de l'Antiquité à nos jours, même si elle ne s'inscrit pas exclusivement dans ce champ.

Il faut également faire une place à part au travail de Françoise Waquet, *Le Latin ou l'empire d'un signe* (1998), qui ne s'inscrit pas lui non plus exclusivement dans le champ de l'histoire de l'éducation, mais a largement participé à confirmer l'hypothèse d'une forte continuité de la culture scolaire qui, depuis le XVIe siècle jusqu'au milieu du XXe, a fait du latin une discipline d'excellence et de distinction sociale.

Une multitude de sujets

En ce qui concerne le second axe problématique, centré sur l'analyse critique du processus de scolarisation depuis le début du xixe siècle, les publications sont évidemment beaucoup plus nombreuses et exposent tout choix au risque de l'arbitraire. Il paraît néanmoins légitime de faire référence à l'œuvre pionnière d'Antoine Prost, en particulier ses deux livres les plus importants, Histoire de l'enseignement en France, 1800-1967, dont la première édition date de 1968, et surtout le quatrième tome de l'Histoire générale de l'enseignement et de l'éducation en France intitulé L'École et la Famille dans une société en mutation. Son analyse des relations entre les politiques scolaires, les contenus enseignés à l'école, les pratiques pédagogiques dominantes et l'évolution des pratiques éducatives familiales a largement participé à mettre en évidence des réalités que le mythe républicain d'une école sanctuarisée avait longtemps masquées ou caricaturées : inégalité sociale et sexuelle des cursus, enjeux politiques du combat laïque, corporatismes enseignants… À l'inverse, le remarquable travail de Jean-François Chanet, *L'École républicaine et les petites patries*, publié chez Aubier en 1996, a utilement nuancé la critique traditionnelle faite à l'école de la IIIe République d'avoir tenté d'éradiquer les cultures régionales.

Depuis, les travaux d'histoire de l'éducation se sont multipliés, même si ce champ de recherche n'est presque jamais enseigné dans les départements d'histoire de l'université. La collection d'histoire de l'éducation dirigée chez Belin par Antoine Prost, Bruno Belhoste, Pierre Caspard et Jean-Noël Luc, propose des publications qui comptent désormais parmi les plus significatives. On peut notamment citer le livre publié en 1997 par J.-N. Luc et intitulé *L'Invention du jeune enfant au XIXe siècle. De la salle d'asile à l'école maternelle*. Il y montre comment, dès le début du XIXe siècle, la conjonction de l'émergence d'une nouvelle représentation de la petite enfance et de l'action caritative de certaines femmes de la bourgeoisie cultivée a abouti à une professionnalisation de l'éducation préscolaire et préparé la création de l'école maternelle par la IIIe République. Les travaux plus récents de Patrick Cabanel sur le certificat d'études primaires (2002), d'Yves Verneuil sur les agrégés (2005), de Marianne Thivend (2006) sur l'école primaire urbaine de la IIIe République ou de Nathalie Duval sur l'école des Roches (2009) sont représentatifs des recherches d'histoire de l'éducation contemporaines, qui intègrent l'histoire scolaire dans la problématique plus large de l'évolution de l'ensemble des pratiques éducatives et des mutations politiques et sociales de la France.

De l'éducation de la petite enfance jusqu'au statut de l'adolescence, des mentalités universitaires médiévales jusqu'au corporatisme des instituteurs, de l'enseignement du dessin jusqu'à la technocratie des polytechniciens, l'histoire de l'éducation couvre désormais une multiplicité de sujets qui témoignent du dynamisme de ce nouveau courant de la recherche historique.

Quelques représentants

Henri Irénée Marrou (1904-1977)
Professeur à la Sorbonne spécialisé dans la culture religieuse de l'Antiquité tardive, ami d'Emmanuel Mounier, résistant, Henri Irénée Marrou est une figure intellectuelle de son époque. Son *Histoire de l'éducation dans l'Antiquité* témoigne d'une érudition sans faille, et surtout du projet de reconstituer l'ensemble des pratiques éducatives, familiales, sociales et scolaires des sociétés grecques et romaines. Cette approche ambitieuse a constitué une base de connaissances et un guide méthodologique pour les recherches ultérieures.

Philippe Ariès (1914-1984)
Son livre *L'Enfant et la Vie familiale sous l'Ancien Régime*, publié en 1960, marque à double titre une étape déterminante de l'histoire de l'éducation. D'abord parce qu'en cherchant à montrer que le sentiment de l'enfance n'existait pas tel que nous le connaissons aujourd'hui avant le XVIIIe siècle, il a ouvert des pistes de recherches fécondes, tant pour l'époque contemporaine que pour les périodes antérieures au XVIIIe siècle. Ensuite parce que la diversité des sources qu'il a mobilisées, notamment iconographiques, a inspiré ses successeurs.

Antoine Prost
Normalien, professeur honoraire à l'université Paris-I, cet Orléanais natif de Lons-Le-Saunier est aujourd'hui une figure incontournable de l'histoire de l'éducation. Après avoir consacré sa thèse aux « Anciens combattants et la société française », il a produit deux ouvrages fondamentaux : *une Histoire de l'enseignement* plusieurs fois rééditée, et surtout *L'École et la Famille dans une société en mutation*, quatrième tome d'une magistrale histoire de l'éducation et de l'enseignement. Il a été l'un des premiers à intégrer à son travail les apports méthodologiques des autres sciences sociales, notamment de la sociologie, et à savoir en exploiter toutes les ressources.

Marie-Madeleine Compère (1946-2007)
Diplômée de l'École nationale des chartes, elle a débuté comme assistante du père François de Dainville, pionnier de l'histoire de l'éducation à l'École pratique des hautes études. Elle a ensuite poursuivi toute sa carrière au service d'histoire de l'éducation de l'Institut national de recherches pédagogiques. Ses travaux sur les collèges de l'Ancien Régime, seule ou en collaboration avec Dominique Julia ou Roger Chartier, sont essentiels, tant sur le plan méthodologique qu'en raison du renouvellement de perspective qu'ils ont apporté, notamment en montrant les continuités de structures et de pratiques pédagogiques du XVIe siècle jusqu'au milieu du XIXe siècle.

André Chervel
Devenu historien après une première carrière universitaire de linguiste, spécialiste de l'histoire de l'enseignement du français, il est l'un des meilleurs représentants des historiens de l'éducation qui consacrent leurs recherches à l'enseignement des disciplines scolaires. Ses travaux sur l'enseignement de l'orthographe ont en particulier mis en évidence la dimension identitaire de ce savoir pour le corps des instituteurs, qui explique en grande partie la place centrale qu'il occupe encore aujourd'hui dans les débats sur l'école.

Vincent Troger

La sociologie de l'éducation

Après Émile Durkheim, ce sont Pierre Bourdieu et Jean-Claude Passeron qui ont vraiment donné naissance à la sociologie de l'éducation. En diversifiant ses objets de recherches et en se recentrant sur les stratégies des acteurs, la sociologie contemporaine est aujourd'hui en recherche de nouveaux cadres théoriques.

Genèse et objet

Émile Durkheim (1858-1917) est le précurseur incontesté de la sociologie de l'éducation. Bien qu'il n'ait pas publié sur ce sujet de son vivant, il a donné de nombreux cours de sociologie de l'éducation à la Sorbonne, où il a occupé à partir de 1906 une chaire de sciences de l'éducation. Ses leçons ont été réunies, avec d'autres textes, dans trois publications posthumes : *Éducation et Sociologie* (1922), *L'Éducation morale* (1925) et *L'Évolution pédagogique en France* (1938). Durkheim applique à l'éducation le principe fondateur qu'il avait formulé dans *Les Règles de la méthode sociologique* (1895) : « Les faits sociaux doivent être considérés comme des choses. » Il insiste sur la relation étroite qui unit les structures politiques et sociales avec les pratiques éducatives en vigueur dans une société et les formes scolaires qui s'y développent. Il analyse par exemple l'essor des collèges au XVIIe siècle comme le signe d'une généralisation des modes d'éducation aristocratiques au profit de la bourgeoisie montante. Durkheim met aussi en évidence la fonction de socialisation que remplit l'école dans les sociétés modernes : « L'éducation consiste en une socialisation méthodique de la jeune génération. » Il conçoit cette socialisation comme la transmission de valeurs et de normes communes à tous les individus de la même société, « à quelque catégorie sociale qu'ils appartiennent ». Après lui, il a fallu attendre les années 1960 pour que les questions d'éducation réapparaissent dans les interrogations sociologiques en France.

Des processus de sélection sociale masqués

Ce sont surtout Pierre Bourdieu et Jean-Claude Passeron qui ont fait de la sociologie de l'éducation une préoccupation importante de la sociologie contemporaine en publiant *Les Héritiers* (1964) et *La Reproduction* (1970). Ils y prennent en quelque sorte le contre-pied de l'analyse de Durkheim. Leur thèse centrale est que l'école reproduit les inégalités sociales à travers des méthodes et des contenus d'enseignement qui privilégient implicitement une forme de culture propre aux classes dominantes. La pratique du cours magistral, qui se fonde sur l'usage d'un langage cultivé sans en dévoiler les mécanismes, induit une « complicité cultivée » entre les enseignants et les élèves des milieux culturellement favorisés, déjà accoutumés à ce type de rapport au langage. Sous couvert d'universalisme, l'école leur permettrait en fait de faire fructifier le « capital culturel » que leur transmettent leurs parents. Là où Durkheim voyait la transmission de valeurs communes, Bourdieu et Passeron dénoncent une légitimation des inégalités, puisque l'école masquerait derrière un discours sur l'égalité des chances des processus de sélection sociale qui aboutissent à justifier ces inégalités par la sanction du diplôme scolaire.

Le travail des deux sociologues a atteint un niveau d'élaboration théorique qui lui a valu une large notoriété. Il faut néanmoins souligner qu'il s'inscrit dans un ensemble de recherches qui, au cours de la même période, ont visé chacune à sa manière à démontrer que les systèmes scolaires contribuent à l'aliénation des classes populaires. Parmi les plus connues, il faut citer celles de Christian Baudelot et Roger Establet (*L'École capitaliste en France*, 1971), de Claude Grignon (*L'Ordre des choses*, 1971) ou du Britannique Basil Bernstein (*Langage et classes sociales*, 1975).

Le postulat de l'acteur social rationnel

Mais l'analyse de Bourdieu et Passeron a aussi été très tôt critiquée. Dès 1972, dans un livre intitulé *L'Inégalité des chances*, Raymond Boudon récuse la thèse déterministe des deux auteurs, qui posaient que les individus agissent en fonction de « dispositions » sociales qu'ils ont inconsciemment « incorporées » pendant leur enfance et qui dirigent leurs comportements. Boudon part d'un postulat inverse : celui de l'acteur social rationnel, emprunté aux théories économiques. De son point de vue, les inégalités sociales observées dans les parcours scolaires sont le résultat de la juxtaposition de stratégies divergentes, adoptées consciemment par les familles en fonction des informations dont elles disposent et de leur manière d'évaluer les avantages et les coûts d'une poursuite d'études. « L'éventualité de devenir, par exemple, instituteur, écrit Boudon, n'est pas perçue de la même manière par le fils d'un ouvrier et par le fils d'un membre de l'académie des sciences. » Le fils d'ouvrier se satisfera d'un statut qui constitue pour lui une progression sociale notable, alors qu'il anticipera négativement le coût psychologique et financier d'études longues, ce qui ne sera évidemment pas le cas du fils d'universitaire. Le phénomène de « reproduction » sociale analysé par Bourdieu et Passeron ne serait alors qu'un effet pervers d'une accumulation de choix individuels rationnels (d'où le nom d'« individualisme méthodologique » donné à cette interprétation), mais dépendants de la position sociale initiale des acteurs.

Recherches actuelles

En introduisant la notion de stratégie des acteurs dans la sociologie de l'éducation, Boudon lui a offert une autre grille de lecture que celle qu'avait imposée la théorie de la reproduction. Si la quasi-totalité des sociologues contemporains de l'éducation reconnaissent leur dette à l'égard de Bourdieu et Passeron, ils ont aussi cherché à dépasser ou à approfondir une analyse qui tend à enfermer les pratiques éducatives dans une logique unilatérale, et l'ont fait en cherchant à mieux saisir les pratiques des acteurs.

C'est par exemple le cas des sociologues suisses Philippe Perrenoud et Cléopâtre Montandon, qui publient en 1988 un recueil d'études sur les difficultés de communication entre les parents, surtout d'origine modeste, et les enseignants (*Entre parents et enseignants, un dialogue impossible*). La même année, dans *L'École primaire au quotidien*, Régine Sirota met en évidence les inégalités de considération que les maîtresses d'école manifestent quotidiennement à l'égard de leurs élèves (fréquence des regards, sourires, félicitations ou interrogations) et qui révèlent des préférences subjectives souvent liées à leurs origines sociales. François Dubet s'intéresse alors, pour sa part, à la vie quotidienne des lycéens (*Les Lycéens*, 1991) et à leur mal de vivre.

Subjectivation versus socialisation

Dubet est d'ailleurs un des premiers à tenter de donner à ces nouvelles approches un cadre théorique renouvelé. Dans *À l'école. Sociologie de l'expérience scolaire*, écrit en 1996 avec Danilo Martuccelli, il analyse la manière dont les élèves vivent ce qu'il appelle leur expérience scolaire. Selon lui, la construction individuelle de la personnalité, ce qu'il nomme la « subjectivation », qui passe notamment chez les jeunes par la participation à une consommation culturelle spécifique, entre en conflit au cours de la scolarité avec la socialisation, c'est-à-dire l'imposition des normes collectives et la compétition scolaire. Pour résoudre ce conflit, les élèves disposent de ressources différentes selon leurs origines sociales. Cette tension entre subjectivation et socialisation est plus violente chez les jeunes d'origine populaire, notamment en raison de l'écart entre leur culture familiale et la culture scolaire, et peut expliquer leurs plus fréquents échecs.

Dans la suite de ces travaux, Anne Barrère a proposé d'analyser le travail scolaire à la manière des sociologues du travail (*Les Lycéens au travail*, 1997). Elle montre par exemple que la principale difficulté des élèves dont les familles ne disposent pas d'un capital culturel élevé est de comprendre ce que les professeurs attendent vraiment d'eux. Pour mémoriser le maximum de connaissances, nombre de ces élèves travaillent beaucoup, mais ils ne comprennent pas toujours comment les enseignants souhaitent que ces connaissances soient réutilisées au moment des contrôles.

Cette interrogation sur le sens du travail scolaire a été parallèlement approfondie par plusieurs chercheurs, notamment Élisabeth Bautier, Bernard Charlot et Jean-Yves Rochex (*École et savoirs dans les banlieues et ailleurs*, 1992). Ils y montrent que les élèves qui réussissent à l'école sont ceux qui donnent du sens au savoir scolaire, c'est-à-dire qui trouvent du plaisir dans le travail intellectuel sans en attendre des résultats concrets à court terme. Or ce type de rapport au savoir et à la culture est plus rare dans les milieux populaires, où la confrontation quotidienne aux problèmes matériels conduit à privilégier les connaissances utilitaires.

Cherchant lui aussi à comprendre les trajectoires scolaires des élèves d'origine populaire, Bernard Lahire a conduit une longue enquête au sein de familles populaires, particulièrement immigrées. Il y met en évidence, entre autres, l'importance du rôle des mères. La réussite scolaire des enfants dans ces familles est en effet liée à la capacité des mères à maîtriser l'emploi du temps de la vie familiale, à mobiliser toutes les ressources sociales disponibles pour la réussite scolaire (voisinage, frères et sœurs...), et à leur vigilance à l'égard du mode de vie de leurs enfants (*Tableaux de familles*, 1995).

Tout en étant moins orientés vers la compréhension des comportements individuels, d'autres sociologues ont également travaillé sur les stratégies des acteurs. C'est le cas de Robert Ballion (*Les Consommateurs d'écoles*, 1982) et d'Alain Léger et Gabriel Langouët (*Le Choix des familles*, 1997). Ces auteurs insistent sur le développement de comportements consuméristes à l'égard de l'institution scolaire. Ils montrent que la supériorité des familles culturellement favorisées tient aussi à leur habileté à profiter des marges de manœuvres qu'offre le système scolaire pour faciliter les parcours de réussite de leurs enfants, notamment par l'utilisation des dérogations à la carte scolaire ou le recours à l'enseignement privé. À l'opposé de ces stratégies de réussite, Stéphane Beaud met en évidence la désillusion et le sentiment de déclassement des jeunes titulaires de baccalauréats professionnels qui cherchent à poursuivre des études à l'université et y subissent souvent de sévères échecs (*80 % au bac, et après ?*, 2003).

L'absence d'une théorie unificatrice

Mais les stratégies d'acteurs, ce sont aussi celles des personnels des établissements et de ceux qui décident ou appliquent les politiques éducatives. Des auteurs comme Jean-Louis Derouet (*École et Justice*, 1992) ou Agnès Van Zanten (*L'École de la périphérie. Scolarité et ségrégation en banlieue*, 2001) ont ainsi analysé l'éclatement des points de vue d'acteurs et la diversité des arrangements locaux auxquels les évolutions des politiques éducatives ont donné lieu au sein des établissements scolaires. De nombreux chercheurs tentent également de repérer au milieu de la disparité des établissements ceux qui sont le moins socialement ségrégatifs.

À la lecture de ce très bref état des lieux, on peut dire avec Jean-Manuel de Queiroz[1] que la sociologie de l'éducation n'est pas aujourd'hui « unifiée au sein d'une théorie unique et cohérente ». La distance prise à l'égard des « paradigmes hégémoniques des années 1970 » a abouti à des recherches abondantes et diversifiées,

1- J.-M. de Queiroz, *L'École et ses sociologies*, Nathan, 1995.

mais qui n'autorisent pas pour l'instant l'élaboration d'une théorie unificatrice.

Pourtant, ces recherches ont contribué à rendre aux acteurs leur consistance et à mieux comprendre comment les individus subissent, supportent, contournent ou combattent les injustices de la compétition scolaire. Un bon exemple de ces nouvelles problématiques est sans doute offert par les enquêtes sur la scolarité des filles. Devant le constat indiscutable de la meilleure réussite scolaire des filles, tous milieux sociaux confondus, des auteurs comme C. Baudelot et R. Establet (*Allez les filles !*, 1992) ont été amenés à nuancer les analyses antérieures sur la reproduction des inégalités ou sur la domination masculine. La réussite scolaire des filles peut en effet s'interpréter comme une inversion à leur profit, grâce aux logiques scolaires, des stéréotypes sexuels traditionnels. La docilité et les compétences relationnelles que les modes d'éducation dominants développent chez les filles, *a priori* pour les confiner dans leur futur rôle de mère de famille, deviennent des atouts pour réussir à l'école, alors que les comportements virils d'affirmation de soi valorisés dans l'éducation masculine préparent mal les garçons à se soumettre aux normes scolaires. En bref, les filles travaillent quand les garçons chahutent. Certes, malgré leurs meilleures performances scolaires, les filles continuent d'être minoritaires dans les filières scientifiques de haut niveau. Pour l'expliquer, on peut suivre Marie Duru-Bellat qui interprète cet écart en termes de conditionnement au manque d'ambition et à l'autocensure (*L'École des filles. Quelle formation pour quels rôles sociaux ?*, 1990). Mais on peut aussi observer qu'elles sont désormais nettement majoritaires dans des filières aussi sélectives que les grandes écoles de commerce ou les facultés de médecine. La question de l'interprétation sociologique de la réussite scolaire des filles reste, comme beaucoup d'autres, ouverte.

Mais la question la plus vive à laquelle la sociologie de l'éducation est aujourd'hui confrontée est à nouveau celle des inégalités sociales de réussite scolaire. En effet, certains sociologues ont en quelque sorte inversé la logique bourdieusienne. C'est notamment le cas de Marie Duru-Bellat qui a publié au Seuil, en 2006, *L'Inflation scolaire, les désillusions de la méritocratie*. Elle y souligne le coût économique et social de la poursuite d'études généralisée, montrant que ce processus accentue les inégalités sociales puisque ce sont toujours les mieux dotés familialement qui profitent de cet allongement de la durée des études, tandis que les vaincus de cette compétition vivent un sentiment de « déclassement ». Soutenue dans sa démarche par François Dubet, elle prône un renforcement de l'acquisition d'un socle commun de connaissances au collège unique et une diversification des voies de réussite dans la scolarité post-obligatoire, critiquant au passage la domination symbolique que les grandes écoles exercent sur le système scolaire et la société française. Ce point de vue a été vivement critiqué par d'autres sociologues, héritiers de Bourdieu, qui estiment au contraire nécessaire de continuer l'effort de démocratisation des études supérieures, s'appuyant sur les données statistiques qui démontrent que des diplômes élevés demeurent la meilleure protection contre le chômage. Tristan Poullaouec a ainsi publié récemment un livre au titre sans ambiguïté : *Le Diplôme, arme des faibles* (La Découverte, 2010).

Récemment aussi, d'autres sociologues ont approché la question des inégalités sociales de réussite scolaire sous l'angle des pratiques pédagogiques. Prenant en quelque sorte la suite de la sociologie de l'éducation anglo-saxonne qui a depuis longtemps interrogé les pratiques quotidiennes des enseignants[2], ils ont cherché dans les pratiques pédagogiques courantes les origines possibles des inégalités sociales à l'école, critiquant implicitement au passage le dogme pédagogique de « l'élève acteur de son apprentissage » en vigueur dans les IUFM, et surtout ses modalités d'application sur le terrain (Stéphane Bonnery, *Comprendre l'échec scolaire. Élèves en difficulté et dispositifs pédagogiques*, La Dispute, 2007, et Élisabeth Beautier et Patrick Rayou, *Les Inégalités d'apprentissage*, Puf, 2009).

Ces dernières recherches montrent que tout en conservant ses sujets de préoccupations traditionnels, la sociologie de l'éducation a élargi son champ de réflexion en se recentrant notamment sur les acteurs et leurs interactions à l'intérieur de l'école et de la classe. Ces démarches sont fructueuses mais n'ont à l'évidence pas encore trouvé le cadre conceptuel commun qui avait fait la force de la sociologie de la reproduction.

2- Voir notamment C. Lessard, M. Tardif, *Le Travail enseignant au quotidien*, De Boeck, 1999.

Les mal-aimés de la sociologie de l'éducation

Certains domaines de recherche ont souffert de la position hégémoniques de la question scolaire et eu du mal à être reconnus comme champ de recherche légitime : l'éducation familiale, la formation professionnelle, la formation des adultes.

Les pratiques d'éducation familiale
S'inspirant de recherches belges, québécoises ou suisses, des auteurs comme Paul Durning (*Éducation familiale. Acteurs, processus, enjeux*, 1995) ou Daniel Gayet (*Les Pratiques éducatives des familles*, 2004) ont travaillé sur les pratiques d'éducation familiale. Ils soulignent la réticence des chercheurs français à l'égard d'un thème affecté d'une connotation conservatrice. Leurs travaux mettent en évidence la persistance des clivages sociaux, tant dans les modes d'exercice d'autorité des parents que dans les relations à l'école. Ils analysent aussi l'influence de l'évolution des structures familiales ou les dysfonctionnements familiaux, flirtant en cela avec la psychologie sociale.

La formation professionnelle
Le sujet souffre d'un double handicap : la formation professionnelle est à la frontière de trois spécialités différentes (sociologie du travail, économie, sociologie de l'éducation) et occupe dans le système scolaire une position marginale. Quelques sociologues s'y sont néanmoins intéressés. D'une part les chercheurs du Céreq (Centre d'études et de recherches sur les qualifications), qui produisent régulièrement dans leur revue *Formation-Emploi* des études sur les cursus des élèves de la formation professionnelle et leur insertion sur le marché du travail, d'autre part des sociologues, Lucie Tanguy (*L'Enseignement professionnel en France*, 1991) ou Gilles Moreau (*Le Monde apprenti*, 2003), ont analysé les tensions sociales qui traversent les institutions de formation professionnelle.

La formation des adultes
C'est une autre forme de tension qui caractérise la sociologie de la formation des adultes. Historiquement issue des mouvements d'éducation populaire, la formation d'adultes est porteuse d'un idéal d'accomplissement personnel. Mais depuis la loi de 1971 sur l'obligation de la formation continue, elle est aussi un marché lucratif pour de nombreux organismes de formation étroitement contraints par la demande des entreprises. L'analyse de cette tension entre idéaux éducatifs et contraintes du marché est souvent au cœur des travaux des sociologues, parmi lesquels on peut retenir ceux de Claude Dubar (*La Formation professionnelle continue*, 2004) ou de Philippe Carré (*De la motivation à la formation*, 2001).

V.T.

Quelques représentants

Pierre Bourdieu (1930-2002)
Agrégé de philosophie, d'origine modeste, Pierre Bourdieu consacre son œuvre au dévoilement des processus invisibles par lesquels les classes sociales privilégiées maintiennent leur domination sur les classes sociales inférieures. Avec Jean-Claude Passeron, il applique cette démarche au système scolaire. Dans *Les Héritiers* (1964) et *La Reproduction* (1970), il dénonce la « violence symbolique » exercée par l'école à l'encontre des élèves d'origine populaire, particulièrement à travers la pratique du cours magistral, dont les références culturelles et les règles syntaxiques sont difficilement accessibles aux élèves qui n'y ont pas été accoutumés dans leur famille.

Raymond Boudon
À l'opposé de la démarche de P. Bourdieu, Raymond Boudon conçoit les individus comme des acteurs sociaux rationnels et recherche les « bonnes raisons » qu'ils ont d'agir comme ils le font. Dans *L'Inégalité des chances* (1972), il applique cette démarche de « l'individualisme méthodologique » au système scolaire. Il y explique la corrélation observée entre les inégalités sociales et les inégalités de réussite scolaire par les choix rationnels des familles. À chaque palier d'orientation du système scolaire, elles évaluent les coûts et les avantages de la poursuite des études de leurs enfants en fonction de leur position sociale et des informations dont elles disposent.

François Dubet
Directeur d'études à l'École des hautes études en sciences sociales, François Dubet, à travers une « sociologie de l'expérience », essaye de concilier les déterminismes sociaux tels que P. Bourdieu a pu les analyser et la manière dont les individus subissent ou résistent à ces déterminismes au cours de leur parcours scolaire (*À l'école. Sociologie de l'expérience scolaire*, avec Danilo Martuccelli, 1996). F. Dubet est aussi un sociologue engagé (*Pourquoi changer l'école*, 1999) : partisan déclaré de la politique de discrimination positive des zones d'éducation prioritaires, il défend le principe du socle commun de connaissances. Il ne cesse d'interroger le système éducatif à l'aune de la notion de justice scolaire. Il a publié dernièrement : *Les sociétés et leurs écoles. Emprise du diplôme et cohésion sociale* avec Marie Duru-Bellat et Antoine Vérétout (Seuil, 2010).

Marie Duru-Bellat
Comme F. Dubet, avec qui elle a écrit *L'Hypocrisie scolaire* en 2000, Marie Duru-Bellat associe travail de recherche et engagement en faveur d'une école démocratique. Elle a publié sur les inégalités scolaires *Le Fonctionnement de l'orientation* (1988), *L'École des filles* (2004), et

plus récemment, *Le mérite contre la justice* (2009), en sus d'un grand nombre d'articles autour de sujets variés, notamment à propos de « l'effet maître ». Elle a animé successivement l'Institut de recherches sur l'éducation de l'université de Bourgogne (Irédu), puis le Piref (Programme incitatif de recherches sur l'éducation et la formation).

Agnès Van Zanten
Directrice de recherches au CNRS, Agnès Van Zanten a conduit nombre d'enquêtes de terrain (*L'École de la périphérie*, 2001). Ses travaux sur les politiques d'éducation (*Les Politiques d'éducation*, 2004) ont mis en évidence la diversité des configurations locales du système scolaire contemporain et les différentes manières dont les acteurs s'organisent pour faire face à ces situations, notamment dans les établissements en difficulté. Elle a rédigé avec M. Duru-Bellat un manuel complet, réédité et régulièrement remis à jour (*Sociologie de l'école*).
L'ouvrage qu'elle a dirigé aux Puf en 2000, intitulé *L'École, état des savoirs*, est une synthèse sur les évolutions sociologiques de l'école qui a fait date car il rassemble des travaux sur l'évolution sociologique de la population scolaire, sur les établissements et les structures éducatives ainsi que sur l'attitude des élèves face à leur scolarité. Les évolutions quantitatives se sont accompagnées de conséquents changements structurels, aussi bien au niveau des acteurs et du système que des politiques éducatives.

Dominique Ottavi

Aux origines de la psychologie de l'enfant

Lorsque le physiologiste allemand Wilhelm Preyer publie, en 1881, *L'Âme de l'enfant* (*Seele des Kindes*), il donne à une toute nouvelle science, la psychologie de l'enfant, son premier traité. Mais en quoi consiste exactement cette innovation, dont, il est vrai, les prémisses sont bien antérieures ? Avant tout dans le regard porté sur l'enfant, l'attention accordée au détail de son comportement.

L'observation de l'enfant comme objet scientifique a aussi une portée philosophique et morale. Par exemple, W. Preyer remarque que vers l'âge d'un mois, l'enfant suit avec intérêt le mouvement d'une lampe : il y voit l'annonce de la spiritualité de l'homme. Plus tard, il note les efforts du bébé pour s'asseoir, se mettre debout, puis marcher : c'est alors sa volonté, sa persévérance, son désir d'autonomie, sa capacité de surmonter les difficultés, qui sont à l'œuvre. Ces menus faits, auxquels les adultes n'accordaient guère de valeur par le passé, et que personne ne songeait à décrire avec un souci d'objectivité, le conduisent à affirmer qu'il s'agit d'une « victoire de l'âme sur la matière ».

La psychologie de l'enfant à son origine relève d'une double mutation : un changement d'attitude, que le psychologue anglais James Sully résumera en disant que « les savants se penchent sur les berceaux », accompagne un questionnement sur la place de l'homme dans la nature (selon le titre d'un ouvrage de Thomas Huxley), son développement psychique, mais aussi l'origine de son intelligence. Jean-Jacques Rousseau, souvent considéré comme le précurseur de la psychologie de l'enfant, s'intéressait au développement des facultés et était parfois bon observateur, certes, mais il était à la recherche de l'homme naturel plus que de l'enfant en lui-même.

L'existence de la psychologie de l'enfant ne va pas de soi. Elle ne provient pas de l'application d'une science préexistante, la psychologie tout court, à l'enfant, comme si un progrès régulier de la science avait conduit, un jour, à cette *terra incognita*, restée hors de l'empire de la raison conquérante. Egle Becchi et Dominique Julia, dans l'*Histoire de l'enfance en Occident* (1998), considèrent que le changement de mentalité qui s'est produit à partir du XVIIe siècle, et qui a conduit à voir dans l'enfant un être ayant une valeur propre, au lieu de représenter d'abord une postérité, un lignage, contribue à produire des « savoirs de l'enfance », comme la pédiatrie, la pédagogie, la psychologie.

L'enfant, un être ayant une valeur propre

Mais la psychologie de l'enfant repose aussi sur une rupture épistémologique. Un intérêt pour la genèse de l'esprit, pour l'origine et le développement des facultés intellectuelles apparaît dans le sillage de la théorie évolutionniste et du choc de *L'Origine des espèces* de Charles Darwin en 1859. On en vient à considérer l'homme comme un animal comme les autres, et son intelligence comme une conquête biologique pour la survie des individus et de l'espèce. La psychologie va alors scruter chez l'enfant les passages qui mènent aux facultés supérieures, à l'humanité, au langage... L'observation par Darwin de son propre fils, réalisée en 1839 et publiée en 1877, qui révèle les réflexes du nouveau-né et ses moyens de communication non verbale, est emblématique de ce mouvement des idées : ce qui lui paraissait une expérience personnelle en vue d'explorer les comportements communs aux animaux et aux hommes amorce un peu plus tard une approche génétique (au sens de genèse) de l'intelligence.

Loin de cette complaisance envers les comportements spontanés de l'enfant pris individuellement, la psychologie de l'enfant s'oriente bien vite vers des applications scolaires. Alfred Binet, adepte de l'anthropométrie, mesure force musculaire et capacité respiratoire dans son laboratoire de psychophysiologie, mais il est aussi directeur de la Société libre pour l'étude psychologique de l'enfant. Sollicité pour mettre en place les « classes de perfectionnement », enseignement scolaire spécialisé pour les élèves dits à l'époque anormaux, il élabore la célèbre échelle métrique de l'intelligence. L'école devenue champ d'application privilégié de la psychologie de l'enfant, l'inspecteur Roger Cousinet pourra dire, en 1954 encore : « La psychologie de l'enfant ronge peu à peu la pédagogie. On saura un jour si bien ce qu'est un enfant, et par conséquent ce qu'il peut être, qu'il paraîtra absurde, et qu'il sera vain, de chercher ce qu'il doit être[1]. »

Darwin et les émotions

La psychologie de l'enfant est, dès son origine, internationale. Des Français, parmi lesquels l'historien et philosophe Hippolyte Taine, des Allemands comme Wilhelm Preyer, des Anglais comme James Sully notamment, très vite suivis par les Américains qui donnent à la *child study* une ampleur inédite grâce à leurs nouvelles et puissantes universités, y contribuent à une époque où le monde savant ignore, davantage qu'à présent, les frontières. L'observation d'enfant de Charles Darwin doit son caractère emblématique à la renommée de son auteur et à sa qualité intrinsèque.

En 1839, Darwin n'est pas encore le grand scientifique auteur de *L'Origine des espèces*, mais il s'interroge déjà sur les émotions et l'intelligence animales, qu'il ne considère pas comme d'une nature différente de celles de l'homme. Au service de cette hypothèse, les notes sur l'observation de son fils, devenues « L'esquisse biographique d'un petit enfant » publiée dans *Mind* en 1877, constituent un recueil de faits, pas un journal intime relatant la vie familiale. *L'Expression des émotions chez l'homme et chez les animaux* (1874) comporte des illustrations qui correspondent à ce projet. Elles montrent un poupon en bonne santé et habillé avec soin comme pour un portrait, mais arborant des expressions à faire fuir tout esthète : il hurle, grimace. La photographie étant la « vraie rétine du savant », selon l'expression d'Albert Londe, l'altérité enfantine surgit avec une inquiétante étrangeté.

D.O.

1- R. Cousinet, « Réflexions pédagogiques », *L'École nouvelle française*, 1954.

Psychologie du développement et des apprentissages

LES PRÉCURSEURS

Henri Wallon (1879-1962) : une approche globale de la personnalité
Pour H. Wallon, médecin et philosophe, la continuité entre le biologique et le social fait l'unicité de l'homme. Son approche du développement de l'enfant résulte de la double influence du darwinisme et du marxisme : le milieu auquel celui-ci doit s'adapter n'est pas seulement biologique (ou physique), il est aussi social. Wallon envisage le développement de la personnalité par stades successifs, dans une vision globale qui prend en compte en alternance l'affectivité et l'intelligence.

Jean Piaget (1896-1980) : une théorie constructiviste de l'intelligence
La théorie de l'intelligence de Piaget va connaître progressivement au cours du XXe siècle, un impact international. La force novatrice de sa théorie tient à la combinaison de trois orientations :
– Une orientation cognitive : Piaget s'attache à la genèse des processus mentaux qui permettent d'accéder aux connaissances.
– Une vision structuraliste : l'organisation cognitive s'autostructure par un ensemble d'acquisitions organisées et ordonnées sous forme de stades de développement.
– Une théorie constructiviste : Piaget dépasse l'opposition entre les principales théories de l'époque : le béhaviorisme, pour lequel les connaissances sont entièrement acquises-; le maturationnisme, dans lequel le développement intellectuel découle de la maturation du potentiel génétique de l'individu (innéisme). Pour lui, l'intelligence se construit par des interactions entre le sujet et son milieu.

Lev S. Vygotski (1896-1934) : l'ancragre social du développement
Ce psychologue russe (mort à 37 ans) donne au contexte social une importance majeure.
Trois axes structurent sa théorie :
– L'ancrage social du développement : c'est par les échanges avec les autres que l'enfant développe sa pensée en intégrant des connaissances, elles-mêmes forgées par l'histoire et la culture de la société.
– Le rôle premier du langage : ces connaissances sont véhiculées par des instruments psychologiques entièrement culturels : le langage d'abord, les manières de compter, l'écriture, les formes d'art…
– L'apprentissage préalable au développement : c'est par l'apprentissage que se développe la pensée. Sa notion de « zone proximale de développement » connaîtra un grand succès dans la pédagogie de l'apprentissage.

LES NOUVELLES APPROCHES DE L'INTELLIGENCE DE L'ENFANT

À la fin du XXe siècle, l'arrivée des sciences cognitives et de nouvelles techniques d'observation de l'enfant, relance les recherches sur le développement de l'intelligence.

Les néopiagétiens

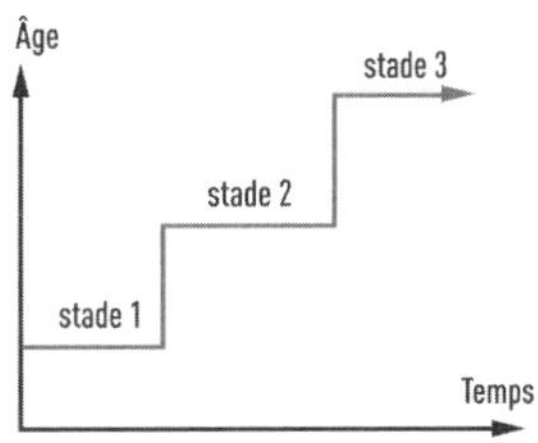

– Tentent de concilier les théories du développement de Jean Piaget et la psychologie cognitive.
– Découpent le développement cognitif en stades.
Quelques représentants :
Pierre Mounoud, université de Genève, a été l'assistant de Jean Piaget au Centre international d'épistémologie génétique (Genève).
Juan Pascual-Leone, université York de Toronto (Canada), considéré comme le « père incontesté » des néopiagétiens, est l'auteur d'une « théorie des opérateurs constructifs ».
Robbie Case, université de Stanford (États-Unis). Sa théorie des « -structures-conceptuelles centrales- » a exercé un fort impact.

Les évolutionnistes

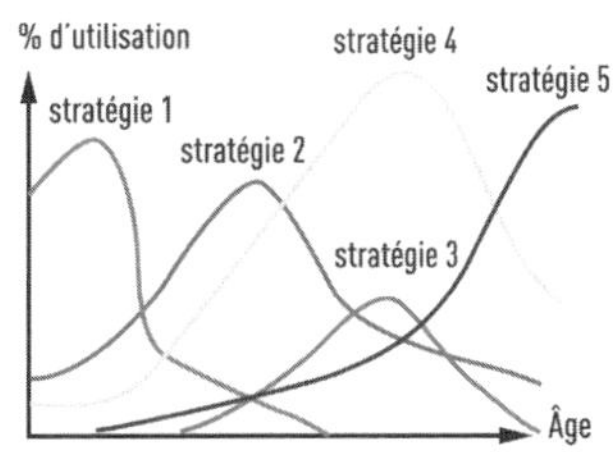

– Abordent le développement cognitif comme une évolution au sens de Charles Darwin, en intégrant variation et sélection.
– Ont une conception dynamique de l'intelligence, qui évolue selon eux de façon graduelle et chaotique.
Quelques représentants :
Robert Siegler, université Carnegie Mellon de Pittsburg (États-Unis), compare le développement cognitif à des « vagues qui se chevauchent ».
Olivier Houdé, université Paris-V-René-Descartes, pour qui la pensée est régulée par des capacités d'inhibition.
Paul Van Geert, université de Groningen (Pays-Bas), voit la pensée comme un système dynamique non linéaire, qu'illustrent des courbes du développement irrégulières et chaotiques.

Le courant du développement précoce

– Étudie un domaine cognitif particulier (ou module pour les tenants de la théorie modulaire) pour une tranche d'âge donnée.
– Décrit le fonctionnement de l'enfant sans se préoccuper des notions de structure ou de stade.
– Discute du caractère inné des compétences observées.

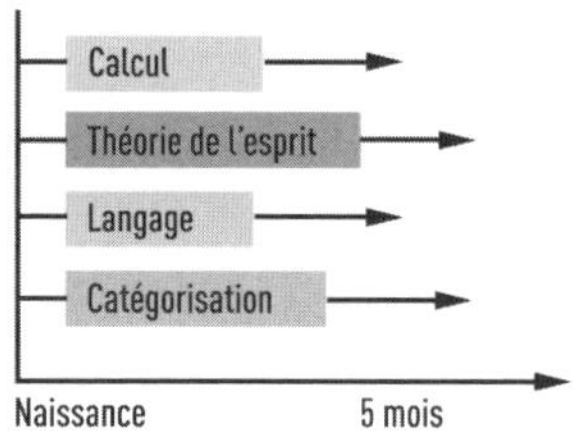

Quelques représentants :
Renée Baillargeon, université de l'Illinois (États-Unis). Seule la perception serait « pré-programmée ».
Elizabeth Spelke, université de Harvard (États-Unis). Spécialiste des capacités numériques du nourrisson.
Jacques Mehler, CNRS. Le bébé serait doté de compétences innées.

Le courant de l'environnement social et culturel

– Considère le contexte, c'est-à-dire les interactions sociales, l'éducation, la culture…, comme des facteurs déterminants du développement cognitif.
– S'inscrit dans la lignée de Lev S. Vygotski et Henri Wallon.

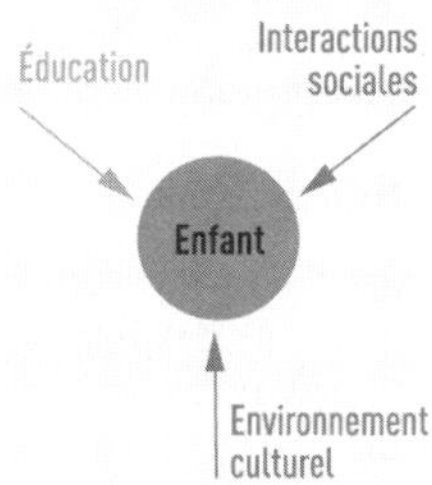

Quelques représentants :
Willem Doise, université de Genève, insiste sur le rôle des interactions sociales et des « conflits sociocognitifs ».
Jerome Bruner, pionnier des sciences cognitives, fondateur de la psychologie culturelle, tente de concilier les approches de J. Piaget et L.S. Vygotski.
Albert Bandura, université de Stanford (États-Unis), estime que l'apprentissage passe avant tout par l'expérience.

Petite histoire de la pensée éducative

Les précurseurs

Coménius (1592-1671)
Philosophe, théologien et pédagogue tchèque, Jean Amos Komensky voulait transformer l'école en « atelier d'humanité ». Dans *La Grande Didactique ou l'Art universel d'enseigner à tous* (1632), il recommande de laisser l'enfant découvrir, discuter et faire par lui-même.
Surnommé le « Galilée de l'éducation », Coménius est l'un des précurseurs de la psychologie constructiviste et le fondateur d'une forme de pédagogie différenciée en fonction du développement de l'élève.

Jean-Jacques Rousseau (1712-1778)
L'Émile ou de l'Éducation (1762) est souvent considéré comme un ouvrage fondateur de la pensée éducative.
Rousseau, qui soutient que c'est la vie en société qui pervertit la bonté originelle de l'homme, prend le contre-pied des usages de son temps, en affirmant :
– la spécificité de l'enfant : « petit d'homme » et non pas « petit homme », l'enfant n'est pas un adulte en réduction et l'on doit respecter les étapes de son développement ;
– une pédagogie du bonheur et de la liberté qui vise le contentement et la libre expression. La première étape de l'éducation doit préserver du vice et de l'erreur, pour apporter des savoirs et des savoir-faire.

Johann Heinrich Pestalozzi (1746-1827)
Ce pédagogue suisse a tenté de mettre en pratique les idées de Rousseau. C'est à Yverdon (1805-1825) qu'il expérimente sa méthode. Avec ses collaborateurs, il ouvre directement ou indirectement toutes les voies de la recherche pédagogique : apprentissage de la lecture et de l'écriture, pédagogie des mathématiques, gymnastique élémentaire, et même approche des handicaps...

L'École nouvelle

John Dewey (1859-1952)
Dans son « école laboratoire » du Massachusetts (États-Unis), on enseigne à partir des besoins des enfants, et les activités manuelles sont le support des activités intellectuelles.
J. Dewey est considéré comme le fondateur de la pédagogie du projet.

Maria Montessori (1870-1952)
Dans son école de Rome, elle élabore sa méthode avec des enfants autistes. Elle met au point un matériel éducatif (cubes, cylindres, lettres découpées...) qui, utilisé librement, permet d'accéder à des

compétences intellectuelles. C'est la grande inspiratrice de l'école maternelle française.

Ovide Decroly (1871-1932)
Ses grands thèmes sont l'importance de la vie en plein air, l'organisation de l'enseignement en grands centres d'intérêts. Il est le théoricien de la « méthode globale » de lecture. Il illustre une démarche que l'on retrouve chez beaucoup de théoriciens de l'École nouvelle : la pédagogie est considérée comme un lieu d'expérimentation destiné à fonder la psychologie de l'enfant.

Janusz Korczak (1878-1942)
Ce pédiatre et romancier polonais, de son vrai nom Henryk Goldszmit, s'efforce de renouveler les pratiques pédagogiques, notamment dans les deux orphelinats qu'il a fondés (Dom Sierot et Nasz Dom). Il crée également le journal *Maly Przeglad*, entièrement écrit par 2000 correspondants de presse enfants et adolescents dans toute la Pologne. Son texte *Le Droit de l'enfant au respect* (1928) préfigure la Convention des droits de l'enfant édictée par les Nations unies en 1989. En 1942, plutôt que s'enfuir, il refuse d'abandonner les enfants du ghetto de Varsovie et les accompagne à Treblinka. Il n'en reviendra pas.

Célestin Freinet (1896-1966)
Il est considéré en France comme le véritable fondateur des méthodes actives pour les enfants des milieux populaires et des classes rurales où il enseigne. Sa psychologie s'appuie sur le dynamisme naturel de l'enfant (« l'élan vital ») et le « tâtonnement expérimental » qui lui permet de se développer (l'erreur est réhabilitée comme moyen d'accès à la connaissance). Freinet restera surtout comme le génial inventeur de techniques pédagogiques originales : l'imprimerie, la coopérative scolaire, les fiches de travail individualisées, le texte libre qui permet d'introduire la « méthode naturelle » de lecture et d'écriture.

Courants et pratiques pédagogiques

- Les voies de la pédagogie (P. Meirieu)
- Profession pédagogue (Entretien avec P. Meirieu)
- Un siècle d'éducation nouvelle (M. Fournier)
- Enquête sur les pédagogies alternatives (M. Fournier)
- Des théories de l'apprentissage à l'enseignement (G. Goupil, G. Lusignan)
- Se former en groupe (E. Marc)
- Les conceptions humanistes de l'éducation (J. Lecomte)
- De l'usage de la ruse en éducation (Y. Guégan)

Philippe Meirieu

Les voies de la pédagogie

Depuis le début du XXe siècle, et de manière si récurrente que plusieurs commentateurs ont pu parler d'un « bégaiement » constitutif du discours pédagogique, il est d'usage d'opposer une « pédagogie centrée sur l'enseignant » et une « pédagogie centrée sur l'apprenant ».

Dans la première, la situation serait organisée autour de la prestation du maître : celui-ci dispense des informations dont la validité scientifique et culturelle est avérée mais sans se demander d'aucune manière si elles sont adaptées à ses élèves, intégrées dans leur progression et participent de leur formation personnelle. Dans la seconde, la situation serait organisée autour de la construction par l'élève de ses propres connaissances : l'enseignant y devient une personne-ressource qui diagnostique les besoins de chacun, lui fournit les documents et exercices adaptés, l'accompagne dans un parcours individualisé. Dans la « pédagogie centrée sur l'enseignant », il s'agirait de séduire ou de capter un auditoire pour l'amener à reproduire un comportement intellectuel standardisé.

Dans la « pédagogie centrée sur l'apprenant », on mettrait en place des « contrats » à partir d'objectifs négociés, avec le souci constant d'impliquer chacun dans la démarche, de le rendre « actif » et de le faire participer à sa propre évaluation. Dans la première régnerait la sélection drastique imposée par la règle du « mimétisme identificatoire ». Dans la seconde se construirait progressivement un modèle de réussite différenciée où chacun pourrait atteindre des objectifs différents mais d'égale dignité.

Une telle opposition a été nécessaire dans l'histoire de la pensée éducative et a eu une fonction polémique particulièrement saine. Ainsi les militants pédagogiques l'ont-ils adoptée et utilisée en de multiples variations pour stigmatiser des formes d'enseignement sclérosées, préoccupées seulement de leur propre pérennité. Ignorant la réalité des personnes concrètes au nom d'un « accès égalitaire de tous à l'universel », certaines pédagogies aboutissent, en effet, à privilégier ceux et celles qui disposent d'un environnement intellectuel ou d'une logistique familiale leur permettant d'entrer, avec une dépense minimale d'énergie, dans le modèle scolaire proposé.

Le « magistrocentrisme » risque toujours de basculer dans la sélection ou le dressage. Mais il a son symétrique dans le « puérocentrisme », qui rabat l'éducation sur l'accompagnement psychologique. Que cet accompagnement soit instrumentalisé en termes affectifs ou technologiques, qu'il se donne pour objectif l'instauration de « bonnes relations » ou l'acquisition de « comportements stabilisés », cela ne change rien au caractère dangereux de cette dérive. Tant que la relation entre celui qui éduque et celui qui est éduqué n'est pas médiatisée par des objets culturels qu'on peut, tout à la fois, s'approprier et mettre à distance, il n'y a pas de véritable émancipation. Car cette dernière suppose que la dépendance éducative soit brisée et que le sujet éduqué puisse distinguer ce qu'il a acquis de celui ou de celle qui lui a permis de l'acquérir. Il faut qu'il puisse s'appuyer sur ce qui lui est transmis pour s'exhausser au-dessus même des conditions de cette transmission.

Une exigence éthique fondatrice

Si l'éducation est bien la promotion de l'humain contre toutes les formes d'inhumanité qui nous envahissent, elle requiert nécessairement ce travail lent et patient par lequel le petit d'homme puis l'adulte, avec l'aide de ceux qui sont arrivés avant lui dans le monde, apprennent à se relier aux autres dans un mouvement réciproque de construction de l'objet et de construction de soi. C'est un mouvement par lequel soi et le monde apparaissent et se distinguent à la fois, pour que l'on puisse apprendre précisément à entrer en relation avec le monde et avec nos semblables. Et c'est là, sans doute, l'exigence éthique fondatrice de toute socialité : que le « je » ne s'enferme pas dans la domination hautaine, ne se crispe pas sur une identité étriquée, ne cherche pas à éradiquer l'altérité... mais s'ouvre, au contraire, à travers la médiation de la culture sous toutes ses formes, à l'humanité présente en chacun et en tous. La recherche exigeante de la vérité et l'ouverture à autrui ne constituent ainsi qu'un seul et même mouvement, celui par lequel grandit l'homme.

Ainsi la contradiction entre une « pédagogie centrée sur l'enseignant » et une « pédagogie centrée sur l'apprenant », en dépit de son caractère caricatural, permet-elle d'approcher ce qui fait le sens même de l'acte éducatif : une éthique de la vérité et de l'altérité. Certes, aucune de ces deux formes de pédagogie ne se retrouve jamais, dans la réalité, « à l'état pur ». Chaque maître, à chaque instant, adopte une posture située quelque part sur un *continuum* dont les deux extrémités n'ont pas d'existence propre. Il reste que, pour enseigner en s'inscrivant dans cette éthique, plusieurs modèles professionnels sont possibles. Chacun d'eux s'est développé dans des contextes particuliers, avec des références identitaires et des savoir-faire spécifiques.

Le modèle du « clerc »

Le modèle du clerc reste, dans les esprits, associé à l'idée de « l'enseignement traditionnel ». Même si l'on verra plus loin que les autres modèles disposent aussi d'une solide tradition, ils n'en ont pas, néanmoins, le même prestige… Le clerc connaît la vérité, il a été introduit dans la sphère de ceux qui sont officiellement reconnus comme entretenant un commerce privilégié avec elle. Sacrement, concours, rituel initiatique, les modalités de reconnaissance varient d'une civilisation à l'autre, mais le principe reste le même. Comme le clerc tient son savoir et son pouvoir « d'en haut », il existe toute une hiérarchie dans laquelle il s'inscrit et qui donne sens à son activité : il faut prendre exemple sur celui qui incarne, au-dessus de vous, la légitimité puisqu'il vous a lui-même adoubé. Dans les pays occidentaux, le modèle du clerc, c'est celui du professeur d'université qui, dans son amphithéâtre, instruit les étudiants attentifs. C'est lui qu'il faut imiter puisqu'il a le statut le plus prestigieux et aussi le salaire le plus élevé. C'est sa pratique qui apparaît comme la meilleure puisqu'il scolarise les meilleurs élèves. Ce sont ses conseils qu'il faut écouter puisque c'est lui qui a le pouvoir de conférer à d'autres le droit de professer.

Ce droit, c'est celui de la parole : une parole qui n'est pas seulement l'exposé d'un savoir préalable, mais aussi le développement d'une pensée qui se donne à voir dans son mouvement même, s'offre à autrui dans son exigence de clarification permanente, s'efforce de mettre de l'ordre quand les tâtonnements individuels ne livrent qu'obscurité et confusion.

On a beaucoup critiqué le modèle « magistral » du clerc, à tort et à raison. À raison, en dénonçant les complicités préalables qu'il requiert chez un auditeur qui veut en profiter au maximum. À raison, en pointant ses limites et en montrant qu'il ne peut dispenser d'un travail personnel approfondi pour lequel on ne doit pas laisser les élèves démunis se débrouiller tout seuls. À raison, en soulignant la lassitude qu'entraîne sa répétition, l'absence de véritable « guidage cognitif » dans ce qui apparaît trompeusement comme une méthode directive : en assignant les corps et les regards à résidence, le cours magistral laisse vagabonder les esprits, et l'ordonnance apparente qu'il exhibe peut recouvrir une véritable cacophonie mentale... Mais on a aussi critiqué le modèle « magistral » à tort : en laissant croire, par exemple, qu'il ne peut pas y avoir de véritable activité intellectuelle pendant que le cours se déroule. Mais aussi en niant son utilité pour interroger l'esprit ou permettre d'effectuer rapidement une synthèse ou encore en doutant de son pouvoir d'interpellation. Ce dernier, pour n'être jamais acquis définitivement, peut être prodigieux, comme chacun en a fait, au moins une fois, l'expérience.

Car c'est là, paradoxalement, son plus grand danger. Le problème majeur du cours magistral, ce n'est pas qu'il manque d'efficacité, c'est qu'il est trop efficace et entretient de la dépendance quand il devrait émanciper. Le pouvoir de fascination de la parole est immense et, de captivé, on finit facilement par devenir captif. Un retour sur les débats religieux du XVIe et du XVIIe siècle en Occident permet de mesurer l'importance de l'enjeu : le catholicisme, en effet, interdisait à ses fidèles la lecture directe de la Bible que seul le clerc pouvait interpréter en chaire. Les protestants, quand ils étaient trouvés en possession d'une Bible, étaient arrêtés et exécutés. Ils développèrent, pourtant, une culture spécifique, encore très présente dans les pays anglo-saxons en particulier, sous le nom de « libre examen » : pour eux, chacun doit pouvoir accéder directement aux textes originaux, les lire, les confronter, les critiquer. En prenant son temps. Sans être soumis au rythme de la parole qui vous subjugue et vous interdit de penser.

Le modèle de l'enseignant-bibliothécaire

C'est à partir de l'expérience protestante que s'est développé un modèle de l'enseignant-bibliothécaire qui ne détient pas tous les savoirs et n'est pas la vérité incarnée. Il aide simplement chacun à se retrouver dans le labyrinthe de la bibliothèque. Il guide, conseille, explique si on le lui demande ; il n'interdit jamais de s'arrêter pour réfléchir, de revenir en arrière ou de chercher ailleurs.

On peut l'interroger, mais rarement pour lui demander de transmettre lui-même des connaissances, plutôt pour qu'il explique où et comment on peut les chercher. Dans la masse des informations auxquelles il donne le droit d'accéder sans réserves, il permet de ne pas se perdre.

Le modèle est séduisant et on le trouvera sans doute étonnamment contemporain. Mais, là encore, l'histoire doit nous instruire : à quoi aboutit le « libre examen » si ce n'est à l'encyclopédisme ? Quand la bibliothèque devient trop vaste, quand les documents sont trop nombreux et que leur complexité décourage le lecteur, quand les textes se télescopent entre eux et que l'on ne peut pas, sans de savantes études, en comprendre les enjeux, le bibliothécaire se fait auteur de « manuels » : il trie, classe, organise, présente les documents par ordre de complexité croissante et avec le souci légitime de l'exhaustivité. Bref, il installe, à son tour, entre l'apprenant et les savoirs une médiation qui, pour être écrite, n'en est pas moins arbitraire et risque, qui plus est, de produire, par son légitime souci de simplification, des effets réels de démobilisation.

Car c'est là que le bibliothécaire – qu'il organise des documents écrits ou règne sur un cyberforum – bute sur une difficulté essentielle, souvent dénoncée par les pédagogues : le formalisme. Le souci d'accessibilité, en développant des processus de didactisation massive, dévitalise les savoirs qui ne sont plus reliés, pour celui qui les rencontre, aux pratiques et aux problèmes susceptibles de leur donner du sens. N'étant plus, comme dans le modèle magistral, portés par une « voix » dont le tressaillement confère au discours une dimension humaine, dégagés de leur contexte et de leur histoire qui pouvaient permettre d'en voir les enjeux, simplifiés, « scolarisés », les savoirs se dévitalisent pour finir par n'être plus que des objets d'échange dans une « pédagogie bancaire ».

Le modèle du « maître-compagnon »

C'est pour lutter contre de telles dérives que les pédagogues ont, depuis bien longtemps, cherché à promouvoir d'autres voies, centrées sur l'accompagnement et le dialogue. Un troisième modèle s'est élaboré, souvent présenté comme caractéristique de la « pédagogie nouvelle ». Il n'en est pas moins inscrit dans une longue tradition : le compagnonnage. En effet, la relation directe du maître à l'apprenti ou à l'élève existe depuis très longtemps, dans de nombreuses civilisations, comme une forme privilégiée d'apprentissage. Chez les « compagnons du tour de France », par exemple, le « maître » entretient avec son apprenti des rapports particulièrement riches et exigeants ; il n'abdique nullement sa compétence spécifique, ne cherche pas à faire oublier son autorité, n'hésite pas à donner des ordres. Mais il n'explique pas abstraitement ce qu'il faut faire pour envoyer ensuite l'apprenti le faire tout seul chez lui ; il fait devant, fait avec, guide le geste, commente le résultat, fait refaire quand c'est nécessaire jusqu'à ce que l'apprenti se hisse au niveau de maître et parvienne à réaliser son « chef-d'œuvre ».

Nous avons là le principe qui, sous une forme ou sous une autre, inspire ce que l'on nomme « la pédagogie active » ou « le travail individualisé » ; c'est là aussi le principe organisateur de cette « classe atelier » où les pédagogues rêvent de voir les élèves s'affairer, aux prises avec des « problèmes concrets », collaborant, fabriquant, rectifiant leurs erreurs au fur et à mesure, progressant tout à la fois en autonomie et en compétence… Belle songerie que bien peu ont vue, en réalité, et qui fonctionne plutôt comme une référence mythique que comme modèle opérationnel.

C'est que le compagnonnage comporte ses propres limites, découvertes très tôt par les « compagnons du tour de France » : ces derniers furent tout de suite, en effet, confrontés à un dilemme difficile : satisfaire l'apprenti ou le client ? En situation de production, les exigences des deux parties ne sont pas vraiment convergentes : l'apprenti voudrait qu'on prenne du temps et qu'on gâche des matériaux, qu'on le laisse apprendre « à loisir » (faut-il rappeler que c'est là l'étymologie du mot « école » qui, en grec, signifie « loisir » ?). Le client, lui, veut obtenir satisfaction le plus vite possible et ne goûte guère le gâchis du matériel ou la perte de temps ; de toute évidence, il préfère que le maître fasse le travail tout seul ! Et ce qui se passe chez les « compagnons » se passe aussi dans toutes les « classes ateliers » : les élèves ou les étudiants déjà compétents travaillent vite et bien, pendant que les autres sont écartés… et qu'on les « paye » en identification dans le résultat pour compenser leur frustration dans la production.

Ainsi le « maître compagnon » n'est pas plus parfait que le clerc ou le bibliothécaire. Mais chacun d'entre eux, on le voit, possède des qualités spécifiques : la parole dispose d'un pouvoir d'« arrachement » et de clarification ; le livre apprivoise l'esprit et forme la pensée critique ; le geste accompagné entraîne à la persévérance et à l'exigence de qualité. Aussi faut-il sans doute, en un effort nouveau, tenter d'imaginer un modèle ouvert de l'enseignement, associant en une dynamique originale ces trois aspects et qui nous permette tout en dépassant les querelles du passé d'affronter les défis du futur.

L'organisation des procédures d'enseignement

Chacun des modèles que nous venons d'identifier propose une « manière d'enseigner ». Et chaque « manière d'enseigner » semble avoir des avantages et des inconvénients liés, très largement, à ses conditions d'émergence ainsi qu'à la structure sociopolitique dans laquelle elle s'est développée : le modèle du clerc correspond parfaitement à une société très hiérarchisée, où les savoirs renvoient à des stratifications économiques, culturelles ou religieuses. Le modèle du bibliothécaire correspond à une société parlementaire où l'espace public est structuré autour de normes juridiques formelles, proclamant l'égalité de tous dans l'inter-argumentation rationnelle. Le modèle du « maître compagnon » correspond à l'idéal de la coopérative autogérée où la dignité des personnes est indépendante des fonctions qu'elle exerce et où les apprentissages s'effectuent sous forme d'échanges réciproques de savoirs…

Or nous semblons avoir renoncé à institutionnaliser ces modèles sociopolitiques en tant que tels et commençons à comprendre que l'ordre de l'humain est bien celui des compromis : compromis provisoires mais suffisamment stables pour permettre à des légitimités différentes de coexister et au système de « donner du jeu » à ses acteurs. Ainsi la société s'humanisera pour autant qu'elle ne se crispera pas sur des modèles hégémoniques mais autorisera les personnes à chercher leur cohérence propre dans l'appartenance à plusieurs systèmes de légitimation différents. Et il n'y a pas de raison pour que l'école échappe à ce mouvement général ; il faut même souhaiter qu'elle sache développer les trois types de relations au maître et au savoir que nous avons décrits, tout en s'efforçant de donner à chacun les moyens de se construire comme sujet unifié, capable de poser et d'assumer des actes librement.

La transformation du système scolaire est ici, sans aucun doute, sa condition de survie, c'est-à-dire aussi la condition de pérennité institutionnelle de l'exigence éducative comme « éthique de la vérité et de l'altérité ». C'est cette exigence – et elle seule – qui permet de marquer les limites des modèles que nous avons présentés. C'est elle qui nous impose de borner impérativement le pouvoir de captation de « l'enseignant clerc » et de favoriser la confrontation directe de l'élève avec les sources documentaires multiples offertes par « l'enseignant bibliothécaire ». C'est elle aussi qui nous met en garde contre le formalisme de ce dernier et la totémisation des ressources offertes à travers les supports traditionnels ou technologiques : coupées de leurs conditions d'émergence et de leurs enjeux intellectuels et humains, ces ressources deviennent vite des informations vides, utilisées simplement pour « se distinguer » sur le marché scolaire et dans la sélection sociale. Si on veut retrouver leur sens, il convient alors, sans doute, de placer l'élève en situation d'activité comme le suggère le « maître compagnon ». Là, les ressources apparaissent effectivement comme des moyens de résoudre des problèmes effectivement rencontrés et analysés. Mais l'exigence éducative nous met encore en garde : dans l'activité de production, tout ce qui est gagné en finalisation risque d'être perdu en apprentissage à cause de l'inévitable division du travail qu'elle engendre ; de plus l'empirisme et l'efficacité immédiate menacent de prendre le pas sur la recherche de la vérité, appelant alors une nécessaire intervention magistrale dont le pouvoir d'interpellation et de conceptualisation sera ici très précieux...

Entretien avec Philippe Meirieu

Profession pédagogue

Pouvez-vous nous expliquer en quoi consiste la « pédagogie différenciée » dont vous êtes devenu le porte-drapeau ?

D'abord, la pédagogie différenciée[1] repose sur le « principe d'éducabilité » qui fait le pari que tout enfant est éducable. Mais si l'on veut que tout enfant puisse réussir, et en particulier acquérir les compétences nécessaires pour être citoyen dans des sociétés complexes comme les nôtres, on ne peut pas utiliser les mêmes méthodes avec tout le monde. Mes élèves de sixième avaient inventé un proverbe chinois pour la définir : « Il faut beaucoup de chemins pour que tout le monde arrive en haut de la montagne »... Si l'école propose un chemin unique, ceux qui sont adaptés à ce chemin courent devant tandis que les autres restent à la traîne et finissent par s'asseoir au bord de la route en disant que cela va trop vite pour eux et qu'ils n'y comprennent rien.
La pédagogie différenciée consiste à utiliser tout un éventail de démarches et de supports – recherches documentaires, travail expérimental, travail de groupe ou individualisé, cours magistral ou méthode plus inductive... Elle multiplie les chances de réussite en s'adaptant aux possibilités des élèves et plus particulièrement aux différentes stratégies d'apprentissage – cognitives, affectives et sociales – de chacun. Cependant, lorsque l'on parle de pédagogie différenciée, on ne parle pas toujours de la même chose. Je dirais même qu'il existe deux manières de la pratiquer qui s'opposent. L'une accroît les discriminations entre les individus, l'autre, au contraire, les réduit en ouvrant la palette des possibles pour chacun. Si par exemple vous différenciez la pédagogie

1- Voir *L'École. Mode d'emploi* (rééd. ESF, 2009).

en regroupant les élèves lents d'un côté, les rapides de l'autre, les premiers risquent d'être toujours plus lents, les seconds toujours plus rapides. C'est la même chose avec des élèves plus réceptifs à une démarche expérimentale et ceux qui manient mieux le raisonnement conceptuel. En faisant un diagnostic *a priori* des possibilités de l'élève, pour lui proposer des « remédiations », on risque alors de l'enfermer dans sa spécificité au lieu d'élargir ses compétences. Il existe, en fait, une façon de respecter les différences qui consiste à les entériner et à les creuser. Et une autre démarche qui consiste à enrichir les potentialités de chacun, à s'appuyer sur le donné pour le dépasser...

La pédagogie ouverte que vous prônez ne semble pas susciter l'enthousiasme de tous. Les parents, d'une part, sont aujourd'hui assez crispés sur l'apprentissage de contenus précis visant très concrètement l'obtention des diplômes. Et par ailleurs, beaucoup d'enseignants ne voient pas du tout, dans les conditions d'enseignement actuelles, avec une « forme scolaire » qui impose des emplois du temps rigides et une organisation en groupes-classes, comment ils pourraient mettre en œuvre de telles pratiques... La plupart des enquêtes les montrent tiraillés entre différentes pressions, les parents, la hiérarchie, le respect des programmes... Vous connaissez bien tous ces obstacles !

Les obstacles majeurs à la mise en place d'une telle pédagogie sont sans doute liés à une forme de cécité historique. Et, entre autres, à l'idée très répandue que l'école doit être organisée en niveaux qui doivent correspondre à des âges précis. Aujourd'hui, nous sommes tributaires d'une forme scolaire dont on pense qu'elle est consubstantielle à l'école : selon ce modèle, l'organisation des enseignements ne peut se faire que de cette manière. Alors que cette forme scolaire est apparue à un moment précis, aux XVIIIe et XIXe siècles, et qu'elle s'est développée dans un contexte historique précis – la naissance du monde industriel et du taylorisme – dont on peut se demander s'il a vocation à se pérenniser. Le taylorisme par exemple, en matière économique, est en train de disparaître.

Second point, très important aussi : la question de l'hétérogénéité. L'hétérogénéité fait peur aux parents, aux

enseignants et plus généralement aux citoyens. Le mythe de l'homogénéité, qui suggère que l'on n'est bien ensemble que si l'on est pareil, est très prégnant dans notre société. Mais ce mythe sous-tend un communautarisme obscurantiste qui est le contraire de la laïcité. Concrètement, les parents s'imaginent que l'hétérogénéité tire les élèves vers le bas, qu'elle met leurs enfants en contact avec d'autres peu fréquentables, qu'elle fait perdre du temps aux enseignants. Aujourd'hui, des études précises ont prouvé que toutes ces craintes étaient erronées. Les enquêtes Pisa[2] (enquête de l'OCDE), montrent par exemple que les élèves qui ont les meilleures performances à 15 ans sont ceux qui viennent des pays nordiques (Suède, Danemark, Finlande...), où les classes sont les plus hétérogènes et où l'orientation est la plus tardive. Ces pays, d'ailleurs, ont quasiment supprimé les redoublements, sauf pour des raisons exceptionnelles.
On s'aperçoit aussi que cette hétérogénéité profite également aux bons élèves, lorsque, par exemple, ceux-ci sont mis en situation de moniteurs pour aider les plus faibles. On sait que l'on ne maîtrise jamais aussi bien un savoir que lorsque l'on doit le faire partager...

Justement, l'hétérogénéité des élèves est soulignée, dans les enquêtes françaises, comme l'un des plus gros problèmes que rencontrent les enseignants...

Je ne pense pas que les enseignants soient opposés à une hétérogénéité de niveau qui, d'ailleurs, a toujours été pratiquée, par exemple, dans les classes rurales où étaient réunis des élèves de 7 à 14 ans. Et aujourd'hui, certains enseignants gèrent très bien cette hétérogénéité des niveaux, en utilisant par exemple différents manuels, des fiches de travail individualisées, un peu d'informatique, du travail de groupe et du monitorat...
Ce qui pose davantage problème, c'est l'existence d'enfants qui n'adhèrent pas aux normes scolaires ; ceux que le pédagogue Francis Imbert[3] a appelés les « enfants bolides », qui bougent dans tous les sens, ne font jamais leur travail,

2- « Programme international pour le suivi des acquis des élèves », OCDE. Voir aussi en fin d'ouvrage le point sur ces différentes enquêtes.

3- F. Imbert, *Vivre ensemble, un enjeu pour l'école*, rééd. ESF, 2001.

agressent leurs camarades, voire l'enseignant. Cette hétérogénéité des comportements inquiète les enseignants car ils ne savent pas la gérer. Il leur arrive d'entrer dans certaines classes comme dans une cage aux fauves, paniqués par les réactions totalement imprévisibles de jeunes qui n'adhèrent plus à la norme scolaire ou même la transgressent volontairement.

On doit apprendre aujourd'hui aux enseignants à gérer ces types de comportement et à construire la loi commune dans la classe. Et là, je n'hésite pas à dire combien un certain « antipédagogisme primaire » a été ravageur. Cet antipédagogisme a condamné sans les lire des pédagogues[4] comme Fernand Deligny, Anton Sevenovitch Makarenko ou Fernand Oury qui, chacun à sa manière, ont travaillé sur cette construction de la loi avec des élèves « difficiles », réputés « inéducables »...

Deux cents ans de culture pédagogique nous apportent des enseignements fondamentaux là-dessus. Mais aujourd'hui, ils ont été passés en pertes et profits. Dans les IUFM, les attaques antipédagogues ont marqué des points. Je le répète et je le déplore, la culture pédagogique a pratiquement disparu. Les jeunes générations d'enseignants n'ont jamais entendu parlé de ces grands pédagogues que furent Johann Heinrich Pestalozzi, Maria Montessori, John Dewey, Paulo Freire et bien d'autres... Lorsque de jeunes enseignants entrent en classe aujourd'hui, ils s'imaginent que ce qu'ils vivent, personne ne l'a jamais vécu avant. Mais qu'ils lisent l'histoire du docteur Itard et son Victor de l'Aveyron ! Et ils verront que les enfants qui crachent à la figure de leurs éducateurs ont déjà existé ! Quand on fait le pari de l'éducabilité, il vaut mieux choisir la pédagogie que l'exclusion, le travail obstiné pour faire accéder à la loi plutôt que la sanction aveugle.

Lorsque j'ai publié *L'École ou la guerre civile* (1997), on m'a accusé, de manière très virulente, de vouloir réduire l'école à une simple formation à la citoyenneté qui se ferait au détriment de l'acquisition des savoirs. Je pense que nous payons aujourd'hui le prix fort de ce déchaînement

4- Sur ces pédagogues, voir la série de films conçus par P. Meirieu, Mosaïque-Films pour la Cinquième (disponibles chez PEMF, 06376 Mouans-Sartoux Cedex). Et aussi M. Fournier, « Un siècle d'éducation nouvelle », dans le présent ouvrage.

antipédagogique. Le problème majeur des jeunes enseignants est de « construire la classe » pour pouvoir y faire cours : se faire entendre, organiser du travail de groupe sans être débordé, ne pas se faire insulter, ne pas entrer dans des rapports de force ni dans une surenchère qui consiste à crier plus fort que les élèves, construire des règles et les faire respecter...

Depuis quelques années, en effet, vous êtes devenu la cible d'attaques de plus en plus violentes, de la part notamment de philosophes. Comment l'expliquez-vous ?

Je vois trois raisons à cela. La première est une querelle de territoires. Dans les années 1980 est apparu tout un ensemble de pédagogues, comme André de Peretti, Louis Legrand, Antoine Prost... Ils se font connaître en développant leurs conceptions de l'éducation dans des livres concrets, proches du terrain, accessibles au plus grand nombre. Ce faisant, ils empiètent sur la cléricature et les prérogatives de ceux qui se voulaient les seuls connaisseurs et spécialistes de l'éducation, à savoir les philosophes.

Deuxièmement, nous n'avons pas assez expliqué que les méthodes pédagogiques que nous prônions (méthodes actives, pédagogie différenciée...) n'étaient pas des méthodes d'animation ludique qui détourneraient de l'acquisition d'une culture de haut niveau. Beaucoup ont pensé que l'importance que nous attachions aux méthodes se faisait au détriment des contenus, ce qui est faux. On a caricaturé les méthodes actives en faisant croire que les élèves, par exemple, n'auraient plus accès à la culture grecque et ne feraient plus que lire des petites annonces en classe. On nous a accusés de promouvoir une « cuculture », etc.

La troisième raison est d'ordre sociologique. En France, la pédagogie est affaire de femmes et de jeunes enfants. Elle ne concernerait que l'école maternelle et primaire. Dès lors que l'on commence à apprendre « pour de bon », l'école deviendrait une affaire d'hommes et de savoirs qui s'imposent par leur légitimité intrinsèque. On n'aurait plus alors besoin de pédagogie.

Quand le Haut Conseil de l'évaluation propose un diagnostic du système éducatif, sous la forme d'un rapport de 120 pages, on ne trouve mentionnée la nécessité de développer la recherche en éducation que dans la partie « école primaire ». Pour le collège, le lycée et l'enseignement supérieur, c'est comme si la pédagogie n'existait pas ! Pour nombre d'intellectuels, la pédagogie est une affaire de couches-culottes ; au-delà, il n'y a que du savoir.

Cette représentation péjorative de la pédagogie est particulière à la France. On ne la trouve pas en Allemagne par exemple, ni dans les autres pays européens. Pour l'illustrer, il n'y a qu'à regarder le traitement différencié que la France fait de Voltaire et de Rousseau : il n'y a pas une grande ville de France qui n'ait son boulevard Voltaire ; mais, à Paris par exemple, s'il existe bien une rue Jean-Jacques Rousseau, elle est minuscule ! Or Voltaire représente l'homme brillant, capable par quelques belles formules de faire la révolution dans les salons, alors que Rousseau représente un homme inquiet, dont la pensée éducative tente de frayer avec la complexité et la temporalité... Je veux dire que la France est un pays qui a toujours privilégié la belle formule sur l'analyse approfondie, les intellectuels brillants par rapport aux chercheurs besogneux, le modèle académique universitaire sur le modèle pédagogique, plus lent et plus ardu.

Quels arguments opposez-vous à tous ceux qui dénient l'utilité de la pédagogie ?

Je répondrais que le savoir sans la pédagogie, c'est l'exclusion. Prenons un exemple. Une enquête d'il y a quelques années sur la région de Lyon montre que 36 % des élèves de troisième font relire leurs devoirs de français à leurs parents. Sans être professeurs de français, ces parents vont pointer les erreurs de logique ou d'écriture et permettre à l'enfant d'améliorer son devoir. Et les autres, à qui peuvent-ils le faire relire ? Si le professeur ne fait pas de suivi individualisé, en travaillant par exemple avec l'élève sur son brouillon, autrement dit, s'il ne fait pas de pédagogie, seuls ceux qui bénéficient de cet accompagnement extrascolaire réussiront à l'école.

Aujourd'hui, dans les premiers cycles universitaires, un nombre considérable d'étudiants sont en échec, car on y délivre un savoir académique impeccable, mais sans aucune pédagogie. Quand ces jeunes étudiants sont de « bonne famille » et viennent de l'enseignement général, ils réussissent, mais la grande majorité de ceux qui viennent de lycées professionnels sont en échec. Les connaissances sans la pédagogie ne se transmettent qu'à ceux qui ont trouvé leur panoplie de bon élève au pied de leur berceau.

Pouvez-vous donner un exemple de cette pédagogie qu'il faudrait utiliser avec ces « nouveaux étudiants » ?

Si on veut donner leurs chances aux lycéens professionnels qui arrivent à l'université, il faut débloquer quelques moyens (temps et argent) pour leur apprendre des méthodes de travail : apprendre à gérer leur temps, organiser les tâches ; leur donner les repères culturels et historiques qui leur manquent ; il faudrait aussi les accompagner au cours de leur année universitaire pour leur apprendre à construire un devoir, préparer un exposé oral, à travailler entre eux, à lire un livre de manière efficace et en faire une fiche, etc. Tout un travail que l'on appelle, en fait, à tous les niveaux de la scolarité, le suivi individualisé. Or ce suivi constitue le déficit majeur de notre école aujourd'hui, de la maternelle à l'université. C'est d'ailleurs la raison pour laquelle l'enseignement privé a tant de succès. Avec les grandes écoles, c'est le seul endroit où il est pratiqué.

En définitive, dans le débat sur l'école, que prônez-vous pour résoudre les problèmes actuels ?

Faut-il revenir sur la loi d'orientation de 1989, qui incitait à la pratique des méthodes actives (dans lesquelles l'élève est l'acteur de ses apprentissages), sur le collège unique, sur l'augmentation du nombre des bacheliers, sur les enseignements transdisciplinaires… ?
Je pense qu'il faudrait plutôt s'attacher à l'appliquer réellement, tout en la toilettant pour l'adapter aux nouveaux problèmes qui ont surgi. Par exemple, mettre fin à la domination de certaines filières et à la hiérarchie des baccalauréats.
Mais l'école, et la scolarité obligatoire en particulier, doivent rester le creuset social où se font l'apprentissage de

la liberté de pensée et d'opinion, l'apprentissage de la capacité à échapper à toutes les emprises, de la religion ou, aujourd'hui aussi, de la télévision et de la publicité par exemple.
Ajoutons que l'école connaît des problèmes, non pas parce qu'elle ne fonctionne pas, mais parce qu'elle est beaucoup plus ambitieuse qu'elle ne l'a jamais été. Jamais auparavant, les sociétés ne se sont donné comme objectif d'amener à un si haut niveau de savoir la totalité de ses enfants. Réussir le collège unique, c'est difficile, mais ce n'est pas pour autant qu'il faut abandonner la recherche pédagogique des moyens qui permettront d'y accéder. C'est également très difficile de soigner le cancer et ce n'est pas pour cela que l'on va abandonner la recherche pour le guérir.
Je reste convaincu que le ministère de l'Éducation nationale doit, dans une démocratie, être « le ministère de l'utopie ». Je ne voudrais pas qu'il devienne « le ministère du renoncement ».

Propos recueillis par Martine Fournier

MARTINE FOURNIER

UN SIÈCLE D'ÉDUCATION NOUVELLE

Une pédagogie active, respectant les besoins et les intérêts de l'enfant ainsi que sa liberté : les principes de l'éducation nouvelle apparaissent encore aujourd'hui d'une grande modernité.

Aleth et Elisabeth, allant chacune vers leurs sept ans, s'activent joyeusement à assembler des caractères d'imprimerie pour composer le texte qui a été choisi le matin même. C'est la coutume : une fois par semaine, chaque élève propose son histoire ; celle qui sera sélectionnée par les élèves sera imprimée pour composer le « livre de vie » dans lequel ce Cours préparatoire peu ordinaire apprend à lire. Le livre de vie constitue aussi une ressource pour le journal scolaire, complété par les travaux des autres divisions de la classe : textes libres des plus grands, recherches collectives sur différents sujets, reportages pour faire connaître le village ou la région, échangés avec les correspondants. Nous sommes dans les années 1950, dans une école utilisant les méthodes Freinet...

Célestin Freinet, Ovide Decroly, Maria Montessori, John Dewey, Alexander S. Neill, tous ces noms et bien d'autres ont participé d'un courant qui a traversé le siècle, et dont les approches sont généralement réunies sous le nom d'« éducation nouvelle ». Ce terme générique recouvre, en fait, toute une diversité de points de vue qui ont en commun une opposition fondatrice à l'enseignement traditionnel. Que reste-t-il d'un mouvement aujourd'hui centenaire, perçu comme innovant et contestataire, voire libertaire, et vivement critiqué par les tenants d'une pédagogie plus classique ?

Déclaration de guerre à l'école traditionnelle

« Et sur les indications du diable, on créa l'école. L'enfant aime la nature : on le parqua dans des salles closes. L'enfant aime bouger :

on l'obligea à se tenir immobile. Il aime manier des objets : on le mit en contact avec des idées (...). Il voudrait raisonner : on le fit mémoriser. Il voudrait s'enthousiasmer : on inventa les punitions... » Cette déclaration d'Adolphe Ferrière, cofondateur en 1921 de la Ligue internationale de l'éducation nouvelle, résume une préoccupation commune de ce courant : la critique de la pédagogie traditionnelle. C'est à la fin du XIXe siècle que naissent les premières écoles nouvelles : la New School d'Abbotsholme, en Angleterre, créée par Cecil Reddie ; l'école-laboratoire de l'université de Chicago, fondée par J. Dewey ; les expériences des Arbeitsschule (écoles actives) de Munich, par Georg Kerschensteiner ; la Casa dei bambini, de M. Montessori, à Rome ; l'école de l'Ermitage d'O. Decroly, à Bruxelles (1907). En 1899, A. Ferrière, professeur à l'université de Genève, fonde le Bureau international des écoles nouvelles alors qu'Alfred Binet publie un ouvrage dans lequel il « déclare la guerre » à la pédagogie traditionnelle (*La Fatigue intellectuelle*, 1898).

Au lendemain de la Première Guerre mondiale, le mouvement prend une nouvelle vigueur : en Europe particulièrement, la nécessité de réformer l'éducation se fait sentir pour former « des individus capables de mettre fin aux guerres et d'organiser, par la compréhension mutuelle, un monde meilleur ». Toutes sortes de tentatives pédagogiques fleurissent : à la fondation des Communautés libres de Hambourg, les enfants organisent seuls leur vie scolaire, décident de leur règlement et choisissent leurs responsables. Aux États-Unis, le plan Dalton met en place les méthodes de travail individualisé et une pédagogie du contrat entre l'élève et l'enseignant, tandis qu'en Angleterre, A.S. Neill fonde sa célèbre école de Summerhill en 1921...

Ce n'est pas sans interaction avec ce mouvement pédagogique que l'on peut observer à la même époque le développement des recherches sur la psychologie de l'enfant. Le psychologue suisse Édouard Claparède fonde, en 1912, l'Institut Jean-Jacques Rousseau à Genève, véritable institut des sciences de l'éducation destiné à former, « dans un esprit nouveau », aux carrières pédagogiques. Et c'est dans les années 1920 que l'un de ses élèves, Jean Piaget, commence à publier toute une série d'ouvrages sur le développement de l'intelligence chez l'enfant qui, avec ceux de Henri Wallon, influenceront et encourageront le développement de l'éducation nouvelle. De leur côté, Ferdinand Buisson et A. Binet poursuivent leurs travaux sur la mesure de l'intelligence et prônent une pédagogie scientifique.

Durant cette période, le foisonnement des publications témoigne d'une intense activité de recherche pédagogique à travers une foule d'approches diverses et hétéroclites. Dans un petit livre paru en 1965[1], Roger Cousinet, inspecteur de l'Éducation nationale connu pour avoir mis en place dans les années 1920 une méthode de travail libre par groupes, retrace avec enthousiasme la genèse de l'éducation nouvelle, en montrant qu'elle s'est abreuvée à plusieurs courants : un courant scientifique (celui de la psychologie de l'enfant) ; un courant philosophique, que l'on peut illustrer par exemple par le pragmatisme de J. Dewey (philosophe américain dont la formule « *learning by doing* » est restée célèbre). Mais le courant le plus puissant, qui fédère la plupart des initiatives d'éducation nouvelle, est ce que R. Cousinet appelle un courant « mystique » dont les initiateurs sont Jean-Jacques Rousseau et Léon Tolstoï.

Une mystique de l'enfance

Pour Rousseau, la nature a fait l'homme heureux et bon, et c'est la société qui le corrompt. L'enfant, encore proche de « l'état de nature », doit séjourner dans cet état le plus longtemps possible et le rôle de l'éducation consiste, tout en le préparant à la vie, à l'empêcher de devenir trop tôt adulte. Cette conception, que R. Cousinet qualifie de mystique en raison de l'idéalisation qui est faite de la nature, va entraîner ce qu'E. Claparède appellera une véritable « révolution copernicienne » de l'enseignement.

Léon Tolstoï, inspiré des idées de Rousseau et qui avait, en 1858, ouvert une école dans sa propriété, va pousser encore plus loin cette mystique : l'enfant est un être parfait et nul n'a le droit de l'éduquer. C'est d'ailleurs chez Tolstoï que s'enracinent les principes éducatifs libertaires de *self-government*.

« L'amour et le respect de l'enfance sont universels dans toute l'histoire de l'éducation nouvelle », explique R. Cousinet. À partir des idées rousseauistes sont exaltés la vie à la campagne, le travail manuel, la liberté et la création artistique, mais aussi l'éducation morale. A. Ferrière donne de l'école nouvelle une définition qui deviendra canonique : « Un internat familial établi à la campagne où l'expérience de l'enfant sert de base à l'éducation intellectuelle par l'emploi adéquat des travaux manuels et à l'éducation morale par la pratique d'un système d'autonomie relative des écoliers. »

1- R. Cousinet, *L'Éducation nouvelle*, Delachaux et Niestlé, 1965.

Outre la centration sur l'enfant, l'organisation sociale est aussi un critère fondamental des écoles nouvelles. L'instruction est inséparable d'une éducation morale qui conduit à l'autonomie et au sentiment de responsabilité. Les écoles nouvelles fonctionnent sur le mode de la coopération, de l'entraide, du contrat avec l'adulte ou avec les pairs. J. Dewey voulait faire de la classe un « milieu total » physique et social qui soit un modèle de démocratie. Dans la coopérative scolaire de type Freinet, les enfants gèrent les ressources qu'ils produisent – par le jardin ou le journal –, programment à l'issue de votes leurs dépenses : sorties, achat de nouveau matériel, etc.

L'aboutissement de cette pédagogie sociale s'incarnera dans le courant de la « pédagogie institutionnelle »[2] dont la critique de l'« école-caserne » connaît un grand succès au moment de mai 1968: la classe devient lieu de débat et c'est à partir de cette période que l'on voit se multiplier les expériences d'autodiscipline et d'établissements autogérés[3].

La pratique des méthodes actives est, elle aussi, un trait essentiel de l'éducation nouvelle. « L'apprentissage n'est ni une imitation plus ou moins servile, ni une répétition… L'enfant agit, il explore, il enquête, il découvre, il invente. C'est là la véritable éducation, qui n'a pas besoin de leçons magistrales ni de livres », affirme R. Cousinet.

« Comment puis-je calculer combien vont coûter les sandwichs qu'il faudra emporter pour notre sortie de jeudi à la ville voisine ? », se demande Jérôme qui, pour remplir son office de trésorier de la classe, va ainsi découvrir les arcanes de la règle de trois. Recherche de documentation, entretien avec les habitants du village, confection de dossiers exposés à la classe ou envoyés aux correspondants sur des sujets choisis par les élèves, la classe Freinet est une véritable ruche, où chaque petit groupe vaque à des occupations dont il devra rendre compte aux camarades…

Cette notion d'activité, cependant, est sujette à bien des débats au sein de l'éducation nouvelle. Pour Claparède, « l'activité d'un écolier ne devrait jamais être autre chose qu'un moyen employé par lui pour satisfaire à un besoin qu'on aura su créer en lui ». Mais cette approche « fonctionnelle » n'est pas du goût de tous les éducateurs. Faut-il, comme le pensent certains, créer

2- A. Vasquez et F. Oury, *Vers une pédagogie institutionnelle*, Maspero, 1969.

3- Le Lycée autogéré de Saint-Nazaire, fondé par G. Cohn-Bendit, fonctionne toujours aujourd'hui.

un environnement stimulant ? Organiser l'enseignement autour de « centres d'intérêts » et amener les enfants à une démarche intellectuelle de résolution de problème, comme le pensait Dewey pour qui « toute leçon doit être une réponse » ? Ou bien, à l'inverse, laisser l'enfant évoluer librement selon ses désirs (A.S. Neill) ?

Célestin Freinet et l'école moderne

Célestin Freinet créa en 1944 le mouvement de L'École moderne française[4]. Pour cet instituteur (qui dut, en raison de ses méthodes, quitter l'Éducation nationale) « la voie normale de l'acquisition n'est nullement l'observation, l'explication et la démonstration, mais le tâtonnement expérimental, démarche naturelle et universelle ». Freinet était très critique vis-à-vis d'une utilisation « scolastique » (mécanique) des méthodes actives : pour lui, il fallait redonner un sens aux activités scolaires en rétablissant les finalités concrètes des apprentissages. Contrairement à d'autres pédagogues de l'école nouvelle, Freinet pensait aussi que ce n'était pas par le jeu que l'on apprend, mais par le travail.

S'il puisait parfois son inspiration chez certains de ses prédécesseurs (par exemple, la méthode globale de Decroly), Freinet a aussi mis en place tout un ensemble de techniques pédagogiques originales au service de ses méthodes : l'imprimerie, les plans de travail (sortes de contrats individuels pour chaque élève), les fichiers autocorrectifs (forme d'enseignement programmé par discipline), la bibliothèque de travail (dossiers thématiques remplaçant les manuels scolaires à la libre disposition des élèves), le jardin scolaire qui comprenait l'élevage de petits animaux, les ateliers de peinture, poterie, théâtre ou poésie... Mais ces outils étaient au service d'un modèle de travail dont la dimension sociale coopérative importait autant que les conditions matérielles.

Que reste-t-il de l'éducation nouvelle ? Les années 1970 ont vu se multiplier écoles parallèles, ouvertes, et lycées autogérés (publics) dont certains subsistent aujourd'hui. Quelques écoles continuent à appliquer les méthodes des pères fondateurs comme par exemple l'École d'application Decroly de Saint-Mandé. Le mouvement Freinet recueille toujours de fidèles adeptes parmi les enseignants, qui trouvent dans les nouvelles technologies (fax, ordinateurs) des outils pertinents pour leurs pratiques.

4- Voir les Publications de l'École moderne française (PEMF), 06370 Mouans-Sartoux. Deux collections continuent d'être publiées dans l'esprit des méthodes Freinet : Bibliothèque de travail (niveau primaire) et BT2 (niveau secondaire), ainsi qu'une revue.

Plus globalement, on peut aussi constater qu'un certain nombre d'idées-force, issues de l'éducation nouvelle, ont été peu à peu intégrées par les sciences de l'éducation et dans les instructions officielles de l'Éducation nationale : la pratique des méthodes actives est vivement recommandée, et l'idée que l'enfant doit construire lui-même ses savoirs a été largement confirmée par les recherches en psychologie. Beaucoup d'idées de ce courant semblent avoir été digérées et sont reprises sous forme de pédagogies de la motivation, du projet, du contrat, du travail de groupe ou d'autoformation, et aussi de la volonté d'introduire plus de démocratie à l'école. Reste à savoir ce qu'il est réellement advenu de ce que R. Cousinet avait appelé l'« état d'esprit » de l'éducation nouvelle…

Summerhill, l'école du bonheur ?

À Summerhill, qui accueille les enfants de 5 à 16 ans, on peut décider de faire des cabanes ou de patauger dans la boue plutôt que d'aller en cours. Enfants et adultes peuvent se baigner tout nu dans la piscine ; personne n'est obligé de dire bonjour ou de respecter la moindre bonne manière… « Laisser l'enfant épuiser son désir et ses intérêts », telle est la devise d'Alexander S. Neill qui fonda en 1921 sa célèbre école anti-autoritaire, installée en Angleterre.

À Summerhill règne la liberté, mais pas l'anarchie. Les règles de cette petite collectivité d'une soixantaine d'élèves (de milieux financièrement privilégiés) sont discutées au cours d'assemblées hebdomadaires où la voix de chaque élève a le même poids que celle d'un adulte. Qu'est-il advenu de ces « libres enfants de Summerhill » ? Pas de réussites extraordinaires, admettait A.S. Neill, mais les évaluations ont montré que le niveau de réussite au GCSE (équivalent du BEPC) n'était pas inférieur à la moyenne nationale. Et pour A.S. Neill, l'objectif n'était pas la réussite scolaire ou professionnelle mais le bonheur. Ébéniste, acteur, ingénieur ou professeur en médecine, les témoignages des anciens élèves – aux dires de la presse britannique – montrent des adultes épanouis…

Enquête sur les pédagogies alternatives

Soupçonnées, marginalisées, parfois anathémisées..., les pédagogies alternatives savent pourtant faire réussir les élèves, comme le montrent les résultats d'une école Freinet installée dans un quartier sensible de la banlieue lilloise.

« Je l'aime, je l'ai toujours aimée. Sans elle je ne serais rien sur terre,
C'est le soleil de ma vie ! Et elle m'aime aussi...
Quand je ferme les yeux, je pense à elle,
Je la vois près de moi qui me sourit...
Elle a toujours été là pour me consoler.
Dès que je suis né, j'ai tout de suite vu que c'était elle
que j'aimerai toujours.
Et bien savez-vous qui c'est ?
Je parle de ma mère... »

Du haut de ses neuf ans, la voix un peu rauque, le débit ultrarapide, l'air grave, Sullivan lit son poème. Trois fois par semaine, dans cette classe de CM1-CM2, un temps est consacré à la « présentation de travaux », créations littéraires, mathématiques, ou autres productions issues des recherches des élèves. Suit, cet après-midi-là, un exposé sur les dauphins concocté par deux fillettes, puis la classe se déplace dans la bibliothèque pour écouter non moins attentivement un exercice musical de percussions, réalisé par Kévin, Aymane et Yusuf, dont l'application passionnée n'a d'égale que la concentration de leurs camarades qui les écoutent.

La scène se passe en 2007 dans un quartier populaire de la banlieue lilloise. De la maternelle au CM2, au groupe Concorde de Mons-en-Barœul[1] – qui appartient à un réseau d'éducation prioritaire (rep) –, on pratique une pédagogie fondée sur l'expression, la communication, l'entraide et la gestion coopérative, depuis 2001. À cette époque, le groupe scolaire est menacé de fermeture en raison des mauvais résultats et de la violence qui y règne, entraînant la fuite des parents. Avec l'accord de la hiérarchie administrative, une équipe d'enseignants du mouvement Freinet propose de mettre en œuvre un projet global, de la maternelle au CM2.

1- Les enseignants sont alors : F. Bureau, P. Calcoen, S. Hospitel-Legris, M.-A. Wangermée (école maternelle) et S. Hannebique, T. Focquenoey, A. Nicolas, F. Lesschaeve et S. Fermen. Merci à M. et D. Thorel, aujourd'hui à la retraite mais toujours actifs au sein de l'équipe.

Le statut expérimental de l'école lui vaut de fonctionner depuis lors sous le regard vigilant d'une dizaine de chercheurs en éducation (didacticiens, psychologues, sociologues), qui assure le suivi évaluatif du projet[2].

Une école Freinet en quartier sensible

Lourde charge en réalité pour l'équipe du laboratoire Théodile (université Lille-III), tant les pratiques pédagogiques d'une telle école brouillent les repères classiques de ce qu'historiens et sociologues de l'éducation appellent la « forme scolaire » ! Point de traditionnel découpage disciplinaire dans l'emploi du temps, organisé en séquences de « travail personnel » (selon un plan de travail individualisé pour chaque élève), moments de travail collectif (la correction par la classe d'un texte d'élève ou d'une lettre aux correspondants...), plages consacrées à la création littéraire, à la recherche mathématique ou à la préparation d'exposés (restitués sous forme de « conférences »), sans oublier les très importants conseils d'élèves, destinés à réguler l'organisation coopérative, pour désigner les responsables du matériel et de son rangement ou pour gérer les problèmes occasionnés par ceux qui n'ont pas respecté les « lois » de la classe...

La discipline et les sanctions elles-mêmes sont aux antipodes de celles que revendiquent aujourd'hui les nostalgiques d'un ordre ancien. À l'école primaire Concorde, la classe est un lieu de vie ouvert, où les élèves viennent s'installer bien souvent avant l'heure « légale », et circulent librement pour s'adonner à leurs activités, en respectant la consigne de l'école : parler à voix basse et ne pas déranger les autres.

Et de fait, un surprenant climat de sérénité règne dans les classes (dont les portes restent ouvertes) et dans les halls. L'école ressemble à une ruche dans laquelle les uns par petits groupes s'adonnent à leur recherche du moment, les autres travaillent en solo selon leur plan de travail individuel, sur les ordinateurs, d'autres encore participant à un « stage » dans le hall où les enfants du CP sont en train de mettre en scène une historiette de leur choix...

« Je trouve que tu n'aurais pas dû écrire tout de suite "sans elle je ne serai rien sur terre", tu aurais dû faire durer le suspense pour qu'on ne découvre qu'à la fin qu'il s'agissait de ta mère... Ainsi on aurait pu se demander s'il s'agissait de ta sœur, de ta petite amie... » Lors de la séance de restitution de travaux, chaque présentation est commentée, discutée et tous les élèves semblent prendre leur rôle très au sérieux. Aucun rire, aucune moquerie n'ont fusé lors du récit de Sullivan, ce qui aurait certainement été le cas ailleurs ; ici, cela semble hors de propos. Les critiques sont rigoureuses et doivent s'accompagner de propositions.

Le morceau de percussion a lui aussi été finement analysé, offrant aux compositeurs en herbe des pistes exigeantes pour leur prochaine prestation. Quant à l'exposé sur les dauphins, il a suscité nombre de

---

2- Les recherches ont été menées par le laboratoire Théodile (université Lille-III) et l'IUFM du Nord-Pas-de-Calais, et se sont poursuivies jusqu'en 2007.

questions ouvrant la voie à de futures recherches... « Ici, les élèves ne sont pas simplement acteurs de leurs apprentissages, ils en sont aussi les auteurs », commente Sylvain Hannebique, qui conduit les CM1-CM2 et dirige aujourd'hui l'école. C'est peut-être pourquoi chacun prend son rôle si au sérieux et que la sanction la plus pénalisante est de se retrouver (pour un temps) exclu de cette dynamique...

Ce jour-là, c'est la timide petite Harmonie qui distribue la parole aux élèves ou au maître. Car la grande liberté dont jouit chacun dans le cadre de cette école s'accompagne de rituels très codifiés qui structurent la vie et le travail. Pour parler au « Quoi de neuf ? » par exemple, qui ouvre la journée de la maternelle au primaire, il faudra s'être inscrit si l'on a quelque chose à raconter et, là aussi, répondre aux demandes de précisions des camarades. Ces entretiens du matin sont ensuite consignés dans le « livre de vie » et feront partie du patrimoine commun qui cimente la culture de la classe. « Le paradoxe est que ces dispositifs très structurés autorisent une grande liberté dans les cheminements individuels et permettent ainsi à chacun de construire son autonomie et de développer sa réflexivité : l'enfant n'est pas désapproprié de son travail », déclare Yves Reuter, directeur du laboratoire Théodile[3].

Des résultats surprenants

De leur propre aveu, les chercheurs qui suivent cette expérimentation n'attendaient pas de miracles en ce qui concerne les performances des enfants de ce quartier difficile et de familles souvent en grande précarité. Pourtant, en cinq ans, les résultats de l'école se sont redressés de manière spectaculaire. Aux évaluations standardisées du ministère (notamment les tests CM2-6e), l'école, auparavant en perdition, dépasse la moyenne de la circonscription et même, excepté pour l'orthographe et la syntaxe, la moyenne nationale. De plus, violences et incivilités ont pratiquement disparu. Un climat de travail s'est instauré, et même si les résultats sont – comme dans bien des écoles – hétérogènes, le système d'entraide et de travaux de groupe a permis aux plus faibles de s'intégrer. Fidèles aux préceptes de la pédagogie populaire de Freinet qu'ils ont adaptée aux besoins spécifiques de l'école, grâce à un travail de fond qui commence à l'école maternelle, les enseignants du groupe Concorde font le pari de ne laisser aucun élève sur le bord du chemin. L'école s'est aussi ouverte aux familles, aujourd'hui impliquées dans certaines activités.

Arrivés aujourd'hui en 6e dans le collège de la circonscription, les petits anciens du groupe Concorde s'en sortent bien, montrent également les recherches. Un de leurs atouts réside dans leur autonomie dans le travail et la capacité d'analyse à laquelle ils ont été accoutumés, même s'ils se disent parfois surpris par des changements de fonctionnement dans lesquels ils ne se retrouvent pas.

3- Voir F. Jacquet-Francillon (coord.), dossier « Décrire, analyser, évaluer les pédagogies nouvelles », *Revue française de pédagogie*, n° 153, 2005.

Écoles actives, coopératives, parallèles, collèges ou lycées « pionniers », « autogérés »..., combien sont-ils aujourd'hui, en France, ces établissements « différents » ? Une précieuse enquête récente de Marie-Laure Viaud[4] en recense quelques dizaines en France, quelques milliers de par le monde...

Dans la jungle des pédagogies alternatives

Toutes s'inspirent de ce que l'on a appelé le courant de l'« éducation nouvelle ». Né au XIXe siècle, ce mouvement réunit des philosophes, pédagogues, médecins et psychologues qui ont en commun de vouloir réformer l'éducation[5]. Leurs priorités sont le respect de l'enfant et le développement de son intelligence, obtenu par des méthodes actives lui permettant de construire ses connaissances en développant son autonomie. Le contraire de l'enseignement délivré dans les écoles « traditionnelles », à base de dressage et culture scolastique...

Maria Montessori, grande inspiratrice des écoles maternelles, Ovide Decroly et sa méthode globale (bien stigmatisée aujourd'hui !), John Dewey, Alexander Neill et son fameux internat libertaire de Summerhill, ou encore Anton Makarenko et son projet d'« homme nouveau », Janus Korczak et les enfants décrocheurs, Célestin Freinet et son projet d'éducation populaire, tous ont fondé des écoles encore existantes, mais toujours considérées, depuis leur création, comme des expériences marginales attirant souvent la méfiance en raison de leur caractère novateur et de la liberté qu'elles laissent à l'enfant. Les enquêtes à leur propos sont rares, parcellaires, comme si, explique François Jacquet-Francillon, « les pédagogies nouvelles étaient déposées dans un patrimoine d'évidences admises (sauf quand on les voue aux gémonies) dont nous devons glorifier les valeurs, mais pas examiner les actes[6] ».

Après 1945, le mouvement pour l'éducation nouvelle se fortifie, avec notamment en France, le plan Langevin-Wallon qui encourage ce type de « pratiques innovantes ». Un des temps forts sera celui des années 1960-1970. Tout un débat d'idées s'instaure, nourri par la psychologie, et notamment les théories du psychologue suisse Piaget, ou encore de l'Américain Carl Rogers sur la non-directivité. En 1968, la critique de l'école traditionnelle destinée à dresser des individus disciplinés et dépourvus d'esprit critique est alimentée par la diffusion des idées de Michel Foucault. Parue en 1972, la description d'une expérience de pédagogie institutionnelle de Fernand Oury et Jacques Pain, *Chronique de l'école-caserne*[7], marque les esprits.

Notons que ces critiques nourrissent, dès les années 1970, tout un courant inverse – devenu aujourd'hui très actif – qui fustige les excès des

4- M.-L. Viaud, *Des collèges et des lycées différents*, Le Monde/Puf, 2005.

5- Voir page 57.

6- F. Jacquet-Francillon, « Principes et pratiques de l'"éducation nouvelle" : des objets de recherche », *Revue française de pédagogie*, n° 153, 2005.

7 - F. Oury, J. Pain, *Chronique de l'école-caserne*, 1972, rééd. Matrice, 1998.

pédagogies libertaires et autogestionnaires, et prône un « retour à l'ordre », selon une formule de René Haby, ministre de l'Éducation de 1972 à 1978.

Une typologie des écoles différentes

Toujours est-il que, dans les années 1970, écoles parallèles, ouvertes, alternatives se multiplient : écoles itinérantes sur des voiliers, écoles communautaires dans les Cévennes ou en Normandie (comme l'école de la Neuville autour de la psychanalyste Françoise Dolto), classes autogérées du lycée de Marly-le-Roi... À côté de nombre d'initiatives privées, certaines obtiennent un statut au sein de l'Éducation nationale comme l'école-collège Decroly de Vincennes. Dans les années 1980, avec la victoire de la gauche, cinq lycées autogérés de l'Éducation nationale voient le jour. Mais c'est avec l'arrivée massive des élèves dans le secondaire, et le constat d'« échec scolaire » pour nombre d'entre eux, que le regard sur les pédagogies alternatives semble changer. Des initiatives comme l'Auto-école de Saint-Denis (née en 1992 du combat de Marie-Danielle Pierrelée), le collège-lycée élitaire pour tous (Clept) de Grenoble, le projet des membres de l'association Declic (développement expérimental d'un collège-lycée d'initiative citoyenne) ont toutefois davantage été vus comme propres à réconcilier les élèves décrocheurs, plus que comme des projets porteurs d'une éducation différente...

Pourtant, ces écoles, collèges et lycées portent des projets très diversifiés qu'il est parfois difficile, pour les familles, d'appréhender. Pour aider à s'y retrouver, l'enquête de M.-L. Viaud en propose une fort utile typologie. Elle distingue tout d'abord les « écoles adaptées » – aux exigences du système scolaire français et aux besoins des élèves – des « écoles intégrales » ayant comme objectif principal une éducation globale de l'individu, censée engendrer une société meilleure (socialiste, libertaire, spiritualiste...). Mais on touche là à des sujets passionnels, prévient-elle, qui font rarement l'objet de débats ouverts et restent plutôt dans le non-dit.

• **Les « écoles adaptées »** – dont font partie les établissements créés pour le raccrochage des élèves en grande difficulté – offrent un climat apaisé et chaleureux, sans pour autant chercher à modifier la relation au savoir. On peut y pratiquer le bachotage si besoin pour aider à la réussite d'un examen. Dans ce groupe où l'on trouve plusieurs lycées alternatifs (baccalauréat oblige), on note globalement une bonne réussite à l'examen (proche en général de la moyenne nationale, compte tenu du public qui y est accueilli) et une grande satisfaction des élèves, dont beaucoup disent s'être réconciliés avec les études grâce au climat de liberté et à la responsabilisation.

La réussite en revanche s'avère plus mitigée au niveau des collèges de ce type, où l'adhésion des élèves au travail scolaire est plus problématique. Le compromis recherché entre les objectifs d'acquisition de connaissances et ceux d'épanouissement personnel y génère en outre une insatisfaction fréquente des enseignants et des familles.

• **Les « écoles intégrales »**, quant à elles, se divisent en deux groupes extrêmement contrastés. Dans les « écoles non directives », la fréquentation des cours est entièrement laissée au bon vouloir des élèves, que seul le « désir d'apprendre » doit mobiliser, en toute liberté. L'éducation à long terme étant privilégiée, les résultats scolaires y sont généralement assez faibles, et beaucoup de jeunes se disent déstabilisés par l'absence de repères. Les plus fragiles psychologiquement peuvent même perdre pied.

Un destin fragile

À l'opposé, les écoles qui pratiquent une « pédagogie institutionnelle » montrent la meilleure réussite de tout l'ensemble. Comme dans le groupe Freinet décrit plus haut, l'organisation s'y trouve très structurée et les règles de vie sont fixées sur un mode démocratique et coopératif. Tout en se montrant bienveillants pour tous, les enseignants sont beaucoup plus interventionnistes que dans les autres écoles (y compris traditionnelles), en veillant à l'investissement dans le travail et à la progression de chacun. C'est là que le taux de violence est le plus bas (voire inexistant) et les élèves, qui se disent heureux de venir en classe, y manifestent un fort sentiment d'affiliation. Ces écoles, en outre, accueillent généralement des enfants de milieux populaires, alors que les écoles non directives recrutent plutôt dans les milieux favorisés. Mais l'ambition du modèle institutionnel fait que peu d'établissements réussissent à s'y engager entièrement.

Les écoles alternatives forment une réalité « complexe et nuancée », conclut M.-L. Viaud. Elles ont cependant en commun de payer un lourd tribut à leur marginalité. À l'instar de l'école Decroly de Vincennes en proie, depuis son entrée dans l'Éducation nationale (en 1948), à de multiples tracasseries administratives, à des irrégularités capricieuses dans l'octroi des moyens qui l'ont souvent menacée de disparition.

Privées ou publiques, leur destin paraît toujours fragile, les autorisations et les crédits alloués dépendant d'une bienveillance on ne peut plus cyclothymique de la part d'une administration tantôt favorable tantôt hostile en fonction des orientations idéologiques et politiques du moment. Jouant sur une méfiance fréquente de l'opinion publique, les autorités placent souvent ces écoles dans une injonction paradoxale qui consiste à leur demander la réussite tout en souhaitant leur échec, fait remarquer M.-L. Viaud...

D'autres difficultés peuvent surgir des acteurs eux-mêmes : équipes d'enseignants qui se déchirent (surtout quand les conditions de fonctionnement deviennent problématiques), désir de pouvoir et surinvestissement de certains d'entre eux. Les élèves eux-mêmes ne sont pas toujours preneurs des méthodes qui leur sont proposées ; certains souhaiteraient parfois se sentir plus encadrés. Un sondage au lycée expérimental de Saint-Nazaire (fondé en 1981 par Gabriel Cohn-Bendit) sur les motivations des lycéens a montré que, s'ils recherchent un « autre enseignement » et d'« autres relations avec les profs », 5 % seulement souhaitaient « plus d'autonomie et plus de responsabilités ». La liberté de prendre son destin en main peut paraître trop lourde pour certains adolescents, et nombreux sont les collégiens et lycéens qui réclament de « vrais cours » ! La faible motivation des élèves, observée dans certains établissements alternatifs du secondaire, provoque d'ailleurs un profond désarroi dans les équipes enseignantes...

En fait, seules les écoles institutionnelles semblent éviter ces écueils. D'une manière générale, les établissements alternatifs qui conjuguent réussite des élèves et satisfaction des acteurs (élèves, familles, enseignants) sont ceux où l'on observe une forte cohésion des équipes éducatives, des projets structurés offrant aux élèves des cadres stables, tout en cultivant souplesse et adaptation.

Le retour des blouses grises ?

À l'heure où la compétition scolaire et la course aux diplômes font rage, où une certaine demande sociale et politique se fait jour en faveur du retour des blouses grises, des mises en rang en silence et sanctifie les internats de petits choristes terrorisés par une discipline de fer, on serait en droit de se demander si l'avenir des pédagogies alternatives, issues des principes d'une éducation nouvelle désormais séculaire, n'est pas... derrière elles !

Pourtant, tels des résistants de petits villages gaulois, ces écoles différentes continuent leur chemin cahin-caha. Tant qu'il y aura des parents pour penser que l'éducation n'est pas un dressage ni un assujettissement et des maîtres pour croire que la transmission des savoirs et de la culture passe par l'engagement de l'élève dans un climat d'entraide et de bienveillance...

À l'heure où les sociétés démocratiques ont reconnu un statut spécifique à l'enfant, et devant l'échec de plus en plus patent de l'enseignement « traditionnel » à intégrer tous les élèves, ne serait-il pas temps, enfin, de les prendre en compte ?

Martine Fournier

La pédagogie Montessori fait ses preuves

Les évaluations des pédagogies alternatives sont si peu fréquentes qu'elles méritent d'être soulignées. La revue américaine *Science* a publié une étude sur des écoles Montessori réalisée par le département de psychologie des universités de Virginie et du Wisconsin (1). Les écoles qui se réclament de la pédagogie Montessori se caractérisent par une attention spécifique aux rythmes et aux caractéristiques psychologiques de chaque enfant tout en favorisant la collaboration et la socialisation. Les élèves travaillent par petits groupes multi-âges et les pratiques de notation classique en sont absentes.

Il existe environ 5000 écoles labellisées Montessori aux États-Unis, précise l'étude, dont environ 300 *public schools*. Les tests ont été réalisés auprès d'enfants de 5 et 12 ans d'un groupe scolaire public de Milwaukee (2) accueillant des enfants de quartiers urbains à nombreuses minorités ethniques.

Les résultats montrent des « avantages très significatifs » pour les enfants du groupe Montessori (comparés à des groupes de contrôle non soumis à cette pédagogie). En ce qui concerne les compétences cognitives et les connaissances académiques, ceux de 5 ans (sortie de l'école maternelle) sont nettement meilleurs en lecture (identification des mots, décodage et phonologie) ainsi que dans les exercices mathématiques. Ceux de 12 ans (entrant dans l'enseignement secondaire) font montre d'une plus grande créativité littéraire employant davantage de phrases complexes et produisant des textes plus longs.

Les compétences comportementales et sociales sont également plus élevées : notion de *fair-play* et interactions positives plus nombreuses chez les petits, auxquelles viennent s'ajouter à 12 ans un plus grand respect des autres et un sens de la communauté plus élevé que dans les autres groupes scolaires.

M. F.

1- A. Lillard et N. Else-Quest, « Evaluating Montessori education », *Science*, vol. CCCXIII, n° 5795, 29 septembre 2006.

2- http://mpsportal.milwaukee.k12.wi.us/portal/server.pt

Georgette Goupil, Guy Lusignan

Des théories de l'apprentissage à l'enseignement

Dans une salle de cours, un enseignant fait un exposé sur le sens que l'on doit donner à une nouvelle de Maupassant. Les élèves écoutent et prennent des notes... Dans une autre salle, des élèves réunis en groupes de travail discutent du texte de Maupassant. Dans une troisième salle, un enseignant anime le groupe-classe et échange avec les élèves : comment ont-ils compris le texte ? Quelles stratégies ont-ils utilisé pour donner du sens ?

S'il est vrai que l'enseignant doit maîtriser les contenus d'apprentissage, il doit aussi les faire acquérir. Pour y parvenir, il peut choisir parmi plusieurs formes pédagogiques : exposé magistral suivi d'activités d'apprentissage à compléter, approche par la découverte, mise en situation de problèmes à résoudre, apprentissage coopératif, etc. L'enseignant dispose en fait de toute une panoplie de méthodes. Parmi elles, certaines prennent appui sur des théories psychologiques de l'apprentissage (même s'il n'y a pas de relation de cause à effet entre théories psychologiques et pratiques pédagogiques). Le but de cet article est justement de montrer comment les théories psychologiques peuvent apporter leur contribution pour modifier les pratiques en milieu éducatif.

Les théories de l'apprentissage peuvent en effet être regroupées en plusieurs perspectives (qui se recoupent parfois) : l'approche béhavioriste met l'accent sur les différentes formes de « conditionnement » aux modifications des comportements ; l'approche cognitive s'intéresse aux stratégies mentales du sujet (le traitement de l'information) ; l'approche développementale et l'approche sociocognitive se préoccupent à la fois des étapes de développement et des interactions entre le sujet et son environnement social ; enfin, une approche qualifiée d'« interactionniste » ou d'intégratrice tente d'articuler entre elles les approches précédentes.

Chacune de ces théories suggère et propose des outils (pas forcément contradictoires) pour stimuler les capacités d'apprentissage de l'élève.

L'influence du béhaviorisme en éducation

L'approche béhavioriste a eu une grande influence en psychologie. Sa démarche expérimentale, fondée sur l'observation minutieuse des faits, a d'abord favorisé une plus grande objectivité dans l'étude des pratiques d'enseignement. C'est dans son prolongement pédagogique que l'on a conçu des outils pour l'évaluation en mathématiques, en lecture et en écriture : des grilles d'observation des comportements individuels, des comportements en groupes, etc.

Mais l'une des influences sans doute les plus visibles du béhaviorisme a été de favoriser, dès la fin des années 1950 aux États-Unis, l'élaboration de programmes d'études en fonction d'« objectifs d'apprentissage ». Cette approche consiste à définir pour chaque discipline des étapes et des seuils à accomplir par l'élève pour atteindre un but donné. Cette approche « par objectifs » a également favorisé les pratiques d'évaluation. On évalue un élève en fonction d'objectifs précis (« est capable d'effectuer une multiplication ») et à l'aide de critères connus tant des élèves que des enseignants.

La « pédagogie de la maîtrise » illustre parfaitement cette approche. Elle consiste à présenter une matière (français, mathématiques, langue étrangère, etc.) par l'intermédiaire d'objectifs définis sous forme de comportements divisés en étapes d'apprentissage. Des tests diagnostiques sont administrés avant chaque étape. L'élève aborde donc une tâche nouvelle à un niveau où il peut réussir, parce qu'on est sûr qu'il maîtrise les étapes antérieures de l'apprentissage. Les tâches sont organisées dans un ordre séquentiel.

Au Québec, de nombreuses classes ordinaires et spéciales (pour élèves en difficulté ou handicapés) utilisent des programmes basés sur l'approche béhavioriste. Cette démarche insiste beaucoup sur la nécessité de débuter les apprentissages à partir du niveau de base de l'élève, autrement dit là où il est capable de réussir. L'analyse de tâche (c'est-à-dire la décomposition d'un comportement complexe en plusieurs sous-comportements) est d'emploi fréquent dans ces programmes, et certains d'entre eux, individualisés, sont fondés sur ces principes mêmes. Par exemple, à l'intention des élèves ayant une déficience intellectuelle, ont été mis au point des programmes gradués d'apprentissage à l'habillage, à l'autonomie à la communication avec les pairs, etc. Burrhus F. Skinner a d'ailleurs, en 1999, été honoré par l'Association américaine sur le retard mental parmi les 35 personnes qui ont réalisé les contributions les plus significatives, au cours du XXe siècle, dans le domaine de la déficience intellectuelle.

L'importance de la stimulation

Influencé par l'approche de Jean Piaget, le psychologue américain Jerome Bruner a proposé une approche basée sur le développement qui accorde une grande importance aux explorations et aux découvertes de l'élève[1]. Elle met l'accent sur le rôle de l'expérience et de l'environnement dans le processus d'éducation. En 1960, dans *The Process of Education*, il prolonge une réflexion entamée un an plus tôt par un groupe de 35 scientifiques et éducateurs réunis à Cape Cod (Massachusetts) et destinée à formuler des propositions pour améliorer l'enseignement des sciences à l'école. J. Bruner insiste sur l'importance de plusieurs éléments, notamment sur la nécessité d'une structuration des connaissances en un tout cohérent : « Les connaissances que l'on acquiert sans une structure adéquate pour les relier les unes aux autres sont des connaissances vouées à l'oubli. » Mais il insiste beaucoup aussi sur la motivation de l'élève. À ses yeux, la stimulation permanente de l'intérêt des élèves est une condition essentielle de l'apprentissage.

Plus tard, J. Bruner préconisera l'utilisation de techniques pédagogiques telles que l'emploi des contrastes (faire ressortir les différences entre des éléments devant être distingués comme un triangle rectangle et comme un triangle équilatéral), la participation active de l'élève par l'intermédiaire de jeux, l'éveil de la conscience de l'élève quant aux stratégies utilisées pour apprendre et l'apprentissage par la découverte.

Les théories cognitives

Les théories de l'apprentissage qui se sont développées dans le prolongement de la psychologie cognitive s'intéressent particulièrement aux stratégies mentales, mode de raisonnement et

1- P. Perrenoud « Pour une approche pragmatique de l'évaluation formative », *Mesure et évaluation*, vol. 13, n°4, 1991. Voir aussi l'entretien avec J. Bruner dans cet ouvrage.

de résolution des problèmes : comment s'y prend un élève pour apprendre à lire, pour effectuer une addition, etc.

Les théories cognitives distinguent plusieurs types de connaissances: déclaratives, procédurales et conditionnelles. Les connaissances déclaratives correspondent à des savoirs donnés (connaître l'histoire de la Seconde Guerre mondiale) ; les connaissances procédurales portent sur le « savoir-faire » (comment apprendre une leçon d'histoire) ; les connaissances conditionnelles indiquent à quel moment et pourquoi on doit faire appel à elles. Si l'école a longtemps favorisé les connaissances déclaratives, les théories cognitives de l'apprentissage ont fait ressortir davantage l'importance d'enseigner les stratégies et les processus. Elles ont également attiré l'attention des élèves sur les raisons et l'opportunité d'employer telle ou telle stratégie. Le slogan « apprendre à apprendre » est ainsi devenu au cours des années 1980 un leitmotiv de l'enseignement.

Les théories cognitives de l'apprentissage ont influencé de diverses façons les approches pédagogiques. De la *gestalt-theorie* (psychologie de la forme), on a retenu l'idée que, pour résoudre un problème, il fallait le situer dans un contexte plus large. L'*insight* (perception globale et soudaine d'une solution à un problème) suppose qu'une situation d'apprentissage soit perçue comme un tout et que l'élève comprenne le sens global de ce qu'il fait plutôt que d'appliquer des procédures automatiques ou une mémorisation « par cœur ». Qu'il s'agisse d'apprendre une leçon de géographie, de résoudre un problème de mathématiques ou de comprendre un texte, la perception du sens global compte autant qu'une suite d'informations morcelées.

Les stratégies d'apprentissage

Dès les années 1960, un modèle systématique de l'apprentissage cognitif appliqué à l'enseignement a été élaboré par David P. Ausubel. Selon lui, la qualité d'un apprentissage dépend à la fois de la quantité, de la clarté et de l'organisation des connaissances et de son articulation aux connaissances antérieures : « Si j'avais à réduire la psychologie de l'éducation à un seul principe, je dirais ceci : le plus important des facteurs influençant l'apprentissage est ce que l'apprenant sait déjà. » En outre, D.P. Ausubel affirme que la structure cognitive fait l'objet d'une organisation hiérarchique : les concepts généraux précèdent les concepts particuliers, les nouvelles connaissances s'ancrent sur les anciennes.

Dans cette optique, il propose des moyens pour rendre plus efficace un apprentissage, notamment celui des « ordonnateurs » (éléments qui « ordonnent » le savoir). Dans les manuels scolaires, les résumés qui précèdent les textes, le rappel de certaines règles ou principes avant d'entreprendre une activité (« Ce qu'il faut savoir », « Mots clés », « Ai-je vraiment compris ? ») sont les traces tangibles de l'utilisation des ordonnateurs.

Les chercheurs cognitivistes se sont également préoccupés de découvrir les différentes « stratégies d'apprentissage » mises en œuvre par un individu pour apprendre. Souligner les passages importants d'un texte, faire des fiches de synthèse, réciter mentalement certains passages... telles sont quelques-unes des tactiques ou stratégies d'apprentissage utilisées par les élèves pour apprendre et comprendre.

C. Weinstein et R.E. Mayer ont classé les stratégies d'apprentissage en plusieurs catégories :

• **les stratégies d'énumération** consistent à mémoriser des listes de mots. Par exemple, on peut diviser une leçon en cinq paragraphes avec chacun un mot clé de référence ;
• **les stratégies d'élaboration** se fondent sur l'établissement de liens entre les informations. Par exemple, si j'apprends l'anglais, je cherche à retenir le sens d'un mot (*pushy* : « arrogant ») en l'associant à une image mentale : un individu « pousse » (proche du mot *pushy*) une autre personne ;
• **les stratégies organisationnelles** reposent sur l'organisation structurée de l'information. Par exemple, on peut retenir les informations principales de cet article en le découpant en paragraphes et en idées principales et en les résumant sous forme de tableau ;
• **les stratégies de contrôle de la compréhension :** un bon lecteur est un lecteur qui sait adapter sa vitesse de lecture à l'objectif qu'il s'est donné ou à son niveau de compréhension d'un texte. Cet autocontrôle est une stratégie « métacognitive » importante pour la lecture ;
• **les stratégies affectives** jouent sur l'analyse et la maîtrise de ses émotions afin de faciliter un apprentissage : se relaxer avant un examen, apprendre à gérer son temps, se concentrer pour étudier, etc.

Les stratégies d'apprentissage sont donc des opérations cognitives ou métacognitives destinées à mieux intégrer l'information. De nombreuses stratégies ont été recensées dans la littérature scientifique et s'appliquent en lecture, en écriture ou en mathématiques : la prise de notes, l'auto-examen, la planification du temps, la méthode KWL (*Know, Want to know, Learn*), où l'élève est amené à évaluer au cours d'un apprentissage ce qu'il sait (*Know*), ce qu'il veut savoir (*Want to know*), puis ce qu'il a appris (*Learn*), ou encore le système Murder proposé par D.F. Dansereau et qui fait appel à différentes étapes. Murder est le raccourci de MOOD (établir l'humeur nécessaire à l'étude), *Understand* (comprendre la tâche), *Recall* (se rappeler), *Detail* (détailler l'information), *Expand* (développer) et *Review* (examiner le résultat final).

Les stratégies d'enseignement

À l'instar de l'intérêt porté aux stratégies d'apprentissage des élèves, la recherche s'est beaucoup intéressée aux stratégies d'enseignement, c'est-à-dire à l'approche pédagogique choisie par l'enseignant. Afin d'aider les élèves à développer leurs capacités à traiter l'information et à organiser leurs connaissances, un modèle d'« enseignement stratégique » a été développé par B.F. Jones. L'objectif pour l'enseignant est d'« établir des buts bien délimités, de recourir à son répertoire de stratégies pour atteindre ces buts, prévoir les problèmes, (...) et d'évaluer le processus de planification et d'enseignement à la fin de l'activité ».

Pour l'enseignant, c'est un modèle exigeant. Il oblige tout d'abord à définir ses objectifs, les contenus et ses stratégies d'enseignement qui seront, par exemple, présentés à sous forme de tableaux et de schémas. Mais, par ailleurs, l'enseignant doit accorder une attention particulière à la démarche des élèves, à leurs connaissances et à leurs stratégies. Il doit les amener à verbaliser leurs stratégies d'apprentissage et à en évaluer l'efficacité. Enfin, les composantes affectives et sociales doivent également être prises en compte.

Au fond, les stratégies d'enseignement supposent d'intégrer différents paramètres qui jouent sur un bon apprentissage. On rejoint alors les modèles d'enseignement qui cherchent à prendre en compte les acquis de diverses approches : béhaviorisme, cognitivisme, sociocognitivisme.

Il n'y a donc pas une seule bonne méthode d'enseignement, applicable partout et toujours, mais une diversité de stratégies et de niveaux d'intervention, en fonction des sujets, des moments et des élèves.

De la psychologie à la pédagogie

Les programmes de formation par compétences reposent pour beaucoup sur les principes théoriques du constructivisme et du socioconstructivisme. Ainsi, l'enseignant planifie l'apprentissage de manière à ce que l'élève donne du sens à ce qu'il apprend. Pour ce faire, il lui propose des situations authentiques dans lesquelles il tient compte de l'environnement physique de la classe, du type de regroupement des élèves, de la responsabilité de chacun, de la gestion du temps, des stratégies d'apprentissage, des ressources matérielles et du soutien que les pairs et lui-même peuvent lui apporter dans le développement de ses compétences. Dans cette perspective, le processus de planification enseignement-apprentissage ne peut se faire qu'en liaison avec les élèves et l'évaluation des apprentissages suppose une réflexion critique de l'élève sur son processus d'apprentissage et ses réalisations en utilisant des documents, tel le portfolio, qui lui permet de suivre « en continu » ses progrès et de se fixer de nouveaux défis.

On le voit, les théories de l'apprentissage peuvent apporter beaucoup aux pratiques pédagogiques. À condition d'enrichir le dialogue entre psychologie et pédagogie et de favoriser la coopération entre psychologues de l'apprentissage et enseignants.

L'usage du portfolio : vers une évaluation personnalisée

L'utilisation du portfolio est de plus en plus privilégiée en milieu scolaire, tant aux États-Unis qu'au Canada anglophone et au Québec. Le portfolio est un peu à l'élève ce qu'un *press book* est au journaliste ou au photographe. C'est un dossier évolutif qui rassemble d'abord des « œuvres » et travaux que l'élève a produits au cours d'une année scolaire ou même de plusieurs. Il présente aussi des appréciations des professeurs, des remarques sur le travail de l'élève. Il contient enfin des jugements personnels, des conseils, des auto-évaluations de ses méthodes de travail.

La collection de travaux de l'élève doit témoigner de la réflexion qu'il mène sur son propre apprentissage. Le choix des travaux, la façon de les réunir dans le portfolio, l'auto-évaluation que l'élève en fait sous forme de commentaires écrits sollicitent de nombreuses stratégies cognitives et métacognitives. Ainsi, au cours d'une année, les productions retenues par l'élève, ses réflexions, les commentaires de l'enseignant, de ses parents et de ses amis traceront l'histoire de son apprentissage. Le portfolio est donc une sorte de journal de bord de l'élève. Il s'inscrit dans une perspective cognitive et constructiviste dans la mesure où il met l'accent sur le processus d'apprentissage et sur la réflexion qui le sous-tend.

Plus généralement l'usage du portfolio s'inscrit dans une nouvelle optique de l'évaluation. Par rapport à l'évaluation « sommative » pratiquée traditionnellement (faite de notes, de moyennes et de classements attribués à un élève ou à un groupe d'élèves et qui mesure son niveau à un moment donné), l'approche cognitive privilégie une évaluation « formative », qui a pour but d'aider l'élève à se développer.

Dans cette optique, l'enseignement propose une évaluation fondée sur les compétences à atteindre plutôt que sur un résultat brut. Par ailleurs, il devra proposer des mesures à prendre pour aider l'élève à améliorer son apprentissage.

M.F.

À lire :

G. Goupil, G. Lusignan, *Le Portfolio au secondaire*, Les éditions de la Chenelière inc., 2006.

Edmond Marc

Se former en groupe

L'ère des précepteurs est aujourd'hui révolue. Qu'il s'adresse à des enfants ou à des adultes, l'enseignement se fait le plus souvent en groupe.

Ce contexte constitue donc une dimension fondamentale de la pratique pédagogique. Tout enseignant ou formateur sait d'expérience qu'il existe des comportements collectifs spécifiques : tel élève individuellement charmant et attentif devient infernal dès qu'il est stimulé par ses petits camarades ; tel adulte efficace dans son travail retrouve en stage des attitudes infantiles de dépendance.

Il est des manifestations que l'on retrouve peu ou prou dans n'importe quel groupe et qui semblent bien indépendantes de la personnalité des formés. C'est d'ailleurs cette perception intuitive qui alimente les appréhensions du formateur débutant : « Comment vais-je faire face à ce groupe ? Va-t-il être coopératif ou hostile ? Vais-je savoir m'imposer ? »

L'attention à tous ces phénomènes a inspiré une « psychologie des groupes » qui a contribué à éclairer les caractéristiques de la « dynamique des groupes » (selon le terme de Kurt Lewin) comme le *leadership*, la cohésion, le conformisme, les interactions et la communication, les processus de changement. Mais ce secteur a aussi inspiré des pratiques pédagogiques originales comme le jeu de rôles, le *training group* (ou « groupe de formation ») ou la non-directivité[1].

On peut regrouper les principaux apports de la psychologie des groupes à la pédagogie autour de trois thématiques :

– l'impact de la cohésion du groupe sur la productivité dans le travail ;

1- E. Marc, J.-Y. Arrivé(dir.), *Guide de la formation et du développement professionnel*, Retz, 2006. Cf. aussi H. Lenoir, E. Marc, *Recherches et innovations en formation*, L'Harmattan, 2003.

– les diverses manières d'exercer un *leadership* ;
– le groupe comme facteur d'apprentissage et de changement.

La cohésion du groupe, facteur d'efficacité

En prenant ses distances par rapport à une approche techniciste qui met l'accent sur l'organisation matérielle et rationnelle d'une tâche, la psychosociologie a mis en lumière l'importance des motivations, des facteurs relationnels et affectifs, du climat et du moral d'une équipe quant à son efficacité et sa productivité.

On peut citer, à cet égard, les recherches pionnières d'Elton Mayo, un des premiers psychologues à s'intéresser au fonctionnement des entreprises. En 1925, intervenant à Philadelphie dans un atelier de filature où la rotation du personnel était de 25 % par an, il démontre que la simple introduction de deux pauses de dix minutes par jour, librement gérées par les ouvriers, fait tomber le « *turn-over* » à 5 % et accroît le rendement. Par la suite, dans une célèbre expérience à la Western Electric Company, il apporte la preuve que les facteurs psychologiques peuvent influer davantage sur la productivité que les conditions matérielles : dans un atelier où les ouvrières se sont choisies, où elles discutent librement de l'organisation du travail et perçoivent un salaire d'équipe, le rendement augmente considérablement.

D'autres expériences ont confirmé par la suite que le climat positif et la cohésion d'un groupe influent directement sur sa productivité. Elles ont permis aussi de mettre en relief les facteurs qui, outre le système des rôles et le *leadership*, concourent à la cohésion : l'attrait pour un but commun, le goût de l'action collective, le désir d'appartenance au groupe et les relations affinitaires entre les participants. Ces facteurs socio-affectifs (liés aux émotions, sentiments, relations générés par la situation groupale), combinés aux facteurs socio-opératoires (liés à l'organisation du groupe) interviennent directement dans le degré de cohésion d'un groupe.

D'autres recherches ont confirmé que le sentiment de satisfaction est fortement corrélé avec le degré de cohésion. Dans un groupe cohésif, les participants se sentent en sécurité, participent davantage, ont une meilleure estime d'eux-mêmes, expriment une plus grande satisfaction à l'égard de l'ambiance et du travail que dans un groupe peu cohésif. Tout ceci peut s'appliquer, bien sûr, au groupe de formation.

Le sentiment de satisfaction, joint au niveau élevé des communications, au sentiment de solidarité et à la coopération active, explique la meilleure productivité et efficacité au travail du groupe cohésif. Mais un autre facteur important dans ce sens est aussi le mode d'animation du groupe.

La conduite du groupe

On a souvent tendance à penser que la conduite du groupe dépend de l'ascendant personnel qu'exerce celui qui en est le leader. En réaction à cette vision réductrice, de nombreuses recherches ont montré que le *leadership* est une fonction complexe ; elle recouvre les capacités d'un individu à mobiliser les ressources d'un groupe pour qu'il puisse effectuer les tâches qui sont les siennes.

Ces recherches sont centrées sur l'aspect socio-opératoire du *leadership*. D'autres en ont éclairé les aspects affectifs, et notamment inconscients. Elles se situent dans le courant psychanalytique.

Freud avait posé l'hypothèse (dans *Psychologie collective et analyse du moi*) que ce qui forge la cohésion d'un groupe, c'est une même relation de ses membres au *leader* ; celui-ci est pris comme idéal du moi par les membres du groupe ; à partir de là, se noue une relation d'identification entre eux. Le *leader* apparaît comme une image paternelle, suscitant respect et amour. Ce schéma peut être appliqué aux relations d'un groupe à son « bon » animateur : les formés « transfèrent » sur lui une image parentale et recherchent son approbation et son affection.

Prolongeant l'hypothèse de Freud, le psychanalyste Fritz Redl a essayé de l'approfondir à partir de l'observation de classes d'élèves[2]. Il propose de remplacer la notion de *leader* par celle de « personne centrale » qui désigne l'individu autour duquel s'opère le processus de formation du groupe sur une base affective. Cette personne centrale peut prendre plusieurs figures : celle du « souverain patriarche », professeur dont l'autorité ferme et douce n'est guère contestée et qui joue un rôle de « surmoi » (de conscience) pour l'ensemble des élèves. Le «professeur-*leader*», aimé des enfants qui se sentent compris par lui, et qui joue pour la classe le rôle d'un modèle admiré (sorte d'« idéal du moi »). Le « tyran » qui fait régner une discipline sévère et arbitraire et qui obtient la soumission des élèves par la peur qu'il inspire ; il y a alors chez

2- F. Redl, « Émotion de groupe et leadership », *in* A. Lévy (dir.), *Psychologie sociale, textes fondamentaux*, Dunod, 1972.

les élèves « identification à l'agresseur » (identification au surmoi sadique du professeur). Il y a également l'« objet d'amour » (le jeune et séduisant professeur dont la partie féminine de la classe est amoureuse) ; l'« objet de haine » (qui cristallise les pulsions agressives contre lui et entraîne une forte solidarité des élèves dans leur opposition).

Mais la « personne centrale », autour de laquelle le groupe se constitue, peut également être un élève. F. Redl distingue ainsi l'« organisateur » qui permet la satisfaction de certains besoins (celui par exemple qui distribue des cigarettes à ses copains) ; le « séducteur » (qui, par un acte initiateur, permet au groupe de satisfaire ses pulsions, comme l'élève qui lance un chahut où chacun peut laisser libre cours à ses tendances agressives) ; le « héros » dont le courage permet, par exemple, à la classe d'oser se révolter contre le « tyran » ; le « bon exemple » qui sert de modèle aux élèves pour les aider à se conformer aux valeurs morales prônées par l'école ; et, à l'inverse, la « mauvaise influence » qui stimule dans la classe toutes les attitudes indésirables (l'élève, par exemple dont les ricanements entraînent les fous rire de la classe chaque fois qu'un mot à connotation sexuelle est prononcé).

Apprentissage coopérant et changements cognitifs

Le groupe apparaît aussi comme un lieu privilégié d'apprentissage. Cela est évident en ce qui concerne la socialisation : le travail collectif, la communication, l'ajustement mutuel permettent à l'individu d'acquérir des compétences sociales. Mais c'est vrai aussi pour les apprentissages cognitifs.

Dans le courant comportementaliste, à la suite des travaux de Skinner sur le « conditionnement opérant », le psychologue Albert Bandura a contribué à réintroduire l'influence du contexte social sur les apprentissages[3]. Il a montré que ceux-ci résultent, en partie, de l'imitation de modèles valorisés dans le groupe. Une autre tendance a mis l'accent sur l'importance des interactions sociales dans la construction des processus cognitifs et l'acquisition des connaissances.

Pour le psychologue russe Lev S. Vygotski, l'un des pionniers de cette approche, la pensée et l'intelligence résultent d'abord des échanges constants de l'individu avec son entourage. « Chaque fonction psychique supérieure, écrit-il, apparaît deux fois au cours

3- Voir notamment *L'Apprentissage social*, Mardaga, 1980.

du développement de l'enfant : d'abord comme activité collective, et donc comme fonction interpsychique, puis comme activité individuelle, comme propriété intérieure de la pensée de l'enfant et comme fonction intrapsychique[4]. » À la suite de Vygotski, un courant actuel de la psychologie sociale a souligné l'impact des interactions dans un groupe de pairs et notamment du « conflit sociocognitif » dans l'acquisition et la transformation des connaissances[5]. Par conflit sociocognitif, il faut entendre la libre confrontation, à l'intérieur d'un groupe de formation, des solutions apportées par les différents participants à un même problème. Cette confrontation entraîne une meilleure progression que lorsque la solution est apportée par le formateur.

On peut dégager de ces recherches la notion d'« apprentissage coopérant », Elle désigne les capacités d'apprentissage qui résultent des interactions à l'intérieur du groupe des formés. On a pu montrer que ces interactions, faites d'échanges de points de vue, de discussions, de propositions, d'argumentations, de mises en cause, entraînent, à elles seules, un progrès collectif dans la compréhension d'un problème, la recherche de solutions, l'acquisition d'un savoir. Ainsi, Robert Pléty a essayé d'analyser quelles formes d'interactions permettent à un groupe d'élèves travaillant en équipe de résoudre certains problèmes mathématiques alors même que l'enseignant ne réussissait pas toujours à les leur expliquer[6]. Dans un registre proche, la résolution collective de problèmes logiques (en dehors de la présence du formateur) au sein d'un groupe d'informaticiens en formation continue amène à un score de 10 sur 10 alors que les scores individuels à la même épreuve se situent entre 1 et 7 sur 10.

On voit donc tout ce que la psychologie des processus groupaux peut apporter à la compréhension du groupe de formation et suggère quant aux conditions de son efficacité. Cependant ce ne sont pas ses seuls apports. Elle a aussi contribué à produire de nouvelles démarches pédagogiques.

4- L.S. Vygotski, « Enseignement et développement mental », *in* B. Schneuwly et J.-P. Bronckart (dir.), *Vygotski aujourd'hui*, Delachaux et Niestlé, 1985.

5- Voir notamment A.-N. Perret-Clermont, *La Construction de l'intelligence dans l'interaction sociale*, Peter Lang, 1986.

6- R. Pléty, *L'Apprentissage coopérant*, Presses universitaires de Lyon/ARCI, 1995 ; *Comment apprendre et se former en groupe*, Retz, 1999.

Psychologie des groupes et pédagogie

On ne peut pas présenter ici toutes ces démarches[7]. Indiquons seulement un point qui leur est commun : au lieu d'envisager l'enseigné comme un simple récepteur d'un savoir transmis par l'enseignant, elles le considèrent comme le sujet actif d'un apprentissage significatif. Donnons-en quelques exemples.

• **Le jeu de rôles.** Dans les années 1930, le psychologue roumain Jacob Moreno, émigré aux États-Unis, découvre les vertus évolutives de l'action par le jeu improvisé. En entrant dans les rôles (réels ou imaginaires) et en jouant, dans le cadre du groupe, des situations problématiques, le sujet peut prendre conscience de la façon dont il communique avec autrui et découvrir de nouveaux comportements mieux adaptés au contexte social dans lequel il évolue.

Par exemple, dans une formation aux relations professionnelles, Paul se plaint d'être toujours exploité par ses employeurs. L'animateur lui propose de jouer une scène avec son chef de service ; le jeu fait apparaître que Paul est incapable de dire non. Il prend conscience que cette incapacité (motivée par la peur du rejet) est la source du problème. Reprenant la même scène, il s'aperçoit qu'il est possible de dire non sans entraîner d'effets catastrophiques. L'intérêt du jeu de rôles est ainsi, dans un cadre d'apprentissage groupal, d'explorer de façon concrète une diversité de rôles.

• **Le *training group* ou groupe de formation.** Le *training group* est une démarche de formation élaborée par K. Lewin et ses disciples en 1946. Elle consiste à se servir de la vie plus ou moins spontanée du groupe pour essayer, avec l'aide de l'animateur, de comprendre la communication, les relations interpersonnelles et les processus de groupe (*leadership*, problèmes de cohésion, rapports aux normes, distribution des rôles, influences, rapports majorité/minorité, changement…).

Cette démarche a été appliquée à de multiples domaines : formation des psychologues, des travailleurs sociaux, des enseignants ; formation aux relations humaines dans les entreprises, formation de formateurs…

Concrètement, le groupe de formation réunit dix à quinze personnes et est animé par un spécialiste (psychologue ou pédagogue). Les participants sont invités à exprimer et à discuter

7- La plupart sont présentées dans le *Guide de la formation et du développement professionnel*, *op. cit.* Voir aussi P. Meirieu, *Apprendre en groupe*, Chronique sociale, 2010.

librement les aspects saillants de la vie du groupe, la façon dont eux-mêmes s'organisent et communiquent. L'animateur tend à faciliter l'expression, à réguler la vie du groupe, et l'aide à l'élucidation des phénomènes observés. Son attitude est plus ou moins « non directive »[8]. Cette notion, élaborée par le psychologue américain Carl Rogers, signifie que ce n'est pas au formateur mais au formé d'orienter le processus de formation. Elle s'appuie sur l'hypothèse que toute connaissance significative (c'est-à-dire qui modifie les façons de penser et de se comporter d'un sujet) ne peut pas être transmise de l'extérieur mais découle de l'expérience vécue.

Dans ces conditions, le rôle du formateur est moins d'enseigner un savoir que d'accompagner les sujets en formation en s'appuyant sur leurs motivations, leurs intérêts et leurs démarches propres. Il tend à mettre en place un cadre favorable aux processus d'apprentissage. En France, les pédagogies non directives ont eu peu d'influence sur l'enseignement initial mais ont fortement marqué la formation des adultes.

Ces différentes démarches : jeu de rôles, *training group*, non-directivité, groupe Balint – mais on aurait pu parler aussi de la méthode des cas[9], de l'analyse transactionnelle[10], ou de l'approche systémique[11]– ont toutes utilisé le groupe comme cadre mais aussi comme vecteur de l'apprentissage.

Elles se sont imposées de façon privilégiée dans les domaines de la formation aux relations humaines, à la communication, à la relation d'aide, au travail en équipe… Cependant elles pourraient – et ont pu – trouver des applications et des transpositions dans l'enseignement initial.

8- Sur la non-directivité, voir notamment M. Lobrot, *L'Animation non directive des groupes*, Payot, 1974.

9- Méthode de formation fondée sur la réflexion à partir de cas concrets, soit réels, soit reconstruits.

10- Méthode d'analyse des communications interpersonnelles ayant inspiré des pratiques de formation et de thérapie.

11- Approche d'un phénomène sous l'angle des interactions entre les divers éléments d'un système pris comme totalité (la famille, l'entreprise…). Voir E. Marc et D. Picard, *L'École de Palo Alto*, Retz 2006.

Les conceptions humanistes de l'éducation

Les conceptions humanistes de l'éducation ont déjà une longue histoire. De Comenius aux représentants de l'École nouvelle et à la psychologie de Carl Rogers, elles incarnent une attitude positive vis-à-vis des élèves et soulignent l'importance de l'empathie, la coopération et l'entraide.

Travailler quand l'apprentissage coopératif fait progresser

L'apprentissage coopératif consiste à faire travailler des élèves ensemble au sein de petits groupes. Il comporte quatre caractéristiques essentielles :

• **L'interdépendance positive** : les efforts de chaque membre sont nécessaires pour le succès du groupe.
• **L'interaction facilitatrice** : les membres s'encouragent et s'aident réciproquement.
• **La responsabilité individuelle** : personne ne peut faire « cavalier seul ».
• **Le traitement cognitif par le groupe** : les membres doivent régulièrement réfléchir ensemble sur leur façon de fonctionner.

Les résultats obtenus par l'apprentissage coopératif portent sur différents aspects de la vie en classe (en comparaison avec l'enseignement traditionnel) :

• **Sur le plan personnel**: augmentation de l'estime de soi. Les interactions conduisent les élèves à se considérer compétents.
• **Sur les plans cognitif et scolaire:** amélioration de la motivation à apprendre, de la complexité du raisonnement et des résultats scolaires, génération plus fréquente de nouvelles idées et solutions, meilleur transfert de ce qui est appris depuis une situation vers une autre. Les élèves apprécient également davantage l'enseignant: ils le perçoivent comme plus compréhensif et plus aidant.
• **Sur le plan relationnel et social** : augmentation sensible de l'appréciation réciproque, baisse du racisme et du sexisme, des incivilités et de la délinquance, du harcèlement et de la violence, ainsi que de la toxicomanie, meilleure intégration des élèves handicapés, augmentation des comportements altruistes.

Le tutorat par les pairs. S'aider soi-même en aidant les autres

Une autre forme d'apprentissage fondée sur la solidarité entre élèves est le tutorat par les pairs, que l'on peut définir comme l'enseignement d'un élève à un autre.

L'adhésion de l'enseignant est essentielle pour la réussite d'une action de tutorat par les pairs et sa fonction reste fondamentale. Il aide le tuteur à préparer les séances, à recadrer son action.
Initialement, certains promoteurs du tutorat par les pairs ont jugé préférable que les tuteurs soient de bons élèves. Aujourd'hui, on s'est rendu compte que certains élèves en difficulté se sentaient plus à l'aise et progressaient mieux avec des élèves en difficulté qu'avec des élèves brillants. Le tuteur ayant lui-même des difficultés (passées ou actuelles) comprend mieux que l'élève se trompe ou ne sache pas.
Les études montrent que les programmes de tutorat par les pairs ont des effets positifs nets sur la réussite scolaire et sur les attitudes des tutorés. Ceux-ci obtiennent des résultats supérieurs à d'autres élèves n'ayant pas bénéficié de ce type de programme.
Les bénéficiaires sont aussi les élèves tuteurs qui sont conduits à réviser leurs cours, à essayer de mieux comprendre la logique de la discipline et à organiser leur pensée pour expliquer le plus clairement possible. Le tuteur effectue un réapprentissage qu'il n'aurait certainement pas réalisé sans cet objectif d'aider un autre élève en difficulté. Les effets positifs sont multiples: moindre absentéisme, meilleure ponctualité en classe, plus d'intérêt pour le travail scolaire, plus de respect envers les professeurs... et, au final, de meilleurs résultats scolaires.

Les qualités d'un bon enseignant
« On n'apprend pas d'un prof qu'on n'aime pas »

L'authenticité, la considération pour l'élève, l'empathie, telles sont, selon la psychologie humaniste, les qualités nécessaires à un bon enseignant. De nombreuses enquêtes ont montré que l'impact de l'enseignant peut largement compenser une éducation familiale défaillante ou un milieu social défavorisé. Ces attitudes sont-elles réellement susceptibles de faciliter l'apprentissage ?
C'est précisément ce qu'ont voulu étudier David Aspy et Flora Roebuck (*On n'apprend pas d'un prof qu'on n'aime pas*, Actualisation, 1990). Ils ont notamment constaté que les enseignants qui manifestent le plus ces trois qualités permettent à l'ensemble de leurs élèves de progresser sensiblement au cours d'une année scolaire. Mais ils sont allés plus loin en mettant au point un programme destiné à améliorer le niveau de ces enseignants sur ces trois qualités, au sein d'une école située dans un environnement socio-économique très faible.
Les résultats ont été sans ambiguïté :
- Cette école a gagné neuf rangs dans l'échelle de compétence en lecture des élèves de la commission scolaire locale (l'école dessert le plus grand nombre d'élèves défavorisés dans cette zone scolaire).

- En moyenne, les élèves de 7 à 10 ans de cette école ont fait plus de progrès en mathématiques que tous les élèves de la zone scolaire.
- L'école avait le taux d'absentéisme le plus bas de son histoire (8,8 %) en quarante-cinq ans d'existence.
- Le nombre de bagarres entre élèves a diminué de façon significative.
- Le vandalisme a diminué de façon significative (ce problème auparavant sérieux n'en était plus un).
- Le pourcentage de démission chez les enseignants est passé de 80 % à 0 %.
- Des enseignants d'autres écoles ont commencé à demander à être mutés dans cette école.

Jacques Lecomte

Yves Guégan

De l'usage de la ruse en éducation

Comment contourner la résistance des élèves à se mettre au travail et à respecter les règles ? Pour cela, les enseignants emploient souvent des ruses éducatives qui, lorsqu'elles sont bienveillantes, permettent de désamorcer les conflits et de susciter la motivation.

Immorale la ruse ? Oui quand elle est synonyme d'escroquerie, d'imposture, de perfidie. Non quand il s'agit de contourner habilement les caprices d'un jeune enfant, en le priant par exemple de s'asseoir sur « la chaise qui rend gentil ». Comme les parents, les enseignants doivent gérer des enfants et des adolescents dont l'un des grands bonheurs consiste à entrer en résistance contre le savoir ou contre l'adulte. L'excellence didactique est certes une réponse pertinente à la résistance. Mais elle se révèle souvent inopérante quand l'enjeu délibéré de la relation éducative est pour l'élève d'esquiver le travail ou de saper le pouvoir de l'enseignant.

La ruse présente l'avantage de déverrouiller des situations conflictuelles sans utiliser l'autorité. Elle contribue également à changer le regard des élèves sur le travail scolaire et à stimuler leur motivation en inventant des solutions pédagogiques originales et inattendues. On parlera dans ce cas de ruses bienveillantes. C'est-à-dire de stratégies dont on voile délibérément la finalité et qui ne visent pas à flouer l'enfant mais se mettent au contraire au service de sa formation et de son développement. Si la ruse apparaît bien comme un outil pédagogique adapté aux situations où l'apprenant résiste, il faut souligner qu'elle suppose le respect de principes éthiques. La limitation de l'emprise de l'adulte d'une part, car la manipulation du désir de l'enfant doit rester homéopathique et il est essentiel d'agir en lui garantissant un espace de liberté ; la rareté d'utilisation d'autre part : la ruse ne saurait en effet être une technique permanente et la transparence de la communication reste primordiale dans la relation éducative.

Pour de nombreux enseignants cependant, la ruse est indigne parce que perçue comme déloyale et sournoise. Ce rejet s'appuie sur l'idée que la transmission du savoir est une mission trop noble pour s'abaisser à une pratique aussi « vulgaire » que cet art du trompe-l'œil. Et partant, qui pourrait affirmer ne jamais faire semblant ? Dans la relation à autrui cependant, qui pourrait prétendre ne jamais faire semblant ?

Fondées sur l'usage de l'intelligence, le sens de l'opportunité, l'inventivité, les ruses éducatives se forgent bien souvent par la réflexion et l'expérience. À l'école, en apprentissage ou en formation d'adultes, elles constituent une sorte de sac à malice pédagogique. Cet article propose d'en donner quelques illustrations et d'en analyser quelques mécanismes.

Ruse n° 1 : L'appropriation de la règle

Chez les adolescents en particulier, les échanges entre pairs, sous-tendus par le désir d'appartenance au groupe, font émerger une certaine conformité entre les comportements, les opinions, la manière de s'exprimer. En classe, lorsque la norme commande la non-participation, il est difficile de ne pas s'y plier, sous peine d'être considéré comme un traître, un « fayot ». Cependant l'enseignant peut faciliter l'émergence de normes participatives en organisant un libre jeu d'influences mimétiques. Cette tactique s'applique pour l'élaboration des règles, jugées ordinairement arbitraires et inutilement contraignantes par les élèves. Certes, ils signent le règlement intérieur, mais c'est un acte solitaire qui n'implique pas un engagement personnel lorsque l'environnement groupal s'avère résistant. Or un groupe peut manifester un désir de régulation, à la condition qu'on lui en donne l'opportunité. C'est ce que fait ici Thierry Trigolet, professeur de technologie :

> « Je consacre du temps en début de formation pour que le groupe décide des règles à suivre pour rendre les relations aussi harmonieuses que possible. Il s'agit d'élaborer une sorte de charte que j'appelle " les règles d'or ". Voici celles élaborées par un groupe d'apprentis : ponctualité ; respect mutuel; politesse avec le personnel ; humour ; respect des lieux ; s'entraider ; respect des consignes de sécurité ; écoute ; partager ; réfléchir à ce que l'on va faire ; curiosité ; courage ; motivation ; sérieux ; contrôler sa nervosité ; initiative personnelle ; hygiène ; qualité du travail ; patience ; ne pas baisser les bras ; tenue. La liste terminée, j'ai demandé si tous dans le groupe étaient d'accord et prêts à s'engager sur cette charte qui a été affichée dans la salle. Les premiers effets bénéfiques n'ont pas tardé à apparaître.

Suite à la pause de l'après-midi, un jeune est allé déranger le personnel administratif féminin dans un but bien précis. Au retour dans la salle, ses collègues lui ont dit : " Fais gaffe, t'as écrit des choses alors tu les respectes. " Cette façon de procéder me décharge du rôle de gendarme : le groupe se prend alors en charge et je deviens une sorte d'arbitre. J'ai d'ailleurs moi-même été rappelé à l'ordre. Après avoir fait des photocopies avec beaucoup de mal, je suis revenu en salle en expliquant que le photocopieur m'avait énervé. Là un jeune m'a dit : " Monsieur regardez les règles, on ne doit pas s'énerver. " J'ai tout de suite admis qu'il avait raison de me le rappeler. »

L'adhésion à la règle est rendue possible car chacun observe que les autres semblent manifester le désir d'y adhérer également. Petit à petit, le groupe autorise ainsi l'émergence d'une norme coopérative à partir du moment où il est suffisamment mis en confiance pour laisser de côté le réflexe mimétique de contestation de l'autorité institutionnelle.

Ruse n° 2 : Motiver à l'aide de jokers

Michaël Viggiano, professeur de français, accorde un joker (un droit au non-travail) pour les élèves qui, soit en permanence, soit ponctuellement, fournissent un travail de qualité. Il active ainsi une émulation, mais aussi, et paradoxalement, un désir de travail chez ceux qui en sont dispensés :

« Quand un apprenti travaille de manière particulièrement positive il m'arrive de lui offrir en récompense un joker qui lui permettra de ne pas faire un contrôle de son choix dans l'année. C'est toujours accepté avec plaisir, et quand vient le jour de l'utilisation du joker, je l'autorise donc à ne rien faire. étant élève, j'aurais moi-même adoré bénéficier de ce genre de privilège, j'aurais pu regarder les autres travailler avec l'accord du prof, en étant un peu à égalité avec lui. Ç'aurait été un bonheur. Mais curieusement, mon apprenti se sent alors exclu du groupe et veut faire le contrôle quand même, en prenant toutefois le soin de négocier : « Si la note n'est pas bonne, elle ne compte pas M'sieur ? » Je me fais un plaisir d'accepter la requête. Pour ne pas privilégier trop les meilleurs, je fais la même chose quand un apprenti d'ordinaire peu participatif se met soudainement à travailler. Je lui donne son joker et du coup, il devient généralement plus actif en cours. »

Cet encouragement au non-travail peut apparaître antipédagogique. En réalité, le caractère ludique et anticonformiste de la technique a pour effet d'inciter l'apprenti à la coopération afin, en particulier, de ne pas se sentir placé à l'écart du groupe.

Le don a le pouvoir d'enclencher un processus de réciprocité :

il appelle le contre-don. Ce processus repose sur l'obligation morale de rendre. Il est très actif dans les relations sociales et ne s'apparente pas le plus souvent à la ruse. Mais il peut aussi être détourné en technique secrète d'influence car on peut décider de donner dans le but spécifique d'obtenir la réciproque. À l'école, le contre-don visé sera une coopération accrue. Pour que la réciprocité fonctionne, l'élève doit avoir conscience d'en tirer un bénéfice tangible, que ce soit sur le plan intellectuel ou narcissique. Bien entendu, il convient de veiller à une distribution égalitaire des dons, afin d'éviter de donner prise au sentiment d'injustice.

Ruse n° 3 : Jouer le maître ignorant

Prendre le rôle du maître ignorant conduit à donner aux élèves un véritable objectif : faire la preuve de leurs compétences. Nathalie Mathieu, professeur d'anglais, applique de temps en temps cette technique :

> « Avec une classe d'apprentis mécaniciens totalement hermétiques à l'étude des langues, j'ai eu l'idée en début d'année de dire que j'aimerais bien comprendre le fonctionnement du moteur à explosion et ils se sont pris au jeu pour réparer une ignorance aussi lamentable de ma part. Ils ont préparé une séquence sur ce sujet, en anglais bien sûr, en se répartissant le travail de recherche de vocabulaire sur les différents aspects techniques à aborder. Pendant la séquence, j'ai posé plusieurs questions (toujours en anglais), et alors que d'habitude, mes questions les fatiguent, ils ont été ce jour-là particulièrement actifs pour me montrer leur expertise. Mon effarante incompétence et la naïveté de mes questions étaient pour eux terriblement réjouissantes. »

Traditionnellement, l'enseignant monopolise tous les pouvoirs (pédagogie, maintien de l'ordre…). Il met ainsi en place une relation qui est souvent source d'apathie ou de récriminations. Pour contrer la logique d'opposition il faut repenser la relation de pouvoir en termes de partage. Il s'agit pour l'enseignant d'un retrait calculé dont l'objectif est de libérer un espace de responsabilité susceptible d'être investi par les élèves. Le partage du pouvoir ne constitue pas une ruse pour les élèves décidés à coopérer. On ne peut parler de ruse que lorsqu'on vise un retournement d'attitude d'élèves résistants.

Dans cet esprit, la pédagogie du Maître ignorant constitue une piste intéressante qui donne à Jacques Rancière[1] l'opportunité de

1- J. Rancière, *Le Maître ignorant. Cinq leçons sur l'émancipation intellectuelle*, Fayard, 2001.

se livrer à une vive critique de l'explication : « Expliquer quelque chose à quelqu'un, c'est d'abord lui démontrer qu'il ne peut pas le comprendre par lui-même (...). L'explication est le mythe de la pédagogie, la parabole d'un monde divisé en esprits savants et esprits ignorants, esprits mûrs et immatures, intelligents et bêtes. » Telle est l'explication qui serait en définitive un principe d'abrutissement.

Il convient sans doute de prendre quelque recul par rapport à cette dénonciation radicale car on voit mal comment l'explication pourrait disparaître de l'école: le maître a aussi des choses à dire. Il reste que son retrait plus ou moins prononcé a pour effet de réduire son emprise intellectuelle et sa domination.

Montrer ses connaissances et son expertise est particulièrement valorisant quand on sait que le maître ne représente plus cette montagne de savoir qui écrase de sa puissance l'intelligence des apprenants et paralyse leur désir d'expression. Le retournement d'attitude des apprentis est ici assez spectaculaire. Cependant il reste ponctuel et la ruse s'essoufflera dans la durée. Mais elle aura permis de légitimer les cours ultérieurs, en mettant en évidence l'intérêt d'apprendre l'anglais...

Ruse n° 4 : Encourager pour dissuader

Dans les interactions compétitives ou conflictuelles, il est fréquent que la persuasion rationnelle demeure inefficace parce que l'argument est toujours susceptible d'être invalidé par un contre-argument. Il arrive alors que les positions se crispent et que les arguments de l'un viennent renforcer les arguments de l'autre dans un jeu sans fin. Dans la plupart des cas de ce type, la technique paradoxale tourne le dos à la logique d'opposition pour préférer une approche approbative qui consiste non seulement à feindre d'accepter la résistance de l'autre, mais encore à l'encourager.

Cette démarche est illustrée par la prescription du symptôme qui consiste à mettre brusquement en lumière la position d'un opposant. Le but est de rendre sa position intenable pour l'amener à en changer de lui-même. Le moyen utilisé est la reformulation à laquelle s'ajoute une injonction de surenchère. Pour gérer par exemple un élève qui refuse de travailler, on peut lui proposer de signer un « contrat de paresse ». Il sera ainsi placé dans une situation inconfortable qui ne manquera pas de le faire réfléchir. La prescription du symptôme repose sur le principe d'encourager pour dissuader.

L'effet miroir est une tactique voisine dont le mécanisme consiste, sans pratiquer la surenchère, à dévoiler pour dissuader. L'effet miroir offre aux élèves un gain précieux: l'opportunité de montrer qu'ils ont raison en étant contre. Ce gain à forte valeur narcissique exerce une pression à l'engagement. Il entraîne une coopération quasi automatique qui serait beaucoup plus difficile à obtenir si l'expression collective portait, non pas sur les désaccords, mais sur les convergences de vues, ainsi que l'atteste l'exemple suivant :

Donner des cours de psychosociologie dans une école d'ingénieurs ne déclenche pas un enthousiasme débordant. Affalés sur leurs chaises avec à la main un stylo qui tourne comme un hélicoptère, les élèves rechignent à se laisser persuader par les mérites des « sciences molles ». Pour désamorcer l'apathie, il est judicieux de démarrer la première séance en les invitant à exprimer leurs représentations négatives de la psychosociologie. On remplit alors tout un tableau avec leurs remarques : « ça ne sert à rien » ; « c'est de la manipulation » ; « on va couper les cheveux en quatre pour pas grand-chose » ; « c'est pipo » ; « c'est pas prouvé » ; « c'est chiant... ».

Le tableau joue le rôle du miroir. Face à l'excès du négatif, certains finissent par manifester leur désaccord, dire que la psychologie, c'est quand même intéressant, qu'un ingénieur est aussi un cadre qui doit travailler avec les autres, etc. Si bien qu'ils achètent la psychosociologie sans qu'il soit nécessaire de leur « vendre ». Cette technique fait tomber les résistances parce que l'enseignant n'argumente pas contre l'avis des opposants, il laisse à chacun une liberté d'expression qui fissure l'unanimité mimétique.

Fondements théoriques de la ruse

• **Recadrage.** Le psychologue Paul Watzlawick et ses collègues (1) ont montré tout l'intérêt de la technique du recadrage qui consiste à réinterpréter le réel. Le but est de détourner l'attention de la personne pour la fixer où on le souhaite. C'est toute l'astuce du renard qui guigne le fromage du corbeau de la fable : pour que la ruse fonctionne, il faut que le corbeau détourne son attention du fromage. En classe il s'agira de détourner l'élève de ses réflexes de résistance, en attirant son attention vers quelque chose de suffisamment attractif : un gain, un modèle de comportement, l'exercice d'un pouvoir : par exemple, dans la ruse n° 4, l'écoute des récriminations détourne la classe de son apathie.

• **Engagement.** Les psychologues spécialistes de l'engagement observent, de leur côté, que les leviers de l'influence sont plus efficaces par l'action que par la persuasion. Inciter la personne à s'engager librement dans une action anodine (comme dans les deux premières ruses citées : accepter le joker ou participer volontairement à la rédaction des règles de travail) constitue l'amorce d'un changement d'attitude qui a de bonnes chances de se révéler persistant, par un effet de cohérence comportementale. Pour R.-V. Joule et J.-L. Beauvois (2), l'engagement (libre et public) a une double conséquence : « D'abord il rend la conduite concernée plus stable ou plus résistante dans le temps, ensuite il rend plus probable l'émission de nouvelles conduites allant dans le même sens. »

Y. G.

1. P. Watzlawick, J. Weakland, R. Fisch, *Changements. Paradoxes et psychothérapie*, 1974, rééd. Seuil, coll. « Points essais », 2000.

2. R.-V. Joule, J.-L. Beauvois, *Petit traité de manipulation à l'usage des honnêtes gens*, 1990, rééd. Presses universitaires de Grenoble, 2002.

COMMENT APPREND-ON ?
COGNITION ET APPRENTISSAGES

- Les psychologies de l'apprentissage (Encadré)
- Piaget, quarante ans après (O. Houdé)
- Psychologie de l'éducation : les fondements de l'apprentissage (M. Crahay)
- Lev Vygotski : L'apprentissage par le groupe (M. Grangeat)
- Quand les désaccords favorisent l'apprentissage (M.-J. Remigy)
- L'éducation, porte ouverte sur le sens (Entretien avec J. Bruner)
- L'école, ça rend intelligent (C. Bastien)
- La motivation : condition de la réussite (R. Viau)
- Réussite scolaire et estime de soi (B. Galand)
- Apprendre à apprendre en Europe (Encadré)
- Troubles d'apprentissages : le calvaire scolaire (J. Grégoire)
- Sciences cognitives et pédagogie : une alliance difficile (M. Fournier)
- « Nous avons un devoir d'humilité » (Entretien avec M. Fayol)

Psychologie des apprentissages : objet et histoire

La psychologie a été dominée pendant plusieurs décennies par le modèle béhavioriste qui s'intéresse essentiellement aux comportements d'apprentissage observables. Mais l'approche cognitiviste qui, à l'inverse, étudie les processus mentaux, a progressivement gagné du terrain, jusqu'à devenir le modèle triomphant de cette fin de siècle.

Les théories

La psychologie béhavioriste

Le béhaviorisme a largement dominé les recherches en psychologie, de la Première Guerre mondiale à la fin de la Seconde. Selon cette approche, l'apprentissage est une modification du comportement provoqué par les *stimuli* venant de l'environnement.

C'est surtout le psychologue américain **Burrhus F. Skinner** (1904-1990) qui a développé cette approche et en a tiré une pratique pédagogique. L'apprentissage peut être obtenu par l'utilisation de récompenses appelées « renforcements positifs » (ex. : nourriture chez le rat de laboratoire, bonnes notes chez l'élève) et de punitions appelées « renforcements négatifs » (ex. : choc électrique chez le rat, mauvaises notes chez l'élève). L'individu adopte un comportement lui permettant d'éviter les renforcements négatifs et d'augmenter la probabilité de survenue de renforcements positifs. Cette procédure s'appelle « conditionnement opérant ». Skinner a critiqué le mode d'enseignement traditionnel, essentiellement fondé sur des renforcements négatifs, et a proposé de remplacer ceux-ci par des renforcements positifs. Sa théorie est à l'origine de l'« enseignement programmé ».

La psychologie de la forme

Au cours dela période 1930-1960, les théoriciens de la psychologie de la forme (ou gestaltistes) se sont radicalement opposés aux béhavioristes. Des expériences effectuées avec des singes mettent en évidence que la résolution d'un problème ne résulte pas de simples conditionnements, mais suppose également la compréhension de schèmes d'action complexes articulés entre eux. Par exemple, **Wolfang Köhler** a observé comment les chimpanzés apprenaient à attraper des bananes situées à l'extérieur de leur cage, grâce à un bâton. C'était le fruit d'une période de tâtonnements, d'une phase très courte de réflexion, puis d'une soudaine compréhension (*insight*) de la solution.

Max Wertheimer a affirmé que les apprentissages proposés aux élèves dans les écoles sont ennuyeux et ne font pas assez appel à la compréhension par *insight* et donc à une pensée véritablement créatrice.

La psychologie cognitive

La psychologie cognitive, qui s'est développée à partir des années 1960, a progressivement détrôné la théorie béhavioriste. Les psychologues cognitivistes tentent de comprendre ce qui se passe dans la « boîte noire » du psychisme humain. Le sujet ne se contente pas d'assimiler des données brutes ; il les sélectionne et les met en forme. Des spécialistes de diverses disciplines (neurosciences, intelligence artificielle, linguistique…) s'associent dans ce programme de recherche.

Nombreux sont les domaines explorés par la psychologie cognitive.

1. La perception : le cerveau fait un tri parmi la masse considérable de données issues de l'information. Ce filtre est nécessaire, il marque la différence entre voir et regarder, entendre et écouter.

2. La mémoire : les travaux de psychologie cognitive ont mis en évidence que la mémoire comporte de multiples facettes. On a ainsi juxtaposé mémoire à court terme (utile, par exemple, pour se souvenir du numéro de téléphone que l'on doit composer) et mémoire à long terme. La mémoire à court terme, initialement considérée comme un réceptacle passif, est en fait assez complexe et a donc été nommée mémoire de travail. On distingue également la mémoire lexicale (qui se rattache au « par cœur ») et la mémoire sémantique (qui concerne le sens des mots).

3. Les représentations : nous nous forgeons, au fil des ans, une représentation du monde environnant, parfois éloignée de la réalité. Ce courant de recherche rejoint la psychologie de l'apprentissage. En effet, certains auteurs considèrent que l'enseignant doit tenir compte des représentations de l'élève afin de confronter judicieusement ce dernier avec des informations nouvelles en vue d'un changement de conceptions.

4. La résolution de problèmes : la psychologie cognitive a montré que deux types de stratégies peuvent être utilisés pour résoudre un problème. Dans l'un, le sujet part du but à atteindre et le décompose en sous-buts successifs. Dans l'autre, le sujet déduit (en général par analogie avec une situation connue) un plan d'action, puis s'approche de la solution par corrections successives.

Depuis les années 1990, la psychologie cognitive s'élargit et se complexifie à la faveur des découvertes des neurosciences, à tous les domaines touchant la pensée, la connaissance.

Les représentants

Jean Piaget (1896-1980)

Il affirme qu'au cours de son développement intellectuel, l'enfant passe par différents stades :

– l'intelligence sensori-motrice (de la naissance à deux ans), caractérisée par la découverte de l'espace, des objets et des êtres, à travers la perception et le mouvement ;

– l'intelligence prélogique ou symbolique (deux ans à sept-huit ans), avec laquelle l'enfant commence à élaborer des représentations mentales. Il peut jouer à des jeux de fiction (par exemple la dînette avec des herbes comme aliments) ;
– l'intelligence opératoire concrète (sept-huit ans à onze-douze ans) ; au cours de ce stade, l'enfant acquiert la notion fondamentale de conservation (de poids, de volume) : il comprend qu'un liquide garde la même quantité si on le transvase d'un verre large dans un autre plus étroit (alors que dans ce dernier cas, le niveau est plus élevé) ;
– l'intelligence opératoire ou formelle (à partir de douze ans), qui consacre l'accès véritable à l'abstraction ; l'enfant est capable de raisonner sur un problème en posant des hypothèses *a priori*. Selon Piaget, cette séquence est à la fois déterminée génétiquement et dépendante de l'activité du sujet sur son environnement. L'intelligence se construit grâce au processus d'équilibration des structures cognitives, en réponse aux sollicitations et aux contraintes de l'environnement. Deux actions y contribuent, l'assimilation et l'accommodation. L'assimilation est l'action de l'individu sur les objets qui l'entourent, en fonction des connaissances et des aptitudes acquises par le sujet. Mais il y a inversement une action du milieu sur l'organisme, appelée accommodation, qui déclenche des ajustements actifs chez ce dernier. On appelle « constructivisme » cette approche basée sur l'interaction sujet-environnement.

Albert Bandura
Le psychologue Albert Bandura est à l'origine de la théorie de l'« apprentissage social », processus qui n'est pas confiné au cadre scolaire, mais concerne de multiples situations de la vie quotidienne. Le terme d'apprentissage social désigne trois procédures d'acquisition qui ont leur source dans l'entourage de l'individu :
– l'apprentissage imitatif ou « vicariant » résulte de l'observation d'un congénère qui exécute le comportement à acquérir. Bandura s'est particulièrement intéressé à l'agression. Selon lui, une bonne part des comportements agressifs sont appris par imitation de modèles tels que les parents et les pairs. Il a mené de nombreuses expériences dans lesquelles des enfants frappent une poupée en tissu s'ils ont auparavant vu un petit film dans lequel un enfant agit ainsi sans être ensuite réprimandé ;
– la facilitation sociale désigne l'amélioration de la performance de l'individu sous l'effet de la présence d'un ou plusieurs observateurs ;
– l'anticipation cognitive est l'intégration d'une réponse par raisonnement à partir de situations similaires.

Lev S. Vygotski (1896-1934)
Psychologue russe, contemporain de Piaget, il a élaboré une théorie interactionniste de l'apprentissage, mais qui insiste surtout sur la

composante sociale. « Dans notre conception, dit-il, la vraie direction de la pensée ne va pas de l'individuel au social, mais du social à l'individuel. » Selon lui, la pensée et la conscience sont déterminées par les activités réalisées avec des congénères dans un environnement social déterminé. Il considère que chaque fonction supérieure apparaît deux fois au cours du développement de l'enfant : tout d'abord dans une activité collective soutenue par l'adulte et le groupe social ; dans un deuxième temps, lors d'une activité individuelle, et elle devient alors une propriété intériorisée de l'enfant. Le rôle de l'enseignant est important puisque « ce que l'enfant est en mesure de faire aujourd'hui à l'aide des adultes, il pourra l'accomplir seul demain ». La distance entre ce que l'enfant peut effectuer seul et ce qu'il peut faire avec l'aide d'un adulte est la « zone proximale de développement », espace sur lequel l'apprentissage doit s'effectuer.

Jerome Bruner
Né à New York en 1915. Après avoir obtenu son doctorat de psychologie à l'université de Harvard, il a accompli la plus grande partie de sa carrière en tant qu'enseignant dans cette institution. Il est président de diverses associations scientifiques, dont l'Association américaine de psychologie. Son œuvre scientifique est imposante : dix-huit ouvrages et plus de trois cents articles scientifiques, essentiellement consacrés à la psychologie de l'éducation. C'est l'un des pères fondateurs de la psychologie cognitive. En 1956, il publie l'ouvrage *A Study of thinking* qui porte sur la catégorisation et l'acquisition des concepts. À une époque où domine la vision béhavioriste (qui s'intéresse exclusivement aux comportements), il montre que les sujets mettent en œuvre des stratégies mentales afin de résoudre activement des problèmes. L'ouvrage bouleverse une tradition bien ancrée et ouvre de nouvelles voies de recherche, qui conduiront à l'émergence et au renouvellement de la psychologie cognitive. Dans *L'Éducation, entrée dans la culture ; les problèmes de l'école à la lumière de la psychologie culturell*e, Retz, 1996. Jerome Bruner applique à l'éducation ses réflexions sur la psychologie culturelle. Selon lui, l'éducation ne peut être réduite à un processus de traitement de l'information, mais doit aussi aider l'élève à construire du sens et lui permettre ainsi de s'intégrer à la culture dont il dépend.

Olivier Houdé

Piaget, quarante ans après

La conception du développement de l'intelligence de l'enfant selon Jean Piaget était linéaire et cumulative car systématiquement liée, stade après stade, à l'idée d'acquisition et de progrès. C'est ce que l'on peut appeler « le modèle de l'escalier », chaque marche correspondant à un grand progrès, à un stade bien défini dans la genèse de l'intelligence dite « logico-mathématique »[1]. La nouvelle psychologie de l'enfant remet en cause ce modèle ou, pour le moins, indique qu'il n'est pas le seul possible[2]. D'une part, il existe déjà chez les bébés des capacités cognitives assez complexes, c'est-à-dire des connaissances physiques, mathématiques, logiques et psychologiques ignorées par Piaget et non réductibles à un fonctionnement strictement sensori-moteur (la « première marche de l'escalier »). D'autre part, la suite du développement de l'intelligence jusqu'à l'adolescence et l'âge adulte compris (la « dernière marche ») est jalonnée d'erreurs, de biais perceptifs, de décalages inattendus, non prédits par la théorie piagétienne. Ainsi, plutôt que de suivre une ligne ou un plan qui mène du sensori-moteur à l'abstrait (les stades de Piaget), l'intelligence avance de façon plutôt biscornue, non linéaire.

La remise en cause du modèle de l'escalier

Prenons un exemple cher à Piaget et qui fait, aujourd'hui encore, l'objet de beaucoup de recherches : le nombre[3]. Selon Piaget, il faut attendre 6-7 ans, c'est-à-dire l'entrée à l'école élémentaire,

1- Voir encadré page 100.

2- O. Houdé, *La Psychologie de l'enfant*, Puf, « Que sais-je ? », nlle éd. 2009. Cet ouvrage a remplacé celui de J. Piaget et B. Inhelder, du même nom, 1966, rééd. Quadrige, 2004.

3- O. Houdé, « De la pensée du bébé à celle de l'enfant : l'exemple du nombre », Sciences Hmaines, n° 87, octobre 1998.

l'âge de raison, pour que l'enfant atteigne le stade (la « marche ») qui correspond au concept de nombre. Pour le prouver, Piaget plaçait l'enfant face à deux rangées de jetons en nombre égal mais de longueur différente selon l'écartement des jetons. Dans cette situation, le jeune enfant considère, jusqu'à 6-7 ans, qu'il y a plus de jetons là où c'est plus long. Cette réponse verbale est une erreur d'intuition perceptive (longueur égale nombre) qui révèle, selon Piaget, que l'enfant d'école maternelle n'a pas encore acquis le concept de nombre. Mais après Piaget, Jacques Mehler et Tom Bever ont montré que les enfants réussissent dès 2 ans la tâche si, par exemple, on remplace les jetons par des nombres inégaux de bonbons[4]. Ils optent en effet pour la rangée qui contient le plus de bonbons, au détriment de l'autre, plus longue. L'émotion et la gourmandise, puisqu'il s'agit alors de manger le plus grand nombre de bonbons, rendent ainsi le jeune enfant « mathématicien » et lui font en quelque sorte sauter la marche ou le stade d'intuition perceptive de Piaget. La recherche sur les capacités numériques précoces est allée plus loin encore en découvrant la naissance du nombre chez le bébé avant le langage, c'est-à-dire avant l'âge de 2 ans.

Des bébés astronomes et mathématiciens

Piaget s'est surtout intéressé aux actions des bébés (le stade dit « sensori-moteur »), réservant l'étude des concepts, des principes cognitifs, aux enfants plus grands. Or les actions des bébés étant encore assez souvent maladroites, on admet aujourd'hui qu'il n'a pu mesurer leur réelle intelligence. Pour évaluer l'intelligence des bébés, les chercheurs ont commencé, dans les années 1980, à s'intéresser à leur regard, c'est-à-dire à leurs réactions visuelles face à des stimulations que leur présente le psychologue. Roger Lécuyer a parlé, à ce propos, de « bébés astronomes », c'est-à-dire découvrant l'univers et développant leurs connaissances à l'aide de leurs yeux plutôt que par l'action. Grâce à des moyens techniques comme la vidéo et l'ordinateur, dont ne disposait pas Piaget, on peut mesurer très précisément ces réactions visuelles. C'est ainsi que Renée Baillargeon a démontré l'existence de la permanence de l'objet – c'est-à-dire la capacité du bébé à concevoir qu'un objet continue d'exister lorsqu'il disparaît de sa vue – bien plus tôt (dès 4-5 mois) que ne le pensait Piaget (8-12 mois). R. Baillargeon a

4- J. Mehler, T. Bever, « Cognitive capacity of very young children », *Science*, vol. 158, 1967.

aussi démontré la capacité qu'ont les bébés dès 15 mois à inférer des états mentaux chez autrui (leurs croyances vraies ou fausses). Il s'agit d'exemples de connaissances physiques (sur les objets) et psychologiques (sur les états mentaux) très précoces, bien avant l'émergence du langage articulé.

Revenons à l'exemple du nombre. Une étude de Karen Wynn a ainsi révélé que dès l'âge de 4-5 mois, les bébés réalisent sans difficulté l'addition 1 + 1 = 2, ainsi que la soustraction 2 – 1 = 1[5]. Cette capacité numérique a aussi été démontrée par Marc Hauser chez les grands singes qui ont, comme les bébés humains, un cerveau sans langage[6]. Dans l'étude de Wynn, on présente aux bébés un petit théâtre de marionnettes (des figurines de Mickey) où sont réalisés sous leurs yeux des événements possibles (par exemple 1 Mickey +1 Mickey = -2 Mickey) ou magiques (1 + 1 = 1 ou 1 + 1 = 3) obtenus par trucage expérimental. La mesure du temps de fixation visuelle des bébés montre qu'ils perçoivent les erreurs de calcul : ils regardent plus longtemps, car ils sont surpris, les événements magiques que les événements possibles. Ils conservent donc le nombre exact d'objets attendus dans ce que l'on appelle leur mémoire de travail. Par leur regard, les bébés manifestent ainsi une forme élémentaire de raisonnement, d'abstraction-: le « premier âge de raison », bien plus tôt que ne l'imaginait Piaget.

Des stratégies cognitives en compétition

Il est toutefois évident que si les bébés ont déjà des capacités numériques dès les premiers mois de leur vie, elles sont encore rudimentaires et vont ensuite s'enrichir, notamment lorsque le langage et l'école s'empareront de cette matière première. Le modèle théorique actuel qui rend le mieux compte de la complexité du développement numérique chez l'enfant d'âge dit « préscolaire » (école maternelle) et scolaire (école élémentaire) est celui de Robert Siegler. À propos de la résolution d'opérations arithmétiques plus difficiles que celles résolues par le bébé (par exemple, 3 + 5 = ?, 6 + 3 = ?, 9 + 1 = ? ou encore 3 + 9 = ?), Siegler a démontré que l'enfant dispose d'une variété de stratégies cognitives qui entrent en compétition (un peu comme dans l'évolution biologique) : deviner, compter unité par unité avec les

5- K. Wynn, « Addition and subtraction by human infants », *Nature*, vol. 358, 1992 ; K. Wynn, « Findings of addition and subtraction in infants are robust and consistent », *Child Development*, vol. 71, 2000.

6- M. Hauser, *À quoi pensent les animaux ?*, Odile Jacob, 2002.

doigts de chaque main pour chaque opérant (3 et 5, par exemple) et recompter le tout après (c'est-à-dire 8), compter à partir du plus grand des deux opérants (par exemple, à partir de 9, compter 10, 11, 12) ou encore retrouver directement le résultat en mémoire. À l'encontre du « modèle de l'escalier » de Piaget, où l'enfant passe soudainement d'un stade à l'autre, Siegler propose de concevoir plutôt le développement numérique, qu'il s'agisse d'additions, de soustractions ou de multiplications, comme « des vagues qui se chevauchent ». Selon cette métaphore, chaque stratégie cognitive est à l'image d'une vague qui approche d'un rivage, avec plusieurs vagues, ou façons de résoudre le problème arithmétique, susceptibles de se chevaucher à tout moment et donc d'entrer en compétition. Avec l'expérience et selon les situations, l'enfant apprend à choisir l'une ou l'autre façon de procéder. Outre l'arithmétique, Siegler a illustré le bien-fondé de son modèle pour diverses acquisitions de l'enfant comme la capacité à lire l'heure, la lecture, l'orthographe, etc.

Quand inhiber c'est progresser

Nous avons pu montrer, avec mon équipe de l'université Paris-V, que ce qui pose réellement problème à l'enfant dans une tâche comme celle de Piaget (les deux rangées de jetons), ce n'est pas le nombre en tant que tel puisqu'il l'utilise bien plus tôt, mais c'est d'apprendre à inhiber la stratégie perceptive inadéquate (le biais) « longueur égale nombre », stratégie qui très souvent marche bien et que même les adultes appliquent[7]. Ainsi, se développer c'est non seulement construire et activer des stratégies cognitives comme le pensait Piaget, mais c'est aussi apprendre à inhiber des stratégies qui entrent en compétition dans le cerveau. Et cela ne va pas de soi ! On pense ici aux obstacles épistémologiques de l'esprit et à la « philosophie du non » décrits jadis par Gaston Bachelard (1884-1962) pour l'histoire des sciences. Il en ressort que le développement de l'enfant n'est pas toujours linéaire, comme l'avaient sans doute déjà pressenti, dans leur pratique, beaucoup d'éducateurs, professeurs des écoles ou parents. Pour une même notion, un même concept à apprendre, des échecs tardifs par défaut d'inhibition peuvent succéder à des réussites bien plus précoces. Mais comment l'enfant apprend-il à inhiber les stratégies inadéquates ? Il peut le faire soit par l'expérience à

7- O. Houdé, E. Guichart, « Negative priming effect after inhibition of number/length interference in a Piaget-like task », *Developmental Science*, vol. 4, 2001.

partir de ses échecs, soit par imitation ou encore par des instructions venant d'autrui.

Durant les années 1990, deux psychologues « néopiagétiens », Robbie Case et Kurt Fischer, ont ainsi simulé sur ordinateur les courbes du développement de l'enfant en termes de systèmes dynamiques non linéaires, c'est-à-dire de courbes d'apprentissage moins régulières, incluant des turbulences, des explosions, des effondrements.

La psychologie de l'enfant, pour être bien comprise, doit aller du très jeune bébé, sur certains points comparé au grand singe (comme on l'a vu pour le nombre sans langage), jusqu'à l'adolescent et l'adulte. C'est l'ensemble du parcours et de la dynamique qui est intéressant, ainsi d'ailleurs que le soulignait déjà Piaget. Nos expériences d'imagerie cérébrale réalisées avec Bernard et Nathalie Mazoyer à Caen sur le raisonnement logique ont permis de découvrir ce qui se passe dans le cerveau de jeunes adultes avant et après l'apprentissage de l'inhibition d'une stratégie perceptive inadéquate, c'est-à-dire avant et après la correction d'une erreur de raisonnement[8]. On observe une très nette reconfiguration des réseaux cérébraux, de la partie postérieure du cerveau (partie perceptive) à sa partie antérieure, dite « préfrontale ». Le cortex préfrontal est celui de l'abstraction, de la logique et du contrôle cognitif – donc de l'inhibition. Dans sa théorie du développement de l'enfant, Piaget affirmait qu'à partir de l'adolescence (12-16 ans : le stade des opérations formelles), on ne devait plus faire d'erreur de logique. C'est le stade le plus élaboré de l'intelligence conceptuelle et abstraite, la dernière « marche de l'escalier » ! Or ce n'est pas le cas. Spontanément, le cerveau des adolescents et des adultes continue à faire, comme celui des enfants plus jeunes, des erreurs perceptives systématiques dans certaines tâches de logique, pourtant assez simples. On découvre à nouveau ici combien, jusqu'à ce dernier stade, le développement de l'intelligence est biscornu et le rôle qu'y joue l'inhibition.

8- O. Houdé *et al.*, « Shifting from the perceptual brain to the logical brain : The neural impact of cognitive inhibition training », *Journal of Cognitive Neuroscience*, vol. 12, 2000 ; O. Houdé, N. Tzourio-Mazoyer, « Neural foundations of logical and mathematical cognition », *Nature Reviews Neuroscience*, vol. 4, 2003.

De l'assimilation/accommodation à l'activation/inhibition

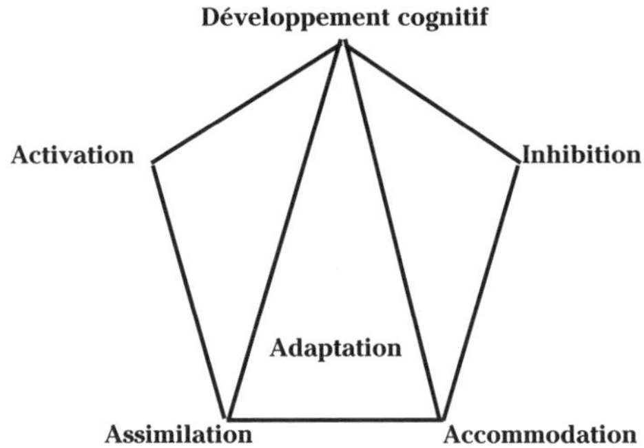

Piaget concevait l'intelligence comme une forme d'adaptation : l'adaptation de la cognition aux choses. Il utilisait l'idée d'adaptation au sens biologique : l'intégration, ou assimilation, des stimulations (informations, input) de l'environnement à l'organisme, combinée avec l'ajustement ou accommodation de l'organisme à ces stimulations. Selon Piaget, la dynamique assimilation/accommodation conduit le cerveau humain vers des organisations sensori-motrices et cognitives de plus en plus complexes : des actions des bébés aux opérations logiques et abstraites de l'adolescent et de l'adulte. Cependant, la dynamique d'assimilation/accommodation semble aujourd'hui insuffisante pour décrire la manière dont se développe l'intelligence humaine. Je propose d'y ajouter l'activation/inhibition (voir la figure).

Dans les années 1920, le jeune Piaget, déjà inspiré par la vision d'une épistémologie biologique, n'a pas vu l'importance de l'inhibition pour l'étude du développement cognitif, alors que ce concept pluridisciplinaire était introduit en physiologie et en psychologie depuis le début du XIXe siècle et ensuite utilisé, au XXe siècle, par les célèbres écoles de Sherrington, Pavlov et Freud. C'est sans doute parce que l'inhibition était, dans l'esprit de Piaget, trop négative (signifiant répression, opposé de la liberté) pour sa théorie constructiviste du développement de l'enfant. Cette incompréhension est certainement la plus importante erreur de Piaget.

O.H.

L'enfant psychologue

À côté des mathématiques et de la logique, il faut aussi évoquer les théories naïves de l'esprit qu'élaborent « l'enfant psychologue » et déjà le bébé[9]. Dans sa vie sociale réelle, dans ses interactions avec les autres à la maison, à l'école ou dans ses loisirs, l'enfant doit aussi apprendre à être un « petit psychologue ». Il doit, en effet, constamment élaborer des « théories » sur la façon dont il pense et dont pensent les autres autour de lui, afin de comprendre et de prédire la dynamique, parfois complexe, des comportements et des émotions. Certains psychologues comme Alan Leslie ont même avancé que notre cerveau, façonné par l'évolution des espèces, posséderait de façon innée un « module de théorie de l'esprit » et que c'est ce mécanisme qui serait détérioré chez les enfants autistes. Comprendre que l'autre est, comme nous, un être intentionnel doué d'un esprit, d'états mentaux, de croyances, de désirs, etc., est en effet essentiel pour entrer dans l'apprentissage culturel humain, ainsi que l'a bien analysé Michael Tomasello[10]. La capacité d'imitation observée chez le bébé dès la naissance par Andrew Meltzoff – imitation néonatale des mouvements de la langue et des lèvres, de la tête et des mains – ce qu'avait ignoré Piaget, est sans doute le point de départ de cet apprentissage culturel.

L'imagerie cérébrale : une cartographie du développement

Piaget considérait la construction de l'intelligence chez l'enfant (calculer, raisonner, etc.) comme l'une des formes les plus subtiles de l'adaptation biologique. À l'époque, ces réflexions restaient très théoriques. Aujourd'hui, avec l'imagerie cérébrale[11], on peut commencer à réellement explorer la biologie du développement cognitif.

Depuis la fin des années 1990, des chercheurs utilisent l'imagerie par résonance magnétique anatomique (IRMa) pour construire des cartes tridimensionnelles des structures cérébrales en déve-

9- J. Astington, *Comment les enfants découvrent la pensée*, Retz, 1999 ; H. Onishi et R. Baillargeon, « Do15-month-old infants understand false beliefs ? », *Science*, vol. 308, 2005.

10- M. Tomasello, *Aux origines de la cognition humaine*, Retz, 2004.

11- O. Houdé, B. Mazoyer, N. Tzourio-Mazoyer (dir.), *Cerveau et psychologie : introduction à l'imagerie cérébrale anatomique et fonctionnelle*, Puf, 2002.

loppement[12]. On sait qu'avec le développement neurocognitif de l'enfant, s'opèrent une multiplication puis un élagage des connexions (synapses) entre neurones, d'où une diminution de la matière grise du cerveau. Cet élagage correspond, selon Jean-Pierre Changeux, à une stabilisation sélective des synapses par un mécanisme de « darwinisme neuronal ». Les premiers résultats indiquent que cette maturation est loin d'être uniforme. Elle s'effectue par vagues successives selon les zones du cerveau : d'abord les régions associées aux fonctions sensorielles et motrices de base et ensuite, jusqu'à la fin de l'adolescence, les régions associées au contrôle cognitif supérieur (le contrôle inhibiteur notamment).

Depuis peu, on utilise aussi l'imagerie par résonance magnétique fonctionnelle (IRMf) pour mesurer les activités cérébrales pendant que l'enfant ou l'adolescent réalise une tâche cognitive particulière, en comparant ce qui se passe aux différents stades du développement[13]. Il est donc possible de visualiser la dynamique cérébrale qui correspond à l'activation/inhibition des stratégies cognitives aux différents âges (ce que l'on appelle la « macrogenèse ») ou au cours d'un apprentissage à un âge particulier (la « microgenèse »). L'enjeu est d'établir la première cartographie anatomo-fonctionnelle des stades du développement cognitif. Il est aussi de mettre au point, à partir de ces données nouvelles, des applications psychopédagogiques[14].

12- A. Toga, P. Thompson, E. Sowell, « La turbulente dynamique de la matière grise », *La Recherche*, n° 388, juillet-août 2005.

13- B.J. Casey *et al.*, « Imaging the developing brainn », *Trends in Cognitive Sciences*, vol. 9, 2005.

14- O. Houdé, « First insights on neuropedagogy of reasoning », *Thinking & Reasoning*, 2006.

Marcel Crahay

Psychologie de l'éducation Les fondements de l'apprentissage

La conception de l'apprentissage humain relève de plusieurs traditions pédagogiques et psychologiques. Chacune d'elles s'ancre dans une tradition et des postulats philosophiques : la conception empiriste estime qu'au fondement de l'apprentissage et de la connaissance se trouve la perception. Une deuxième tradition philosophique, de Platon à Descartes, postule que la raison prime la perception. Elle s'est ressourcée et réactualisée récemment grâce aux apports de la psychologie et de la linguistique qui constatent l'importance des structures mentales de traitement de l'information. À ces deux traditions philosophiques auxquelles s'apparentent aujourd'hui encore de nombreuses pratiques pédagogiques, se sont adjointes au cours du xxe siècle des théories psychologiques pour qui le fondement de l'apprentissage est l'action du sujet. Le béhaviorisme, puis le constructivisme piagétien se fondent sur cette prémisse. Un dernier courant, représenté par le psychologue russe Lev Vygotski et aujourd'hui par la psychologie culturelle de Jerome Bruner, met l'emphase sur le langage. Pour cette approche, la pensée humaine est contrainte par le système de signes et de signification de la langue écrite ou orale, produit par l'interaction entre les structures mentales de l'individu et la culture dans laquelle il évolue.

La perception ou la raison

Une première conception de l'apprentissage humain est représentée par l'empirisme. Ce courant philosophique et pédagogique important fonde son approche de l'apprentissage sur la perception et l'expérience. Les philosophes John Locke (1632-1702), David Hume (1711-1776), Étienne de Condillac (1714-1796) et Claude André Helvétius (1715-1771) sont les représentants les plus typiques de cette manière de penser que l'on retrouve aussi chez Jean-Jacques Rousseau (1712-1778) ainsi que chez divers pédagogues : Johan F. Herbart (1776-1841) avec son concept d'aperception, Maria Montessori (1870-1952) avec le concept d'esprit absorbant et son éducation sensorielle, Ovide Decroly (1871-1932) avec son principe pédagogique sous forme de triptyque « observation – association – expression »... En matière d'enseignement, les empiristes mettent essentiellement l'accent sur l'organisation de l'expérience sensorielle des enfants : l'enseignement doit partir du concret. Pour l'approche empiriste, l'apprentissage se ramène en quelque sorte à un enregistrement ou à un stockage en mémoire d'informations venant de l'extérieur. Tout se passe comme si les stimulations externes venaient marquer le cerveau de leur empreinte. L'esprit est considéré au départ comme une cire vierge, une table rase qui se fait imprégner par le monde réel, et ceci par l'intermédiaire des sens. Dans cette optique, l'esprit est façonné par les expériences qu'il est donné à l'individu de vivre.

Si les connaissances s'acquièrent par un contact direct avec le réel, l'enseignement doit se donner pour fonction d'organiser cette rencontre avec les choses, et la pédagogie a pour objet l'étude des façons de structurer l'expérience sensitive des élèves. Foncièrement optimiste quant au pouvoir de l'éducation, l'empirisme est profondément égalitaire : moyennant un choix adéquat des expériences auxquelles soumettre les enfants, il est possible de leur faire maîtriser toutes les compétences essentielles.

À l'inverse de l'empirisme, le rationalisme se méfie de l'expérience sensorielle que l'être humain peut avoir du réel. Mettant en évidence les illusions perceptives dont l'individu peut être victime, le rationalisme affirme que les sens ne donnent qu'une vue confuse et non significative de la réalité des choses. Si la structuration des connaissances provient, non pas de l'organisation du monde extérieur (comme le postulent les empiristes), mais de l'intérieur (comme le postulent les rationalistes), l'enseignement doit se donner pour première mission de susciter la réflexion de l'élève, considérant celle-ci comme une fonction pouvant s'exercer de façon autonome. Postulant que les structures de la pensée sont innées, le rationalisme et ses émules contemporaines conduisent à penser que l'individu doit découvrir la vérité en lui-même grâce au travail de la raison dont il est naturellement doté. Autrement dit, c'est par déduction et/ou introspection que les progrès cognitifs se réalisent. Ce qui amène logiquement à valoriser l'enseignement du latin, de la logique ou, depuis une cinquantaine d'années, des mathématiques ; ces enseignements étant conçus comme des gymnastiques intellectuelles ou, plus largement, comme des façons d'exercer la logique de l'individu.

L'action et le langage

La psychologie naissante s'enracine dans la philosophie pragmatiste et souligne la dimension agissante du sujet. L'individu se trouve placé dans l'obligation de créer des formes de connaissances de plus en plus sophistiquées, en s'efforçant d'ajuster ses actions aux contraintes de la réalité. Pour les béhavioristes Edward L. Thorndike et Burrhus Skinner comme pour le constructiviste Jean Piaget, tous marqués par l'héritage intellectuel de John Dewey, les actions constituent le moyen par lequel l'individu interagit avec le milieu, s'y adapte et le transforme tout à la fois. Tout apprentissage s'enracine dans l'action exercée par le sujet sur son environnement.

Dans cette perspective, E.L. Thorndike (1874-1949) considère que l'apprentissage se réalise par essais et erreurs. Traitant du conditionnement opérant, B. Skinner affirme que les hommes agissent sur le monde, le transforment et sont transformés en retour par les conséquences de leurs actions. Cette dernière affirmation pourrait être reprise par Piaget. Ces auteurs se distinguent notamment par le rôle qu'ils accordent à l'erreur dans ce processus d'ajustement des actions au milieu. La loi de l'effet formulée par Thorndike affirme que les actions couronnées de succès tendent à être répétées par le sujet alors que celles sanctionnées par l'échec sont éliminées de son répertoire d'actions. À l'opposé, B. Skinner n'attribue aucun effet à l'erreur au point qu'il prétendra, tout au long de son œuvre, que l'apprentissage peut se réaliser sans erreur. Il en fera un idéal pédagogique puisqu'un cours programmé bien conçu doit, selon lui, mener l'élève à la compétence terminale au fil d'une progression comportant au minimum 95 % de bonnes réponses. Quant à Piaget, il donne aux erreurs une fonction de perturbation ou de facteurs déséquilibrant : toute action constitue une tentative d'assimilation d'une réalité ; lorsque celle-ci résiste, il y a échec d'assimilation et déséquilibration momentanée du système cognitif du sujet qui va s'efforcer de créer un nouvel état d'équilibre en inventant de nouveaux procédés d'action ; s'il réussit, il aura réalisé une accommodation.

Les théories de l'apprentissage par l'action sont confrontées à un problème crucial : le passage des actions aux concepts et, plus globalement, le rapport entre pensée conceptuelle et intelligence pratique ou sensori-motrice. B. Skinner le résout en distinguant les comportements contrôlés par les contingences et ceux gouvernés par les règles ; celles-ci étant transmises aux individus par la voie du langage. La solution de Piaget est plus complexe. Selon lui, c'est avec l'émergence d'appareils sémiotiques (langage, imitation différée, jeu de faire-semblant, image mentale, etc.) vers l'âge de deux ans que commence à s'opérer la métamorphose des schèmes sensori-moteurs en schèmes conceptuels. Ainsi, s'il est vrai que tout savoir trouve son origine dans l'action, cela ne signifie pas qu'il suffise d'agir pour accéder à une connaissance représentative adaptée des réalités qui ont été manipulées. Toute la difficulté consiste à reconstruire sur le plan sémiotique ce qui est maîtrisé à un niveau pratique. Cette reconstruction constitue, aux yeux de Piaget, une conceptualisation et implique notamment un processus d'abstraction.

Toute action effective comporte une dimension physique et une dimension logico-mathématique. Ainsi, lorsque le bébé réagit à la vue d'un objet suspendu en tendant la main pour le balancer, il découvre qu'une impulsion peut provoquer un mouvement et, ce faisant, mobilise une liaison inférentielle : suspendu = balancement. L'enfant est face à un autre type de liaison lorsqu'il constate que la bille, qu'il vient d'introduire dans un cube vide, peut être retirée du bout du doigt ; une action directe peut être annulée par son inverse. Par ailleurs, si certaines actions comportent un ordre strict de réalisation, d'autres sont douées de la propriété de commutativité et d'autres encore de celle de symétrie. Ainsi, pour remplir un récipient d'eau par transvasement, il faut saisir un autre récipient, le plonger dans l'eau, le retirer en le redressant, puis le renverser dans le premier. Dans ce cas, il n'est pas question de permuter l'ordre des actions.

Par rapport à toutes ses actions, l'enfant peut procéder à deux sortes d'abstractions. On parlera d'abstraction empirique lorsque le sujet extrait, de l'application d'un schème assimilateur sur le réel, une information sur les objets eux-mêmes et/ou une information sur les effets de ses actions ; autrement dit, l'information tirée de l'action sur les objets peut concerner soit les propriétés des objets, soit une dimension physique de l'action. On qualifiera de réfléchissante toute abstraction d'une propriété tirée, non des résultats de l'action exercée sur le monde, mais des coordinations de schèmes qui ont été mises en œuvre. Lorsque l'enfant laisse tomber une série de boîtes en plastique dans un bac à eau et constate que tous ces objets flottent, il réalise une abstraction empirique. En revanche, les notions avant-après sont le fruit d'une abstraction réfléchissante appliquée à la coordination temporelle des actions. Dès la première année, le nourrisson introduit de l'ordre dans ses activités intentionnelles : pour amener à lui un objet éloigné, il saisit un bâton et l'utilise pour rapprocher la cible. Au moment de la construction de la représentation de l'ordre temporel, la succession des actions est projetée sur le plan représentatif, plan sur lequel l'ordre temporel est reconstruit en tant que concept, ce qui lui confère notamment la capacité d'ordonner d'autres représentations. L'abstraction réfléchissante crée les cadres logiques nécessaires à la pensée : classes, nombre, temps et espace, causalité et mises en relation de toutes sortes.

En contrepoint des visions du béhaviorisme ou de l'approche piagétienne, des psychologues comme Lev S. Vygotski, Henri Wallon ou aujourd'hui Jerome Bruner estiment que la pensée humaine ne peut se comprendre sans l'usage d'outils sémiotiques et, plus particulièrement, du langage. Pour penser, l'individu a besoin d'un système de signes lui permettant de traiter les significations. Il le trouve dans la culture qui lui offre le langage, mais aussi toute une série d'outils sémiotiques (le dessin, l'écriture, les symboles et signes divers). Postulant une nature sociale permettant à l'enfant de s'approprier la vie intellectuelle de ceux qui l'entourent, Vygotski soutient par exemple que l'enfant devient homme par son insertion dans un environnement social qui véhicule les traces culturelles des conquêtes intellectuelles et technologiques réalisées par les hommes au cours de leur histoire. L'apprentissage est avant tout une appropriation des outils matériels (marteau, crayon, télévision, ordinateur...) et sémiotiques dont la civilisation s'est dotée au fur et à mesure de son évolution. Ceci ne signifie pas que l'enfant est malléable comme une cire molle. L'apprentissage se produit en situation sociale de coopération, lorsque les appareils sémiotiques utilisés par le compagnon d'interaction peuvent être incorporés par l'enfant en fonction de son degré de développement potentiel. La construction cognitive de la personne se réalise principalement dans des contextes interactifs au sein desquels l'enfant et l'adulte s'engagent dans une activité commune. Ce dernier est par nature un agent de développement, dans la mesure où il médiatise la relation de l'enfant au monde des objets en guidant, planifiant, régulant, parachevant ses actions.

Dans cette perspective, la construction du sujet psychologique ne procède pas de l'intérieur vers l'extérieur, comme le postule le rationalisme. Il n'est pas non plus le produit des modelages environnementaux. Il est le fruit de la relation sociale. Selon Vygotski, les apprentissages ne dépendent pas du développement endogène de structures cognitives ; les apprentissages activent le développement en stimulant chez l'enfant toute une série de processus cognitifs qui ne lui sont accessibles que dans le cadre d'interaction avec l'adulte et/ou de collaboration avec des camarades ; une fois intériorisés, ces processus deviennent une conquête propre à l'enfant. Dans cette perspective, la psychologie du développement doit nécessairement conjuguer la psychologie de l'apprentissage et celle de l'éducation.

Les avancées de la psychologie cognitive

Pour le cognitivisme, le cerveau humain traite l'information venant de l'extérieur et se régule en fonction d'elle. Plus exactement, il transforme les inputs informationnels en représentations symboliques de l'état du monde et manipule ces symboles en leur appliquant des algorithmes de calcul. Ceux-ci jouent, dans le fonctionnement cognitif, le rôle que Piaget attribue aux opérations logico-mathématiques. Le champ d'études de la psychologie est constitué par la manière dont l'être humain recueille, modifie, encode, interprète, emmagasine l'information de l'environnement et par la façon dont il en tient compte pour prendre des décisions et déterminer sa conduite. Il s'agit encore de comprendre comment une personne ajoute de l'information à son stock de connaissances permanentes du monde, comment elle y accède et comment elle utilise ces connaissances face aux différentes situations de la vie.

Dans *Architecture of Cognition*, John Anderson (1983) distingue deux types de connaissance. Il montre qu'il suffit de quelques minutes d'étude pour mettre en mémoire une connaissance déclarative (connaissance factuelle que l'on peut énoncer, du type : le mont Everest culmine à 8 847 m) alors que l'intégration d'une procédure (ensemble de connaissances et de savoirs explicites ou implicites impossibles à formuler simplement, voire à transmettre, du type : savoir faire du vélo ou parler l'anglais) requiert une pratique graduelle et souvent considérable. Si l'on prend l'exemple de la connaissance du calcul de l'aire d'un triangle, on comprend que la connaissance déclarative (la formule de calcul) peut s'acquérir aisément par mémorisation. La connaissance procédurale (la mise en œuvre des stratégies mentales et des comportements permettant de résoudre la question dans un problème de mathématique) est plus longue et plus complexe à acquérir. En revanche, une fois acquise, la procédure permet un passage à l'acte rapide et efficace. Le passage d'une forme de connaissance à l'autre n'est pas simple et de nombreux travaux actuels portent sur la procéduralisation des connaissances déclaratives. De manière générale, l'individu passe d'une application lente et consciente de règles à une pratique de plus en plus automatisée et inconsciente, par la mise en actes régulière de connaissances déclaratives (dans l'exemple choisi, par la multiplication des problèmes comportant le calcul de l'aire du triangle et nécessitant l'application de la formule). L'apprentissage de connaissances procédurales correspond à la constitution de séquences d'actions conditionnelles (si A se produit, alors faire B), qui permettent la réalisation de certaines tâches dans certaines conditions. Lire et comprendre un texte, rédiger, orthographier, calculer, résoudre un problème, maîtriser une langue étrangère... toutes ces aptitudes reposent sur des connaissances procédurales.

Toujours selon J. Anderson, la maîtrise des connaissances déclaratives correspond à la première étape des apprentissages. L'individu intègre dans sa mémoire à long terme des informations et des instructions relatives à une catégorie de situations, à l'utilisation d'un code (écrit, par exemple) et/ou d'un instrument (le crayon et le cahier). Ces informations, codées sous des formes diverses, ne débouchent sur l'exécution d'une performance qu'au prix d'un processus d'interprétation de ces connaissances. Ce processus est coûteux en temps et en espace de travail : la mémoire de travail doit retrouver toutes les informations nécessaires à l'action dans la mémoire à long terme et les y maintenir par une activité de répétition afin de procéder à leur coordination et à leur traduction en actes. C'est ce processus que l'on constate chez l'enfant lors de l'apprentissage de la lecture par exemple. À ce moment, la médiation verbale joue un rôle important. Sous l'effet de la pratique, le contrôle verbal de l'activité s'estompe et les connaissances déclaratives sont compilées : elles peuvent être appliquées de façon automatique, c'est-à-dire sans recours à aucun effort interprétatif. Dans une troisième étape, il y a réglage progressif des procédures, ce qui aboutit à une amélioration de la précision et de la vitesse d'exécution. On finit, en général, par lire de manière automatique.

Il existe d'autres voies d'acquisition ne faisant pas appel à la médiation verbale. Les études relatives à l'apprentissage implicite montrent que le sujet humain peut acquérir des façons de réagir adéquatement en situation sans pouvoir expliciter les règles qui semblent gouverner son comportement. Ces savoir-faire ne sont pas accessibles en dehors de leur mise en œuvre : le lecteur expert ignore comment il procède, ce qui ne l'empêche pas d'être performant.

En mettant en évidence le rôle crucial joué par les procédures automatisées dans le fonctionnement cognitif, les psychologues contemporains incitent à une révolution pédagogique. La notion d'automatisme a plutôt mauvaise presse parmi les enseignants, pour qui la noblesse de l'art consiste à conduire les enfants à la découverte de lois ou de notions. Pour beaucoup d'entre eux, ce qui est compris est acquis. Peut-être pareil adage peut-il s'appliquer aux connaissances déclaratives ? Il n'est assurément pas valide en ce qui concerne les connaissances procédurales ; celles-ci demandent de l'exercice ou mieux de l'automatisation.

Avec la psychologie cognitive contemporaine, on accepte de distinguer les traitements contrôlés qui reposent sur l'interprétation de connaissances déclaratives et les traitements automatisés qui supposent la mobilisation de connaissances procédurales, il convient d'examiner quelle place réserver aux uns et aux autres. La question est d'importance. Elle demande assurément qu'on en saisisse parfaitement les enjeux et, donc, que l'on cerne clairement les avantages et inconvénients de chaque mode d'interaction avec notre environnement. Les traitements contrôlés sont lents et coûteux. Leur mise en œuvre suppose un effort de la part du sujet. Ils sont en outre inhibiteurs car leur activation gêne la mise en œuvre d'autres traitements d'informations possibles. Ils permettent cependant d'exercer un contrôle, notent Daniel Gaonac'h et Jean-Michel Passerault[1], puisque le sujet peut éviter volontairement l'activation des processus de traitement contrôlés. Au contraire, les traitements automatisés sont irrépressibles et il n'est pas possible de ne pas les exécuter lorsque les conditions externes de

1- D. Gaonac'h, C. Golder, « La psychologie cognitive », *Manuel de psychologie pour l'enseignant*, Hachette, 1995.

leur déclenchement sont remplies. Cependant, ils sont rapides, peu coûteux et non inhibiteurs d'autres traitements qui peuvent s'effectuer en parallèle : on peut par exemple parler ou écouter de la musique tout en conduisant.

On constate les avantages des automatismes : rapides, peu coûteux, ils déchargent la mémoire de travail. Dès lors qu'elle dispose de procédures automatisées, la mémoire à long terme peut produire des réponses. Dans les autres cas, les informations déclaratives stockées en mémoire à long terme doivent transiter par la mémoire de travail qui, elle, va les traduire en procédures d'action et permettre la production d'une réponse. L'automatisation des procédures présente donc des avantages importants au niveau du fonctionnement cognitif de tout individu qui s'efforce de résoudre un problème : plus un sujet dispose de procédures automatisées, plus il peut activer des éléments de réponse sans charger la mémoire de travail et plus il peut se concentrer sur les nœuds spécifiques du problème.

Cependant, les traitements automatisés réalisés avec un minimum de conscience peuvent déboucher sur des erreurs plus ou moins systématiques. Les recherches menées sur la maîtrise et l'utilisation des algorithmes de calcul sont éclairantes à ce sujet. Elles indiquent notamment que les erreurs systématiques rencontrées dans les opérations sont principalement dues à une sorte de mobilisation aveugle des traitements automatisés : tout se passe comme si les enfants résolvaient les opérations sans exercer sur leurs procédures ou leurs résultats un quelconque contrôle sémantique.

Comment doter les élèves des automatismes que requièrent la plupart des expertises humaines tout en les conduisant à exercer le contrôle sémantique indispensable à une conduite réellement intelligente ? Voilà un problème que la recherche en éducation doit absolument résoudre. Il se pose dans la compréhension de textes et, de manière générale, dans le domaine des apprentissages mathématiques.

Pensée logique et pensée narrative

Pionnier avec d'autres de la révolution cognitiviste, J. Bruner en souligne désormais les limites[2]. Sans rejeter complètement

2- J. Bruner, *L'Éducation, entrée dans la culture*, Retz, 1996. Voir aussi l'entretien avec J. Bruner dans le présent ouvrage.

cette approche, il plaide pour l'intégration de ses apports les plus significatifs dans ce qu'il appelle la psychologie culturelle.

Selon lui, il faut partir du fait de base suivant : en partageant un objet d'attention commun, des individus différents peuvent élaborer une (ou des) signification(s) commune(s). Dans ces moments de convergence de centration, s'effectuent des échanges de significations marquées par la culture d'appartenance des uns et des autres. Pour Bruner, il convient en effet de prendre totalement en compte le caractère situé et perpétuellement évolutif de la cognition humaine (*Situated Cognition*). Il renoue, dès lors, avec le postulat épistémologique du constructivisme qui fait de la réalité une élaboration de l'esprit humain confronté, avec ses caractéristiques propres, à un environnement physique et social.

Pour Bruner, il existe deux voies principales par lesquelles les êtres humains organisent et gèrent leurs représentations du monde et, par conséquent, structurent leur expérience immédiate de ce monde. La première est principalement dévolue au traitement des phénomènes physiques et correspond à la pensée logico-scientifique, objet d'étude privilégié par Piaget. La seconde, qualifiée de pensée narrative, est prioritairement orientée vers les hommes et leurs problèmes. Nos sociétés industrialisées privilégient très largement la première catégorie de pensée à laquelle correspond un mode propositionnel d'élaboration du sens : les connaissances sont encodées de façon décontextualisée et leur formulation théorique est régie par un système de règles formelles. Pourtant, le genre narratif est essentiel tant pour la cohésion d'une culture que pour la structuration des personnalités individuelles. Son universalité suggère qu'il plonge ses racines au plus profond de la spécificité de l'homme. Les récits symbolisent les situations critiques typiques de la condition humaine, tout en véhiculant un cadre logique. Une histoire, quelle qu'elle soit, implique une action faite par un agent dans un certain cadre et à propos de laquelle s'expriment des attentes qui peuvent être déçues ou satisfaites et, éventuellement, modifiées en cours de route. Le narrateur peut opposer ce qui est advenu à ce qui aurait pu se passer si…, sollicitant ainsi un raisonnement hypothétique de la part du lecteur. Il peut encore souligner les relations problématiques entre intentions et actions et, plus généralement, mettre en scène la vie intérieure d'un autre, offrant ainsi au lecteur la possibilité de confronter son soi à un autre soi à la fois impersonnel et si proche. Les récits répondent à une nécessité culturelle et psychologique. Ils sont le reflet des modes de vie propres à une époque, tout en anticipant le plus souvent sur leur transformation. Les héros de Shakespeare, Stendhal ou Flaubert sont l'incarnation de thématiques qui participent autant à la construction culturelle de notre civilisation que le sont les lois de Newton ou la théorie d'Einstein. Certes, le genre narratif ne satisfait pas les mêmes nécessités psychologiques que le mode propositionnel ; il n'en est pas pour autant moins important. Au contraire, la narration est probablement la façon la plus précoce et la plus naturelle avec laquelle l'être humain organise son expérience. Donner du sens au monde est d'abord le fruit d'un traitement interprétatif ; c'est seulement dans un second temps que le sujet s'efforce de se doter d'un cadre explicatif.

Michel Grangeat

Lev S. Vygotski L'apprentissage par le groupe

La pensée et la conscience, pour Vygotski, sont en grande partie le résultat des activités réalisées par le sujet avec ses proches (parents, enseignants et autres enfants) : cette origine sociale de la pensée est une caractéristique centrale des idées pédagogiques du psychologue russe. Pour lui, en effet, le développement des fonctions psychiques supérieures découle d'une interaction entre le développement naturel, lié à la maturation organique, et le processus d'acquisition culturel, dû à l'apprentissage ; ce deuxième aspect, sous son versant social, revêt ici une importance extrême.

Vygotski estime, en effet, que les instruments de développement psychologiques que sont le langage, notamment écrit (textes, graphiques, cartes, schémas, etc.), les théories scientifiques, les procédés mnémoniques, etc., ne sont accessibles à l'enfant « que dans le cadre de la communication avec l'adulte et la collaboration avec les camarades »[1] . Cet apprentissage permet la maîtrise de ces instruments, culturels et historiques, par l'enfant ; de plus, comme ils augmentent ses possibilités d'action en restructurant son fonctionnement intellectuel, ils lui ouvrent de nouveaux cycles de développement. De fait, selon Vygotski, chaque fonction supérieure apparaît deux fois au cours du développement de l'enfant. Elles se manifestent tout d'abord dans une activité collective soutenue par l'adulte et par le groupe. Elles apparaissent, ensuite, lors d'une activité individuelle et deviennent alors une propriété intériorisée de la pensée du sujet.

1- Au début des années 1990, les théories de Vygotski ont essentiellement intéressé les recherches pédagogiques par l'approche originale de la fonction du groupe dans l'apprentissage que développait le psychologue russe. Cette perspective heuristique reste toujours très actuelle, notamment en ce qui concerne les démarches d'évaluation.
Les citations sont tirées des textes de L.S. Vygotski publiés dans B. Schneuwly et J.-P. Bronckart, *Vygotsky aujourd'hui*, Delachaux et Niestlé, 1985.

Il appuie son propos sur l'étude du langage. Celui-ci apparaît d'abord comme moyen de communication, dans le cadre d'interactions avec des locuteurs plus compétents qui étayent l'action de l'enfant. C'est dans un deuxième temps, en se transformant en langage intérieur, qu'il devient un mode de pensée fondamental de l'enfant lui-même en lui permettant de réguler son activité : il planifie, évalue, réajuste ses procédures. Cependant, parfois, il extériorise quelques mots, comme s'il était encore accompagné par plus expert que lui. Cette étude permet à Vygotski d'affirmer que « ce que l'enfant est en mesure de faire aujourd'hui avec l'aide des adultes, il pourra l'accomplir seul demain ». De ce fait, Vygotski distingue ce que le sujet peut accomplir seul (« développement actuel de l'enfant ») et ce qu'il réussit avec l'aide d'autrui (« capacité potentielle de développement »). L'écart entre ces deux types d'activités constitue la « zone proximale de développement », l'espace où le développement est en devenir. Celle-ci « nous aide à connaître les pas futurs de l'enfant et la dynamique de son développement en prenant en considération non seulement les résultats déjà obtenus, mais aussi ceux en voie d'acquisition ». En conséquence, la médiation sociale, l'enseignement notamment, permet un véritable apprentissage à condition d'intervenir dans cette zone.

Stimuler l'évolution

Les théories de Vygotski s'opposent ainsi à celles qui considèrent que le niveau de développement caractérise les capacités d'apprentissage. Au contraire, le psychologue russe affirme que l'enseignement doit stimuler les processus évolutifs qui ne pourraient être actualisés sans lui : « le seul bon enseignement, est celui qui précède le développement », affirme-t-il. Il précise, en corollaire, que l'apprentissage de l'enfant commence bien avant l'école : « l'apprentissage scolaire ne commence jamais sur une table rase. Tout apprentissage de l'enfant à l'école a une préhistoire. » La tâche de l'enseignant consiste donc à comprendre comment se structurent les différentes connaissances pour chaque enfant particulier, à découvrir ce « réseau interne, souterrain, génétique des sujets scolaires », tel qu'il est issu de leurs interactions sociales antérieures. Il pourra, ainsi, tenter de solliciter plus efficacement l'élève, dans la zone proximale de développement qui lui est propre.

De fait, la pensée de Vygotski accorde la primauté à l'apprentissage social, au développement cognitif dans et par le groupe, car cette médiation détermine l'appropriation et l'individualisation des acquisitions intellectuelles du sujet. Cette approche peut modifier considérablement les pratiques éducatives et orienter la réflexion sur la fonction des disciplines enseignées.

Des recherches contemporaines

De multiples recherches contemporaines, rejoignant celles de Vygotski, ont montré en quoi l'interaction sociale peut conduire l'enfant à bâtir de nouveaux instruments cognitifs lui permettant, à leur tour, de participer à des interactions plus élaborées, favorisant de nouveaux progrès intellectuels. Ces études précisent les effets des interactions entre pairs.

Ces recherches font apparaître que, sous certaines conditions, non seulement des groupes d'enfants confrontés à un problème utilisent des stratégies supérieures à celles de chaque individu mais aussi que ces progrès peuvent être intériorisés, de manière stable, par chacun. Cette appropriation advient si les points de vue des partenaires ne sont ni trop éloignés ni trop faiblement assurés, afin de susciter une confrontation. Créer ce « conflit sociocognitif » permet au sujet dont la réponse est erronée de prendre conscience de l'existence de solutions alternatives et, ainsi, d'enrichir sa panoplie d'instruments psychologiques. Gérée de manière pertinente, la controverse favorise alors la curiosité de savoir et la recherche active d'informations complémentaires ; cette dynamique, hors de portée des individus travaillant uniquement dans des situations individuelles ou de compétition, favorise, par la suite, de meilleures performances et une meilleure stabilité des acquisitions.

Deux prolongements aux théories vygotskiennes

1/Dans le champ de la didactique des sciences, des travaux récents s'appuient sur la différence établie par Vygotski entre concepts quotidiens et scientifiques(1). Ils montrent que les concepts quotidiens, d'une part, sont tirés de l'expérience de chacun et transmis à travers les interactions sociales, et, d'autre part, sont regroupés en ensembles qui forment des théories du quotidien. Celles-ci sous-tendent la manière d'agir dans le monde proche et perceptible car elles visent l'usage, contrairement aux théories scientifiques qui visent la compréhension du monde dans sa globalité. De ce fait, une part de l'efficacité de l'enseignement dépend des connexions qu'il permet aux apprenants de construire entre ces deux types de théories. Cela suppose, à la fois, de prendre en compte les connaissances et théories préalables des apprenants et de concevoir des situations qui favorisent leur articulation avec les modélisations scientifiques. La séquence d'enseignement permettra donc aux apprenants de comprendre un nouveau savoir et de le mettre en œuvre dans plusieurs situations afin de l'appréhender progressivement. Elle comportera un temps durant lequel l'enseignant rend explicites les articulations entre les expériences et théories quotidiennes – que les apprenants se sont forgées seuls – et les modélisations scientifiques – qui visent à dégager le sujet du vécu premier de l'action singulière. Cette phase d'explicitation semble d'une importance capitale pour l'efficacité des enseignements.

2/Dans l'étude du développement des compétences professionnelles, des travaux récents visent à comprendre les effets des interactions sociales au travail, notamment dans les collectifs enseignants (1). Ils montrent comment chacun des acteurs construit des théories personnelles – des modèles pour agir – à partir de l'expérience quotidienne, des échanges entre collègues et de la formation. Cependant, lorsque s'accroissent, à la fois, la part collective du travail et la complexité des situations auxquelles les acteurs ont à faire face, ces théories individuelles ne peuvent suffire et les acteurs ont à construire une représentation partagée de leur activité afin d'opérer de manière cohérente et coordonnée. Rien ne dit pourtant que toute interaction professionnelle, quelle qu'en soit sa modalité, va conduire à un développement des compétences individuelles, à une prise en compte de la complexité de la situation d'exercice et de la diversité des connaissances préalables des élèves. Une modalité favorable à ce développement est celle qui permet aux enseignants de s'impliquer dans un réseau d'interactions variées à propos des problèmes professionnels précis qui leur font face. Ainsi, l'organisation de rencontres régulières, entre les acteurs d'un établissement et d'autres professionnels (formateurs, chercheurs, conseillers, scientifiques, intervenants, etc.) paraît stimuler l'ouverture des manières de penser et d'enseigner en l'orientant vers la prise en compte de la variabilité du métier. L'implantation de stratégies d'enseignement complexes ne semble pas pouvoir être abandonnée à la bonne volonté des individus ou des équipes.

1. M. Grangeat (Ed.), *Les Démarches d'investigation dans l'enseignement scientifique - Pratiques de classe, travail collectif enseignant, acquisitions des élèves*. Lyon : ENS-INRP.

Marie-José Rémigy

Quand les désaccords favorisent l'apprentissage

On demande à des enfants de 6 à 8 ans de construire la réplique exacte d'une maquette de village disposée à leur droite, sur un support vierge placé devant eux. Dans une variante de cette tâche, on fait subir au modèle initial une rotation de 180°. Si la première tâche, qui relève d'une simple copie, est aisément réalisable par les plus jeunes, il n'en va pas de même pour la seconde : ici, pour conserver le modèle initial en respectant la position des différentes pièces à partir du repère de l'entrée, l'enfant doit opérer mentalement la rotation de l'ensemble. On peut encore compliquer ce type de tâche en introduisant une double transformation spatiale, par exemple en combinant rotation du support et modification des positions relatives des différentes pièces constituant le village. Cette dernière variante ne sera accessible qu'aux aînés, capables de se décentrer suffisamment de leur perception immédiate pour accéder à une mobilité suffisante des représentations mentales.

Ce type d'expérience tend à montrer que les niveaux de réalisation individuelle sont sensiblement améliorés si les enfants sont deux ou trois à devoir ensemble réaliser la tâche, dans une situation suscitant un conflit de réponses : par exemple, si l'on provoque un désaccord en plaçant chacun des enfants différemment face au dispositif ; ou si on place du même côté deux enfants présentant des niveaux cognitifs différents. Dans ces cas, il semble que l'on enregistre, chez les enfants fournissant initialement un résultat inexact, des progrès notables et durables, non seulement à cette tâche mais aussi dans le traitement d'autres exercices voisins.

Intelligence et interaction

Cet exemple est illustratif de travaux réalisés au début des années 1980, dans le cadre de recherches sur le développement social des structures cognitives[1] et montrant que l'enfant progresse dans la mesure où son activité de résolution de problème l'engage dans un rapport à autrui, spécialement lorsqu'il y a un désaccord initial entre les réponses. Le problème posé est alors « d'abord de nature sociale »[2] chacun s'efforçant d'avoir raison sur l'autre ; d'où l'expression de « conflit sociocognitif ». Cela suppose notamment que l'enfant ne perçoive pas son partenaire comme incarnant un statut conférant d'emblée une valeur d'autorité à son jugement (dans le cas, par exemple, où le partenaire est plus âgé et/ou jugé plus expérimenté).

Cette notion de « conflit sociocognitif » a connu un vif succès dans le champ éducatif, au point de déboucher sur des préconisations pédagogiques. Pourtant, ce qui était alors décrit sous cette expression ne constituait qu'une des diverses manières, depuis longtemps repérées, que l'on a d'apprendre en interagissant avec des pairs.

Ces recherches s'inspiraient principalement de deux courants d'idées : d'une part le modèle piagétien pour lequel la construction de l'intelligence suppose le déséquilibre adaptatif (c'est lorsque la réalité nous résiste que nous sommes amenés à revoir nos manières de penser et d'agir) ; d'autre part, un courant constitué de nombreuses études expérimentales réalisées, dès la fin des années 1950 en psychologie sociale, sur le rôle du conflit social dans la formation du jugement individuel. Une première lecture socioconstructiviste des écrits de Vygotski, traduits en anglais seulement vers la fin des années 1970, venant enrichir ce débat sur le rôle des interactions sociales dans le développement intellectuel des individus. Parmi les premiers ouvrages qui ont contribué à diffuser ces travaux, on trouve d'ailleurs *La Construction de l'intelligence dans l'interaction sociale*[3], titre évoquant tout aussi bien des situations de conflit de réponses que de coopération, même si, dans ce dernier cas, la dynamique inclut notamment des désaccords à surmonter. Enfin, dans le même mouvement, on

1- W. Doise, G. Mugny, *Le Développement social de l'intelligence,* Interéditions, 1981.

2- F. Carugati, *in* G. Mugny (éd.), *Psychologie sociale du développement cognitif*, Peter Lang, 1985.

3- A.-N. Perret-Clermont, *La Construction de l'intelligence dans l'interaction sociale*, Peter Lang, 1979.

s'est aussi beaucoup intéressé aux manières que nous avons d'apprendre par observation et par imitation[4].

On peut se demander jusqu'à quel point le succès qu'a connu le « conflit sociocognitif » n'est pas lié au caractère un peu provocateur de l'expression : ne portait-il pas, après et avant bien d'autres signifiants circulant dans le langage de l'éducation[5], l'espoir d'une réponse technique, scientifiquement démontrée, aux aléas d'un enseignement collectif ? Certains n'ont d'ailleurs pas manqué de dénoncer les illusions d'efficacité, voire les désillusions qui auraient suivi la transposition abusive de ces expériences au terrain pédagogique[6].

S'il semble acquis que les progrès de la connaissance supposent une rupture avec nos manières de penser antérieures, il reste, comme le soulignaient d'ailleurs les initiateurs de ces recherches, qu'« il n'est pas obligatoirement nécessaire que les interactions se déroulent sur le mode socioconflictuel »[7].

On n'a jamais non plus manqué de souligner que, selon la situation ou les contenus sur lesquels porte la tâche, les individus peuvent d'emblée fournir des réponses différentes, plus ou moins « marquées » par leur expérience sociale antérieure[8]. De la même façon, comme l'ont montré plusieurs études, le fait de vivre ces interactions ne suffit pas ; il faut encore que l'apprenant soit capable de communiquer ce qui s'est passé à un tiers ou à un groupe de tiers, pour que ses performances individuelles s'améliorent[9].

4- Qu'il s'agisse alors de publications comme celles d'A. Bandura sur *L'Apprentissage social* (1976), trad. Mardaga, 1980 ou de F. Winnykamen, *Apprendre en imitant ?*, Puf, 1990.

5- O. Reboul, *Le Langage de l'éducation*, Puf, 1984.

6- D. Coquin-Viennot et D. Gaonac'h, « Psychologie et didactique : les notions fondamentales », *in* D. Gaonac'h, C. Golder, *op. cit.*

7- M.-L. Schubauer-Leoni, A.-N. Perret-Clermont, « Interactions sociales et représentations symboliques dans le cadre de problèmes additifs », *Recherches en didactique des mathématiques*, 1, 1980.

8- W. Doise, S. Dionnet, G. Mugny, « Conflit sociocognitif et marquage social », *Cahiers de psychologie*, n° 21, 1978.

9- M. Gilly, J. Fraisse, J.-P. Roux, « Résolution de problèmes en dyades et progrès cognitifs chez des enfants de 11 à 13 ans : dynamiques interactives et sociocognitives », *in* A.-N. Perret-Clermont, M. Nicolet (éds), *Interagir et connaître, enjeux et régulations sociales dans le développement cognitif*, DelVal, 1988. Plus généralement, on retrouve ici le rôle de l'argumentation dans la prise de conscience.

Médiation et médiatisation

La transposition à l'enseignement d'une telle notion, objectivée par la recherche expérimentale, a participé de ce mouvement qui, dans les années 1980, a déplacé l'accent du « processus enseigner » sur le « processus apprendre »[10]. Par là même, elle a peut-être aussi contribué à focaliser l'attention sur le parti à tirer de la diversité des apprenants dans un enseignement collectif et à réactualiser, au passage, des méthodes éprouvées depuis longtemps qui préconisaient le travail coopératif[11]. Au total, ces travaux ont notamment eu le mérite d'attirer l'attention sur l'étroite interdépendance entre le mode de présentation de la tâche, les fonctionnements cognitifs individuels et différentes formes et fonctions de la médiation sociale dans la construction de la connaissance.

Ce paradigme socioconstructiviste s'est trouvé largement conforté depuis, avec les nouvelles formes d'apprentissage en réseau liées aux nouvelles technologies de l'information et de la communication. Celles-ci réinterrogent la part exercée par la médiation sociale, notamment les interactions entre pairs, y compris dans les situations dites d'autoformation. Mais dans le même temps, le recours à ces nouveaux outils contribue à rappeler l'importance de la médiatisation, matérielle et sémiotique, dans les apprentissages. Cette articulation systémique de la médiation et de la médiatisation, ne se constituant-elle pas à son tour comme un des nouveaux paradigmes de référence pour la description des situations d'éducation et de formation[12] ?

10- J. Houssaye, *Théorie et pratiques de l'éducation scolaire (I) : Le triangle pédagogique*, Peter Lang, 1988.

11- Notamment R. Cousinet, dans les années 1930.

12- D. Peraya, « Les dispositifs de communication éducative médiatisée : médiation et médiatisation », Journées d'études sur la médiation culturelle, Société française des sciences de l'information et de la communication, 18-19 septembre 1998.

ENTRETIEN AVEC JEROME BRUNER

L'ÉDUCATION, PORTE OUVERTE SUR LE SENS

Vous êtes l'un des fondateurs de la psychologie cognitive. Mais cette discipline a pris une orientation qui n'est pas celle que vous souhaitiez initialement. C'est en quelque sorte, à vos yeux, un enfant qui a mal grandi.

Les premiers psychologues cognitivistes avaient pour but de découvrir et de comprendre les significations que l'être humain élabore sur sa propre existence et sur le monde qui l'environne, à l'époque du béhaviorisme dominant, où l'on ne s'intéressait pratiquement qu'aux comportements observables. De nos jours, l'importance des états mentaux est très largement admise chez les chercheurs en psychologie, mais un glissement s'est opéré au fil des ans.

L'intérêt ne porte plus sur la construction du sens mais sur le traitement de l'information, en prenant l'ordinateur comme modèle de fonctionnement de l'esprit humain, ce qui constitue un nouveau réductionnisme.

L'erreur du béhaviorisme était de ne s'intéresser qu'aux comportements, tandis que l'erreur des sciences cognitives est de s'intéresser aux processus mentaux, mais sans tenir compte de la culture dans laquelle baigne l'individu.

En ce qui me concerne, j'étais au départ un psychologue strictement expérimentaliste travaillant sur la perception, mais j'ai toujours pensé qu'il est ridicule de tenter de comprendre l'homme sans tenir compte de l'ambiance culturelle dans laquelle et par laquelle il opère dans le monde.

Je préconise le développement d'une psychologie cognitive orientée culturellement.

En quoi consiste une telle vision de la psychologie ?

Le postulat central de cette approche est que l'esprit se constitue au travers de la culture. J'aime beaucoup l'image proposée par Wittgenstein d'une corde dont chaque brin est un être humain.

La signification que chacun de nous donne du monde et de soi-même est modelée par la culture et dépend de l'existence préalable d'un système symbolique partagé par les membres d'une communauté. Il est donc essentiel d'étudier comment ce système de valeurs, d'échanges et de pouvoirs que constitue une culture, influe sur les personnes qui en sont membres.

Or, si les anthropologues se sont intéressés à la culture, il n'en a malheureusement pas été de même des psychologues.

Vous tenez à rattacher la recherche en psychologie à des applications pédagogiques, comme en témoigne votre ouvrage, *L'Éducation, entrée dans la culture*. Quelle est votre conception de l'éducation ?

On peut envisager deux conceptions apparemment antinomiques. Sachant que l'homme est la seule espèce qui emploie l'éducation comme façon de transmettre la culture d'une génération à l'autre, on peut estimer que l'éducation a pour but de reproduire la culture dans laquelle elle est située. Mais nombreux sont ceux qui estiment que la finalité de l'éducation est surtout de rendre les gens plus autonomes et aptes à utiliser au mieux leurs capacités.

En fait, ces deux interprétations ne me semblent pas nécessairement opposées. Je rejoins la pensée de Niels Bohr qui disait que le contraire d'une grande vérité peut parfaitement être une autre vérité. On peut en dire autant d'une autre antinomie apparente : l'apprentissage est à la fois un processus qui se déroule à l'intérieur du cerveau de l'individu et dans un environnement culturel déterminé.

Vous écrivez qu'il y a quatre modèles de l'esprit humain, qui conditionnent quatre formes de pédagogie. Pouvez-vous nous les décrire ?

Une première conception revient à considérer que l'enfant apprend par imitation, en regardant agir un adulte ou un jeune plus expérimenté. L'éducation vise alors surtout à lui faire acquérir des savoir-faire. On peut également estimer que l'apprentissage consiste surtout à acquérir un savoir formel, déjà présent dans des livres et dans la tête de l'enseignant. Ces connaissances se présentent sous forme de propositions et de règles qui doivent être apprises, mémorisées puis appliquées. C'est la conception la plus répandue de l'éducation.

Une troisième démarche est de considérer que l'enfant est avant tout un penseur. L'enseignant qui adopte cette posture s'intéresse à ce qui se passe dans l'esprit de l'enfant, il tient compte du fait que celui-ci construit une représentation du monde qui l'environne et du fonctionnement de son propre esprit. Le rôle du maître est donc d'aider l'enfant à mieux comprendre. Mais ce processus se fait par l'intermédiaire de l'argumentation plutôt que de l'autorité, l'éducation étant conçue comme un échange intersubjectif.

Une dernière conception est de considérer que l'enfant est capable de savoir. Selon cette perspective, l'enseignement devrait aider les enfants à saisir la différence entre ce qui est un savoir personnel et ce que l'on doit savoir selon la culture d'appartenance.

J'estime que l'enseignement devrait user alternativement de ces quatre méthodes, selon les circonstances et les thèmes abordés. Il y a encore trop de rigidités au sein des établissements scolaires et chez les enseignants, qui prétendent que la seule méthode efficace est celle qu'ils pratiquent. Mais je pense aussi que l'on a trop développé l'apprentissage formel (la deuxième approche) au détriment des autres. De plus, on a délaissé dans les écoles les arts de la narration, comme le chant, la fiction et le théâtre. Ce qui revient à éliminer un aspect très important de la personne car il y a en l'être humain une prédisposition à organiser le vécu sous forme narrative, en construisant des intrigues. En fait, nous avons deux manières d'appréhender le monde : la pensée logico-scientifique, qui est plutôt consacrée au traitement des éléments physiques, et la pensée narrative qui concerne les liens que nous établissons avec les autres.

Votre orientation humaniste vous a conduit à étudier les programmes visant à développer les capacités intellectuelles des jeunes issus de milieux défavorisés.

Je me suis notamment intéressé au programme Head Start qui a été expérimenté à grande échelle aux États-Unis, et qui consistait à fournir aux enfants désavantagés l'occasion d'utiliser leurs compétences dans un environnement stimulant, afin de prendre confiance en eux-mêmes et pouvoir ainsi mieux s'adapter à l'environnement scolaire. Ce programme a parfois été critiqué sous prétexte que les gains en QI obtenus par les enfants disparaissent au bout de quelques années. Le coup d'accélérateur provoqué initialement ne se maintient pas ultérieurement dans la scolarité des enfants issus du ghetto. Certes, Head Start n'a pas abouti à un miracle général, mais un bilan plus global, réalisé après vingt-cinq ans de programme, a clairement démontré que parmi les jeunes qui en ont bénéficié, il y a moins de délinquants, et ils sont le plus souvent mariés, avec des enfants et un emploi. Par ailleurs, le coût global du programme Head Start est bien inférieur aux coûts du chômage. Depuis quelques années, je suis avec attention le remarquable travail de recherche-action que mène Ann Brown dans des écoles d'Oakland en Californie. Elle propose à des élèves de résoudre des problèmes, par exemple « que faire pour résorber la marée noire consécutive à la catastrophe de l'Exxon-Valdez en Alaska, en 1989 ? » Elle a ainsi développé chez eux « l'agentivité », c'est-à-dire la capacité de contrôler efficacement leur activité mentale, en la dirigeant vers un but. Mais, à cette occasion, les enfants ont fait bien plus que réfléchir sur le monde qui les entoure. En effet, Ann Brown a mis l'accent sur l'enseignement mutuel ; non seulement les élèves émettent des hypothèses, mais ils les négocient avec les autres, en particulier avec leurs maîtres. Ils occupent également le rôle d'enseignant, en apprenant à leurs camarades qui maîtrisent moins un domaine de connaissances, ce qui les amène à réfléchir et à découvrir de nouveaux moyens d'utiliser leur esprit.

Les observations d'Ann Brown[1] ont mis clairement en évidence que pour permettre aux étudiants de progresser, il faut d'abord les amener à élaborer les bonnes questions. Une fois qu'on obtient les bonnes questions, les bonnes réponses arrivent toutes seules.

Vous affirmez qu'on peut tout enseigner à un enfant, quel que soit son âge. C'est là une déclaration plutôt surprenante.

C'est effectivement le cas, même si c'est parfois difficile. L'important, c'est de trouver une présentation adaptée à l'âge de l'enfant. On peut commencer avec une base intuitive simple et progresser vers une forme stricte et formalisée. Par exemple, pour enseigner les mythes, on peut commencer par enseigner des fables telles que Le Lièvre et la Tortue, puis présenter la même chose sous une forme plus symbolique ou logique. On peut également enseigner de la philosophie à des enfants en partant d'histoires aptes à susciter certaines réflexions en eux. Ce n'est que plus tard que l'on utilisera des termes abstraits tels qu'amitié, conscience de soi ou justice. Pour ma part, j'ai enseigné les fonctions du second degré en mathématiques en commençant avec une balance, en faisant faire des triangles, puis en proposant des règles plus abstraites. Les capacités du jeune enfant sont plus importantes qu'on le pense habituellement.

Propos recueillis[2] par Jacques Lecomte

1- Sur les travaux d'A. Brown, on pourra consulter A.L. Brown, J.C. Campione, « Guided discovery in a community of learners », *in* K. McGilly (Ed.), *Classroom lessons: Integrating cognitive theory and classroom practice*. Cambridge, MITPress/Bradford Books, 1994.

2- Entretien réalisé en 1996.

Claude Bastien

Et si l'école rendait intelligent ?

« Il est intelligent, ce petit, il apprend bien à l'école », « Il n'est pas très intelligent, le pauvre, il a du mal à l'école ». Une opinion très répandue est que la réussite scolaire dépend de l'intelligence. Et si c'était le contraire ? Et si c'étaient les connaissances scolaires qui rendaient plus ou moins intelligent ?

Admettons que l'intelligence se manifeste par la capacité d'analyser, de comprendre et de répondre de façon adaptée aux situations auxquelles on est confronté. Un individu qui n'a suivi que la scolarité obligatoire a été confronté pendant douze ans de sa vie à des situations d'apprentissage dans lesquelles on lui a expliqué ce qu'il devait savoir. Cette durée passe à vingt ans au minimum pour le titulaire d'un master. Peut-on imaginer que cette somme considérable de connaissances n'a aucune influence sur la façon dont nous analysons, comprenons les situations et sur la façon dont nous y répondons ?

On a pu aussi considérer, comme le rappelle par exemple Jacques Grégoire[1], que les différences individuelles d'efficience intellectuelle pouvaient être dues à des fonctions générales comme la vitesse de traitement et la capacité de la mémoire de travail. Les recherches qui ont comparé les « experts » et les « novices » dans différents domaines montrent que les premiers sont plus rapides que les seconds et que la capacité de leur mémoire de travail est supérieure. Or qu'est-ce qui les distingue sinon leurs connaissances qui font précisément que les uns sont experts et les autres novices ?

Cependant, si l'on admet cette relation, en quelque sorte inversée, entre intelligence et réussite scolaire, le problème de savoir

1- J. Grégoire, « Quel avenir pour l'intelligence ? », Communication au colloque « Intelligence de l'enfant », Paris, 6-8 octobre 2005. Voir aussi *L'Intelligence de l'enfant*, éditions Sciences Humaines, 2009 .

pourquoi certains apprennent facilement et d'autres plus difficilement reste entier. Les recherches récentes en psychologie cognitive commencent à lever le voile sur cette énigme. Elles mettent notamment en évidence la diversité des démarches employées par les individus (et donc les élèves) et le rôle déterminant de leurs représentations pour élaborer leurs propres stratégies d'acquisition de connaissances. Ce facteur, souvent ignoré par les éducateurs, semble constituer un élément essentiel pour une meilleure compréhension de la (non-) réussite scolaire et des différentes évaluations qui sont faites des élèves, aussi bien à l'école que dans la passation de certains tests destinés à évaluer leur niveau.

L'interprétation périlleuse des réponses des élèves

Une conception classique de l'apprentissage scolaire peut être résumée par le schéma suivant : l'enseignant explique la notion à acquérir puis propose des exercices dits « d'application ». Si l'élève donne les « bonnes réponses », on conclut que la notion est acquise, sinon on considère qu'elle ne l'est pas et qu'il convient de reprendre l'explication. Cette manière de faire est pourtant déjà une source d'importants malentendus pédagogiques.

C'est ce que montre l'exemple des réponses de deux élèves au test de Khomsi (voir encadré ci-après). La tâche demandée aux enfants est de rayer les mots mal orthographiés. Deux fillettes ont donné les réponses justes en barrant les quatre mots. Julie a justifié sa réponse « correctement » mais Sophie donne une autre explication. On a donc ici une réponse juste donnée à partir de connaissances fausses. Il est évident que Sophie a d'importants problèmes de lecture[2].

2- Pour d'autres exemples de ce type, voir C. Bastien, M. Bastien-Toniazzo, *Apprendre à l'école*, Armand Colin, 2004.

Des réponses identiques et des connaissances différentes

Exemple des réponses à un item du test de lecture de Khomsi (ECPA, 1999)

téléqhone **cenise** **horloche** **otomobile**

Consigne : barrer les mots qui ne sont pas bien écrits.
Julie et Sophie (en CE2) barrent les quatre mots : réponse juste.
Mais quand on leur demande pourquoi elles ont rayé chacun des mots, elles donnent les justifications suivantes (dans l'ordre des mots de gauche à droite) :
Julie : « Téléphone il faut un "p", cerise il faut un "r", horloge c'est avec "g", automobile c'est avec "au". »
Sophie : « Téléphone c'est avec "f", cerise c'est avec "se", réveil c'est avec "r", voiture c'est un "v". »

Symétriquement, des réponses apparemment fausses peuvent provenir de connaissances justes que les élèves ne parviennent pas à mettre en œuvre compte tenu des contraintes imposées par la forme même de l'exercice. Les exercices « à trous » (voir page suivante) en sont un bon exemple. La procédure la plus évidente pour réaliser la tâche consiste à lire la première phrase et à parcourir les mots de gauche à droite jusqu'à ce qu'on rencontre un mot compatible avec la phrase, mot qu'on raye. On passe ensuite à la deuxième phrase, etc. Dans l'exemple proposé, quand les élèves lisent la deuxième phrase (« Maman fait cuire… »), le mot « gigot » convient parfaitement. Quand ils parviennent à l'avant-dernière phrase (« Maman achète un… »), les seuls mots disponibles sont alors « poisson » et « chaise ». Tant qu'à faire, poisson est moins invraisemblable que chaise, d'où leur réponse. Contrairement à ce que pensait l'enseignante qui nous avait soumis cet exemple, l'erreur ne provient pas d'un manque de connaissance en vocabulaire : les élèves savent ce qu'est un boucher et ce qu'est un poisson. Mais s'ils veulent se corriger, il faut qu'ils redéfassent tout ce qu'ils ont fait (ce qui n'est pas facile) et qu'ils trouvent une autre stratégie pour répondre ! Il suffit d'ailleurs, dans la ligne supérieure, d'inverser les places de gigot et de poisson pour obtenir des réponses justes.

Un exercice à trous

livre/gigot/classeur/voiture/théâtre/poisson/chaise

Mon frère conduit sa...... chez le garagiste.
Maman fait cuire un......dans le four.
Pour mon anniversaire on m'a donné un beau......
Jérôme range son...... dans son cartable.
La maîtresse a emmené la classe au......
Maman achète un...... chez le boucher.
Elle est montée sur une...... pour voler les confitures.

Pour la phrase « Maman achète un...... chez le boucher », la très grande majorité des élèves complètent avec le mot « poisson ».

Le rôle déterminant des connaissances antérieures

Si, comme on vient de le voir, l'interprétation des réponses est une première source de malentendus sur les capacités de l'élève, il en est une autre encore plus déterminante, semble-t-il, qui est celle des connaissances que l'élève met en œuvre pour aborder de nouvelles notions.

Classiquement dans l'enseignement, leur ordre de présentation est déterminé par une analyse didactique propre à la discipline enseignée, consistant à définir les « pré-requis » nécessaires à l'acquisition de la notion nouvelle. Malheureusement cet ordre « logique » ne correspond pas toujours à l'ordre « psychologique » utilisé par l'enfant pour construire ses connaissances. En mathématiques par exemple, le concept de couple se définit comme « une paire ordonnée ». Cette définition incluant le concept de paire, celui-ci doit être nécessairement présenté avant le concept de couple. Or, chez l'enfant, ce qui est premier est le couple. Si l'on dit à un enfant que « crayon, gomme », c'est la même chose que « gomme, crayon », il dira : « Non, parce que là le crayon est avant la gomme et là, la gomme est avant le crayon. » Psychologiquement le couple précède la paire (la paire est un couple sans ordre). On appellera « précurseur » une connaissance qui, psychologiquement, en précède une autre : dans cet exemple, la paire est le pré-requis du couple, alors que le couple est le précurseur de la paire.

Toute connaissance nouvelle prenant nécessairement appui sur une connaissance antérieure, la difficulté vient alors de ce que pour une même connaissance plusieurs précurseurs sont potentiellement possibles et qu'il existe donc plusieurs cheminements pour parvenir à la construction d'une connaissance nouvelle. C'est pourquoi certaines erreurs peuvent provenir de différences entre les précurseurs activés. Une recherche nous a permis de le mettre en évidence à propos de l'apprentissage de la comparaison de fractions dans une classe de CM2.

Avant qu'on ne leur donne la règle, un premier groupe d'élève s'est livré à une comparaison partielle des numérateurs ou des dénominateurs. D'autres élèves procédaient en tentant d'additionner ceux-ci. Une certaine façon de présenter la notion (comparaison combinée des numérateurs et des dénominateurs) a permis un apprentissage réussi pour le premier groupe. En revanche, si les autres échouaient avec cette méthode d'explication, ils ont réussi à acquérir la notion de comparaison des fractions par la méthode du produit en croix.

Ce résultat a des conséquences pédagogiques importantes. Imaginons un enseignant qui présente la méthode du produit en croix : aux exercices d'application, la moitié de sa classe a de bons résultats et l'autre moitié des résultats faibles. Comment l'interpréter ? Puisque la moitié des élèves a bien compris, cela signifie que ceux qui n'ont pas compris n'ont pas fait attention, qu'ils ont des difficultés à apprendre (« Ils ne sont pas très intelligents..., ils ont trop regardé la télévision la veille... »). Notre étude montre que si l'enseignant avait présenté directement l'application de la règle, ceux qui étaient bons devenaient mauvais et inversement... S'il existe plusieurs cheminements possibles dans la construction d'une connaissance, il ne saurait donc y avoir une seule « bonne méthode » pour la faire acquérir. Implicitement, les enseignants qui ont de l'expérience le savent bien, qui multiplient (et non pas répètent) leurs explications et leurs exemples. C'est ainsi que l'on peut expliquer les résultats contradictoires des études sur les différentes méthodes d'acquisition de la lecture, par exemple, et la vanité des discussions, voire des polémiques, à leur propos !

Représentations du monde et impact de la culture

Les représentations que se font les élèves du monde qui les entoure peuvent également constituer des précurseurs qui facilitent ou invalident l'acquisition de nouvelles connaissances.

L'enseignement des sciences et notamment les recherches de Monique Goffard et Annick Weil-Barais[3] sur la conservation des quantités de gaz en sont une bonne illustration.

La tâche proposée à des élèves de CM2, puis à des élèves de 6e, 5e et 4e de collège consistait à comparer des quantités de gaz (de l'air) avant et après diverses manipulations (chauffer ou refroidir l'air d'un récipient, comprimer ou déprimer l'air...). Pour les élèves les plus jeunes, la question de la conservation de la quantité n'a même pas de sens car pour eux l'air n'est pas une substance. Les réponses ensuite dépendent du type de manipulation proposé : par exemple dans les situations de chauffage dans un récipient clos, un tiers des élèves de 4e continue à estimer que la quantité d'air est modifiée. Pour de nombreux élèves en effet, la flamme qui chauffe le récipient introduit de la matière dans ce récipient.

Les auteurs analysent l'évolution des réponses des élèves comme un changement de représentation. La première, « événementielle », repose sur les actions effectuées et les transformations observées. Par exemple, quand on refroidit un tube fermé par une membrane souple, la membrane se creuse. Elle reste dominante, même chez les élèves les plus âgés. La seconde représentation est d'ordre « conceptuel ». Elle consiste à expliquer, pour quelques élèves, les situations en termes de grandeurs physiques (température, pression...) : quand la température augmente, le volume augmente. Les réponses de conservation dépendent donc des conceptions qu'ont les élèves de l'air, et d'une part des éléments (flamme, glace...) qui interagissent avec lui, et d'autre part des possibilités qu'ils ont de décrire les changements observés en termes de variation de grandeurs physiques. Pour les auteurs, les progrès se manifestent par le passage d'une lecture événementielle à une lecture conceptuelle. Mais ce progrès est limité par la maîtrise des concepts physiques eux-mêmes. C'est pour cette raison que l'enseignement peut contribuer au développement de l'intelligence à la condition qu'il prenne en charge les représentations que les élèves ont construites à partir du monde qui les entoure et qui constituent ce que nous appelons des précurseurs non scolaires.

On comprend mieux, alors, qu'un certain nombre de difficultés dans les apprentissages scolaires puisse provenir de problèmes

3- M. Goffard et A. Weil-Barais (dir.), *Enseigner et apprendre les sciences*, Armand Colin, 2005.

culturels. Ceux-ci peuvent être de deux ordres : l'un, général, lié à l'évolution même de la culture dans le temps, l'autre, plus individuel, lié à l'environnement culturel de l'élève.

Ainsi dans le cadre d'un mémoire de recherche mené par des conseillers d'orientation psychologues en formation, un test d'Échelle collective de développement logique a été proposé à 103 élèves de lycées d'enseignement général et technologique (INETOP, 1988). L'un des exercices faisait appel à l'intersection de deux ensembles, des jouets en vertical, des reliefs montagneux en horizontal (voir ci-dessous). La réponse attendue était le mot « ballon » qui est à la fois un jouet et un relief, donc à l'intersection des deux ensembles. La grande majorité des élèves a répondu soit C (piolet) soit E (cime) et seule une infime minorité a donné la bonne réponse. Avec l'évolution de l'enseignement de la géographie, rares en effet sont les élèves qui savent que les montagnes des Vosges se nomment des ballons, comme « le ballon d'Alsace ». Les réponses erronées ne proviennent donc pas d'un défaut de raisonnement logique, comme le voudrait le test, mais de l'absence d'une connaissance devenue obsolète.

L'item 8 de l'échelle collective de développement logique (ECDL) (EAP, 1970)

		Poupée			**A** Ballon
		Loto			**B** Puzzle
Mont	Pic	?	Crêt	Aiguille	**C** Piolet
		Tricycle			**D** Meccano
		Dînette			**E** Cime

Consigne : remplacer le point d'interrogation par la lettre correspondant au mot qui devrait se trouver à cet emplacement.
Réponses majoritaires d'un ensemble d'élèves de classes de seconde : **C** (piolet) ou **E** (cime). La réponse attendue était **A** (ballon).

Le poids de l'environnement culturel individuel, s'il est sans doute mieux connu, n'en est pas moins important. Dans le cadre de l'apprentissage de la lecture, une enseignante de CP avait proposé une série de petits exercices. L'un d'entre eux consistait à présenter sur une feuille de papier le dessin d'une maison suivi de la phrase : « Colorie les volets de la maison en vert. » Une petite fille avait colorié toute la maison en vert. « Cette enfant a des difficultés de lecture, serait-elle dyslexique ? », a pensé la maîtresse. Quand on a demandé à la fillette : « Tu sais ce que veut dire "maison" ? », elle a montré le dessin. À la question : « Tu sais ce que veut dire "colorie" ? », elle a désigné les crayons de couleur ; À « Tu sais ce que veut dire "vert" ? », elle a montré le crayon vert ; À « Tu sais ce que veut dire "volets" ? », là elle est restée muette. Dans cette classe de ZEP, cette enfant de la cité proche de l'école n'était jamais sortie de son environnement qui ne comportait aucun bâtiment muni de volets... Elle a donc traité de la phrase ce qu'elle en comprenait, c'est-à-dire : « Colorie (les volets de) la maison en vert. » Il ne s'agissait donc pas d'un problème de lecture.

De nombreuses études ont été consacrées aux aspects socioculturels des conceptions et des mesures de l'intelligence. Le Centre universitaire d'aide psychologique aux familles de migrants (université de Paris-VIII) s'est investi dans la prise en charge des enfants d'origines culturelles différentes. Plus précisément, Claude Mesmin et Marième Ba-Sène ont récemment analysé les difficultés spécifiques que peuvent rencontrer les enfants de migrants dans leur adaptation au système scolaire. Elles notent que l'école propose une explication et une prise en charge décalées par rapport aux causes réelles de ces difficultés. En particulier, elles indiquent que le recours aux tests d'intelligence adaptés à la population française conduit à la conclusion que les enfants de migrants en difficulté d'apprentissage sont peu ou pas intelligents et donc incapables de s'insérer dans la scolarité habituelle. Au-delà des connaissances, c'est tout un système implicite de valeurs et de comportements qu'il leur faut assimiler. L'expérience de ces auteurs montre qu'une prise en charge globale et adaptée, non seulement de l'enfant mais aussi de sa famille, constitue une aide efficace[4].

4- C. Mesmin, *La Prise en charge ethnoclinique de l'enfant de migrants*, Dunod, 2001.

Comment apprend-on l'orthographe ?

Comprendre les différences interindividuelles dans les apprentissages scolaires suppose qu'on admette qu'il existe différents chemins d'acquisition en fonction notamment des types de connaissances antérieures activées. Il est donc crucial de tenter d'analyser les processus que l'élève met en jeu dans la construction d'une nouvelle connaissance. C'est ce qu'ont fait, par exemple, les psychologues Sébastien Pacton et Michel Fayol[5] à propos des informations morphologiques utilisées en orthographe par des élèves d'école élémentaire. Les phonèmes étant les unités minimales de la langue, les morphèmes sont les unités minimales de sens. Ainsi, le mot « dissemblables » contient huit phonèmes et quatre morphèmes : le préfixe « dis », le radical « sembl », le suffixe dit dérivationnel « able » et le suffixe, dit flexionnel, « s », marque du pluriel. Recourir aux connaissances morphologiques permet notamment de choisir la bonne orthographe quand plusieurs transcriptions sont possibles : le son [èt] dans « fillette » se transcrit « ette » et non « ête » ou « aite », car il correspond à un diminutif. Les connaissances morphologiques permettent également d'écrire correctement les consonnes muettes comme le « d » de « bavard » par exemple, par référence aux mots qui leur sont morphologiquement reliés et dans lesquels la consonne se prononce (« bavarder »).

Les auteurs montrent que dès le CE2 les élèves utilisent ces connaissances morphologiques implicites, acquises en dehors de tout enseignement explicite. Par exemple, ils orthographient correctement « grand » ou « camp », mais commettent des erreurs sur « jument » ou « tabac ». Et, précise cette recherche, ces observations concernent non seulement les élèves bons en orthographe mais également les élèves faibles.

Ces connaissances sont implicites et ne résultent pas de l'application de règles. En effet, on constate que le recours à des connaissances morphologiques se manifeste dans le cas de mots familiers, mais pas dans le cas de mots rares : cette différence ne devrait pas exister s'il s'agissait d'application de règles. Dans des recherches récentes, les auteurs montrent qu'un entraînement à la conscience morphologique (consistant à fournir par écrit, entre

5- S. Pacton, « Utiliser les informations morphologiques à l'écrit : pourquoi, qui, quand, comment », *Rééducation orthophonique*, n° 223, 2005 ; S. Pacton, M. Fayol, P. Perruchet, « Children's implicit learning of graphotactic and morphological regularities », *Child Development*, 76, 2005.

deux dictées, des mots de la même famille qu'un certain nombre de mots proposés et donc à activer des connaissances implicites) provoque une amélioration significative des résultats. Les auteurs concluent que si ce type d'intervention se révèle prometteur, il est nécessaire de poursuivre les études pour déterminer comment élaborer au mieux les entraînements pour en augmenter l'efficacité.

Un autre exemple permet d'illustrer l'intérêt de l'analyse des processus mis en jeu par les élèves. Dans une étude[6] de l'évolution de la lecture pendant l'année de cours préparatoire auprès de 62 élèves, la tâche consistait à lire des pseudo-mots (suites de lettres prononçables, mais qui ne font pas partie du lexique français) à trois périodes différentes de l'année. L'analyse des productions des enfants a fait apparaître plusieurs modes de traitement : lecture logographique (le mot est identifié à partir d'une ou deux lettres, en général les lettres initiales), épellation de lettres du mot, lecture de fragments du mot, lecture de fragments du mot avec des distorsions (ajout, permutation, suppression de lettres), lecture correcte. Ces modes de traitement apparaissent dans cet ordre, mais peuvent ensuite coexister chez le même enfant. À partir de ces données, les auteurs ont élaboré un modèle de fonctionnement[7] reposant sur deux hypothèses consécutives. Au début l'enfant cherche à extraire de la suite des lettres qui composent le mot des configurations (sous-ensembles) qui correspondent à des syllabes orales repérables. Ces configurations sont ensuite mémorisées soit en respectant l'ordre des lettres, soit sous forme d'ensemble sans ordre (« car », « cra », « arc », « rac » sont lus « car », par exemple). Un modèle construit sur ces hypothèses permet de prédire l'évolution en lecture de ces enfants à partir de leurs premières réponses. Compte tenu de ces résultats, l'étude insiste sur le fait que les « erreurs » commises par les enfants constituent une phase normale de l'acquisition de la lecture et ne deviennent inquiétantes que si elles n'évoluent pas (c'est-à-dire si l'enfant produit toujours le même type d'erreur). Par ailleurs, il faut toujours préciser que les différences entre élèves s'expliquent par les différences de représentations mises en œuvre lors de l'apprentissage.

6- M. Bastien-Toniazzo, A. Magnan, H. Bouchafa, « Une étude longitudinale des stratégies d'apprentissage de la correspondance grapho-phonologique en français », *Revue de psychologie de l'éducation*, n° 2, 1999.

7- M. Bastien-Toniazzo, A. Magnan, H. Bouchafa, « Nature des représentations du langage écrit aux débuts de l'apprentissage de la lecture : un modèle interprétatif », *Journal international de psychologie*, n° 34, 1999.

Plus on sait, plus on devient intelligent…

Tous ces exemples montrent bien que ce qu'on appelle l'intelligence est fortement dépendant de la mise en œuvre de connaissances, au premier rang desquelles figurent les connaissances scolaires, mais aussi des représentations et des connaissances implicites liées à l'environnement culturel de l'enfant. Ils soulignent aussi qu'une bonne partie des différences de réussite entre les élèves peut s'expliquer par la diversité des processus d'acquisition des connaissances et par l'interaction entre ces processus et les caractéristiques des situations d'apprentissage.

Dans ces processus, les connaissances antérieures mobilisées par l'élève jouent un rôle crucial quand il s'agit d'acquérir une connaissance nouvelle. Selon la nature de la connaissance activée (et il y en a toujours plusieurs différentes possibles), la façon dont est présentée la notion à acquérir et les exemples qui sont donnés peuvent faciliter la compréhension ou au contraire la bloquer.

Il est donc tout à fait important, quand on évalue les acquisitions, de tenter de comprendre le processus qui a conduit l'élève à donner cette réponse-là et non une autre. Se fonder sur l'exactitude ou non de la réponse par rapport à la réponse attendue peut être trompeur. Comme on l'a vu plus haut, la réponse peut être exacte alors que la connaissance n'est pas assimilée ou, inversement, la réponse constitue une erreur alors que la connaissance est maîtrisée. Rechercher quelles connaissances ont été activées, comment elles ont été mises en œuvre compte tenu des caractéristiques de la situation proposée, permet de mieux comprendre l'élève, de lui donner ainsi une aide appropriée et finalement de le rendre plus intelligent… Il semble que c'est là un enjeu important pour l'amélioration de notre système scolaire.

Rolland Viau

La motivation
Condition de la réussite

Pour apprendre, il faut le pouvoir et le vouloir. C'est donc dire que si un élève n'est pas motivé à apprendre, il n'apprendra pas. Cette situation est de plus en plus fréquente dans les établissements scolaires et d'enseignement supérieur. Devant l'ampleur du problème, les recherches sur la motivation à apprendre ont pris un essor considérable depuis quelques décennies. Nous verrons ici comment ces recherches répondent à deux questions que tous les enseignants se posent un jour ou l'autre : pourquoi certains élèves sont-ils démotivés ? Sur quels facteurs de la classe puis-je intervenir pour susciter la motivation à apprendre de mes élèves ?

Les sources de la motivation

Pourquoi certains élèves sont-ils démotivés ? Dans le passé, cette question a fait l'objet d'un long débat entre chercheurs. Pour ceux qui adhéraient à l'approche béhavioriste, la réponse résidait dans les renforcements externes, c'est-à-dire dans la façon dont les enseignants récompensent et punissent les élèves. Les chercheurs d'approche humaniste comme Abraham Maslow estimaient, à l'inverse, que la réponse à cette question ne réside pas dans des phénomènes extérieurs aux élèves, mais dans leur besoin intrinsèque d'apprendre et de s'épanouir en tant qu'être humain. Pour eux, un élève est démotivé parce qu'il n'a pas l'occasion de combler ses besoins et de s'actualiser en tant qu'apprenant.

De nos jours, sous l'influence de l'approche sociocognitiviste les chercheurs ont mis un terme au débat en situant la motivation dans l'interaction entre la personne et son environnement. Les diverses théories issues de cette approche convergent vers la même idée : la motivation prend son origine dans les perceptions et les attentes d'une personne à l'égard d'elle-même et des événements qui lui arrivent[1].

Nos travaux de recherche[2] et ceux des professeurs Paul R. Pintrich et Jacquelynne S. Eccles nous amènent à préciser la relation entre les sources de la motivation et ses conséquences sur l'apprentissage (voir schéma page suivante)[3]. C'est ainsi que la motivation à apprendre de l'élève prend son origine dans la relation entre ses perceptions et le contexte de formation. L'image qu'un élève a de lui-même est si importante que Bernard Weiner a affirmé que ce ne sont pas tant les capacités réelles de l'élève qui comptent pour qu'il apprenne, mais bien celles qu'il pense avoir.

Des perceptions de soi générales, comme l'estime de soi, influencent la motivation de l'élève. Cependant, les recherches contemporaines, comme celles d'Albert Bandura, montrent que ce sont plutôt des perceptions spécifiques au contexte de classe qui sont les sources les plus importantes de motivation[4]. Trois de ces perceptions ont d'ailleurs fait l'objet de recherches intenses depuis trois décennies : la perception qu'a un élève de la valeur d'une activité, la perception de sa compétence à l'accomplir et sa perception du contrôle qu'il exerce sur cette activité.

La perception de la valeur d'une activité est le jugement qu'un élève porte sur l'utilité et l'intérêt d'une activité d'apprentissage en fonction des buts qu'il poursuit. Le terme « intérêt » renvoie ici au plaisir intrinsèque que l'on retire de l'accomplissement d'une activité d'apprentissage. Quant au terme « utilité », il renvoie aux avantages que l'on retire de l'accomplissement d'une activité. Par exemple, un étudiant qui désire devenir biologiste jugera probablement utiles les activités qui portent sur l'écologie. On doit noter que l'utilité n'est pas nécessairement associée à l'intérêt. En effet, nous pouvons trouver une activité plus ou moins intéressante, tout en la jugeant utile, car elle nous permet d'arriver à nos fins. À l'inverse, on peut considérer une activité très intéressante, mais peu utile.

1- Pour en connaître davantage sur ces théories, l'ouvrage de R.J. Vallerand et de E.E. Thill, *Introduction à la psychologie de la Motivation* (Études Vivantes, 1993) est l'une des meilleures références en langue française.

2- R. Viau, *La Motivation à apprendre en milieu scolaire*, Éditions du Renouveau Pédagogique, Québec, 2009.

3- P.R. Pintrich, B. Schrauben, « Students'Motivational Beliefs and Their Cognitive Engagement, Classroom Academic Tasks », *in* J.-L. Meece, D.H. Schunk (éds), *Students'Perceptions in the Classroom*, Lawrence Erlbaum, 1992. ; J.S. Eccles, « Subjective task value and the Eccles *et al.* model of achievement-related choices », *in* A.J. Elliot, C.S. Dweck (éds), *Handbook of competence and motivation*, Guilford. 2005.

4- A. Bandura, « Perceived Self-Efficacy in Cognitive Development and Functioning », *Educational Psychologist*, 28-2, 1993.

La dynamique motivationnelle

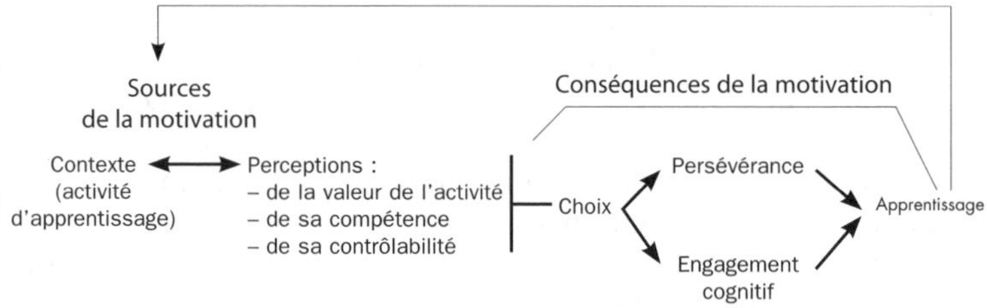

La motivation de l'élève est fonction de ce qu'il pense savoir plutôt que de ce qu'il sait vraiment.

Imaginons une situation dans laquelle un élève doit refaire un travail de mathématiques qu'il croyait réussi. A l'aide de la figure ci-dessus, examinons en quoi consistent les deux scénarios possibles selon qu'il entre dans une dynamique motivationnelle positive ou négative.

Dans le cas d'une dynamique positive, l'élève s'estime capable de le réussir et a le sentiment de contrôler cette situation. Il comprend l'importance de reprendre son travail pour mieux se préparer à la profession à laquelle il aspire. Ces perceptions suscitant chez lui une forte motivation, il choisit de s'engager dans l'accomplissement de cette activité en utilisant des stratégies d'apprentissage appropriées et persévère jusqu'à ce qu'il atteigne l'objectif qu'il s'est fixé. Enfin, son engagement cognitif et la persévérance dont il fait preuve lui permettront d'apprendre, ce qui aura un effet positif sur ses perceptions.

Si, en revanche, l'obligation de refaire son travail entraîne une dynamique négative, l'élève pense que les mathématiques sont secondaires ou inutiles et n'accorde aucune valeur à ce travail. Il s'estime incapable d'améliorer sa performance et a l'impression de n'avoir aucun contrôle sur la situation, invoquant pour se justifier l'intransigeance du professeur. Ces perceptions ne le motivent pas à accomplir cette activité ; son engagement cognitif et sa persévérance sont faibles. En conséquence, sa performance est peu améliorée, le contexte demeure défavorable et ses perceptions en souffrent à nouveau.

R.V.

La perception de sa compétence à accomplir une activité est une perception de soi qui fait que, avant d'entreprendre une activité dont la réussite comporte un degré élevé d'incertitude, un élève a tendance à évaluer ses capacités à l'accomplir de manière adéquate. Plusieurs études révèlent l'influence de la perception de sa compétence sur le type d'engagement cognitif de l'élève. Par exemple, une étude menée auprès de 140 étudiants par Thérèse

Bouffard-Bouchard et ses collègues révèle que le sous-groupe d'étudiants dont la perception de compétence était élevée, a fait preuve d'une plus grande utilisation de stratégies métacognitives et était plus disposé à accomplir des activités difficiles que le sous-groupe dont la perception de compétence était plus faible[5].

La perception de contrôlabilité se définit comme le degré de contrôle qu'un élève croit exercer sur le déroulement d'une activité d'apprentissage. Les élèves qui en font preuve abordent la matière plus en profondeur, créent des liens entre les différentes parties et tentent d'en dégager la structure. À l'inverse, ceux qui estiment avoir peu de contrôle sur leur apprentissage se limitent à essayer de mémoriser le plus de matière possible.

En résumé, un élève motivé a des aspirations claires qui l'amènent à percevoir l'utilité et l'intérêt des activités qu'on lui propose ; il se perçoit capable de les accomplir et, enfin, il perçoit qu'il a un certain contrôle sur leur déroulement.

Les conséquences de la motivation sur l'apprentissage

Comme l'illustre la figure ci-contre, l'élève motivé choisit de persévérer et de s'engager. À l'opposé, un élève démotivé recourt à des stratégies d'évitement ; autrement dit, il « fait tout pour ne rien faire ». À l'école primaire ou au collège, les stratégies d'évitement se traduisent par des comportements comme se lever constamment pour tailler un crayon, demander inutilement des explications, faire répéter le professeur pour gagner du temps, etc. Dans la formation d'adultes, elles se manifestent par de l'absentéisme ou par l'abandon du cours.

La persévérance fait référence au temps : les élèves en font preuve lorsqu'ils consacrent le temps nécessaire pour réussir les activités qui leur sont proposées. La persévérance est une conséquence importante de la motivation. Toutefois, il ne suffit pas de passer des heures à travailler pour s'assurer de la qualité d'un apprentissage. Si un élève est distrait lorsqu'il travaille sur un projet, les heures qu'il y consacrera seront inutiles. La persévérance doit donc être accompagnée d'un engagement cognitif.

L'engagement cognitif se traduit par un processus d'autorégulation : autrement dit, l'élève utilise de son propre gré différents types de stratégies pour tenter de réussir l'activité d'apprentissage qui lui

5- T. Bouffard, M. Bouchard, G. Goulet, I. Denoncourt, N. Couture, « Influence of type of goals and self-efficacy on self-regulation on a problem solving task », *International Journal of Psychology*, 40, 2005.

est proposée. Claire Weinstein a répertorié plus de seize stratégies d'apprentissage et d'autorégulation que les élèves peuvent utiliser pour accomplir une activité d'apprentissage[6]. Ainsi, l'élève motivé planifie son apprentissage, s'auto-évalue, gère son temps d'étude et se motive lui-même. En revanche, l'élève démotivé se limite à utiliser des stratégies de mémorisation comme se répéter régulièrement la définition d'un concept ou relire plusieurs fois le même texte pour se souvenir du contenu.

L'apprentissage est une conséquence de l'engagement et de la persévérance et, de ce fait, est considéré comme la manifestation finale de la motivation à apprendre. Mais l'apprentissage n'est pas seulement une manifestation de la motivation, celle-ci en est également une des sources. Si l'apprentissage attendu est au rendez-vous, les perceptions de l'élève s'amélioreront. Par contre, s'il est moindre que souhaité, il y a de fortes chances que les perceptions de l'élève en soient affectées négativement.

Connaissant mieux les sources et les conséquences de la motivation et de la démotivation, les chercheurs ont tenté de savoir comment on peut influencer cette dynamique motivationnelle. Des chercheurs comme Deborah J. Stipek et Jere E. Brophy ont repéré cinq facteurs sur lesquels un enseignant peut agir pour influencer cette dynamique : les activités d'apprentissage qu'il propose à ses élèves, ses pratiques évaluatives, le système de récompenses et de punitions qu'il met en place, le climat de travail qui règne dans sa classe, et enfin lui-même en tant qu'enseignant[7]. Ces cinq facteurs relatifs à la classe sont les principales « portes d'entrée » qui s'offrent à un enseignant pour atteindre la motivation de ses élèves.

Améliorer ses pratiques pédagogiques

En classe, l'essentiel de l'activité d'un élève consiste à écouter des exposés magistraux dispensés par l'enseignant. On peut douter de l'impact positif de ce type d'activité sur la motivation des élèves. Pour Scott G. Paris et Julianne C. Turner, une activité motivante doit au moins offrir aux élèves un défi à relever, leur permettre de faire des choix et favoriser la collaboration entre eux[8]. Dans cette perspective, un travail de recherche, un projet d'équipe ou une étude de

6- C.E. Weinstein, L.M. Hume, *Stratégies pour un apprentissage durable*, De Boeck, 2001.

7- D.J. Stipek, *Motivation to Learn*, Allyn and Bacon, 2002. ; J.E. Brophy, *Motivating students to learn*, Lawrence Erlbaum, 2004.

8- S.G. Paris et J.C. Turner, « Situated Motivation », in P.R. Pintrich, D.R. Brown, C.E. Weinstein (éds), *Student Motivation, Cognition and Learning*, Lawrence Erlbaum, 1994.

cas sont des activités d'apprentissage plus susceptibles de motiver les élèves que des exposés magistraux. Les chercheurs se sont penchés sur les conditions que les activités d'apprentissage devraient remplir pour susciter la motivation des élèves[9]. Les dix plus importantes sont :

- avoir des objectifs et des consignes clairs ;
- être signifiante aux yeux des élèves en tenant compte de leurs intérêts ;
- représenter un défi à relever ;
- conduire à un produit fini à l'image de ceux qu'ils réalisent dans la vie courante ;
- nécessiter l'utilisation de stratégies de résolution de problèmes ;
- nécessiter l'utilisation de connaissances acquises dans différents domaines ;
- être diversifiée et bien s'intégrer aux autres activités ;
- donner l'occasion de faire des choix ;
- se dérouler sur une période de temps suffisante ;
- permettre à l'élève d'interagir et de collaborer avec les autres élèves.

Les pratiques évaluatives d'un enseignant influent également sur la dynamique motivationnelle de ses élèves. Dans les écoles des États-Unis, les enseignants exécutent en moyenne dix mille actes d'évaluation par an, qui vont du simple fait de dire à un élève que sa réponse est inexacte jusqu'à la correction d'un travail. Cette ambiance évaluative conduit certains élèves à considérer les institutions de formation non comme des lieux d'apprentissage, mais comme des cours de justice où ils sont constamment sur le banc des accusés.

Martin V. Covington, a constaté que la comparaison entre pairs et la compétition engendrée par l'évaluation nuisent à la motivation des élèves faibles et moyens, alors qu'elles motivent les plus forts[10]. Souhaitant que l'évaluation favorise la motivation des élèves faibles et moyens, ce chercheur recommande de :

- d'ajouter des objets d'évaluation qui permettent de constater le progrès accompli (le portfolio) plutôt que des objets qui mesurent seulement l'état des connaissances ou l'atteinte des objectifs (les examens) ;
- commenter les travaux des élèves plutôt que de se limiter à les noter ;
- inciter les élèves à s'auto-évaluer ;
- reconnaître l'effort qu'ils ont déployé ;
- susciter la collaboration entre élèves plutôt que la compétition et la comparaison.

9- D.J. Stipek et J.E. Brophy, *op. cit.*

10- M.V. Covington, *Making the Grade*, Cambridge University Press, 1992.

À ces recommandations, nous ajoutons celle de faire en sorte que l'élève ne voit pas ses erreurs comme des fautes pénalisantes, mais comme des étapes incontournables dans son processus d'apprentissage. À l'image du trapéziste qui s'entraîne à exécuter un nouveau numéro, il importe d'offrir à l'élève un filet de sécurité lorsqu'il apprend, car il tombera inévitablement. Comme dans le cas du trapéziste, on enlève le filet de sécurité lorsque l'élève est prêt. C'est alors seulement que l'on peut évaluer pour sanctionner et voir les erreurs comme des « fautes pénalisantes ». Ce filet de sécurité, un enseignant l'offrira à ses élèves s'il leur donne la chance de se reprendre lorsqu'ils sont en processus d'apprentissage.

Les systèmes de récompenses et de sanctions mis en place par les enseignants sont un autre facteur qui agit directement sur la motivation des élèves. Dans plusieurs écoles primaires d'Amérique du Nord, on utilise des systèmes de jetons, d'autocollants ou de prix pour motiver les enfants. Au secondaire, on a plutôt tendance à récompenser les élèves en réduisant leurs devoirs et à les punir en leur faisant faire des pensums ou en les mettant en retenue.

Plusieurs auteurs, dont Edward L. Deci, doutent que ces comportements motivent réellement les élèves[11]. Des chercheurs estiment même que récompenser des élèves pour une activité qu'ils jugent d'emblée intéressante entraîne chez certains une baisse de motivation. Pour sa part, Carole Ames croit que les récompenses ont généralement un effet positif à court terme, mais qu'elles peuvent nuire à la longue à la motivation, car elles empêchent les élèves d'expérimenter et de prendre des risques dans leur apprentissage. Certains élèves, dont les meilleurs, ne font que le strict nécessaire de peur d'être réprimandés s'ils échouent. L'encouragement et la reconnaissance du travail accompli demeurent les stratégies les plus efficaces pour motiver les élèves à manifester de la curiosité intellectuelle. La formation d'adultes est également touchée par les systèmes de récompenses et de punitions mis en place par les enseignants.

Pour Raymond J. Wlodkowski, l'utilisation de récompenses pour motiver les adultes est une épée à double tranchant, car elles risquent dans certains cas de les démotiver et parfois même de les offusquer[12]. Pour qu'une récompense, telle qu'un prix ou un certificat d'excellence, ait un effet favorable, il faut que l'adulte qui la reçoit estime qu'il la mérite, et non qu'il l'ait obtenue facilement

11- E.L. Deci, R.J. Vallerand, L.G. Pelletier, R.M. Ryan, « Motivation and Education : the Self Determination Perspective », *Educational Psychologist*, 26, 1991.

12- R.J. Wlodkowski, *Enhancing Adult Motivation to Learn*, Jossey-Bass, 1985.

ou qu'on la lui ait donnée par gentillesse. De plus, il ne faut pas qu'une remise de prix en public gêne la personne à laquelle celui-ci est destiné ou vienne amoindrir la valeur du travail des autres. Même à ces conditions, Wlodkowski émet des réserves quant à l'importance des systèmes de récompenses dans la formation d'adultes ; il suggère plutôt aux enseignants de donner des commentaires pertinents et favorables sur les apprentissages.

Le climat de la classe fait également partie des facteurs à considérer si un enseignant désire agir sur motivation des élèves. Dans une classe, un élève n'est pas seul. Il fait partie d'un groupe d'élèves, et c'est avec eux qu'il apprend. Si l'on désire que les interactions entre tous les élèves contribuent à susciter l'apprentissage et la motivation à apprendre, il est important de créer un climat de respect mutuel dans lequel chaque élève a le sentiment qu'il est accepté et se sent assez en sécurité pour investir toutes ses énergies dans ses apprentissages. Pour certains auteurs, pour qu'un tel climat existe, il faut accepter et respecter les différences individuelles des élèves (sexe, âge, anomalies physiques ou intellectuelles...) et leurs différences culturelles (religion, langue, croyance, coutume...)[13]. Pour y arriver, ces auteurs proposent aux enseignants de ne pas ignorer les différences entre les élèves ; de promouvoir en classe un langage qui ne dénigre pas les différences individuelles (exemple : minimiser l'intelligence des garçons ou la force physique des filles) ; d'offrir des activités d'équipe dans lesquelles l'apport de chaque élève est clairement signifié ; d'éviter, dans la répartition des membres d'une équipe, l'exclusion d'un élève et l'attribution de rôles stéréotypés (exemple : cantonner les filles au rôle de secrétaire).

Enfin, l'enseignant, par sa compétence, sa propre motivation et d'autres traits qui le caractérisent, influence la dynamique motivationnelle de ses élèves. Certains enseignants, précise D.J. Stipek, sont portés inconsciemment à critiquer plus souvent les élèves qu'ils considèrent faibles et démotivés, les font asseoir loin d'eux, ont peu de contacts avec eux, se contentent de réponses inadéquates et manifestent de la pitié lorsqu'ils échouent[14]. Face à de tels comportements, les élèves perçus comme faibles et démotivés ne font aucun effort pour apprendre, car ils savent que l'enseignant ne les interroge jamais et qu'il ne leur adresse la parole que pour les réprimander. Ils entrent alors dans un cercle vicieux :

13- M.B. Ginsberg, R.J. Wlodkowski, *Creating Highly motivating classrooms for all students*, Jossey-Bass, 2000.

14- D.J. Stipek, *op. cit.*

n'étant pas encouragés à travailler, ils ne sont pas motivés à le faire et, ne travaillant pas, ils deviennent faibles, ce qui confirme l'opinion de leur enseignant selon laquelle « il n'y a rien à faire ».

On doit s'efforcer d'accorder l'attention à laquelle chaque élève a droit, quelles que soient ses capacités. Face aux élèves que l'enseignant considère faibles et démotivés, il peut :

- leur exprimer sa confiance en leur capacité de réussir ;
- éviter de créer des situations compétitives dans lesquelles ils ne peuvent que perdre ;
- éviter de les réprimander devant leurs camarades ;
- éviter de leur exprimer de la pitié devant un échec ;
- démontrer de l'enthousiasme à leur enseigner et de l'intérêt à leur réussite.

Enfin, un enseignant doit prendre conscience que souvent, il est le seul modèle d'« apprenant » que les jeunes peuvent observer. Rares sont en effet les jeunes qui ont la chance d'observer leurs parents ou d'autres adultes en train d'apprendre et de prendre plaisir à apprendre. Plus rares encore sont ceux qui ont l'occasion de vivre des expériences d'apprentissage avec leurs parents. Dès lors, l'enseignant ne doit pas se limiter à leur dire à quel point il aime apprendre, mais leur en faire la démonstration. Douter, se questionner, chercher, et surtout prendre plaisir à le faire devant eux, voilà comment il peut devenir un modèle d'« apprenant » aux yeux de ses élèves et susciter chez ces derniers une motivation à apprendre.

Devenir des spécialistes de la motivation

De nos jours, enseigner consiste à travailler à contre-courant d'une société de plus en plus tolérante sur le plan intellectuel.

Alors que les mass-médias et Internet incitent souvent les jeunes à se laisser aller dans des mondes imaginaires et à profiter pleinement du moment présent, les enseignants leur demandent de travailler, d'être attentifs, d'écouter, de lire et d'écrire. Ce décalage entre ce qu'on offre aux jeunes à l'extérieur et à l'intérieur de l'école s'accentuera avec le temps ; c'est pour cette raison qu'il est devenu impératif pour les enseignants, en plus d'être des experts dans leur matière, d'être des spécialistes en motivation. Pour y arriver, le lien entre la recherche et la pratique devra s'accentuer.

Les chercheurs devront axer davantage leur travail sur les problèmes vécus par les enseignants. Quant à ces derniers, ils devront prendre l'habitude d'examiner la recherche en pédagogie pour trouver des réponses à leurs questions.

Benoît Galand

Réussite scolaire et estime de soi

Peut-on voir dans les échecs scolaires le reflet d'une faible estime de soi ? Spontanément, la plupart des gens répondront par l'affirmative à cette question. Les recherches en éducation apportent néanmoins une réponse plus mitigée tant l'estime de soi apparaît comme une notion complexe. Certes, un élève ayant une très faible estime de lui-même risque fort de ne pas trouver l'énergie pour s'engager dans son travail scolaire. Cependant, la plupart des élèves, même ceux en difficultés d'apprentissage, ont une estime d'eux-mêmes relativement positive, de sorte qu'il est difficile d'expliquer un grand nombre d'échecs par une faible estime de soi. Les chercheurs se sont donc intéressés à un élément plus spécifique – et plus flexible – pour expliquer les résultats scolaires des élèves : la confiance en ses capacités d'apprentissage.

Quand la confiance invite à la performance

Sous des appellations variées, la plupart des conceptions actuelles de la motivation partagent l'idée selon laquelle la confiance en nos capacités à agir efficacement joue un rôle crucial dans notre engagement et nos performances[1]. Mais surtout, les recherches indiquent que cette confiance peut varier d'un domaine à l'autre, ainsi que d'une matière scolaire à l'autre.

Tout comme je peux me sentir très à l'aise avec des instruments de musique mais maladroit sur un terrain de basket, je peux me sentir très compétent en français mais peu brillant en mathématiques. Et ceci n'est pas sans conséquences. Ainsi, les élèves

1- B. Galand, M. Vanlede, « Le sentiment d'efficacité personnelle dans la formation : Quel rôle joue-t-il ? D'où vient-il ? Comment intervenir ? », *Savoirs – Revue Internationale de Recherches en Éducation et Formation des Adultes*, Hors-série « Autour de l'œuvre d'Albert Bandura », 91-116, 2004.

qui ont confiance en leurs capacités dans une matière choisissent de préférence des activités présentant pour eux un défi et leur donnant l'occasion de développer leurs aptitudes (plutôt que de s'engager dans des tâches faciles qu'ils sont assurés de réussir). En général, ils se fixent des objectifs d'apprentissage plus élevés, cherchent davantage à comprendre en profondeur et à donner du sens à ce qu'ils étudient, gèrent mieux leur temps de travail, se laissent moins distraire de leurs objectifs et persévèrent plus face à des difficultés. Ils gèrent également mieux stress et anxiété, et aboutissent finalement souvent à de meilleures performances. Inversement, les élèves ont tendance à se désintéresser des activités dans lesquelles ils se sentent peu efficaces, ce qui peut avoir des répercussions sur leurs choix d'études. Cette manière de faire leur permet de conserver une bonne estime d'eux-mêmes, mais peut conduire certains jeunes à se désinvestir de leur scolarité, avec les conséquences négatives que cela peut avoir pour leur avenir.

Soulignons que les conséquences positives d'une bonne confiance en soi ne se vérifient pas dans tous les cas. Il faut que le résultat à atteindre dépende au moins en partie de l'action de l'élève. Dans un environnement où le résultat est distribué « à la tête du client » ou sur une base discriminatoire, la confiance en ses capacités ne joue plus un grand rôle. Il en est de même dans un environnement non stimulant, où l'élève est certain d'obtenir un bon résultat en ne faisant quasiment rien. Enfin, même avec une confiance en soi élevée, un apprenant peut décider de ne pas s'investir dans une tâche qu'il estime sans intérêt, inutile ou absurde. Motivation et apprentissage sont des phénomènes dépendant de multiples facteurs et la confiance en ses capacités n'est bien entendu pas le seul en jeu.

Comment restaurer la confiance ?

Il n'empêche, la relation entre confiance et performance est bien établie chez des élèves de tous âges, même si elle reste d'amplitude modérée. Les recherches montrent clairement que la réussite d'un élève ne dépend pas seulement de ses compétences « objectives », mais également de sa confiance en ses capacités d'apprentissage.

Des élèves ayant des compétences cognitives supérieures à la moyenne peuvent donc avoir peu confiance en eux, avec toutes les conséquences négatives qui y sont associées. À l'inverse, des élèves ayant de faibles acquis de départ mais qui croient en leurs capacités à les utiliser efficacement peuvent développer largement leurs compétences.

Le psychologue américain Albert Bandura[2] stipule que la confiance en ses capacités d'apprentissage provient de quatre sources d'information : les performances passées, l'observation des performances d'autrui, les messages de l'entourage et les états physiologiques et émotionnels. Nous traiterons ici des trois premières.

Il semble évident que nos succès et échecs dans un domaine peuvent affecter notre confiance en nous dans ce domaine. Ainsi, le redoublement scolaire a souvent un impact négatif durable, et peut faire basculer l'élève dans un cercle vicieux de faible confiance et d'échec. Cependant, réussite et échec n'ont pas d'effet mécanique. L'interprétation que je tire de l'un ou de l'autre va jouer un rôle important. Si je considère par exemple que ma réussite en sciences est due au fait que l'examen était facile, cette réussite ne renforcera pas ma confiance en mes capacités d'apprentissage. De même, si j'estime que mon échec en histoire-géographie est imputable à un manque de travail, ma confiance en moi ne sera pas ébranlée.

La comparaison, une arme à double tranchant

Mais comment redonner confiance à des élèves en échec ou en difficultés d'apprentissage ? Le psychologue Dale H. Schunk et ses collègues ont conduit une série d'expériences afin de tenter de répondre à cette question[3]. Par exemple, pour répondre à des questions de compréhension en lecture, ils ont enseigné aux élèves une stratégie consistant à identifier les idées principales d'un texte. Leurs résultats montrent que les élèves prennent davantage confiance en eux et développent davantage leur compréhension en lecture si on leur donne un objectif formulé en termes de développement de compétence (apprendre à identifier les idées principales) plutôt qu'un objectif formulé en termes de résultat à atteindre (réussir le test avec au moins 6/10) ou que si on leur demande juste de bien travailler. De plus, des objectifs précis et à brève échéance (par exemple, savoir résoudre correctement cinq additions simples pour le prochain cours) aident mieux les

2- A. Bandura, *Autoefficacité. Le sentiment d'efficacité personnelle*, De Boeck, 2002.

3- D.H. Schunk, F. Pajares, « Competence Perceptions and Academic Functioning », *in* A. J. Elliot & C. S. Dweck (Eds.), *Handbook of competence and motivation*, New York, Guilford Publication, 2005.

élèves à guider leurs apprentissages que des objectifs généraux et éloignés dans le temps (réussir le contrôle avant le bulletin). Couplés à des évaluations ou à des auto-évaluations régulières, ces objectifs permettent des progrès graduels et ont pour effet de favoriser le développement de la confiance en soi et d'accroître la réussite des élèves.

Par ailleurs, observer la réussite ou l'échec d'autres personnes peut guider un élève dans ses apprentissages et jouer sur sa confiance en lui. Par exemple, savoir que d'autres ont réussi avec succès une tâche grâce aux méthodes de travail que l'on a soi-même apprises renforce la confiance. Mais la confiance en soi est également influencée par la comparaison de ses propres performances avec celles d'autrui. Cette comparaison, cependant, peut être problématique pour les élèves qui ont de moins bonnes notes. Heureusement, plusieurs études de terrain montrent qu'il est possible d'éviter les effets négatifs de la comparaison avec autrui en la rendant moins visible et moins centrale[4], notamment en diversifiant les types d'activités qui donnent lieu à des évaluations, en offrant une certaine autonomie aux élèves concernant les objectifs et les tâches sur lesquels ils seront évalués, en ne regroupant pas toujours les élèves de la même façon, en évitant de rendre les résultats de manière publique, et surtout en utilisant des évaluations fondées sur des critères fixés à l'avance plutôt que sur le classement des élèves les uns par rapport aux autres. Dans les classes où les enseignants mettent en œuvre de telles pratiques, la confiance en soi des élèves diffère peu et presque aucun ne se perçoit comme incompétent.

Dans le même ordre d'idée, présenter une activité comme une occasion de développer ses compétences et de s'améliorer, plutôt que comme un test ou une compétition, peut aider les élèves qui reconnaissent être moins brillants que les autres à rester motivés, voire à se montrer résilients face à un échec.

La force du message

En outre, les élèves sont sensibles à la perception de leurs compétences qu'ont parents, pairs et enseignants, et leur confiance en eux reflète en partie ces perceptions. Les messages de leur entourage – soutiens, critiques, encouragements, conseils, attentes, etc.

4- B. Galand, P. Philippot, M. Frenay, « Structures de buts, relations enseignants-élèves et adaptation scolaire des élèves : Une analyse multiniveaux », *Revue française de pédagogie*, 155, 57-72, 2006.

– ont donc une influence. Même au niveau non verbal, les enseignants manifestent, souvent de manière non intentionnelle, leurs attentes vis-à-vis des élèves à travers l'attention qu'ils leur portent, la façon de les regrouper, la difficulté des tâches qu'ils leur assignent, le degré d'autonomie qu'ils leur accordent, etc.

Concernant les évaluations, la manière de communiquer les résultats a une incidence sur les implications qu'en tirent les élèves concernant leurs capacités à apprendre[5]. Par exemple, un *feed-back* sous forme de commentaires sur les points forts et les points faibles, sur les améliorations possibles d'un travail entraîne un intérêt et une performance ultérieurs plus élevés qu'un *feed-back* sous forme de notes ou d'appréciation générale (même s'il s'agit de félicitations). De même, une évaluation qui situe les progrès de l'élève par rapport à ses performances antérieures (par exemple, le nombre de fautes d'orthographes dans des dissertations) – même si ces progrès sont insuffisants – suscite davantage de confiance pour les apprentissages futurs qu'une évaluation qui situe sa performance par rapport à celles des autres élèves (comme c'est souvent le cas des notes scolaires).

Comme nous l'avons vu, la confiance en ses capacités d'apprentissage n'est pas donnée une fois pour toutes et n'est pas monolithique, mais se construit au fil des expériences vécues dans différentes matières. Ainsi, cette confiance ne dépend pas exclusivement de l'élève, mais également des types de dispositifs pédagogiques mis en place par les enseignants et des messages communiqués par les parents. En effet, la confiance en soi ne provient pas seulement des résultats scolaires d'un élève, mais aussi et surtout de la manière dont il perçoit réussites et échecs et des implications qu'il en tire concernant ses capacités d'apprentissage.

L'art de soutenir la confiance en soi

Il s'agit donc d'amener les élèves à se focaliser sur les progrès accomplis et sur les moyens qu'ils peuvent acquérir en vue de mieux maîtriser les tâches à réaliser, plutôt que sur l'évaluation de leur place par rapport aux autres. L'enjeu est notamment de trouver des formes d'évaluations qui soulignent que la compétence est une capacité qui se construit à travers le travail, l'étude et la régulation efficace des contraintes et des ressources, et qui communiquent des attentes élevées vis-à-vis des progrès réalisables

5- K. Wentzel, A. Wigfield, (Eds.), *Handbook of motivation at school*, Routeledge, 2009.

par l'élève. Dans l'ensemble, les recherches en éducation suggèrent qu'il est possible de mettre en place des activités d'apprentissage permettant une acquisition graduelle de compétences et leur validation progressive, et de développer ainsi la confiance en soi et la motivation des élèves, même quand ceux-ci ont un niveau initial de compétences très bas. Les pistes évoquées au fil de ce texte demandent sans doute à être adaptées selon le contexte, mais elles forment une trame cohérente de pratiques éducatives peu coûteuses à mettre en œuvre. Elles invitent les acteurs de l'éducation, non à faire plus ou à endosser des rôles supplémentaires, mais à agir autrement pour soutenir au mieux les élèves.

Apprendre à apprendre en Europe

Dans le monde devenu évolutif et mouvant, qui connaît précisément les informations pertinentes et importantes que les élèves actuels auront besoin de connaître dans le futur ? Cette question, les éducateurs et les formateurs se la posent depuis déjà longtemps. N'est-il pas plus utile de développer les qualités pour « apprendre à apprendre » que de charger les élèves de connaissances dont beaucoup risquent d'être très vite obsolètes ? C'est la recommandation de la politique éducative européenne, qui prône une approche éducative par les compétences ; c'est aussi le choix de plusieurs pays européens qui privilégient dans leurs programmes scolaires le fait d'« apprendre à apprendre ». Mais comment développer cette compétence?

Dans une récente livraison de la revue *Administration et Éducation*, Bryony Hoskins, de l'Institut d'éducation de l'université de Londres, dresse un panorama des différentes voies adoptées en Europe.

Certains pays comme l'Espagne ou la Finlande mettent l'accent sur l'approche cognitive et les processus internes conduisant à l'apprentissage (métacognition). Apprendre à apprendre est considéré comme un acte réflexif, dans lequel l'élève apprend à analyser et à valider ses stratégies d'apprentissage et à s'autoévaluer.

Du côté anglais, mais aussi en Italie, en Australie et en Chine, c'est plutôt l'approche socioculturelle qui est privilégiée. L'université de Bristol, par exemple, a établi un programme destiné à mesurer les dispositions de chacun à apprendre de manière effective tout au long de sa vie (*effective lifelong learning inventory*). Ce sont alors les attitudes, les capacités relationnelles, les valeurs des personnes qui conditionnent ce que les chercheurs britanniques appellent le « pouvoir d'apprendre ».

On notera que ces deux approches théoriques ne se contredisent pas et sont même plutôt complémentaires. Il reste, conclut l'auteur de l'article, que même s'il n'existe pas encore d'instrument d'évaluation sur la question, il serait urgent d'« enseigner à enseigner l'apprendre à apprendre » ! Une question très sérieuse en fait, qui, partout dans le monde, est au cœur des modalités de la formation des enseignants.

M.F.

B. Hoskins, « Apprendre à apprendre en Europe », *Administration et Éducation*, n° 2, 2010.

Jacques Grégoire

Troubles d'apprentissage, le calvaire scolaire

Le concept de trouble d'apprentissage recouvre une réalité complexe. Il fait référence à des problèmes se manifestant très tôt dans le développement, comme les troubles du langage, et à d'autres qui n'apparaissent qu'au moment de la scolarisation, comme la dyslexie. Il désigne des troubles dont l'origine neurologique est avérée, mais aussi des problèmes découlant d'une motivation défaillante. Pour bien saisir la complexité de ce concept, un bref historique est nécessaire.

Trouble d'apprentissage et scolarité obligatoire

L'émergence du concept contemporain de trouble d'apprentissage est étroitement liée à l'apparition de la scolarité obligatoire. Face aux élèves présentant des difficultés d'apprentissage, les enseignants se révèlent alors démunis et la création d'un enseignement adapté est envisagée. C'est dans ce contexte qu'Alfred Binet crée en France le premier test d'intelligence en 1905. Le but de cet instrument est d'identifier les enfants devant bénéficier d'un enseignement spécial. Pour Binet et ses contemporains, les difficultés d'apprentissage sont en effet la conséquence d'un déficit intellectuel ou sensoriel. Cette conception réductrice des troubles d'apprentissage évolue toutefois rapidement.

À la même époque, plusieurs auteurs décrivent des cas de sujets incapables d'apprendre à lire, malgré des capacités sensorielles et intellectuelles apparemment normales. Les tests de QI vont permettre d'objectiver les compétences intellectuelles de ces sujets, et de distinguer les troubles spécifiques dont ils souffrent des troubles globaux qui caractérisent les retardés mentaux. Dans les nosographies actuelles, comme la CIM-10 ou le DSM-IV, le constat d'un QI non déficitaire reste l'un des critères de base des troubles spécifiques d'apprentissage, associé à l'absence de trouble sensoriel et à une scolarisation adéquate.

Mais quelle est l'origine des troubles spécifiques d'apprentissage ? De tous ces troubles, c'est la dyslexie qui, de loin, a généré le plus de recherches. Dès le début du XXe siècle, l'hypothèse d'un déficit cérébral inné est d'emblée privilégiée. Les premiers chercheurs affirment tout d'abord que la dyslexie trouve son origine dans un système visuel immature. Mais, à partir des années 1970, cette hypothèse cède la place à une explication en termes de déficit phonologique. Les dyslexiques se caractérisent en effet par une difficulté à analyser les sons de la langue parlée et à en identifier les composants élémentaires que sont les phonèmes. Le trouble de la conscience phonémique à l'origine de la dyslexie apparaît aujourd'hui lié à la désorganisation de certaines zones cérébrales, sans incidence sur les capacités intellectuelles.

L'importance du contexte d'apparition

Le succès des travaux sur la dyslexie a profondément influencé les recherches consacrées aux autres troubles d'apprentissage. Ainsi, les travaux récents sur la dyscalculie se sont, eux aussi, concentrés sur l'identification d'une zone cérébrale responsable du déficit d'une compétence de base qui, en cascade, perturberait l'ensemble des apprentissages mathématiques. De nombreux chercheurs considèrent que les sujets dyscalculiques souffriraient d'un dysfonctionnement du système cérébral de représentation des quantités, entraînant des difficultés d'apprentissage des premières compétences numériques.

Alors que certains chercheurs se sont attachés à identifier des facteurs neuropsychologiques très précis à l'origine de certains troubles d'apprentissage, d'autres se sont intéressés à des problèmes plus généraux perturbant une gamme plus large d'apprentissages. Parmi ces problèmes, le déficit de l'attention occupe une place de choix. Mais on peut aussi citer les dysphasies et les dyspraxies, susceptibles d'entraîner une variété de troubles d'apprentissage.

Les recherches évoquées jusqu'ici ont en commun d'envisager les troubles d'apprentissage sous un angle purement neurocognitif et en dehors de tout contexte. Cette approche a permis des avancées incontestables dans la compréhension des troubles d'apprentissage. Toutefois, les enfermer dans ce seul cadre se révèle réducteur. Ainsi, le jeune dyslexique confronté à son incapacité d'apprendre à lire voit l'image de ses compétences intellectuelles mise à mal, et sa motivation pour les apprentissages scolaires sérieusement émoussée. Une approche plus globale des troubles d'apprentissage, qui tiendrait compte de leurs conséquences émotionnelles et motivationnelles, apparaît dès lors nécessaire. Par ailleurs, les conditions éducatives précoces et les méthodes d'apprentissage peuvent atténuer ou aggraver le déficit de l'enfant. Par conséquent, le trouble d'apprentissage n'est pas seulement un attribut du sujet, mais doit être compris dans son contexte d'apparition.

Point sur la prévalence et la prise en charge

Fréquence des troubles

La prévalence des troubles d'apprentissage est directement liée aux critères diagnostiques utilisés. Ainsi, dans le cas des troubles de la lecture, le pourcentage de sujets varie selon que l'on évalue le décodage de mots ou la compréhension de texte. Et pour chacun des critères choisis, ce pourcentage change selon le seuil de performance utilisé. Par conséquent, il n'est guère étonnant que la prévalence des troubles de la lecture varie très sensiblement d'une étude à l'autre. Selon une étude de l'OCDE (2000), 4 % des enfants français souffrent de difficultés sévères de la lecture. Ce trouble est plus fréquent chez les garçons (6 %) que chez les filles (2 %). Une autre étude (2008), réalisée sur 800 000 jeunes Français de 17 ans, montre que 9,8 % d'entre eux sont des lecteurs médiocres. La fréquence du trouble des apprentissages mathématiques est, quant à elle, estimée à 6 % des enfants d'âge scolaire. Quant aux troubles de l'attention, ils toucheraient de 3 à 10 % des enfants, avec une prévalence de 3 garçons pour 1 fille.

Prise en charge

La mise en évidence d'anomalies cérébrales chez les enfants souffrant de troubles d'apprentissage n'implique pas que les compétences de ces enfants ne puissent pas s'améliorer. Le cerveau de l'enfant étant plastique, une meilleure compréhension de la nature des troubles a permis de mettre au point des rééducations efficaces.

Ainsi, la dyslexie est aujourd'hui traitée avec succès par un travail de développement de la conscience des phonèmes. Toutefois, un traitement qui se limite au développement de la conscience phonémique risque de n'aboutir qu'à un succès partiel. En effet, la lecture fluide nécessite une automatisation du décodage de mots, laquelle n'est possible que grâce à une pratique très régulière de la lecture.

Pour cela, il est nécessaire que l'enfant ait envie de lire, alors qu'il associe généralement la lecture à l'échec et au déplaisir. En d'autres termes, une rééducation efficace doit nécessairement envisager l'activité de lecture en intégrant ses dimensions neuropsychologiques et motivationnelles.
Certains troubles sont soignés à l'aide de médicaments psychotropes. C'est le cas des troubles de l'attention, qui sont traités à l'aide de stimulants du système nerveux central améliorant le contrôle attentionnel et comportemental et, du même coup, les performances scolaires. L'usage de ces médicaments s'est répandu en France depuis une vingtaine d'années. Ils sont l'objet de controverses portant sur les critères de prescription et les effets neurologiques à long terme.
Notre meilleure connaissance des processus sous-jacents aux troubles d'apprentissage permet également d'agir de manière préventive. Des interventions éducatives précoces et le choix de méthodes d'apprentissage adéquates peuvent en effet atténuer la gravité de certains troubles.

J.G.

Martine Fournier

Sciences cognitives et pédagogie
Une alliance difficile

Durant l'hiver 2005-2006, un débat sur les méthodes de lecture a, une fois de plus, enflammé les esprits de tous ceux qui s'intéressent à l'école. La cause de ce pugilat ? Des déclarations du ministre de l'Éducation qui, dans sa circulaire « Apprendre à lire » (janvier 2006), demandait aux maîtres d'écarter résolument « ces méthodes qui procèdent d'approches globales », et recommandait « au cours du CP, à l'oral comme à l'écrit, un entraînement systématique à la relation entre lettres et sons » pour passer dans un deuxième temps seulement d'une lecture mot par mot à la lecture de phrases et de textes.

Dans la communauté éducative, le propos du ministre est alors entendu comme une nouvelle tentative de restauration d'une école à la papa, sur fond de blouses grises marchant au pas en rangs par deux, de châtiments corporels, où tous les élèves épellent docilement à l'unisson le fameux « b-a ba/pa-pe-pi-po-pu... » de la vieille méthode syllabique... Fausse querelle que la querelle des méthodes !, affirment pourtant des spécialistes de l'éducation qui s'invitent dans le débat. Roland Goigoux par exemple, professeur à l'université de Clermont-Ferrand, déclare que « la guerre des méthodes est finie » depuis longtemps et que l'immense majorité des maîtres utilisent des méthodes de lecture « forgées progressivement dans les pays francophones au cours des trente dernières années (et) cohérentes avec les principaux résultats des recherches scientifiques récentes »[1]... Justement, les déclarations du ministre se réclament de ces « recherches scientifiques récentes » et particulièrement ici, des conclusions du rapport de l'Observatoire national de la lecture (ONL), rendues en 2005. Ce rapport s'appuie notamment sur les travaux de Michel

1- R. Goigoux, « La guerre des méthodes est finie », *Libération*, 2 septembre 2005.

Fayol et José Morais, chercheurs en psychologie cognitive[2]. De là à incriminer la psychologie cognitive, souvent mal connue et dont les travaux restent mystérieux pour les non-initiés, de tous les maux, il n'y a qu'un pas qui, s'il n'est pas franchi, nourrit bien des fantasmes... La soupçonner par exemple, par ses recherches se réclamant d'une scientificité pure et dure, de cartographier les comportements humains à partir de données biologiques et à terme, de nous dessiner un monde à la Orwell ou à la Huxley où chacun serait programmé sous la férule de scientifiques démoniaques, au service d'un pouvoir totalitaire qui annihilerait toute libre pensée...

Des grandes théories pour l'apprentissage

Qu'en est-il exactement ? La psychologie de l'éducation ne s'est-elle pas toujours nourrie des apports des scientifiques ? « Qu'est-ce qu'apprendre », « comment apprend-on ? »..., ces questions ne concernent-elles pas au premier chef le monde de l'école ? Pour comprendre le désarroi des praticiens de l'éducation face aux orientations actuelles des recherches en psychologie, un petit détour historique est nécessaire. Tout au long du XXe siècle, de grands courants théoriques ont influencé les pratiques éducatives et les méthodes pédagogiques.

Le courant de l'éducation nouvelle par exemple, et les méthodes actives très en vogue aujourd'hui s'appuient sur la psychologie fonctionnaliste du début du XXe siècle, selon laquelle on apprenait dans l'action – résumée par le fameux « *learning by doing* » de J. Dewey. Un autre courant très puissant au XXe siècle a été le béhaviorisme, qui prônait l'apprentissage par conditionnement du sujet. Le béhaviorisme, qui refusait de s'intéresser à l'activité mentale du sujet, a donné naissance, dans les années 1950, à l'enseignement programmé initié par B. F. Skinner, dans lequel l'élève était censé apprendre par essais et erreurs, ou encore à la pédagogie par objectifs, qui décompose les apprentissages complexes en toute une série d'apprentissages élémentaires censés se cumuler.

Puis, dans la seconde moitié du XXe siècle, le constructivisme piagétien s'est progressivement imposé. Qu'est-ce que l'intelligence ? Comment fonctionne l'esprit humain ?, s'est demandé

2- M. Fayol, J. Morais, « La lecture et son apprentissage », *L'Évolution de l'enseignement de la lecture en France depuis dix ans*, ONL, 2004.

Piaget, préfigurant ainsi les interrogations de la psychologie cognitive. Pour lui, le sujet construit ses connaissances par ses propres actions (d'où le qualificatif de constructivisme) et il définit alors l'intelligence comme un processus d'adaptation dans lequel interagissent les structures mentales et l'environnement.

Une « révolution cognitive »

La théorie de Piaget, qui modélisait des stades de développement de l'intelligence, conditionnant les apprentissages possibles à chaque âge, a eu un impact majeur dans le champ de l'éducation. Ce faisant, Piaget a déplacé l'attention des psychologues et des pédagogues sur les processus mentaux (ou cognitifs) utilisés en situation d'apprentissage.

Ce regain d'intérêt pour l'activité cognitive a été parallèlement porté par le développement prodigieux des « sciences cognitives ». Également appelées « théories du traitement de l'information », les sciences cognitives s'intéressent à la manière dont un sujet sélectionne et organise l'information, la stocke en mémoire, la récupère pour la réutiliser. Cependant, que trouve-t-on derrière ce programme global ? Une multiplicité de recherches, produites aux quatre coins de la planète, et qui, chacune, s'intéressent à un aspect spécifique du traitement de l'information. Les unes portent sur la mémoire, d'autres sur l'attention, la compréhension, le jugement, la métacognition, le langage... D'autres sur la manière dont s'acquièrent différents types de connaissances (le rôle des représentations, les catégorisations et les modèles mentaux), d'autres encore sur la plasticité des réseaux neuronaux ou encore l'impact des émotions dans la cognition... À l'aube du XXIe siècle, on peut dire que les sciences cognitives sont devenues une vaste galaxie, un univers complexe de disciplines, de recherches spécialisées et de théories..., dans lesquels il n'existe pas une théorie dominante ni un modèle qui donnerait la clé ultime du fonctionnement mental[3].

Finis donc les grands paradigmes unifiés comme le béhaviorisme qui structuraient la psychologie de l'apprentissage et les pédagogies qui en découlaient. Le constructivisme piagétien lui-même est diversement discuté et remis en question.

Pour le chercheur français Olivier Houdé par exemple, qui appuie ses travaux sur les données de l'imagerie cérébrale, les

3- Voir J-F. Dortier (dir.), *Le Cerveau et la Pensée. Le Nouvel âge des sciences cognitives*, éd. Sciences humaines, 2011.

apprentissages cognitifs correspondent à un mécanisme de révision des fausses croyances, lié au développement d'une capacité d'inhibition que J. Piaget avait ignorée. Développer son intelligence consisterait donc à réviser ses fausses croyances. Partant du principe que « l'intelligence est une fonction du cerveau et que ce sont des millions de cerveaux qui vont chaque jour à l'école », O. Houdé souhaite jeter les bases d'une « neuropédagogie cognitive » qui prenne en compte les avancées récentes des chercheurs[4]. La « neuropédagogie » va-t-elle devenir un nouveau paradigme pour l'école du XXIe siècle ? Pour le moment, hormis le projet que l'expression sous-tend, les contours en sont encore bien flous...

Et c'est précisément là l'une des causes du malaise entre les praticiens de l'éducation et les chercheurs en sciences cognitives. Les premiers doivent élaborer des méthodes et des techniques pour de faire apprendre aux élèves, dans le contexte global impliqué par une situation de classe. Les seconds cherchent à décrire et à expliquer comment fonctionne dans le cerveau les mécanismes d'apprentissage, pouvant apporter tout au plus aux premiers des « repères pour l'action »[5]... Sans compter qu'il faudrait, pour pouvoir dessiner les contours d'une véritable pédagogie cognitive, pouvoir relier des travaux portant sur différents facteurs de la cognition, aussi divers que ceux concernant la démarche de résolution de problème, la diversité des stratégies d'apprentissage, ou encore la motivation ou le rôle des émotions... ce que, du propre aveu de Michel Fayol (voir l'entretien ci-après), les cogniticiens eux-mêmes ne sont pas à même de réaliser à l'heure actuelle.

On saisit bien néanmoins tout l'intérêt que les deux domaines auraient à dialoguer. C'est d'ailleurs dans ce but que le ministère de la Recherche (et de l'Éducation) a mis en place en 2000 un programme « École et sciences cognitives », destiné à « promouvoir ou renforcer les études concernant le développement de l'enfant et les apprentissages ; d'autre part, construire les interfaces entre pratiques pédagogiques et recherches fondamentales en sciences cognitives »[6].

C'est de ce programme qu'est issu le rapport sur l'apprentissage de la lecture, domaine dans lequel, il faut le noter, les

4- O. Houdé, *Dix leçons de psychologie et de pédagogie*, Puf, 2006. Voir aussi page 103 du présent ouvrage.

5- Voir É. Gentaz, P. Dessus, *Comprendre les apprentissages. Sciences cognitives et éducation*, Dunod, 2004.

6- M. Kail, M. Fayol (dir.), *Les Sciences cognitives et l'École*, Puf, 2003.

recherches sont les plus abouties et fournissent les données les plus concrètes pour les enseignants.

Pourtant, « la communication entre chercheurs et praticiens reste souvent difficile... Il est bien clair que les travaux scientifiques ne constituent pas en soi des approches didactiques. Ils peuvent, dans le meilleur des cas, susciter une réflexion pédagogique... », écrivent deux chercheurs en sciences cognitives, Jean Ecalle et Annie Magnan, dans leur introduction au numéro de la *Revue française de pédagogie*, intitulée « Sciences cognitives, apprentissages et enseignement »[7].

7- INRP, *Revue française de pédagogie*, n° 152, juillet-août-sept. 2005.

Entretien avec Michel Fayol

« Nous avons un devoir d'humilité »

En quoi les sciences cognitives peuvent-elles être utiles à la recherche en éducation ?

On attend des sciences qu'elles éclairent les problèmes auxquels on est confronté. De même que l'on a besoin de la biologie pour comprendre le fonctionnement de l'organisme, on a besoin des sciences cognitives pour comprendre celui de l'esprit.

À leur début, dans les années 1950, les sciences cognitives se sont peu intéressées à l'apprentissage. Mais depuis les années 1990, ce thème connaît un regain d'intérêt et concerne évidemment en premier chef l'éducation. Les maîtres observent les comportements et les performances des élèves, et ce qui pose problème dans l'apprentissage des uns ou des autres… La psychologie cognitive peut leur apporter certains éclairages sur ces questions, mais les réponses des sciences cognitives ne peuvent pas fournir la clé du détail des modalités d'intervention en éducation…

Quelles sont toutefois les avancées qui peuvent donner des repères pour enseigner ?

En premier lieu, ce sont les recherches sur la lecture, son apprentissage et ses troubles. On soupçonne par exemple, grâce à la génétique et à la neuropsychologie, que certains troubles comme la dyslexie peuvent avoir comme origine certains dysfonctionnements neuronaux. Il faut cependant rester prudent car ces hypothèses nécessitent encore des recherches…

En revanche, dans le domaine de l'apprentissage, on est

aujourd'hui plus assuré. On a mis en lumière, par exemple, que la compréhension de ce qui est lu est conditionnée par des certains facteurs, comme une bonne interprétation du sens des pronoms, ou des inférences dans une phrase ou un texte : autant de données qui permettent de mettre en place des exercices précis pour l'améliorer.

D'autre part, on a mis en évidence le rôle fondamental de la phonologie (la perception des phonèmes de la langue et leur traduction écrite) aussi bien pour un bon apprentissage de la lecture que pour remédier aux difficultés de certains élèves. Ce qui permet de prôner dès l'école maternelle la mise en place de certaines activités susceptibles de prévenir d'éventuels troubles de lecture.

Par ailleurs, en arithmétique, on a repéré certaines difficultés auxquelles sont confrontés les apprenants dans la résolution de problème : on connaît le rôle très important de la mémoire dans la résolution des opérations (d'où la nécessité de bien connaître les tables de multiplication). La psychologie cognitive s'est également penchée sur les stratégies de dénombrement (compter mentalement, ou sur ses doigts...) qui permettent d'accéder à une plus ou moins bonne maîtrise de l'arithmétique.

Les débats récents sur la lecture ont montré une certaine incompréhension entre les praticiens et les chercheurs...

Ce que dit la psychologie cognitive sur la lecture, c'est que certaines activités favorisent son apprentissage. La manière dont ces activités sont mises en place relève de l'ingénierie éducative. Il est effectivement très difficile de ne pas faire un départ global en lecture notamment pour l'apprentissage de petits mots comme le « et » ou le « quand »... Ce que nous apportent les recherches, ce sont des coups de projecteurs qui focalisent sur un aspect ; les enseignants, eux, devront prendre en compte tous les aspects de l'apprentissage de la lecture, y compris la motivation des élèves en leur faisant percevoir le sens de cette activité.

La psychologie cognitive offre d'une part des travaux très pointus, et d'autre part elle donne l'impression d'un éclatement entre de multiples thèmes de recherche…

Bien entendu, la recherche est éclatée parce que les chercheurs travaillent sur des thèmes très délimités alors que le praticien cherche une vue d'ensemble. En physique, les ingénieurs concrétisent les découvertes pour la pratique. L'éducation elle aussi a besoin d'un corps d'ingénieurs qui utilisent les recherches les plus pointues pour en tirer des conséquences pour les pratiques pédagogiques. La psychologie cognitive a besoin de tels médiateurs, qui soient une interface entre chercheurs et enseignants.

Nous, chercheurs, avons un devoir d'humilité : ce serait un abus de faire croire qu'aujourd'hui, on peut faire reposer l'ensemble de la pédagogie sur les découvertes en sciences cognitives. Mais devoir d'humilité n'est ni silence ni ignorance des problèmes !

Propos recueillis[1] par Martine Fournier

1- Entretien réalisé en 2005.

Savoirs, transmission et évaluation

- Les critiques de la forme scolaire (V. Troger)
- Affronter l'incertitude (Entretien avec E. Morin)
- La fabrication des disciplines (M. Fournier)
- Que faut-il enseigner ? (D. Raulin)
- Splendeur et misère de l'orthographe (A. Chervel)
- Débat autour de la lecture (M. Fournier)
- Nouvelles technologies : pratiques et enjeux (I. Compiègne)
- Pourquoi noter les élèves ? (V. Troger)
- Qu'est-ce qu'un bon prof ? (C. Gauthier)
- Comment favoriser les progrès des élèves ? (P. Bressoux)

Vincent Troger

Les critiques de la forme scolaire

Depuis la seconde moitié du XIXe siècle, les savoirs délivrés par les lycées et collèges ont fait l'objet de critiques souvent sévères. Ces critiques ont évolué au fur et à mesure des transformations de la société française. Néanmoins, de Victor Duruy à Claude Allègre, les experts régulièrement sollicités par les ministres ont utilisé certaines thématiques de manière remarquablement répétitive. Historiens et sociologues apportent des explications à cette permanence : ils analysent les savoirs scolaires comme des constructions sociales et des enjeux de pouvoir entre différents groupes de pression. On peut aussi se demander si ces critiques répétées ne sont pas parfois mises en scène dans une rhétorique qui vise moins à agir sur le réel qu'à produire des discours politiques à vocation purement stratégique.

Des thématiques récurrentes

« Notre France est si profondément pénétrée de l'esprit latin qu'il existe un préjugé contre l'enseignement pratique. Ce préjugé ne pousse pas à mieux faire des études classiques, mais il empêche de bien faire des études usuelles[1]. » (Victor Duruy, 1863) ; « L'organisation actuelle de notre enseignement entretient dans notre société le préjugé antique d'une hiérarchie entre les tâches et les travailleurs. Le travail manuel, l'intelligence pratique sont encore trop souvent considérés comme de médiocre valeur[2]. » (Commission Langevin-Wallon, 1947) ; « On ne rompra pas du

1- Instruction du ministre de l'Instruction publique aux recteurs, relative à l'établissement d'un enseignement secondaire dit professionnel dans les lycées, octobre 1863.

2- Constituée en 1944, la Commission de réforme de l'enseignement présidée par le physicien Paul Langevin, puis, après le décès de ce dernier, par le psychologue Henri Wallon, a publié ses travaux en 1947. Ce plan n'a jamais été appliqué mais a servi ensuite de référence à de multiples projets.

jour au lendemain avec cette représentation de la hiérarchie des aptitudes, qui place au pinacle la production des théorèmes et la spéculation abstraite, et à la base l'ingéniosité du bricoleur[3]. » (Commission Fauroux, 1996). Ces quelques morceaux choisis illustrent le thème qui a sans doute le plus régulièrement nourri un siècle et demi de critiques des savoirs délivrés par l'enseignement secondaire : celui d'une hiérarchisation arbitraire qui, au nom d'une culture prétendant à l'universalisme, privilégie excessivement les savoirs les plus abstraits au détriment de savoirs plus contextualisés (les sciences appliquées, la technologie, les arts...).

De ce premier thème a découlé de manière tout aussi récurrente un deuxième : la critique d'une conception intransigeante de l'autonomie des savoirs scolaires, qui conduirait l'école à se constituer en monde clos, imperméable aux évolutions de la société : « Conservons précieusement ces nobles études qui ont fait la France moderne et son glorieux génie ; mais suivons aussi le monde du côté où il marche. » (V. Duruy) ; « Les études primaires, secondaires, supérieures sont trop souvent en marge du réel. » (Commission Langevin-Wallon) ; « L'école doit être à la fois un sanctuaire, à l'abri des querelles d'adultes, et un portique grand ouvert sur le monde. » (Commission Fauroux). Logiquement, cette dernière critique a souvent eu pour corollaire celle de l'inadaptation de l'école aux exigences sociales, économiques et scientifiques de la modernité : « Les besoins nouveaux de l'économie moderne posent la nécessité d'une refonte de notre enseignement qui, dans sa structure actuelle, n'est plus adapté aux conditions économiques et sociales. » (Commission Langevin-Wallon) ; « Cette fonction de vigilance, d'alerte, attentive à confronter la définition scolaire des disciplines à la fois aux réalités des classes, aux attentes de la société, aux débouchés qui en découlent et à l'évolution scientifique des disciplines elles-mêmes, est une fonction essentielle d'un système scolaire soucieux de s'adapter en permanence. »[4] (Rapport Prost, 1983).

Une troisième thématique est elle aussi récurrente, même si elle s'est constituée plus tardivement. Elle s'articule autour d'une double critique. D'une part, celle du caractère encyclopédique

3- *Pour l'école*. Rapport de la commission présidée par Roger Fauroux, Calman-Lévy et La Documentation française, 1996.

4- Rapport à la direction des lycées et collèges d'une commission dirigée par Antoine Prost, « Les lycéens et leurs études au seuil du XXIe siècle », novembre 1983.

des programmes, analysés comme des accumulations indigestes de connaissances. D'autre part, celle du cloisonnement étanche des disciplines, qui interdirait de saisir le sens global de la culture générale que l'enseignement secondaire prétend délivrer. Cette critique devient explicite dans les travaux de la Commission Langevin-Wallon : « Les programmes doivent indiquer ce qui sera enseigné par cycle et par année, mais de façon large et souple [...] afin de ne pas contrarier, par un compartimentage excessif, l'élan de curiosité qu'il faut chercher à susciter chez les enfants. [...] Pour la bonne formation de l'esprit, il n'est pas besoin de connaissances encyclopédiques, mais de connaissances en profondeur. » Elle est ensuite devenue un passage obligé de tous les travaux des experts contemporains : « On continue de diviser le savoir en tranches purement formelles, artificielles, qui sont la négation de la culture et s'opposent à la compréhension du monde moderne. »[5] (Jean Tricart, Colloque d'Amiens, 1968) ; « L'accroissement de la connaissance rend vaine l'ambition de l'encyclopédisme [...] Le souci de la cohérence des enseignements devrait conduire à favoriser les enseignements donnés en commun par des professeurs de différentes spécialités et même à repenser les divisions en disciplines. »[6] (Commission Bourdieu-Gros, 1989) ; « La juxtaposition des programmes des diverses disciplines représentées au collège ne constitue pas en elle-même un projet éducatif clairement identifiable. »[7] (Conseil national des programmes, 1994).

Pourtant, la permanence de ces arguments critiques ne peut pas être interprétée comme le signe de l'immobilisme du système éducatif. En un siècle et demi, l'école, et particulièrement l'enseignement secondaire, a connu de profondes mutations de ses structures et de ses finalités. Tout se passe donc comme si, après chaque étape de cette transformation, les conceptions incriminées des savoirs persistaient dans la nouvelle forme de l'organisation scolaire, justifiant le retour des mêmes critiques. Les approches des sociologues et des historiens expliquent pour partie ce processus. On peut y distinguer quatre familles d'analyses.

5- Jean Tricart, professeur à la faculté de lettres de Strasbourg, « Des programmes inadaptés », *in L'Éducation nationale*, 18 avril 1968. Organisé par l'Association d'étude pour l'expansion de la recherche scientifique, le Colloque d'Amiens avait réuni, en mars 1968, 700 participants.

6- « Principes pour une réflexion sur les contenus de l'enseignement », commission présidée par Pierre Bourdieu et François Gros, mars 1989.

7- Conseil national des programmes présidé par Luc Ferry, rapport sur les programmes de collèges.

Quatre critiques de la forme scolaire

1. Socialiser l'individu. Une première famille établit une relation directe entre la généralisation de la scolarisation et les évolutions de la civilisation occidentale : sécularisation, démocratisation et industrialisation. Ces processus ont provoqué une rupture avec les sociétés traditionnelles où la référence au divin et l'omniprésence de la religion donnaient sens à la totalité des activités humaines et imposaient des normes sociales rigides. Au contraire, dans la société moderne, la division du travail, l'urbanisation, le transfert de l'autorité à l'État et l'autonomisation de la vie privée obligent les individus à se livrer à un travail difficile de construction de ces normes. La société démocratique, industrielle et libérale suppose des individus autocontrôlés. L'école est donc d'abord une institution spécialisée dans ce douloureux processus de socialisation. Elle le fait notamment en privilégiant le travail écrit et en exigeant un effort d'abstraction et de décontextualisation des savoirs, ce qui induit un processus de distanciation et de contrôle de soi indispensable à la constitution du citoyen et du travailleur modernes. La priorité donnée aux savoirs abstraits et à l'isolement de l'école serait donc l'essence même de ce que Guy Vincent appelle la « forme scolaire »[8], ce qui expliquerait son éternel retour.

Les trois autres familles d'analyse sont centrées sur la manière dont l'école élabore les savoirs qu'elle transmet. À partir du constat qu'ils sont d'abord le résultat d'un tri opéré dans l'ensemble des connaissances disponibles, les savoirs scolaires sont examinés comme une construction sociale. Ces analyses s'interrogent donc sur les modalités de cette construction.

2. Maintenir la hiérarchie sociale. La deuxième, la plus connue en France, est associée à une approche globale de la société en termes de rapports de forces. De ce point de vue, l'élaboration des savoirs scolaires est d'abord déterminée par les intérêts des classes sociales dominantes. Ainsi la vigilance obsessionnelle de l'école française en matière de règles orthographiques, ou l'importance exceptionnelle qu'elle accorde à l'histoire et la géographie nationales, sont la conséquence de la volonté de la bourgeoisie moderniste du XIXe siècle d'imposer une identité commune à une population culturellement hétérogène. De même, le caractère abstrait des savoirs délivrés par l'enseignement secondaire a-t-il été

8- G. Vincent, *L'Éducation prisonnière de la forme scolaire*, Pul, 1994.

explicitement voulu pour des lycées dont l'objectif initial était la formation des élites politiques du Premier Empire. La valeur éducative du latin pour les futures élites était ainsi attribuée à « son inutilité même », pour reprendre l'expression d'un universitaire de la fin du XIXe siècle[9]. Selon une telle analyse, la position subalterne des savoirs appliqués n'a donc rien de surprenant. Elle ne fait que reproduire la position subalterne ou marginale des ouvriers, des techniciens et des artistes dans la hiérarchie sociale.

3. Le lobby des disciplines. Une troisième famille d'analyse se place dans l'optique de la sociologie des organisations. Elle observe qu'au sein de l'enseignement secondaire, les disciplines constituent des corporations autonomes. Les acteurs ont donc intérêt à maintenir ou à étendre l'influence de leur discipline pour défendre leur pouvoir dans l'institution. Ainsi, l'argumentaire de l'ouverture de l'école et de son adaptation à la modernité sert-il à défendre des disciplines dominées (technologie, arts plastiques, musique...) ou à soutenir des stratégies de conquête (sciences économiques, sciences expérimentales). Quant à celui de la sanctuarisation, il peut servir à maintenir des positions dominantes (lettres) ou à défendre des territoires menacés (philosophie). En outre, la relation directe entre les programmes du secondaire et les disciplines universitaires fait que ces enjeux de pouvoir se calquent souvent sur ceux qui se jouent à l'université. Françoise Ropé a ainsi montré que la réforme de l'enseignement de la grammaire a favorisé la stratégie de conquête des linguistes au sein des départements de littérature[10].

4. La prégnance du cours magistral. Une dernière famille d'analyse souligne enfin le poids des contraintes pédagogiques et budgétaires dans la construction des savoirs scolaires. La nécessité de rendre intelligibles les savoirs à des enfants ou à des adolescents, dans un temps limité, oblige à opérer ce que les sciences de l'éducation appellent une transposition didactique. Celle-ci passe par des découpages en leçons et des élaborations d'exercices qui comportent nécessairement une part d'arbitraire. De plus, ces arbitrages sont souvent déterminés par des contraintes budgétaires. La marginalisation des savoirs expérimentaux, technologiques ou artistiques pourrait donc tenir, d'une part, à la

9- F. Brunetière, professeur à l'École normale supérieure, « Brochure pour la défense de l'enseignement du latin », 1896, cité par C. Lelièvre, *in Histoire des institutions scolaires*, Nathan, 1992.

10- F. Ropé, *Savoirs universitaires*, L'Harmattan, 1995.

difficulté à concevoir une transposition didactique satisfaisante et, d'autre part, au coût élevé des moyens à mobiliser. On comprend alors la priorité souvent donnée aux disciplines qui peuvent se contenter de cours magistraux. On mesure aussi la difficulté à mettre en œuvre la transposition didactique dans une optique interdisciplinaire.

Historiens et sociologues montrent donc que critiquer l'abstraction, le découpage et l'autonomie des savoirs scolaires, c'est en définitive remettre en cause à la fois la nature même de la « forme scolaire », l'équilibre des rapports sociaux qu'elle reproduit et les rapports de force qui se jouent au sein de l'institution. Il y a ainsi dans cette entreprise une dimension utopique dont on peut penser qu'elle a toujours été connue, au moins intuitivement, par les politiques qui ont commandé, et commandent plus que jamais, les expertises porteuses de ces critiques.

Une rhétorique de circonstance ?

Sans mettre en doute la sincérité des experts, il paraît donc plausible de supposer que l'utilisation de leurs travaux peut s'inscrire dans des stratégies politiques dont la finalité n'est pas nécessairement réformatrice.

Une étude de François Grezes-Rueff montre ainsi que le thème de la revalorisation de l'enseignement technique, corollaire obligé de l'argumentaire sur la marginalisation des savoirs technologiques, peut s'analyser comme un discours politique convenu et nécessairement consensuel[11]. Comment, en effet, s'y opposer publiquement sans prendre le risque de paraître justifier les inégalités sociales que cette marginalisation reproduit si visiblement ? C'est donc un discours toujours gênant pour les adversaires de ceux qui le prononcent. De fait, cet argumentaire est développé, selon les circonstances, aussi bien par la droite que par la gauche. Utilisé par la Commission Langevin-Wallon, dirigée par des intellectuels communistes, il est repris presque mot pour mot par la Commission Fauroux, dirigée par un chef d'entreprise libéral. Le même constat peut être fait pour la défense de l'enseignement des arts plastiques, qui, depuis le colloque d'Amiens en 1968, a mobilisé les plus hautes autorités, d'hier à aujourd'hui.

11- F. Grezes-Rueff, « Les discours politiques sur l'enseignement technique et professionnel », *in L'Histoire et la Géographie dans l'enseignement professionnel*, Groupe de recherche en histoire immédiate, IUFM de Toulouse, 1998.

F. Grezes-Rueff peut ainsi écrire : « Rien d'étonnant dès lors à ce que [...] on assiste au retour régulier du même argumentaire, comme pour une cérémonie rituelle dans laquelle on se soucie finalement assez peu des raisons de l'échec de la réforme précédente. » C'est sans doute pourquoi les experts qui se risquent à avancer des propositions qui vont à l'encontre des opinions consensuelles du moment s'exposent à un enterrement discret de leurs travaux. C'est l'expérience qu'a notamment faite Lucie Tanguy en proposant, dans un rapport sur l'enseignement professionnel commandé par un gouvernement de gauche, le maintien des filières préparant au CAP[12] : le dogme des 80 % d'une classe d'âge au baccalauréat était alors trop consensuel pour qu'une telle proposition puisse être entendue.

Cette dernière approche ne contredit pas les analyses sociohistoriques. Elle les conforte, au contraire, puisqu'elle montre combien l'élaboration des savoirs scolaires est un processus politique qui n'obéit pas uniquement à des exigences intellectuelles. Les savoirs scolaires sont en quelque sorte le produit d'une négociation plus ou moins explicite entre les acteurs sociaux concernés, universitaires, politiques, pédagogues, employeurs, parents.

Or l'enjeu de cette négociation est devenu vital puisque l'école est désormais, hors de la famille, la seule institution véritablement responsable de l'éducation et de la formation des jeunes. Seule en charge de la reproduction de la société, elle tend donc à en focaliser toutes les tensions, les contradictions, les ambitions ou les utopies. On lui demande sans doute plus qu'elle ne peut faire. Elle évolue pourtant, et en profondeur : les enseignements scientifiques ont depuis longtemps détrôné les humanités classiques dans la hiérarchie des savoirs scolaires, et l'accès aux enseignements secondaires et techniques que la IIIe République a offert aux jeunes filles a incontestablement accéléré le mouvement d'émancipation des femmes. Mais elle ne peut probablement pas évoluer aussi vite qu'évolue la société depuis un demi-siècle. « Nous sommes confrontés à éduquer et former dans l'incertitude. C'est nouveau dans l'histoire humaine », écrit Jacky Beillerot[13]. Sans doute les critiques répétées des savoirs scolaires expriment-elles aussi une angoisse collective devant l'accélération de l'histoire.

12- L. Tanguy, *Quelle formation pour les ouvriers et les employés en France ?*, La Documentation Française, 1991.

13- J. Beillerot, « Le rapport au savoir dans les démarches d'apprentissage », *in Savoir former*, Sciences Humaines-Demos, 1996.

Entretien avec Edgar Morin

Affronter l'incertitude

Vous menez depuis longtemps déjà une réflexion sur la connaissance et le rapport que l'homme entretient avec les sciences. Comment, selon vous, peut-on caractériser le savoir aujourd'hui ?

Répondre à votre question suppose un détour historique, en remontant au moins à l'époque des Lumières. En effet, on peut raisonnablement estimer que, jusqu'au XVIIIe siècle en Europe, le stock de connaissances était limité... Même si les sciences avaient déjà commencé à se développer depuis le début du XVIIe, il est correct de supposer que, de Montaigne à Pascal et à Diderot, un esprit cultivé aurait pu appréhender l'essentiel du savoir de son époque et réfléchir dessus. Cependant, la croissance du savoir faisait problème dès la seconde partie du XVIIIe siècle. À ce moment, le projet d'Encyclopédie de d'Alembert et de Diderot a constitué un véritable tournant, en ce sens qu'elle fut organisée de façon alphabétique et non pas logique. Ainsi, les connaissances ont alors été amassées et mises bout à bout. Rappelons que c'est encore le cas dans nos encyclopédies et dictionnaires actuels.

Nous sommes plus que jamais dans cette formidable expansion de l'univers du savoir. Cependant, l'organisation encyclopédique, pour nécessaire qu'elle ait été et soit encore, pose aujourd'hui un énorme problème. La révolution encyclopédique permettait l'accroissement des connaissances grâce au fractionnement et à la réduction en unités simples. Ceci permet une mise en place collective, et donc infiniment plus vaste, du savoir humain. Mais ce morcellement, accru aujourd'hui par un nombre toujours croissant de spécialistes défendant des microterritoires, interdit de penser les liens et les interactions entre les différentes sphères de la connaissance humaine, comme de la réalité des sociétés ou de la nature. J'ai, comme on le sait, développé toutes mes recherches dans une direction opposée au morcellement et au fractionnement des savoirs. Je plaide pour la possibilité de réunifier les connaissances en mettant en rapport les sciences physico-mathématiques et les sciences humaines et en intégrant l'homme comme sujet de la connaissance et membre du système de la nature et de l'Univers.

Comment peut-on permettre aux individus de s'approprier un savoir scientifique toujours plus vaste et toujours plus disséminé ?

Le grand problème moderne est celui de l'organisation des savoirs. Prenons l'exemple de la biosphère, qui dépend à la fois des sciences de la Terre, des sciences physiques, biologiques, etc. Pour mieux comprendre la biosphère, une science nouvelle a dû émerger : l'écologie. Cette science a produit la notion d'écosystème, c'est-à-dire une organisation spontanée entre les êtres vivants (la biocénose) et les conditions physiques du milieu (le biotope).
Sans être sommé de tout connaître sur tout, l'écologue se concentre sur un savoir organisateur : savoir comment les éléments de cet ensemble entrent en interaction, comment l'écosystème se régule et se dérégule… Même si le savoir des écologues est encore imprécis (en ce qui concerne par exemple le réchauffement de la planète), il s'organise. De même, les sciences de la Terre, sismologie, vulcanologie, géologie, météorologie, etc., se sont articulées les unes aux autres pour étudier la Terre en tant que système complexe.

Articuler les savoirs venus d'horizons divers : est-ce possible, compte tenu de l'organisation disciplinaire et institutionnelle actuelle ?

L'organisation des savoirs est actuellement aux prises avec un conflit fondamental entre la fermeture disciplinaire et la réorganisation polydisciplinaire. Les disciplines, instituées au XIXe siècle, morcellent la connaissance selon des frontières arbitraires mais tenaces. Cependant, depuis les années 1960, un regroupement de disciplines tend à s'opérer pour rendre compte des réalités complexes. C'est par exemple le cas en cosmologie, dans les sciences de la Terre, en écologie comme je viens de le dire, mais aussi pour l'étude de la préhistoire. Parfois, un même champ scientifique est l'objet d'un conflit entre des compartimentations et des unifications réductrices : par exemple, la biologie est partagée entre un courant réductionniste, celui de la biologie génétique qui veut tout expliquer par les molécules et les gènes, et d'autres secteurs comme l'éthologie et la parasitologie qui ne peuvent se satisfaire de cette explication unique par le jeu des molécules. Pour les sciences humaines, on observe très peu de communication entre l'économie, la psychologie, la sociologie…

De manière générale, que l'on se place dans les sciences sociales, les sciences humaines, la biologie, les sciences de la nature ou les sciences physico-mathématiques, on constate que la machine institutionnelle, elle, reste essentiellement organisée en universités disciplinaires ; il n'existe pas de faculté d'écologie ou du cosmos, et aucune « faculté de l'être humain » : l'homme biologique est étudié en biologie et l'homme psychique en psychologie…

L'homme social est lui-même morcelé selon ses activités et croyances, économiques, politiques, culturelles ; selon son espace ou son histoire, etc.

Les savoirs spécialisés ne communiquent que très insuffisamment entre eux, chacun restant enfermé dans son propre langage. Il existe fort heureusement des esprits indisciplinés qui évoluent d'une discipline à l'autre. Mais ces transgressions restent individuelles. Hubert Curien disait d'ailleurs que, de manière générale, les scientifiques sont comme les loups : ils urinent pour marquer leur territoire et mordent tout intrus qui y pénètre.

S'il est une institution qui joue un rôle dans la formation de la culture, c'est bien l'école. Vous avez conduit une réflexion sur les savoirs au lycée. Quelles sont vos propositions pour réformer le système éducatif sur le plan des connaissances ?

Je pense que le système devrait être réformé en fonction de cinq principes :
– le premier nous vient de Montaigne : « Mieux vaut une tête bien faite qu'une tête bien pleine. » Donc, une tête qui sait organiser la connaissance et, comme je l'ai montré dans mes livres sur *La Méthode* , je pense que c'est possible ;
– le deuxième est de Rousseau qui disait dans *l'Émile* : « Je vais lui enseigner la condition humaine. » Donc, faire converger les différentes connaissances scientifiques, humanistes, artistiques pour éclairer la condition humaine ;
– le troisième principe est également de Rousseau qui disait aussi : « Il faut lui apprendre à vivre. » Les arts, la poésie, le roman sont de merveilleuses écoles de la vie. Le roman du XIXe a été l'école de la complexité humaine, alors que toutes les sciences, à cette époque, éliminaient l'individu, le sujet et tout ce qui était concret ;
– le quatrième, c'est d'apprendre à être citoyen, ce qui entre autres doit passer par la connaissance de l'histoire, de la philosophie politique ou des sciences juridiques. L'histoire, discipline très prisée en France quoique beaucoup moins invoquée dans d'autres pays comme les États-Unis par exemple, doit enseigner à nous sentir citoyens de notre pays, mais aussi de l'Europe et de la Terre. Il est utile qu'un adolescent construise une représentation et des savoirs concernant l'histoire nationale, mais aussi l'histoire de l'humanité où l'on découvre l'existence d'autres identités collectives, d'autres points de vue ;
– le cinquième principe est peut-être celui qui manque le plus à notre enseignement : apprendre à affronter l'incertitude. La cosmologie nous montre que l'aventure du cosmos n'est pas écrite d'avance ; la paléobiologie, ainsi que l'histoire des empires nous enseignent qu'il y a eu des destructions massives dans les espèces vivantes. Le déterminisme s'est effondré et toute l'aventure du cosmos et l'aventure de l'humanité doivent être conçues comme un affrontement avec l'incertitude. C'est à cela qu'il faut préparer les esprits. À la fin de notre siècle, deux grandes conceptions du monde

ont disparu : celle des civilisations traditionnelles comme les Aztèques ou les Égyptiens qui croyaient en un temps cyclique et en un recommencement permanent du monde ; celle du XIXe siècle, où l'on s'est mis à penser que le monde avait un sens : celui de la marche du progrès comme loi inéluctable.

Aujourd'hui, nous ne pouvons pas dire si le progrès continuera, nous sommes confrontés à l'incertitude et cela doit être une des finalités de l'éducation que de préparer les individus à s'attendre à l'inattendu. Ce message était déjà celui des Bacchantes d'Euripide, il y a 2 500 ans !

Il est certainement crucial de faire communiquer les différents ordres du savoir, d'apprendre la citoyenneté universelle, d'enseigner l'incertitude... Mais que valent les savoirs s'ils ne permettent à l'homme de définir son action et ses valeurs ? Comment l'homme peut-il se comporter, s'il ne se réfère qu'à des savoirs scientifiques, même s'ils sont complexes et acceptent l'incertitude ?

C'est en effet une question clé, car aujourd'hui, il y a une coupure entre jugement de fait et jugement de valeur ; entre la culture scientifique qui, en outre, est morcelée et celle des humanités, qui pouvait nourrir la vie, les existences et les comportements. La science n'a qu'une seule valeur : la recherche de la connaissance pour la connaissance. On en connaît aujourd'hui les limites : les nazis ont décidé que, puisqu'il fallait connaître, on pouvait expérimenter sur les humains. L'utilisation de l'énergie nucléaire, les manipulations génétiques ont montré aussi des limites que seule la morale peut percevoir. La science ne secrète pas de morale. Les anciens prêtres étaient conjointement maîtres de la connaissance et de la morale. Ce n'est plus le cas pour les scientifiques aujourd'hui.

Il faut donc connecter les deux cultures : la culture des humanités se dessèche si elle n'est pas alimentée par la culture scientifique. C'est à mon sens le cas de la philosophie aujourd'hui qui, depuis Bergson, s'est coupée des apports de la science, y compris des sciences humaines. La culture scientifique en revanche n'a pas le pouvoir de réflexion de la culture philosophique et humaniste.

En outre, la culture des humanités devrait elle aussi être régénérée par la littérature dont on fait un usage très appauvri : on abreuve les étudiants et les lycéens de théories sémiotiques, syntaxiques, psychanalytiques, etc., qui dégoûtent de la lecture, alors que la littérature introduit à la connaissance de la condition humaine et à l'apprentissage de la vie.
L'honnête homme d'aujourd'hui ne doit donc pas se nourrir uniquement de sciences, mais aussi de romans et poésies. La qualité poétique de l'existence est fondamentale et la littérature nous aide à mieux réfléchir sur le destin humain.

Propos recueillis[1] par Martine Fournier
et Jean-Claude Ruano-Borbalan

1- Entretien réalisé en 1999.

Martine Fournier

La fabrication des disciplines

Un maître qui enseigne devant une classe regroupant des élèves, c'est ce qu'il est convenu d'appeler la « forme scolaire » qui s'est progressivement constituée dans les pays occidentaux à partir du XVIIe siècle. Cette forme scolaire, dont la construction a été analysée par de nombreux historiens et sociologues, se caractérise principalement par la prédominance de l'écrit sur l'oral (contrairement aux modes de transmission oraux ou par imitation) et par la structuration de l'enseignement sous forme de disciplines, de l'école primaire à l'université.

En France, la construction de l'école républicaine au XIXe siècle consacre les disciplines. Son objectif est de former des citoyens aptes à participer aux activités de la cité. Dans une époque imprégnée de pensée positiviste (d'Auguste Comte à Émile Durkheim), c'est sous l'égide des savoirs que peut se comprendre et s'organiser la société. Selon le philosophe de l'éducation Alain Kerlan, on invente « des mises en forme du savoir, formulé, organisé, transposé en vue de l'apprentissage scolaire. [...] Une discipline est une façon de discipliner l'esprit[1]. »

Des découpages remis en question

Aujourd'hui pourtant, le découpage de l'enseignement en disciplines est remis en question.

Depuis longtemps déjà, des pédagogues et des intellectuels plaident pour leur décloisonnement. Edgar Morin par exemple, penseur de la complexité, prône des enseignements interdisciplinaires, dans le cadre d'une « réforme de la pensée » qui articule et organise la multiplicité croissante des connaissances[2]. De leur

1- A. Kerlan, *L'École à venir*, ESF, 1998.

2- E. Morin, *Les Sept Savoirs nécessaires à l'éducation du futur*, Seuil, 1999.

côté, les instructions officielles incitent les enseignants, à tous les niveaux du cursus scolaire, à développer les travaux thématiques (et donc pluridisciplinaires), plus aptes à redonner du sens aux apprentissages.

Les sciences sociales ont elles aussi apporté de l'eau au moulin de la critique des disciplines. Antoine Prost, historien et spécialiste de l'éducation, s'est penché sur leur construction institutionnelle. Leur importance croît avec la structuration progressive de l'enseignement au long du XIXe siècle. Elles apparaissent d'abord timidement sous forme d'énoncés pour l'école primaire. Mais c'est avec la création des agrégations spécialisées pour l'enseignement secondaire que naît leur hégémonie. Les agrégés vont en effet constituer « la colonne vertébrale du secondaire »[3] et alimenter le groupe des inspecteurs généraux. Pour A. Prost, « on peut dater de 1880 le moment où les disciplines triomphent dans le secondaire ». C'est le moment où naît, par exemple, le découpage des emplois du temps en tranches horaires consacrées aux différentes matières dans les lycées ; celui aussi où se constituent les chaires disciplinaires dans l'enseignement supérieur. La petite histoire nous apprend que l'histoire et la géographie ont été associées par hasard, parce qu'un seul professeur assurait l'enseignement de ces deux disciplines à la faculté de Lyon. Ou encore, que la psychologie est aujourd'hui rattachée aux sciences de la vie au CNRS, parce qu'elle est née dans les facultés de médecine. « Cette structuration des savoirs, héritée de l'histoire, est l'un des obstacles à la constitution de nouveaux savoirs » affirme A. Prost.

La sociologie des organisations, de son côté, analyse les disciplines comme des constructions sociales qui, au fil du temps, ont formé des corporations autonomes défendant leur territoire[4]. Le jeu des acteurs consiste alors à entretenir une véritable activité de *lobbying* pour défendre leur place dans l'institution. Les professeurs de lettres, par exemple, se battent pour maintenir l'enseignement des langues anciennes (héritage de l'enseignement des humanités). Toute réduction horaire – que ce soit en mathématiques, en philosophie, etc. – est perçue par les enseignants comme une menace. Les disciplines considérées comme moins prestigieuses (la technologie, les arts plastiques...) profitent de l'adaptation de l'école à la modernité pour se faire une

3- A. Prost, « Histoire et sociologie du savoir » *in* J.-C. Ruano-Borbalan, M. Fournier, *Savoirs et Compétences en éducation, formation, organisation*, éditions Démos, 2000.

4- Voir dans le présent ouvrage : « Les critiques de la forme scolaire ».

place mieux reconnue. Les sciences sociales, nées dans les années 1970 d'une véritable scission avec l'inspection d'histoire-géographie qui refusait de les intégrer dans les nouveaux programmes, ont soutenu, depuis, une véritable stratégie de conquête dont une des victoires a été la création en 1993 d'un baccalauréat ES (économique et social ; aujourd'hui renommé SES).

Une création de l'école pour l'école

C'est aussi dans la légitimité de leurs contenus que se retrouve la critique des disciplines. « Les contenus d'enseignement, explique l'historien André Chervel, sont conçus comme des entités *sui generis*, propres à la classe, indépendantes dans une certaine mesure de toute réalité culturelle extérieure à l'école, et jouissant d'une organisation, d'une économie intime et d'une efficacité qu'elles ne semblent devoir à rien d'autre qu'à elles-mêmes, c'est-à-dire à leur propre histoire[5]. »

A. Chervel, auteur d'une thèse sur l'histoire de la grammaire scolaire, montre par exemple que celle-ci est « une création de l'école pour l'école », qui n'a que très peu de rapport avec une science de référence (qui serait ici la linguistique). Au XIXe siècle, avant les lois Ferry qui mettent en place la scolarité obligatoire, naissent les premières écoles primaires dont le projet, inscrit dans les textes depuis la Restauration, est d'apprendre à lire et à écrire aux petits Français. La finalité de la grammaire répond au souci des instituteurs d'enseigner l'orthographe.

« On estime couramment que les contenus de l'enseignement sont imposés tels quels à l école, par la société qui l'entoure et par la culture dans laquelle elle baigne », explique encore A. Chervel. En fait, tout comme la grammaire scolaire n'est qu'une « méthode pédagogique d'acquisition de l'orthographe », la plupart des disciplines scolaires ne sont rien d'autre qu'une mise en forme des savoirs, spécifiques à l'enseignement.

Depuis une trentaine d'années, cette mise en forme des savoirs scolaires est analysée en détail par les didacticiens. La didactique des sciences a été la première à montrer la distance qui s'instaure entre les « savoirs savants » (des scientifiques) et les savoirs enseignés dans les classes. Yves Chevallard[6] a montré que la « transposition didactique », qui répond souvent aux multiples contraintes

5- A. Chervel, *La Culture scolaire, une approche historique*, Belin, 1998.

6- Y. Chevallard, *La Transposition didactique*, La Pensée sauvage, 1985.

exigées par l'enseignement, aboutit à la production d'un savoir scolaire décontextualisé des conditions originelles de sa production et linéarisé par un découpage arbitraire, pour rendre possible le processus d'enseignement. Au final, il existe bien une « culture scolaire » spécifique, dans la mesure où tout savoir, pour être enseigné, doit subir certaines déformations : nécessité de généraliser, de synthétiser ou de simplifier... Les recherches en didactique, qui se sont étendues à toutes les disciplines, font donc peser de lourds soupçons sur la légitimité des savoirs scolaires.

Pour Nicole Lautier, professeur de sciences de l'éducation, la transposition didactique serait une reformulation d'un objet scientifique disciplinaire sous le poids des influences croisées des professeurs, inspecteurs, militants pédagogiques et associations de professeurs, et de commissions ministérielles qui élaborent les programmes[7]. Et comme l'explique encore A. Chervel, l'organisation interne des disciplines est le produit de l'histoire par l'addition de couches successives au fil des réformes. Ce qui expliquerait – au moins en partie – le côté « encyclopédique » des programmes comme, par exemple, le programme d'histoire qui s'allonge au fil du temps, ajoutant à l'étude de la Seconde Guerre mondiale, celle de la guerre froide, puis de l'après-guerre froide...

Encyclopédisme, découpage en tranches décontextualisées, savoirs abstraits déconnectés du réel... constituent quelques arguments de la critique des disciplines, vues comme une émanation d'une culture scolaire née il y a un siècle, et aujourd'hui fortement remise en question dans le débat national sur l'école.

7- N. Lautier, *Psychosociologie de l'éducation. Regard sur les situations d'enseignement*, Armand Colin, 2001.

Dominique Raulin

Que faut-il enseigner ?

Le « socle commun de connaissances et de compétences » a été présenté par les médias comme la principale nouveauté du rapport de la Commission nationale pour l'avenir de l'école présenté en 2004. Cette idée de doter tous les élèves d'une culture commune, d'un socle fondamental ou d'un socle commun de connaissances, n'est pourtant pas nouvelle. Elle remonte au plan Langevin-Wallon de 1947. Près de trente ans plus tard, le collège unique a été instauré par la loi Haby sans que la question des contenus d'enseignement ait été réglée. Les syndicats enseignants avaient alors marqué leur opposition en brandissant le risque d'un smic culturel qui allait détériorer la qualité de l'enseignement et abaisser le niveau d'exigences de l'école. En 1994, le Conseil national des programmes, dans son rapport « Idées directrices pour les programmes du collège », a de nouveau proposé l'idée de définir un socle commun insistant sur l'intérêt de préciser ce que les élèves doivent savoir faire plus que ce que les professeurs doivent enseigner. Dernière étape en date de ces rebondissements, la loi d'orientation et de programmation pour l'avenir de l'école du 23 avril 2005, qui a finalement abouti aux recommandations faites par le Haut Conseil de l'éducation et à la publication du décret du 11 juillet 2006, définissant le socle commun.

Une nécessité pédagogique

Questionner les contenus ou les programmes d'enseignement est en fait une préoccupation récente. Elle serait apparue parfaitement incongrue ou presque, dans les années 1960, tant la réponse était évidente : à l'école, il faut apprendre à lire, à écrire et à compter ainsi qu'à acquérir les règles élémentaires de la morale ; à partir de la sixième, les objectifs sont les humanités (latin, grec...) et, pour certains, des enseignements scientifiques. L'enseignement secondaire (15 % d'une génération obtenaient le baccalauréat en 1970) avait pour objectif de transmettre un patrimoine culturel à celles et ceux qui constitueraient l'élite de la nation.

Ce bel ordonnancement a volé en éclat au milieu des années 1970. La culture patrimoniale n'était pas suffisante pour relever le défi des nouveaux enjeux économiques. Plus que des spécialistes du thème grec ou de la version latine, l'économie de notre pays avait besoin de techniciens supérieurs, spécialistes de l'électronique ou du bâtiment. Dès lors, les sollicitations vis-à-vis de l'école ont été de plus en plus nombreuses et variées : éducation à la santé, à l'image, à l'environnement, à la citoyenneté, à la sécurité routière[1], à l'informatique, à Internet[2], etc. Ces deux évolutions paradoxales – d'un côté, une suspicion grandissante face à l'incapacité prétendue de l'école à remplir ses missions et, de l'autre, un recours de plus en plus fréquent au système scolaire pour prendre en charge des apprentissages que la sphère privée n'arrive pas à assumer pleinement – ont rendu de plus en plus délicate la réponse à la question du choix de ce qu'il faut enseigner.

Deux sortes d'enseignements cohabitent actuellement au cours de la scolarité obligatoire : les disciplines académiques traditionnelles et les « éducations à... ». La distinction n'est pas anecdotique : on enseigne les mathématiques et on éduque à la sexualité ou à l'environnement ! D'une part, il y a des disciplines scolaires qui tirent leur légitimité de leurs racines scientifiques universitaires, de l'autre, des enseignements dont les contenus sont au confluent de plusieurs disciplines (par exemple, l'éducation à l'image) et qui répondent à des besoins de société ou même parfois ne sont que la reprise de simples pratiques sociales ou de valeurs prétendument partagées (comme la sécurité routière). En fait, les enseignements et donc les programmes scolaires n'ont jamais subi les remaniements nécessaires pour s'adapter à ces nouvelles demandes sociales, et aux « nouveaux publics » qui sont accueillis aujourd'hui dans l'enseignement secondaire. Et, notamment, ce sont les disciplines académiques – celles qui prédestinent aux études générales – qui ont continué de structurer l'enseignement délivré par le collège unique. L'enseignement obligatoire

1- Les collèges sont chargés de délivrer l'attestation scolaire de sécurité routière (ASSR), nécessaire pour se présenter au permis de conduire.

2- Il existe un diplôme, le B2I, brevet informatique et Internet, pour les élèves de collège.

se présente donc comme un ensemble disparate de contenus d'enseignement qui n'ont pas permis de définir un véritable corpus que tous les jeunes posséderaient à la sortie du collège. La nécessité de définir, pour l'enseignement obligatoire, un socle commun s'est donc progressivement imposée en France comme dans la plupart des pays occidentaux.

Un choix largement partagé en Europe

Tous les pays occidentaux ont été amenés à se poser la question des objectifs et des contenus de la scolarité obligatoire, quelle que soit l'organisation administrative de leur système éducatif, centralisé comme la France, ou décentralisé comme l'Angleterre. Les pays anglo-saxons ont privilégié les aptitudes, prenant acte de l'impossibilité de définir un ensemble de connaissances qu'il faudrait prévoir d'actualiser sans arrêt. L'objectif n'est donc pas d'avoir des connaissances mais de savoir y accéder. Plus que des programmes au sens français du terme – c'est-à-dire une liste de connaissances à acquérir –, les enseignements sont alors fondés sur des référentiels de compétences[3]. Par exemple, le développement et l'acquisition de l'aptitude à argumenter sont visés par l'enseignement des mathématiques : peu importe que cette compétence soit développée en géométrie, en algèbre ou en arithmétique. Jusqu'à présent, en France, on était très prudent pour organiser les programmes autour d'aptitudes à développer, estimant préférable de rechercher un équilibre entre l'acquisition de connaissances et la maîtrise de compétences, mais aussi la transmission d'un patrimoine culturel. Suivant la tendance générale et la terminologie européenne, le socle commun tel qu'il est défini dans le décret 11 juillet 2006 s'organise autour de sept compétences : « Chaque compétence se définit comme une combinaison de connaissances fondamentales pour notre temps et de capacités à les mettre en œuvre dans des situations variées, mais aussi d'attitudes indispensables tout au long de la vie [...][4]. » Les objectifs fixés sont à la fois ambitieux et séduisants : ils peuvent donner un sens à la scolarité obligatoire. En revanche, la mise en œuvre peut les réduire à néant. On perçoit déjà deux risques importants : celui d'un socle qui amène à écarter les élèves dont les résultats

3- C'est, par exemple, le choix de Margaret Thatcher en Grande-Bretagne quand elle lance le National Curriculum en 1988.

4- Extrait du décret du 11 juillet 2006.

sont insuffisants, celui d'un choix de compétences qui va au-delà des pratiques d'enseignement.

Les risques de détournement

Fixer un but le plus précisément possible ne signifie pas que tout le monde sera en mesure de l'atteindre ! Il est dès lors naturel de vouloir s'assurer de façon régulière des acquis effectifs des élèves à différents stades de la scolarité[5]. Le ministre a d'ailleurs rappelé l'importance de « vérifier la progression des élèves », précisant les étapes suivantes : « À l'école élémentaire, la maîtrise de la lecture et de l'écriture sera contrôlée en fin de cycle d'apprentissage. À la fin du parcours élémentaire sera validée l'acquisition des règles de grammaire, de conjugaison et de calcul. Le brevet des collèges constituera la dernière étape de validation de l'acquisition des diverses connaissances du socle commun. »

Une première interrogation porte donc sur l'avenir scolaire des enfants qui n'atteindront pas le niveau de compétences fixé dans le socle. Comment ne pas voir dans ces évaluations une forme de résurgence, plus de quarante ans après sa disparition, d'un contrôle comme l'examen d'entrée en sixième ? Le rapport est particulièrement discret sur l'avenir scolaire qu'il faudrait offrir aux élèves dont les résultats seraient jugés insuffisants pour entrer en sixième.

Or, la situation est plus délicate aujourd'hui qu'au début des années 1960 : le système éducatif offrait à l'époque une sortie aux élèves qui n'entraient pas en sixième, par le certificat de fin d'études. Dans les années qui viennent, que pourra-t-on proposer aux élèves concernés ? Face à la rigueur et à l'aspect couperet des évaluations de fin de cycle, on peut craindre aussi le retour des excès de la pédagogie par objectifs que l'on a connus dans l'enseignement professionnel dans les années 1970 : l'idée de base était que tout apprentissage complexe peut se décomposer en une multitude d'apprentissages élémentaires et que, en conséquence, le pédagogue a pour charge de trouver la décomposition adaptée à chaque élève. On sait aujourd'hui que, d'une part, la maîtrise des tâches élémentaires ne garantit pas la réussite dans une tâche complexe et que, d'autre part, elle n'est pas un préalable absolu. Il ne faudrait pas retomber dans ces erreurs, ni consacrer plus de temps à la vérification des acquis qu'aux apprentissages

5- En Grande-Bretagne, on parle de *key-stage*.

eux-mêmes : l'évaluation doit garder sa juste place et n'être qu'un instrument de pilotage pédagogique pour l'équipe d'enseignants et de régulation des apprentissages des élèves.

Baliser le parcours des apprentissages tout au long de la scolarité obligatoire est sans doute utile si cela ne devient pas simultanément une machine à exclure, tous les ans, celles et ceux qui n'auront pas pu prouver qu'ils ont atteint le niveau exigé. À l'occasion de la mise en œuvre concrète du socle, il faudra que, dans les établissements scolaires, on trouve les solutions, autres que le redoublement, pour prendre en charge les élèves en retard sur telle compétence et en avance sur telle autre. C'est une question nouvelle parce que tous les aspects des sept compétences du socle doivent être acquis, en bout de course, et qu'il ne peut plus y avoir de tolérance bienveillante pour une insuffisance légère : avec le socle, les moyennes générales faites pour l'ensemble des disciplines n'ont pas de sens ! À cet égard, le (feu) Conseil national des programmes, soucieux que le socle commun ne donne pas lieu à la mise en place d'une nouvelle course d'obstacles dont les premières victimes seraient évidemment les élèves les plus en difficulté, défendait en 2005 l'idée d'une pédagogie de la prévention, par un ensemble de signaux susceptibles de donner l'alerte. Celle-ci devrait s'appuyer sur une pratique analytique de l'évaluation où la recherche et l'analyse des symptômes apparents dans la production d'un élève doivent être préférées à la comparaison de celle-ci à un idéal absolu. De telles pratiques, qui prévalent par exemple au Danemark, sont encore loin de l'esprit de l'école française.

Un cap décisif pour l'école française ?

Le socle commun a sans doute sonné le glas des programmes d'enseignement « à l'ancienne » : la primauté donnée dorénavant aux compétences/capacités est un changement incomparablement plus important que tout ce qu'on a connu jusqu'à présent. Ce changement de contenu impose un changement de méthode : on n'enseigne pas une compétence comme on apporte une connaissance. Cela va nécessiter de laisser du temps aux élèves en classe pour qu'ils travaillent et ne se contentent pas d'écouter avec plus ou moins d'attention leurs professeurs « savants ». Cela va transformer l'attitude des professeurs qui passeront du « statut de conférencier » à celui « d'entraîneur sportif », capable de conseiller, encourager, motiver l'élève dans la réalisation de la tâche demandée. Le changement connexe est lié au fait qu'une capacité ou une compétence ne relèvent pas d'une seule discipline ou d'un seul enseignement. C'est au contraire la complémentarité des approches disciplinaires qui est le propre du développement d'une capacité. Par exemple, la capacité à argumenter doit être travaillée aussi bien en mathématiques, en histoire, qu'en éducation physique et sportive, avec des outils propres à chacun des champs disciplinaires concernés.

Ces mutations initiées par le décret du socle commun se sont très rapidement étendues à la plupart des programmes disciplinaires : ceux des écoles en 2008, ceux du collège en 2009, ceux des enseignements généraux de lycée professionnel en 2009, et progressivement ceux des lycées d'enseignement général et technologique depuis la rentrée 2010.

Loin d'être marginaux, ce sont donc de véritables changements de paradigmes qui sont en jeu : il faut passer du professeur savant au professeur sachant faire apprendre ; de l'école qui transmet les savoirs à une école qui apprend à s'en servir.

Le travail d'élaboration a été mené en un temps record, ce qui a permis d'aboutir. La sagesse collective serait sans doute d'accepter d'évaluer la pertinence et la faisabilité des choix opérés, d'en mesurer les effets sur la formation générale des jeunes... dans quelques années. Des détracteurs trouveront, à n'en pas douter, les exemples propres à montrer l'insanité du socle et plus largement de l'approche par les compétences/capacités. Il a fallu être courageux pour l'inscrire dans une loi, il a fallu être efficace pour faire aboutir sa rédaction, il faudra être tenace pour ne pas renoncer et pour ne pas abandonner un projet qui, bien utilisé, peut faire franchir un cap décisif à notre école.

Un socle commun pour tous les élèves

En 2005, la loi d'orientation et de programme pour l'avenir de l'école a prévu de garantir à tous les élèves un socle commun de connaissances et de compétences. Ce projet s'appuie sur les recommandations européennes (« Compétences clés pour l'éducation et l'apprentissage tout au long de la vie »). Le socle commun s'est installé dans les écoles primaires dès la rentrée 2006 et sera étendu progressivement aux collèges.

Il s'organise autour de ces sept compétences :
- la maîtrise de la langue française ;
- la maîtrise des principaux éléments de mathématiques ;
- une culture humaniste et scientifique permettant le libre exercice de la citoyenneté ;
- une pratique d'au moins une langue vivante étrangère ;
- la maîtrise des techniques usuelles de l'information et de la communication ;
- la maîtrise de compétences civiques et sociales ;
- le développement de l'autonomie et de l'initiative de l'élève.

La culture humaniste devrait permettre aux élèves d'acquérir « des repères communs » par une approche des droits de l'homme, de la diversité des civilisations ou encore du fait religieux. L'intégration des compétences sociales et civiques donnera lieu à la mise en place au collège d'un parcours civique de l'élève fondé sur des valeurs, des savoirs et des pratiques. Le texte précise que toutes les disciplines enseignées, y compris l'éducation physique ou les arts plastiques, ont un rôle à jouer dans l'acquisition du socle. L'acquisition de ce socle de connaissances et de compétences sera évaluée à l'école primaire puis au collège. Des programmes personnalisés de réussite éducative seront mis en place au bénéfice des élèves qui ne satisferont pas aux exigences requises. La formation des enseignants prendra en compte la mise en œuvre du socle, qui n'entend pas se substituer aux programmes mais plutôt leur apporter une cohérence en « donnant du sens à la culture scolaire fondamentale ».
L'intégralité du texte est disponible sur www.education.gouv.fr

M.F.

André Chervel

Splendeur et misère de l'orthographe

L'histoire de l'orthographe est un champ de recherche en plein renouvellement. Trente ans de recherches ont complètement modifié notre connaissance de la façon dont s'est constituée l'orthographe, dont elle a été enseignée et maîtrisée par les Français. Ce champ de recherche a profité des progrès réalisés dans le domaine de l'histoire de la lecture[1] et de l'histoire de l'enseignement de la lecture[2]. Les problèmes actuels concernant l'orthographe, son enseignement et sa réforme ne peuvent plus être posés aujourd'hui comme on le faisait il y a encore trente ans. Les découvertes récentes portent sur plusieurs points qu'il est possible de résumer schématiquement.

XVIIe siècle : une orthographe complexe

L'orthographe française était, dans la première moitié du XVIIe siècle d'une difficulté hors de proportion avec celle qu'on connaît aujourd'hui. Elle était même bien plus complexe que celle de la Renaissance, un siècle auparavant[3] ! Quelques mots suffiront à le montrer. En 1650, alors qu'on les prononçait à peu près comme aujourd'hui, on écrivait : ils *brufloiët* (ils brûlaient), *cognoiftre* (connaître), ils *eftoient* (ils étaient), *iay* (j'ai), *Iuifue* (juive), *refuer* (rêver), *fcauans* (savants), *fuyure* (suivre), des *veritez* (des vérités), *une beueuë* (une bévue).

1- F. Furet, J. Ozouf, *Lire et écrire. L'alphabétisation des Français de Calvin à Jules Ferry*, Minuit, 1977 ; G. Cavallo, R. Chartier, *Histoire de la lecture dans le monde occidental*, Seuil, 1997.

2- A.-M. Chartier, J. Hébrard, *Discours sur la lecture (1880-2000)*, Fayard, 2000.

3- Selon N. Catach (*Histoire de l'orthographe française*, Honoré Champion, 2001), 84 % des livres publiés par les grands auteurs de la Renaissance présentaient une orthographe plus « moderne » que celle du XVIIe siècle.

La lecture en latin

On ne peut pas comprendre l'histoire de l'orthographe si on la sépare de l'histoire de l'enseignement, et d'abord de l'enseignement de la lecture. Le XVIIe siècle est le siècle où les Français commencent à apprendre à lire. C'est là la conséquence des deux grandes réformes religieuses de l'époque de la Renaissance : la Réforme protestante qui exige que tous les fidèles soient en mesure de lire la Bible, et la Contre-Réforme catholique, elle-même assortie d'une profonde réforme de l'Église qui ouvre des écoles sur l'ensemble du territoire pour enseigner aux enfants et aux adultes à lire le catéchisme, les vies des saints ou les manuels de piété. La difficulté d'enseigner à lire le français avec une orthographe aussi complexe est telle que l'Église oblige les enfants (garçons et filles) à apprendre d'abord à lire en latin avant de passer au français.

Une cascade de réformes

À partir de 1650, la pression exercée par l'école (au sens large: tous ceux qui enseignent à lire aux enfants) sur l'orthographe atteint un niveau tel que les réformes s'accumulent, à raison d'une tous les douze ou quinze ans en moyenne : spécialisation des lettres (i, u, j, v), des groupes de lettres (les « digrammes » eu, oi) dans la représentation d'un seul son, élimination des lettres muettes, régularisation des pluriels et des marques morphologiques en général, multiplication des accents (et des « diacritiques » en général). En moins de deux cents ans notre orthographe moderne, nettement plus simple que la précédente (mais encore beaucoup trop compliquée), est mise en place. Nous écrivons encore aujourd'hui à peu de chose près dans l'orthographe de la 6e édition du *Dictionnaire de l'Académie française* (1835) : ils brûlaient, connaître, ils étaient, j'ai, juive, rêver, savants, suivre, des vérités, une bévue. L'analyse de plusieurs centaines d'ouvrages publiés au cours de la période 1650-1835 a permis de dater avec précision l'apparition dans l'usage de la quinzaine de réformes orthographiques qui ont bouleversé l'image de notre écriture.

Méthodes de lecture et d'écriture

L'exigence nationale d'acquisition de la lecture par tous aura donc entraîné une profonde réforme de l'orthographe française entre 1650 et 1835. Cette réforme est, comme par un retour du balancier, à l'origine du bouleversement des méthodes de lecture.

Dès le début du XVIIIe siècle, les transformations de l'écriture sont déjà suffisantes pour qu'une méthode d'apprentissage direct de la lecture en français commence à se répandre. D'abord limitée aux grandes villes, elle gagne l'ensemble du territoire national dans la seconde moitié du XIXe siècle. Les jansénistes et les huguenots sont les initiateurs de cette méthode ; mais comme ils ont été victimes des persécutions de 1660 et de 1685, ce sont les frères des Écoles chrétiennes de Jean-Baptiste de La Salle qui la diffuseront et la généraliseront. C'est elle qui a valu à cette confrérie l'énorme succès qu'elle a rencontré.

De l'orthographe passive à l'active

À l'école, le jeune Français apprend deux fois son orthographe. D'abord pour la lecture. Cette compétence est acquise au début de la formation primaire. Mais cet apprentissage, dit « orthographe passive », ne suffit pas pour écrire sans faire de fautes (sauf chez ceux qui ont ce qu'on appelle l'« orthographe naturelle »). Puis l'élève apprend à nouveau l'orthographe et ses règles de grammaire pour apprendre à écrire: c'est l'orthographe « active ». Historiquement, l'enseignement généralisé de l'orthographe active a succédé en France, avec un siècle ou deux de retard, à celui de l'orthographe passive.

L'enseignement de l'orthographe active est une discipline scolaire qui s'est formée au cours des trois ou quatre derniers siècles. Les institutions de jeunes filles de la bonne société dirigées par les Ursulines ont joué dès le XVIIe siècle un rôle important dans les premiers pas de cette discipline ; il y eut également les centaines d'écoles primaires parisiennes et lyonnaises qui fonctionnaient sous l'autorité de l'Église. Puis la demande d'orthographe s'accroît au XVIIIe siècle. En 1732, le grammairien Pierre Restaut prouve qu'il faut distinguer deux orthographes, « l'orthographe grammaticale » qu'on ne peut apprendre qu'avec la grammaire et « l'orthographe lexicale » qui est celle des mots du dictionnaire. Grammaire et orthographe sont donc séparées. Les premières grammaires scolaires, apparues au XVIIIe siècle, se fixent alors comme objectifs la pratique et l'enseignement de l'orthographe grammaticale. P. Restaut aura donc joué un rôle décisif dans l'enseignement de l'orthographe, qui triomphera au XIXe siècle en devenant la discipline majeure de l'école primaire.

Déploiement et complexification de la grammaire

La grammaire scolaire du français, qui commence à se répandre à partir des *Éléments de la grammaire française* de Charles François Lhomond (1780), se fonde sur le modèle de la grammaire scolaire du latin. Les premières grammaires françaises se constituent d'abord par délatinisation de la grammaire latine. Ensuite elle emprunte à la « grammaire générale », laquelle était enseignée traditionnellement dans les classes de philosophie des collèges. On peut dater avec précision la création des concepts utilisés par la nouvelle grammaire scolaire. Le nom, le verbe, l'adjectif, le sujet remontent à la plus haute Antiquité, grecque et latine. Mais le complément d'objet direct apparaît entre 1709, date de la grammaire du père Buffier qui invente le « régime absolu » du verbe, et 1730 quand P. Restaut, dans la première édition de sa grammaire, le remplace par le « régime direct ou absolu ». La double analyse, grammaticale et logique, fait ses premières armes en 1799 ou en 1800 comme un outil indispensable à la maîtrise de la grammaire scolaire. Ce sont les « écoles centrales » créées dans tous les départements par le Directoire qui la lancent. Pour la première fois, des prix de fin d'année sont donnés en analyse grammaticale et en analyse logique aux élèves de ces établissements précaires qui seront remplacés trois ou quatre ans plus tard par les « lycées » créés par Napoléon.

L'orthographe devient discipline scolaire

Jusqu'aux années 1820 ou 1830, l'enseignement de l'orthographe, en progrès depuis les années 1780, n'a pourtant pas encore gagné les larges masses de la population. Il s'est plus ou moins généralisé dans les villes, les petites villes, les bourgs ; il a pénétré les zones rurales dans quelques provinces du Nord et de l'Est (Île-de-France, Champagne, Lorraine) ; il semble être beaucoup plus répandu dans certains cantons de Suisse romande (Neuchâtel) et dans les départements français voisins (Jura, Doubs) ; il a été plus favorablement accueilli dans l'enseignement masculin que dans celui des filles. Mais la première statistique officielle globale, réalisée en 1829 et publiée deux ans plus tard, montre que sur les quelque 30 000 maîtres d'école (hommes), 69 % ignoraient l'orthographe ; et que ce pourcentage s'élevait chez les femmes à 90 %.

Au cours du XIXe siècle, l'enseignement de l'orthographe devient à proprement parler une « discipline scolaire », en associant aux leçons théoriques des batteries d'exercices. La demande d'orthographe qui montait dans la société française depuis la fin du XVIIIe siècle se manifeste dès les années 1800 par des innovations éditoriales de toute espèce dans le domaine de la grammaire scolaire. Le nombre des titres nouveaux apparus en librairie explose littéralement. Jusqu'en 1750, on relève un nouveau livre de grammaire par an. La fréquence augmente un peu par la suite : deux titres par an jusqu'en 1780 ; puis six jusqu'en 1800. Les comptages donnent ensuite plus de 150 manuels dans les dix premières années du XIXe siècle, et montent jusqu'à 322 entre 1830 et 1839 (soit un nouveau manuel tous les onze jours). À cela s'ajoutent, dès le début des années 1800, des manuels grammaticaux d'un type inconnu au XVIIIe : modèles de conjugaison (comme le Bescherelle), traités d'accord du participe, catalogues d'homonymes, guides de ponctuation, recueils d'exercices d'orthographe (les « cacographies », qui sont des textes imprimés comportant des fautes que l'élève doit corriger), manuels d'analyse grammaticale et logique, etc.

La réglementation universitaire et scolaire ne tarde pas, elle aussi, à accorder une place à l'orthographe alors qu'elle ne s'y était jamais intéressée avant la Révolution. Dès 1814, le règlement des lycées et des collèges l'inscrit au programme de la sixième ; et en 1816 la Commission de l'Instruction publique organise les « brevets de capacité » qui seront désormais obligatoires pour devenir maître d'école. Elle crée un brevet du deuxième degré (qui deviendra le brevet élémentaire) pour les maîtres qui sont en mesure d'enseigner l'orthographe et la grammaire.

La vogue orthographique

Au cours du XIXe, le prestige, le goût et la maîtrise de l'orthographe envahissent la société française. L'école primaire est, à partir de la loi Guizot (1833), officiellement chargée d'assurer la formation en orthographe de toute la nation. Dans les écoles normales départementales de garçons, créées dans leur grosse majorité entre 1829 et 1835, la nouvelle discipline prend sa forme définitive. Sa fonction est de rendre « enseignable » à toute la population française, jusqu'au fond des campagnes, la langue nationale (laquelle, faut-il le rappeler, n'est encore pratiquée que par une partie de la nation). Sont alors mis en place les nouveaux exercices qui deviendront pour un siècle et demi les exercices canoniques de l'école primaire. La dictée s'y substitue en 1837 à la cacographie et y devient obligatoire en 1851. Dans les écoles normales la première grammaire scolaire (trop inféodée jusque-là à la grammaire générale) est remplacée à partir de 1840 par une « deuxième grammaire scolaire » (celle qui est encore la nôtre aujourd'hui) : la grammaire des fonctions.

Le pouvoir de la dictée

Le brevet élémentaire est rendu obligatoire en 1833 pour tous les nouveaux instituteurs. Il comporte une épreuve d'orthographe ; mais il n'est pas nécessaire d'être normalien pour s'y présenter. L'histoire des quarante premières années du brevet élémentaire apporte une information capitale sur la place occupée par l'orthographe dans l'école primaire. Des sources diverses (archives nationales, presse pédagogique, etc.) nous livrent pour la période 1833-1880 la statistique des causes d'échec au brevet élémentaire. Les candidats peuvent être ajournés à l'écrit pour l'écriture, la dictée, la composition et le calcul. La dictée, responsable d'environ la moitié des échecs dans les années 1840, prend un poids énorme par la suite : en 1875, 90 % des échecs à l'écrit sont dus à l'épreuve de dictée. Le brevet élémentaire est devenu un pur et simple examen d'orthographe et les instituteurs sont désormais incollables sur la question. Leur connaissance de l'orthographe les amène d'ailleurs à jouer un rôle essentiel dans la commune où ils exercent et où ils deviennent très souvent secrétaires de mairie. Ils arrachent ainsi par leur nouveau savoir leur indépendance face au maire du village et au curé de la paroisse dont ils avaient longtemps été les obligés et parfois même les domestiques. L'orthographe (avec d'autres connaissances acquises à l'école normale : arpentage, rédaction des actes de l'état civil, etc.) devient la source de leur pouvoir dans la commune. Elle trouve dans les maîtres d'école, qui avaient si longtemps contribué à la simplifier et à la réformer, des défenseurs qui s'opposeront désormais à toute réforme.

Tentative de revirement

Après la terrible défaite de 1870-1871, l'opinion publique se retourne contre l'école qui, en bornant ses ambitions à l'orthographe, a laissé les Français dans l'ignorance de l'histoire de leur pays, de sa géographie, de ses écrivains, de ses traditions nationales. C'est l'instituteur prussien qui a gagné la guerre. Jules Ferry et Ferdinand Buisson, qui rénovent l'ensemble du système éducatif à partir de 1880, s'efforcent d'endiguer la vague orthographique qui a submergé l'école française pour lui substituer un autre enseignement du français, plus riche, plus vivant, moins abstrait : lecture de textes littéraires, récitation de poésies, expression écrite (on disait à l'époque des « styles », on a dit ensuite des « rédactions »), chant, leçons de choses, etc. Contrairement à un mythe largement répandu, c'est de F. Buisson que date le revirement anti-orthographique dans l'enseignement du français. Le directeur de l'enseignement primaire prend alors une mesure à la fois symbolique et décisive : il retire aux écoles normales la préparation du brevet élémentaire. On ne pourra plus être candidat à l'école normale si l'on n'a pas déjà passé le brevet. L'âge moyen des candidats au brevet diminue aussitôt, et leur formation en orthographe en est réduite d'autant. F. Buisson est immédiatement accusé par une partie de la presse pédagogique et par le directeur de l'école normale de la Seine de faire baisser le niveau en orthographe. Conscient de ses responsabilités, il va même jusqu'à tenter d'imposer par circulaire une réforme de l'orthographe (27 avril 1891) pour la rendre plus facile à enseigner. Les instituteurs la feront échouer.

Progrès et recul

L'histoire de la maîtrise de l'orthographe par les Français a fait des progrès considérables au cours des vingt dernières années. Elle met en évidence deux grands courants d'orientation contraires. Le niveau des Français est allé croissant depuis la fin du XVIIIe siècle jusqu'à la première moitié du XXe siècle : c'est en effet à cette époque que les efforts réalisés par la société pour l'enseignement orthographique produisent leur effet maximal. À partir des années 1960 et 1970, les enseignements de l'école élémentaire s'articulent sur les disciplines des collèges. Ils exigent de chaque élève un niveau de compétence en lecture et en expression écrite largement supérieur à celui qui était requis jusque-là : ils visent à développer une meilleure connaissance des textes qui favorisent la créativité dans l'écriture. Le nouvel enseignement du français qui résulte de ces profondes transformations est le premier responsable de la baisse du niveau en orthographe et en grammaire. La situation actuelle se caractérise par une baisse considérable de la maîtrise de l'orthographe dans les écoles et les collèges. La tendance récente étant de rabaisser l'orthographe au niveau d'une « sous-discipline », elle lui fait perdre l'efficacité dont elle jouissait lorsqu'elle constituait une « discipline scolaire » au sens propre du terme.

Plus facile en Italie et en Espagne

En 1977, le futur prix Nobel de littérature Gabriel García Márquez déclarait, au premier congrès international de la langue espagnole : « Mon orthographe, je la fais corriger par des correcteurs. Si on me faisait passer un examen de grammaire, je me ferais étendre… » Il s'érigeait ainsi contre la lenteur des pays hispanisés à prendre en compte les réformes proposées par l'Académie espagnole, qui, depuis le XVIIIe siècle, a simplifié en permanence la langue en la débarrassant des consonnes inutiles.

L'italien et l'espagnol sont parmi les langues qui font correspondre sons et lettres de la manière la plus simple et la plus régulière. Ce qui fait d'ailleurs que l'on rencontre moins de problèmes de dyslexie dans ces pays, et que les petits Italiens ou Espagnols apprennent très tôt à lire.

Parmi les idiomes les plus compliqués, hormis le français, il faut aussi citer l'anglais, dans lequel les mots les plus courants sont encombrés de consonnes muettes : h, k, w… (*school, knowledge, night*…).

M.F.

MARTINE FOURNIER

DÉBAT AUTOUR DE LA LECTURE

La lecture, et particulièrement son apprentissage, est actuellement l'objet de bien des polémiques. Précisons d'emblée que ces polémiques existent dans de nombreux pays développés, notamment dans l'ensemble des pays anglo-saxons, du Royaume-Uni à l'Australie, et qu'elles ne datent pas d'aujourd'hui. Elles ont pris de l'ampleur, avec la démocratisation des systèmes d'enseignement, et donc l'allongement des scolarités pour tous. Ainsi, dans les années 1970, on répète à l'envi dans les salles des professeurs des collèges : « Ils ne savent même plus lire ! » Avec la crise économique et la fin du plein emploi, le concept d'illettrisme, lancé en France par ATD Quart Monde, connaît un succès médiatique bien au-delà de sa réalité, si préoccupante soit-elle. Parallèlement, on prend conscience de l'importance des premiers apprentissages dans la réussite scolaire.

Le problème des méthodes d'apprentissage de la lecture, s'il a pris un relief très médiatique, est depuis longtemps une préoccupation pour les formateurs et les décideurs. Parallèlement, les recherches en psychologie cognitive, linguistique, neurosciences permettent d'apporter des éclairages nouveaux sur la manière dont on lit et conséquemment sur l'apprentissage. Ces recherches apportent des résultats convergents dont sont issus deux rapports récents qui suggèrent que toutes les méthodes ne se valent pas et que certains principes devraient être respectés[1].

1- ONL/IGEN, « L'apprentissage de la lecture à l'école primaire », n° 2005-123, novembre 2005. http://onl.inrp.fr/ONL/garde/rapport.
M. Fayol, J. Morais, « La lecture et son apprentissage », ONL, *L'Évolution de l'enseignement de la lecture en France depuis dix ans*, janvier 2004.

Que nous apprennent les recherches récentes ?

La lecture est une activité complexe au cours de laquelle le lecteur doit coordonner différents processus : reconnaître les mots, construire la signification des phrases et des textes, conserver en mémoire ce qui est déjà lu...

Une grande partie de ces processus est déjà disponible et régulièrement exercée à l'oral lorsque les enfants commencent à apprendre à lire. Ce qui est nouveau avec la lecture, c'est que les conditions de leur mise en œuvre diffèrent de celles qui prévalent à l'oral. L'essentiel, au moins au début de l'apprentissage, concerne l'identification des mots, c'est-à-dire, pour ceux qui sont déjà connus, l'accès à leurs formes phonologique (comment ils se prononcent) et orthographique (comment ils s'écrivent) ainsi qu'à leur sens (ce qu'ils signifient). Il s'agit en somme d'utiliser les formes conventionnelles de l'écrit pour élaborer une signification à partir des mots, ce qui nécessite de comprendre comment fonctionne le système d'écriture auquel on se trouve confronté.

Qu'est-ce que le principe alphabétique ?

Les systèmes alphabétiques mettent en correspondance des unités graphiques, les graphèmes, 26 lettres (a, b, c...) ou des blocs de lettres (ou, au, eau...), avec les unités abstraites de la langue orale, les phonèmes, environ 36 en français.
Les phonèmes sont les éléments constitutifs de la parole qui permettent des distinctions sémantiques. Par exemple, la distinction entre/p/ et/b/suffit à distinguer les mots « pas » et « bas » ; les mots « gâteau » et « château » diffèrent entre eux par le phonème initial.
Cette **correspondance systématique entre phonèmes et graphèmes** constitue le principe alphabétique.

Pourquoi « p + a » n'est-il pas égal à « pa » ?

Dans les systèmes alphabétiques, dont fait partie le français, le lecteur, et particulièrement l'enfant débutant, se heurte à deux difficultés principales : d'une part, il doit acquérir une « conscience phonémique » qui lui permet de concevoir les mots parlés comme une combinaison particulière de phonèmes, d'autre part, il doit assimiler le « code orthographique » plus ou moins complexe selon la langue.

• **La conscience phonémique.** Pour comprendre le principe de transcription de phonèmes en graphèmes, l'enfant doit développer une compétence (la conscience phonémique) qui lui permet de concevoir les mots parlés comme une combinaison de phonèmes. Les voyelles peuvent être prononcées isolément, leur représentation par une lettre est facilement acceptée par les enfants. En revanche, beaucoup de consonnes ne peuvent être prononcées isolément, elles doivent être prononcées en coarticulation avec une voyelle : le mot « calcul » est prononcé /kal/kül/ et non /k + a + l + k + ü + l/.

C'est pourquoi les méthodes syllabiques traditionnelles qui partent de l'idée que p + a = pa ne peuvent être retenues en l'état.

• **Le code orthographique.** Au-delà de la connaissance de l'ensemble des correspondances entre graphèmes et phonèmes, l'enfant doit apprendre, dans certains cas de manière explicite et dans beaucoup d'autres de manière implicite, l'ensemble des correspondances plus complexes.

Par exemple, en français, le même graphème (/s/) ne correspond pas toujours au même phonème, comme dans « rose » ou « souris », et inversement le même phonème ne se réalise pas toujours avec le même graphème (/o/ se transcrit par o, au, eau...).

De multiples lettres ne s'entendent pas et renvoient à des informations grammaticales (« la petite fille » et le « petit animal » ; il jouait/ils jouaient). De plus, l'enfant doit prendre conscience que le sens ne se construit pas à partir de la simple juxtaposition de mots, mais qu'il existe toute une organisation syntaxique (place des mots, désinences verbales, mots grammaticaux comme les pronoms) qui participe de l'apprentissage de la lecture.

Comment accède-t-on à la compréhension ?

Par l'accès progressif à la conscience phonémique et au principe orthographique, les enfants peuvent lire et transcrire avec une exactitude et une rapidité croissante de plus en plus de mots. La rencontre fréquente de certains mots induit leur mémorisation et la constitution d'un lexique mental (sorte de dictionnaire des formes écrites, disponible en mémoire). Les données issues de la recherche comme les témoignages des enseignants montrent que ce lexique joue un rôle fondamental dans la compréhension de la lecture[2]. La connaissance des mots et de leur sens conditionne la

2- L.S. Siegel, « Evidence that IQ scores are irrelevant to the definition and analysis of reading disability », *Canadian Journal of Psychology*, n° 42, 1988.

construction de la représentation mentale des situations décrites par les textes, et le traitement automatique de la forme orthographique des mots est indispensable pour assurer à la lecture une fluidité suffisante pour que la compréhension se déroule de manière harmonieuse.

Pour l'enfant débutant comme pour l'adulte bon lecteur, lire nécessite toujours la coordination de ces deux activités : le traitement du code et la gestion de la compréhension, dont chacune présente un coût, variable selon les textes et leurs contenus. Les enfants qui sont en phase d'apprentissage du code (CP) peuvent très difficilement conduire une activité de compréhension au cours même de la lecture. Leur attention est captée par le traitement des mots et ils ne disposent plus de ressources attentionnelles suffisantes pour imaginer les situations ou les événements décrits. Or, ces enfants disposent déjà de compétences très développées de compréhension, qu'ils exercent aussi bien à l'oral que sur des supports imagés. Il s'ensuit que le matériel utilisé pour l'apprentissage centré sur l'acquisition du code alphabétique présente souvent un intérêt discutable du point de vue de la compréhension (ex : « la pipe de papa »). Diverses solutions ont été envisagées, depuis la correspondance scolaire jusqu'à l'utilisation du roman. Toutes posent le problème de l'articulation de deux objectifs difficiles à concilier au moins initialement : l'apprentissage du code alphabétique et le travail relatif à la compréhension.

Au fur et à mesure que l'enfant progresse dans l'apprentissage du code, l'identification des mots déjà rencontrés et le traitement des mots nouveaux s'accélèrent et se font plus précis. Le coût attentionnel de ces activités se trouve d'autant réduit, et la compréhension peut de mieux en mieux s'exercer parallèlement au décodage. C'est ce qui explique que la relation entre décodage et compréhension lors de la lecture devient de plus en plus forte avec le niveau scolaire. Il n'en reste pas moins qu'il est difficile pour les enfants de faire simultanément face à des traitements complexes sur le code, par exemple face à un texte contenant de nombreux mots nouveaux, et sur la compréhension, par exemple lorsque le thème abordé n'est pas familier.

Peut-on bien lire sans bien décoder ?

On avance parfois que les difficultés dans le décodage des mots pourraient par exemple être compensées par les aptitudes dans la compréhension du sens du texte. Une telle facilitation a été observée chez les faibles lecteurs mais pas ou beaucoup moins chez les bons lecteurs. Lorsque la reconnaissance des mots est aisée, la facilitation contextuelle ne s'observe que dans le cas de mots rares (ou partiellement effacés par exemple). Les faibles lecteurs, eux, étant plus lents et commettant plus d'erreurs, sont plus sensibles à cet effet de facilitation contextuelle. Le recours au contexte pour traiter l'identification des mots est disponible chez tous, mais il est coûteux. Il entraîne en fait une focalisation des ressources attentionnelles sur le traitement du code, aux dépens de la compréhension globale du texte. Lorsque des lecteurs sont obligés d'y faire fréquemment appel dans leur pratique quotidienne, les risques d'échec de compréhension augmentent. C'est pourquoi l'accent doit être mis sur l'automatisation de l'identification de mots, de sorte que le recours au contexte reste limité.

En résumé, la mémorisation directe globale de mots et l'apprentissage des correspondances graphèmes-phonèmes ne s'effectuent pas complémentairement et à égalité. Même s'il est possible de faire mémoriser « globalement » un certain nombre de mots aux enfants, les données de la recherche montrent que la voie la plus efficace de l'apprentissage est celle qui passe par le principe alphabétique et les correspondances graphèmes-phonèmes.

Les méthodes de lecture

La méthode syllabique

Cette méthode aborde l'enseignement de la lecture par celui des lettres ou des sons, puis des syllabes et enfin des mots qui permettent de composer des phrases. Elle est souvent décrite comme la méthode du « b-a, ba », du « pa, pe, pi, po, pu... » aboutissant à des phrases telles que « la pipe de papa »... Par simplification, l'expression est aujourd'hui aussi employée pour désigner les méthodes phoniques prônées par les chercheurs et les programmes qui se centrent sur le code et les correspondances graphèmes-phonèmes.

Les méthodes globales

Au début du XXe siècle, Ovide Decroly formule l'idée d'une méthode globale. Pour cet éducateur, l'enfant perçoit mieux des ensembles organisés et signifiants (mots ou phrases) que des éléments sans signification (lettres ou syllabes).

La méthode idéo-visuelle : dans les années 1980, cette méthode prônée par l'AFL de Jean Foucambert avance que l'on peut apprendre à lire par simple mémorisation des mots et par anticipation de leur sens.

Les méthodes globales relèguent au second plan l'apprentissage du code.

Les méthodes mixtes

Ces méthodes recourent à l'usage initial d'un petit stock de mots (courtes phrases ou historiettes) destinés à faire comprendre à l'enfant que la lecture met en jeu un traitement sémantique. Ce départ « global » sert de point d'appui pour le décodage (décomposition des mots et correspondances graphèmes/phonèmes). Dans les pays anglo-saxons, ces méthodes sont appelées « *whole word* » et « *whole language* ».

La méthode naturelle de lecture écriture (MNLE)

Cette méthode, pratiquée dans les écoles Freinet, traite en interaction constante le sens et le code, les apprentissages de la lecture et de l'écriture étant indissociables. Elle part de textes de vie, issus de la parole des enfants mais aussi des divers écrits nécessaires à la vie de la classe, pour décrypter immédiatement le code (avec des outils tels que, à l'époque de Célestin Freinet, l'imprimerie).

M.F.

Isabelle Compiègne

Nouvelles technologies : pratiques et enjeux

Dans une société toujours plus marquée par la présence des nouvelles technologies de l'information et de la communication (TIC), le secteur de l'éducation s'est lui aussi ouvert depuis une trentaine d'années à ces nouveaux outils, baptisés dans ce contexte Tice, technologies de l'information et de la communication pour l'enseignement. Avec pour horizon l'édification d'une société de l'information pour tous, d'une « société du savoir »[1], les initiatives, significatives d'une volonté politique affirmée ou non, se sont multipliées dans de nombreux pays avec plus ou moins de succès[2]. Le propos n'est pas ici de les relater mais on peut considérer qu'un réel virage technologique a été pris dans l'éducation à partir du milieu des années 1990, dans le sillage d'un monde de plus en plus converti au tout numérique. Ainsi, même si le développement des Tice est loin d'être homogène comme le révèlent diverses études, l'éventail des équipements et des ressources, des applications et des pratiques ne cesse de croître. Un consensus semble s'être dessiné sur leur nécessaire intégration à l'éducation, ce que signale d'ailleurs l'ensemble des discours déplorant le retard de certains pays dans ce domaine.

L'heure n'est donc plus aujourd'hui aux imprécations funestes ou aux prophéties grandioses quant à l'introduction des nouvelles technologies dans l'éducation. Étayées par des bilans et des recherches, les analyses et les questions portent maintenant sur la place et le rôle des Tice dans les pratiques éducatives, leur impact sur les apprentissages et les enjeux de cette évolution. Quelle est la réalité du déploiement des nouvelles technologies

1- Rapport mondial de l'Unesco, *Vers les sociétés du savoir*, Éditions Unesco, 2005.

2- Ainsi, le premier plan d'envergure lancé en France en 1985 « Informatique pour tous » échoua suite à des erreurs dans le choix des équipements et à un manque de formation des enseignants.

dans le secteur éducatif ? À quels freins et résistances se heurtent-elles ? Dans quelle mesure facilitent-elles ou non les processus impliqués dans l'éducation ? Peuvent-elles bouleverser le système éducatif ? Sans remettre en cause leur pertinence et leur légitimité, on peut constater que toutes ces interrogations s'inscrivent dans une conception plutôt utilitariste des nouvelles technologies par rapport à l'éducation, au risque d'en masquer d'autres enjeux. Aussi, devant l'immersion numérique extrêmement précoce de la jeunesse, n'est-il pas de la responsabilité de l'école et des instances éducatives d'assumer également une mission d'éducation critique et culturelle aux nouvelles technologies ?

Des outils, des dispositifs et des applications variés

Du fait du développement rapide des technologies et des innovations, l'offre en Tice a énormément évolué en trente ans et elle s'est considérablement étoffée. Le micro-ordinateur, longtemps emblème phare et unique représentant des Tice, n'est plus qu'un outil parmi d'autres... Une panoplie d'équipements est effectivement proposée au secteur éducatif susceptibles de s'intégrer à des dispositifs plus ou moins élaborés, selon notamment les infrastructures déjà disponibles, telles que la présence ou non d'un Internet à haut débit. Sans en dresser un panorama exhaustif, plusieurs d'entre eux commencent à devenir familiers dans ce nouveau paysage.

Certains outils numériques aux multiples applications pourraient progressivement se substituer à d'autres au potentiel plus restreint. Par rapport au tableau vert et à la craie, le tableau numérique interactif, TNI, – ou tableau blanc interactif, TBI –, relié à un ordinateur et à un vidéo projecteur, tactile, revêt beaucoup plus de fonctions. Il est un support de projection, même pour des documents réalisés dans la classe, un tableau aux fonctionnalités étendues (annotations, surlignage, sur les documents projetés sont possibles, de même que des superpositions, des comparaisons entre eux) et une interface de communication avec d'autres ressources (qu'il s'agisse d'une bibliothèque de ressources intégrées ou d'un accès à Internet). Le cahier de texte numérique, qui s'est généralisé en France à tous les établissements depuis 2010, outre son rôle traditionnel, apparaît comme un moyen pédagogique supplémentaire de préparation des cours grâce auquel les enseignants peuvent par exemple indiquer aux élèves des sites sur lesquels se rendre ou partager des ressources. Le manuel numérique, utilisé avec l'ordinateur, en plus des textes et images, permet d'inclure du son, des séquences animées, des vidéos.

D'autres technologies s'ajoutent à ce qui existe déjà. C'est le cas des outils nomades comme les clés USB, les baladeurs, le GPS dont l'intérêt est d'être mobilisable ailleurs que dans la seule classe. La visioconférence offre une transmission en temps réel, la vision de son interlocuteur, une collaboration synchrone, l'interactivité des participants. Elle est adaptée à un travail coopératif. Les classes nomades ou mobiles sont complémentaires des salles informatiques. Les services en ligne, blogs, wikis, forums, sont aussi exploitables dans plusieurs situations éducatives.

L'espace numérique de travail, ENT, a pour objectif d'organiser et de donner une cohérence à cette introduction et ce développement des nouvelles technologies. Plateforme de services numériques proposée par des établissements d'enseignement et accessible à partir d'une entrée unique et sécurisée sur Internet, il regroupe des services en ligne comme l'accès pour les élèves à ses notes, son emploi du temps, à des ressources documentaires ou aux cours, la possibilité de travailler en collaboration... Au-delà des élèves, il s'adresse également aux parents d'élèves, aux enseignants et à la totalité des membres de la communauté éducative qui peuvent s'informer et communiquer entre eux.

État des lieux des équipements et des pratiques

Qu'ils comparent certains pays, les types d'établissements ou les régions dans un même pays, les rapports et les enquêtes menées sur le déploiement des Tice et leurs usages rendent compte d'une réalité très hétérogène.

En France, selon les catégories d'établissement, les communes, les disparités sont importantes[3]. Pour les ordinateurs, le ratio nombre d'élèves par machine est de 1 pour 22 élèves en écoles maternelles, 1 pour 2,6 élèves en lycées professionnels, 1 pour 6 en collèges, 1 pour 3 en lycées d'enseignement général et technique, cet écart étant encore accentué si l'on prend en compte uniquement le matériel de moins de cinq ans. Des différences sont observées suivant les académies, par exemple, entre les collèges (ce ratio peut aller de 1 pour 3,9 à 1 pour 13) ou entre les écoles[4].

3- « L'équipement des écoles, collèges et lycées en matériel TIC en 2010 », *éducnet*, septembre 2010, http://www.educnet.education.fr/plan/etic/2010/etic10-equipement

4- Rapport de la cour des comptes, *Les Communes à l'école de la République*, 2008, http://www.ccomptes.fr/fr//CC/documents/RPT/RPT-Ecole-version-JO-2.pdf

L'équipement en tableaux numériques interactifs est faible de manière générale avec des inégalités entre les écoles élémentaires (moins bien dotées) et les collèges et lycées. En revanche, pour les classes nomades, c'est l'inverse. Confrontés à ceux des pays de l'Union européenne, ces chiffres signalent un retard de la France en matière d'équipements. Si elle se situe dans la moyenne des pays de l'Union européenne, sauf pour l'école, elle est loin derrière les pays d'Europe du Nord parmi lesquels le Danemark et le Royaume-Uni sont les mieux placés[5]. Pour les TNI, le taux d'équipement moyen des classes est de 6 % en France, alors qu'il est de 45 % au Danemark et de 78 % du Royaume-Uni. En ce qui concerne les ENT, 42,5 % des établissements du secondaire en France en disposent contre 88 % au Royaume-Uni et 97 % au Danemark. Face à cette situation, des actions visent à renforcer la généralisation des Tice telles que l'expérimentation « Manuel numérique et ENT » ou l'opération « Écoles numériques rurales »[6].

Le niveau d'équipement en Tice ne présume néanmoins pas des usages. Une étude menée entre 2002 et 2009 sur 11 pays de l'OCDE, dont le Royaume-Uni et la Finlande, montre que si de plus en plus d'enseignants sont habitués aux nouvelles technologies, ils ne les adoptent pas dans leur pratique pédagogique. Ils s'en servent essentiellement pour la préparation des cours[7]. En France, seuls 12 % les mobilisent dans un quart de leur cours et même chez ceux-ci, on constate une sous-utilisation des Tice, attribuable à une méconnaissance des possibilités qu'elles ouvrent. De plus, au sein de cette catégorie, les attitudes sont très variables allant d'enseignants très enthousiastes et intéressés à d'autres beaucoup plus distants, voire en difficulté[8]. Plusieurs facteurs expliquent ces résistances à l'introduction des Tice dans les pratiques d'enseignement comme la crainte du manque de temps pour l'élaboration de séquences spécifiques et d'un investissement très lourd, d'être mis en difficulté, qu'elles soient une cause de

5- J.-M. Fourgous, *Réussir l'école numérique*, Mission parlementaire Fourgous sur l'école numérique, 2010, http://www.tagaro.fr/ecole_numerique/images/Rapport_mission_fourgous. swf

6- « Plan de développement des usages du numérique à l'École », dossier de presse, *education. gouv. fr*, 25 novembre 2010, http://media.education.gouv.fr/file/novembre/18/2// Plan-de-developpement-des-usages-du-numerique-a-l-ecole_161182.pdf

7- A.B. Enochsson, C. Rizza, *ICT in initial teacher training : research review*, OCDE, 2009.

8- *Étude sur les usages des dispositifs TIC dans l'enseignement scolaire*, Rapport du MEN/ SDTICE C1 la société Pragma, 2006, http://www.educnet.education.fr/chrgt/Etude_ Usages_TICE2006.pdf distraction chez les élèves, un doute sur leur intérêt pédagogique. Les barrières ne sont pas liées à l'âge et au genre des enseignants ; l'implication personnelle dans les nouvelles technologies et la formation sont déterminantes[9].

Quatre pays à la pointe

En **Corée du Sud**, un plan national de développement des Tice a été lancé en 1996. Tous les établissements ont une connexion Internet et chaque enseignant dispose d'un bureau équipé d'un ordinateur et d'un vidéo projecteur, 72 % d'entre eux utilisent les Tice en cours.

La **Finlande** bénéficie d'un très bon équipement en outils numériques, 17 ordinateurs pour 100 élèves dans le secondaire, 13,5 pour 100 dans le primaire. 90 % des établissements sont connectés au haut débit. Plus de 85 % des enseignants se servent des Tice dans les cours. Un programme (OPE. FI) assure une formation complète et continue dans ce domaine.

Le **Danemark** se situe à la première place pour le nombre d'élèves par ordinateur dans le primaire (25 pour 100) et le pourcentage d'établissements raccordés au haut débit (98 %). L'usage des Tice est obligatoire dans toutes les disciplines.

Le **Royaume-Uni** appartient aussi à cette tête de classe en matière d'équipements avec 1 ordinateur pour 6 élèves dans le primaire, 1 pour 3 dans le secondaire. Depuis 2009, une priorité est donnée à la formation des enseignants.

Source : J.-M. Fourgous, *Réussir l'école numérique, op. cit.*

Les Tice : alliées ou ennemies de l'éducation ?

Conjointement au développement et à l'intégration des nouvelles technologies dans l'éducation, des analyses portent sur leur rôle positif ou non dans les processus d'apprentissage.

Cette évaluation souffre parfois d'un contexte idéologique peu propice à l'objectivité tant les technologies, quelles qu'elles soient, ont toujours suscité des discours passionnés où s'opposent technophobes et technophiles, détracteurs et thuriféraires.

9- J.-F. Desbiens, J.-F. Cardin, D. Martin, Collectif, *Intégrer les TIC dans l'activité enseignante : Quelle formation ? Quels savoirs ? Quelle pédagogie ?*, Presses universitaires de Laval, 2004.

Cependant, des approches mêlant des résultats quantitatifs et des recherches qualitatives donnent quelques indications sur leur efficacité pédagogique et les problèmes particuliers qu'elles génèrent.

Une étude menée sur plus de 600 élèves de CM2 révèle que l'usage des Tice en classe favorise l'apprentissage de la lecture et de l'écriture sans que cela puisse toutefois être attribué aux supports numériques. Les élèves habitués aux Tice lisent plus vite et comprennent mieux, la production de textes est elle aussi améliorée[10]. Les tests PISA montrent des résultats supérieurs chez les élèves qui se servent d'un ordinateur depuis plusieurs années[11]. Au-delà des résultats scolaires, des effets positifs seraient observables sur la motivation à apprendre, l'estime de soi, les compétences dans le domaine des TIC, les aptitudes au traitement des informations et au travail d'équipe, les capacités métacognitives[12].

Mais avec les Tice apparaissent également de nouvelles difficultés. Par exemple, les expérimentations conduites en psychologie, spécifiquement dans les situations d'apprentissage, mettent en exergue l'exigence cognitive des documents numériques multimédias et hypertextuels[13]. Les fonctionnalités qu'ils proposent telles que le moteur de recherche, les liens, les favoris... de même que l'hétérogénéité de leur structure complexifient leur emploi. Ils requièrent des compétences, des stratégies de régulation que tous les élèves ne possèdent pas.

Pour évaluer l'apport des Tice à l'éducation plus finement, il semble qu'il faille orienter les recherches plus précisément sur leurs applications mais pas seulement. Effectivement, la plupart des chercheurs ne souscrivent pas à la vision déterministe selon laquelle les résultats qu'ils soient bons ou mauvais seraient imputables aux seules technologies. La question ne doit donc pas être traitée indépendamment de la manière dont elles s'intègrent dans les usages et de la situation d'apprentissage elle-même (contenu de l'enseignement, niveau de l'élève). Ainsi, les aptitudes cognitives initiales des élèves restent déterminantes et discriminantes. En ce

10- J. Heutte, « Influence de l'habituation à l'usage de l'outil informatique sur l'apprentissage et les résultats scolaires d'élèves du cycle 3 de l'école primaire », *Spirale*, n° 41, 2008, http://spirale-edu-revue.fr/IMG/pdf/Heutte_Spiral-E_2008.pdf

11- « Are students ready for a technology-rich world ? What PISA studies tell us », *OECD*, 2006, http://www.oecd.org/dataoecd//28/4/35995145.pdf

12- W.J. Pelgrum et N. Law, *Les TIC et l'éducation dans le monde : tendances, enjeux et perspectives*, Unesco, 2004, http://unesdoc.unesco.org/images/0013/001362/136281f.pdf

13- A. Tricot, *Apprentissage et documents numériques*, Belin, 2007.

sens, les Tice peuvent être perçues comme des « outils à potentiel cognitif », des OPC[14]. Leur effet cognitif dépend de facteurs matériels et humains. L'une des conséquences de ce constat est que, bien loin des prédictions annonçant des professeurs devenus numériques et des classes sans enseignants, leur rôle paraît au contraire central pour construire des situations éducatives où les Tice seront un atout. C'est dans cette approche que se situent des travaux récents les envisageant comme une alternative efficace parmi les solutions destinées à individualiser les enseignements et les apprentissages pour éviter l'échec scolaire. Elles seraient tout à fait adaptées à la gestion de l'hétérogénéité des élèves[15].

Des enjeux pédagogiques… mais pas seulement

Les questions posées par l'introduction et le développement des nouvelles technologies dans l'éducation ne peuvent plus être uniquement circonscrites à la fonction qu'elles peuvent endosser dans ce domaine. Avec l'évolution de la société vers le « tout numérique », face à des jeunes immergés dans le chaudron numérique dès leur naissance, le secteur éducatif se trouve aujourd'hui devant des enjeux complexes et multiples qui débordent le seul registre pédagogique.

L'intégration des nouvelles technologies dans l'éducation est d'autant plus cruciale que ces innovations creusent les inégalités du fait qu'elles exigent de nouvelles compétences, que les pratiques sociales des jeunes et les pratiques à l'école divergent et qu'il a été montré que leur appréhension diffère selon le temps qui leur est consacré dans la vie personnelle. Toutefois, un débat oppose les partisans d'une intégration à travers les disciplines existant et ceux favorables à la constitution d'une discipline à part, à un moment choisi de la scolarité[16]. La première voie repose sur une conception utilitariste des nouvelles technologies ; la seconde leur reconnaît le statut d'objet d'enseignement. La Corée du Sud, la Pologne, le Maroc par exemple ont opté pour celle-ci. En France, la création du B2i (brevet informatique et internet) en

14- C. Depover, T. Karsenti, V. Komis, *Enseigner avec les technologies : favoriser les apprentissages, développer les compétences*, Presses universitaires du Québec, 2007.

15- F. Poyet en coll. avec M. Drechsler, « Impact des TIC dans l'enseignement : une alternative pour l'individualisation ? », INRP, *Dossier d'actualité* n° 41, janvier 2009, http://www.inrp.fr/vst/LettreVST/41-janvier-2009.php

16- J.-P. Archambault, « Informatique et TIC : une vraie discipline ? », *Médialog*, n° 62, juin 2007, http://www.eprep.org/colloques/colloque08/communications08/Archambault_1.pdfVision

2000, s'est inscrite dans l'approche transversale mais une nouvelle discipline devrait apparaître avec la réforme du lycée[17]. Plusieurs arguments militent en faveur de ce dernier choix, notamment le fait qu'il permet de donner une cohérence didactique à des utilisations partielles et très variées et de structurer les usages. Cet enseignement spécifique comporterait en outre une dimension d'éducation culturelle et critique aux nouveaux médias et technologies dont un des objectifs serait d'alerter les *digital natives* des dangers qui peuvent les menacer dans cet environnement, telles la cyberaddiction et la cyberdélinquance. De plus, il doterait chaque élève d'une culture numérique plus générale.

Si, comme on peut le penser, le numérique s'affirme bien comme une véritable culture et qu'il accompagne une transformation des pratiques et des institutions[18], inévitablement les nouvelles technologies, qui en sont un des relais puissants, ont et auront des effets profonds sur le monde de l'éducation. Déjà, des conséquences sont manifestes. Elles laissent entrevoir des bouleversements concernant par exemple le contenu et les critères des évaluations, le travail personnel demandé aux élèves, l'organisation scolaire (la classe, la place de l'enseignant...) et le fonctionnement sociologique de l'école[19]. Au-delà, ce sont peut-être certains paradigmes éducationnels qui pourraient évoluer. Dans cette perspective, il apparaît nécessaire que les enseignants soient partie prenante de ce mouvement à la fois pour répondre à leur rôle de passeurs culturels mais aussi pour peser sur des choix et des décisions pouvant mettre en péril les missions d'intérêt général dévolues à l'éducation.

17- « Tice : faut-il vraiment les enseigner à l'école ? », *La lettre de l'éducation. fr*, n° 622, mars 2009, http://www.lalettredeleducation.fr/TICE-faut-il-vraiment-les.html

18- M. Doueihi, *La Grande Conversion numérique*, Seuil, 2008.

19- F. Jarraud, « Quels développements numériques pour l'école : bilan et perspectives », *Forum Retz 2010*, http://www.editions-retz.com/forum2/2010/flashconfs/1458/swf/index.htm

VINCENT TROGER

POURQUOI NOTER LES ÉLÈVES ?

Il y a longtemps que les chercheurs en sciences de l'éducation savent que la notation des élèves est souvent arbitraire et subjective. En 1938, deux psychologues, Henri Laugier et Dagmar Weinberg, publiaient les résultats de leur participation à une enquête internationale sur les examens et concours[1]. En faisant corriger les mêmes copies de baccalauréat par des professeurs différents, ils avaient obtenu des résultats spectaculairement inéquitables: entre le correcteur le plus indulgent et le correcteur le plus sévère, l'écart maximum enregistré sur une même copie était de 8 points en physique, de 9 en anglais et en mathématiques, de 12 en latin et en philosophie, de 13 en composition française ! De nombreuses autres enquêtes ont ensuite largement confirmé ces écarts de notation entre les professeurs. Pire encore, d'autres travaux ont montré que le même professeur peut noter très différemment un travail scolaire identique[2]. Si le professeur connaît l'élève, il peut être inconsciemment influencé par ses caractéristiques globales de présentation (effet de halo): apparence physique, vêtements, postures corporelles, mode d'élocution séduisent ou attirent l'hostilité du professeur, qui se montre plus ou moins sévère au moment de la correction des devoirs de cet élève.

Effet de halo et constante macabre...

Il a même été démontré que le sexe de l'élève pouvait induire des partis pris de correction. Le comportement en classe est également déterminant : quel professeur n'a pas eu envie de régler

1- H. Laugier, D. Weinberg, *Recherche sur la solidarité et l'interdépendance des aptitudes intellectuelles d'après les notes des examens écrits du baccalauréat*, Chantenay, 1938.

2- Voir J.-M. De Ketele, *L'Évaluation, approche descriptive ou prescriptive*, De Boeck, 1992.

ses comptes avec un élève dissipé en sous-évaluant systématiquement ses productions écrites ? Certains professeurs se figent aussi dans leur premier jugement et notent ensuite l'élève de la même manière toute l'année, quelle que soit la qualité de ses productions (effet de stéréotypie). L'ordre de correction des copies est également déterminant : une copie moyenne corrigée après une copie médiocre sera mieux notée que si le professeur vient de corriger une copie excellente. Le niveau global de la classe influence de la même manière la notation, les productions d'un élève pouvant être jugées moyennes, bonnes ou médiocres selon le niveau des autres élèves (effet de relativation). Il y a enfin ce qu'un chercheur a appelé la « constante macabre », qui veut que « sous la pression de la société, les professeurs se sentent obligés de mettre un certain nombre de mauvaises notes, même dans les classes de bon niveau, pour être crédibles[3] ». C'est pourquoi, quelques mois après les événements de mai 1968, le ministre de l'Éducation nationale d'alors, Edgar Faure, avait tenté de transformer en profondeur les pratiques de notation. Il préconisait l'abandon de la notation sur 20 au profit d'appréciations plus globales en cinq niveaux, de A à E. Dans sa circulaire, le ministre demandait aux enseignants de « prendre conscience de la relativité de la note » et « d'éviter de la dramatiser »[4]. Mais en quelques années, la circulaire a été oubliée et les modes de notation traditionnels sont redevenus majoritaires. Pourquoi ces pratiques, dont tous les spécialistes depuis presque un siècle critiquent l'iniquité, persistent-elles avec tant d'insistance ?

Une culture du classement et de la sélection

La première raison tient à l'histoire scolaire de la France. Ce sont les jésuites qui au XVIIe siècle ont généralisé dans leurs collèges la pratique de la note (au départ de 1 à 6) et du classement des élèves. Il s'agissait alors pour eux de former les élites intellectuelles chargées de lutter contre le protestantisme. Leur préoccupation était donc la distinction des meilleurs et non l'instruction de tous. En créant les lycées sur le modèle des collèges jésuites pour former les élites de l'État, Napoléon Ier a maintenu cette culture de classement et de sélection. À l'école primaire,

3- A. Antibi, *La Constante macabre ou Comment a-t-on découragé des générations d'élèves ?*, Math'Adore, 2003.

4- Circulaire du 6 janvier 1969.

c'est la IIIe République qui, en voulant concurrencer les rituels catholiques, a donné un caractère très solennel aux classements : compositions mensuelles, tableaux d'honneur et d'excellence, remise des prix de fin d'année. Cette tendance a existé dans tous les pays qui ont développé un système scolaire comparable au nôtre, mais dans les pays de tradition protestante, où l'histoire scolaire a été en général moins conflictuelle qu'en France, il a été plus facile de faire évoluer les modes d'évaluation. Dans le cas désormais emblématique de la Finlande, dont les résultats scolaires sont jugés exemplaires, le cursus unique de 7 à 13 ans peut aujourd'hui se faire sans notes. Les enseignants ne donnent que des appréciations écrites et les critiques ne sont formulées que dans le but d'indiquer à l'élève ce qu'il peut faire pour s'améliorer. En Angleterre ou aux États-Unis, les évaluations sont moins centrées sur l'excellence académique qu'en France et valorisent des compétences plus diversifiées : recherche documentaire et réalisation de dossiers, expression orale, activités artistiques et sportives, implication dans la vie collective de l'établissement.

Une demande des familles

Mais il y a une autre raison à la persistance des pratiques traditionnelles de notation dans notre système scolaire : la demande des familles. Il est légitime que les parents veuillent savoir comment leurs enfants se situent par rapport aux exigences des programmes d'examens, particulièrement aujourd'hui, alors que la réussite scolaire détermine fortement l'avenir socioprofessionnel des individus. Ils attendent donc des informations précises sur le niveau scolaire de leurs enfants et se réfèrent logiquement au système de notation qu'ils ont eux-mêmes connu.

En outre, il est également normal que les enseignants aient besoin de repères pour mesurer les acquisitions de leurs élèves et ajuster leur travail en fonction de leurs résultats. C'est pourquoi la recherche en éducation a depuis une trentaine d'années développé de nombreuses réflexions sur le rôle de l'évaluation dans les processus d'apprentissage. Dépassant la simple critique de la dimension arbitraire des notations traditionnelles, les chercheurs ont montré que la note est surtout pédagogiquement insuffisante. En effet, elle ne permet pas de distinguer ce que les élèves ont réellement appris de ce qu'ils n'ont pas compris. Un 10 en maths peut signifier que l'élève a réussi la moitié des exercices proposés, mais on ne sait alors pas lesquels, ou bien qu'il a réussi la moitié de chacun des exercices, ce qui ne renseigne pas sur ce qu'il a compris ou pas. Autrement dit, la note correspond à un système scolaire dont le seul but est de classer les élèves, mais si l'on veut lutter contre l'échec scolaire, elle devient inopérante et même contre-productive.

À la fin des années 1970, des chercheurs en éducation ont donc élaboré le concept d'évaluation « formative »[5]. Derrière ce mot un peu abstrait et rébarbatif, il y a un principe pédagogique assez simple, que résume Jean-Marie De Ketele : « Les erreurs font partie d'un processus normal d'apprentissage[6]. » Il s'agit donc d'intégrer les évaluations dans le travail d'apprentissage des élèves en classe pour les aider à repérer et comprendre leurs erreurs sans les sanctionner immédiatement. Cela suppose à la fois une variété de modes d'évaluation adaptés aux besoins des élèves (exercices divers, interrogations orales, QCM, contrôles sur table...), et surtout des évaluations conçues en fonction d'objectifs d'apprentissage précisément identifiés. C'est en fait l'idée que les élèves apprennent mieux par une activité guidée en classe et en réfléchissant sur leurs erreurs qu'en se contentant d'écouter un cours magistral ou dialogué et en tentant d'en restituer les acquis dans un devoir qui fait l'objet d'une sanction immédiate. L'évaluation formative n'exclut évidemment pas les devoirs notés traditionnellement en fin de séquence d'apprentissage, mais elle y prépare mieux et donne le temps à l'enseignant de repérer ce que les élèves ont du mal à comprendre.

Évaluer autrement, un investissement coûteux

Ces principes sont largement diffusés depuis plus quinze ans dans les IUFM et en formation continue des enseignants. Mais ils ne sont pas encore pris en compte par la majorité d'entre eux. Outre le poids des traditions, il y a à cette résistance une raison majeure: pour être efficace, l'évaluation formative suppose une transformation importante des pratiques habituelles de la classe, et exige donc de l'enseignant beaucoup d'efforts et de temps. Identifier pour chaque cours des objectifs de connaissances ou de compétences spécifiques inscrits dans la continuité du programme, préparer des batteries d'activités adaptées à ces

5- L. Allal, J. Cardinet, P. Perrenoud (dir.), *L'Évaluation formative dans un enseignement différencié*, 5e éd., Peter Lang, 1989.

6- J.-M. De Ketele, « Contrôles, examens, évaluations » *in* J. Beillerot, N. Mosconi (dir.), *Traité des sciences et des pratiques de l'éducation*, Dunod, 2006.

objectifs et susceptibles d'être ajustées aux besoins différents de certains élèves en difficulté, orchestrer l'ensemble tout en gérant les imprévus qui ponctuent sans cesse la vie d'une classe, c'est un travail lourd et harassant qui suppose une longue expérience et une grande motivation.

Passer de la notation à l'évaluation, ce n'est donc pas seulement transformer l'échelle des notes. C'est en réalité changer le paradigme initial de notre système scolaire, encore centré sur la compétition entre les élèves. Cela suppose parfois d'aller assez loin dans la transformation des pratiques. Le chercheur Frédéric Tupin[7] a par exemple montré que dans un panel de professeurs de français, ceux qui réduisent le plus l'écart de réussite entre les élèves de familles populaires et les autres au collège sont ceux qui n'hésitent pas à introduire en classe l'étude de récits issus de la culture de masse, en l'occurrence des séries télévisées. Leur objectif est de faire passer les élèves de ces scénarios, qui leur sont familiers, à une pratique plus exigeante de la lecture et de l'écriture. Mais le chercheur souligne que pour satisfaire cette ambition, il leur faut aussi une grande rigueur pédagogique et didactique, dont l'évaluation formative est l'un des instruments. Cet exemple montre que si l'objectif du changement des méthodes d'évaluation des élèves est bien de réduire l'échec scolaire, ce changement s'inscrit nécessairement dans une transformation globale et radicale de nos habitudes scolaires.

7- F. Tupin, *Démocratiser l'école au quotidien*, Puf, 2004.

Clermont Gauthier

Qu'est-ce qu'un bon prof ?

Sur le continent nord-américain, un nombre imposant d'études converge vers les conclusions suivantes : l'école, plus particulièrement l'enseignant par la manière dont il gère sa classe et son enseignement, a une forte influence sur l'apprentissage des élèves. En améliorant les pratiques pédagogiques, on améliore le rendement scolaire des élèves, et particulièrement ceux provenant de milieux socio-économiques faibles. C'est ce qu'avait déjà montré, en 1993, la publication de trois chercheurs américains (« *What helps students learn ?* »[1]) qui, à partir d'une recherche de grande envergure, soutenaient que l'enseignant est le premier facteur d'influence sur l'apprentissage des élèves, à travers, d'une part, sa manière de gérer sa classe et, d'autre part, son rôle dans le développement des processus métacognitifs des élèves. Depuis, d'autres études ont permis de calculer la « valeur ajoutée d'un enseignant » sur les gains de performance des élèves, en tenant compte des autres facteurs comme le niveau socio-économique, l'origine ethnique, les expériences scolaires antérieures[2]...

En définitive, notre compréhension de l'enseignement a grandement évolué depuis une trentaine d'années. Nombre de recherches ont été conduites dans les classes où les comportements des enseignants ont été décrits, analysés, et leurs effets sur l'apprentissage des élèves mesurés et comparés. Les résultats de ces études sont assez constants et indiquent qu'il existe des stratégies pédagogiques plus efficaces que d'autres. Il semble en effet que les approches que l'on pourrait qualifier d'« instructionnistes »

1- M. Wang, G. Haertel, H. Walberg, publié en français sous le titre « Qu'est-ce qui aide l'élève à apprendre ? », *Vie pédagogique*, n° 90, sept.-oct. 1994.

2- D. Drury, H. Doran, « The value of value-added analysis. Policy research brief », *National School Boards Association*, vol. III, n° 1, janvier 2003.

soient associées à de meilleures performances des élèves que les approches par découverte. Elles constituent ce que Barak Rosenshine et Robert Stevens[3] appellent un modèle général d'enseignement efficace. Bien loin de réduire la complexité de l'enseignement à une sorte de technique mécaniste, ce modèle a l'avantage de formaliser et de faire ressortir des éléments importants que les enseignants performants prennent en compte. Ces éléments, validés par des recherches récentes, sont comme des signaux ou des indices qui leur servent de repères pour guider leur action.

Un modèle général d'enseignement efficace

Un enseignement explicite et systématique consiste à présenter un contenu de façon fractionnée, à marquer un temps pour en vérifier la compréhension en assurant une participation active de tous les élèves. Cette méthode s'avère particulièrement appropriée pour l'apprentissage de la lecture, des mathématiques, de la grammaire, de la langue maternelle et en partie des langues étrangères. Ce type d'enseignement se révèle particulièrement adapté pour les jeunes enfants, mais aussi pour ceux qui apprennent lentement, et pour les élèves les plus performants lorsqu'il s'agit d'une matière nouvelle ou complexe.

Pour B. Rosenshine et R. Stevens, les pratiques d'enseignement explicite se divisent en trois étapes : le « modelage » qui autorise la compréhension par l'élève de l'objectif d'apprentissage, la « pratique guidée » qui permet d'ajuster et de consolider la compréhension dans l'action, et la « pratique autonome » qui fournit de multiples occasions d'apprentissage nécessitant la maîtrise et l'automatisation des connaissances de base.

• **Le modelage des connaissances :** des clés pour penser. Dans cette première étape, l'enseignant s'efforce de mettre en place les moyens nécessaires à l'obtention d'un haut niveau d'attention de la part des élèves. Il se préoccupe, par des interventions verbales, de faire le lien avec les connaissances apprises antérieurement. Lors du modelage, l'information est présentée en petites unités, dans une séquence graduée du simple au complexe. La présentation d'une trop grande quantité d'informations nuit à la compréhension en surchargeant la mémoire de travail, et compromet une représentation adéquate des apprentissages à réaliser.

3- B. Rosenshine, R. Stevens, « Teaching functions », *in* M.C. Wittrock (dir.), *Handbook of Research on Teaching*, 3e éd. Macmillan, 1986.

L'enseignant énonce les objectifs de la leçon clairement afin que les élèves sachent ce qui est attendu d'eux. Il modélise les procédures, c'est-à-dire qu'il exécute devant les élèves les tâches à réaliser. Il le fait en pensant à haute voix, c'est-à-dire en énonçant pour les élèves les opérations mentales de la tâche. Une tâche dont la difficulté n'a pas été contrôlée est beaucoup plus difficile à apprendre et risque de semer la confusion et l'erreur chez les élèves. L'enseignant donne des exemples et des contre-exemples. Par exemple, des tâches comme résumer, comparer, qui semblent simples en apparence, sont beaucoup plus complexes à maîtriser qu'on le croit. C'est pourquoi il est fort utile de donner aux élèves des « clés pour penser » qui structurent leur démarche et facilitent l'apprentissage[4].

Contrairement à ce que certaines critiques de ces approches pédagogiques suggèrent, l'élève est loin d'être passif dans cette démarche, étant sans cesse sollicité par les nombreuses questions que pose le maître pour vérifier sa compréhension.

Par ailleurs, quand le maître veut enseigner un nouveau contenu à ses élèves, il doit au préalable revoir les savoirs et habiletés nécessaires à son acquisition. C'est ce que certains nomment le rappel des connaissances antérieures. Cette stratégie est importante car elle permet de réactiver dans la mémoire les contenus dont les élèves auront besoin pour mieux aborder le nouvel enseignement qui sera fait. Les devoirs à la maison sont destinés à revoir ce qui est déjà su afin d'en augmenter la fluidité par la pratique. Les enseignants ne donnent pas en devoir des tâches nouvelles que les élèves ne savent pas faire pour ne pas créer des erreurs de compréhension.

• **Pratique guidée et rétroaction.** Durant la pratique guidée, l'enseignant vérifie la qualité de la compréhension des élèves. À cette fin, il propose des tâches semblables et les questionne afin d'établir une rétroaction régulière. La pratique guidée est une stratégie essentielle qui nécessite beaucoup de temps. On a tort de penser que ce qui a été dit a été retenu par l'interlocuteur tel qu'énoncé. Il y a un monde de différence entre ce que l'enseignant dit et ce que les élèves retiennent. Par conséquent, c'est en observant et en interrogeant que l'enseignant pourra saisir le niveau de compréhension des élèves, la quantité et les types d'erreurs qu'ils font. Une erreur bien installée est beaucoup plus difficile à

4- Voir à ce propos, M. Pressley, V. Woloshyn (dir.), *Cognitive Strategy Instruction That Really Improves Children's Academic Performance*, Brookline Books, 1995.

corriger, c'est pourquoi la pratique guidée permet leur détection rapide et leur correction sans délai.

Au cours de la pratique guidée, l'enseignant cherche à obtenir des informations de tous ses élèves, les incite à répondre, leur donne des explications additionnelles au besoin. Il continue ainsi jusqu'à ce que la pratique devienne fluide et que les élèves obtiennent un haut taux de succès. Cette étape peut être favorisée par le travail d'équipe qui permet aux élèves de vérifier leur compréhension en échangeant des idées entre eux. La pratique guidée aide les élèves à vérifier, ajuster, consolider en arrimant les nouvelles connaissances à celles qu'ils possèdent déjà en mémoire.

• **Vers une pratique autonome.** La troisième étape, la pratique autonome, n'est abordée que lorsque le maître est assuré que les élèves ont atteint un niveau de maîtrise élevé de la connaissance à apprendre. C'est dans l'action que l'élève pourra parfaire la maîtrise de ses nouveaux apprentissages et les automatiser, facilitant ainsi leur mémorisation et leur rappel éventuel. Il doit devenir capable de faire seul, avec fluidité et sans erreur.

Par ailleurs, un enseignement efficace nécessite une révision fréquente de ce qui a été enseigné, ainsi qu'une évaluation régulière des élèves, le maître pouvant réenseigner ce qui n'a pas été maîtrisé. Il ne faut pas oublier qu'il n'y a pas de transfert possible si les connaissances n'ont pas été d'abord acquises, c'est-à-dire comprises. Il n'y a pas non plus de transfert possible si les connaissances n'ont pas été retenues. Retenues, c'est-à-dire qu'elles ont été suffisamment pratiquées pour être mobilisables au besoin. Sur ce point, la pédagogie de projet, censée faciliter le transfert des apprentissages, présente de sérieuses limites et rend le transfert plutôt improbable.

Un enseignement traditionnel « relooké » ?

En effet, dans cette approche on ne s'assure pas assez que les connaissances nécessaires ont été acquises ni qu'elles ont été suffisamment pratiquées pour être stockées et organisées dans la mémoire à long terme, donc mobilisables au besoin. Mais n'est-ce pas là ce que font les maîtres depuis toujours ?, se demanderont certains. Nombreux sont ceux, en effet, qui ont tendance à confondre enseignement traditionnel et enseignement explicite : le modelage, expliqué précédemment, est souvent assimilé à un cours magistral et la pratique autonome à la phase des exercices d'application. Or il faut bien comprendre que le modèle de B. Rosenshine et R. Stevens s'éloigne à plusieurs égards d'un enseignement traditionnel. Alors que l'enseignement magistral est axé sur la transmission du contenu, l'enseignement explicite porte principalement sur sa compréhension et son maintien en mémoire.

Dans l'enseignement traditionnel, on fait peu de rappel des connaissances antérieures et l'on procède comme si ce qui a été enseigné auparavant avait été compris et retenu. Les buts visés ne sont pas nécessairement clairs ni explicites. L'enseignant n'accorde pas suffisamment de temps à la pratique guidée. Le plus souvent, il fournit quelques explications puis met les élèves au travail en situation de pratique autonome. L'erreur de compréhension a donc le temps d'émerger et de se cristalliser dans l'esprit des élèves. La responsabilité de l'échec est alors attribuée à l'enfant et non à un défaut d'enseignement. Se livrer au rappel des connaissances antérieures, énoncer ses buts de manière claire, s'adonner longuement à la pratique guidée sont les clés fondamentales d'une pédagogie efficace ; autant de pratiques qui font trop souvent défaut dans les classes traditionnelles.

Notons qu'au Québec, les enseignants considérés comme les plus efficaces accordent en moyenne 23 minutes (sur 50) au modelage des connaissances et à la pratique guidée avant de passer à la phase de pratique autonome, contre 11 minutes pour les autres.

Les limites des pédagogies centrées sur l'élève

À l'inverse, qu'en est-il de l'efficacité de pratiques pédagogiques dites actives, de projet, de découverte... que l'on peut regrouper comme des pédagogies centrées sur l'élève ?

Même si le rappel des connaissances antérieures peut y être présent, ces pédagogies ne s'assurent pas assez que les savoirs ont été bien compris et suffisamment pratiqués pour être mobilisables aisément. Par ailleurs, dans de telles pédagogies, l'enseignant n'exerce pas un contrôle minutieux de la difficulté de la tâche dans une séquence du simple au complexe. Dans la pédagogie de projet, par exemple, les élèves sont confrontés d'entrée de jeu à des tâches complexes. Comme celles-ci ne sont pas hiérarchisées, les élèves ne réussiront pas nécessairement ce qui est attendu. Par contre, si l'accent n'est pas assez mis sur l'importance d'une pratique intense, une contribution majeure du constructivisme et des approches par découverte a été de mettre en évidence l'importance pour l'enseignant de connaître le niveau de compréhension des élèves.

En outre, on observe souvent dans les pédagogies de projet une tendance à l'éparpillement et au survol. Même si les élèves aiment les projets, leur apprentissage devrait être le critère premier de l'enseignant. La croyance selon laquelle l'apprentissage est de meilleure qualité lorsque l'élève est libre de son parcours n'est pas corroborée par les études sur le sujet… Et l'on dira, en cas d'échec, que les conditions d'implantation n'ont pas été réunies, qu'il y avait trop d'élèves, pas assez de budget, pas assez de temps, etc. Bref, on cherche la raison en dehors de l'approche pédagogique elle-même.

Le militantisme pédagogique nuit à l'analyse rigoureuse et objective. C'est pourquoi il ne s'agit pas d'être partisan d'une approche pédagogique particulière, nouvelle ou traditionnelle, de gauche ou de droite. La question importante est plutôt d'examiner si une base de recherche empirique existe et si les effets sur l'apprentissage des élèves de diverses stratégies ou approches pédagogiques ont été mesurés. Il semble que les approches instructionnistes[5], qui ont été présentées ici, possèdent un plus fort potentiel pour favoriser les apprentissages des élèves que les autres. Pourtant, et paradoxalement, les réformes éducatives actuelles dans plusieurs pays font la promotion d'un enseignement qui part de la découverte des élèves, et ce comme si on avait fait une percée majeure dans cette direction sur le plan de la recherche. Pourtant, on n'a pas encore vu de résultats concluants de recherches en ce sens. Par ailleurs, la tentation est grande de refuser les approches nouvelles au profit d'un retour à la tradition et à la pédagogie d'autrefois dont les faiblesses ont également été démontrées. Pour y voir clair, plus que jamais l'injonction de B. Rosenshine nous apparaît pertinente : « *Show me the data !* »

5- La très grande majorité des études sur cette question provient du monde anglo-saxon.

« Follow Through » : une évaluation des pratiques pédagogiques

Assez méconnu dans le monde la recherche en éducation, le projet américain « Follow Through » constitue pourtant la plus vaste expérimentation à grande échelle jamais effectuée dans le domaine de l'éducation en Occident. Cette étude, qui a été poursuivie régulièrement de 1967 à 1995, avait pour but d'analyser et de comparer l'efficacité d'une vingtaine d'approches pédagogiques impliquant quelque 70 000 élèves de maternelle et de primaire issus de milieux défavorisés.

Les modèles pédagogiques ont été regroupés en deux grandes catégories :

- les approches centrées sur l'enseignement (*basic skills models* ou modèles académiques), orientées vers un enseignement systématique des apprentissages de base (lecture, écriture, mathématiques) ;
- les approches centrées sur l'élève, appelées modèles cognitivistes (*cognitive skills models*) ou modèles affectifs (*affective skills models*). Les premiers centrés sur le respect du niveau de l'enfant et de son style d'apprentissage ; les seconds sur le respect du rythme de chacun, de ses besoins et de ses intérêts.

Au niveau des performances des élèves, ce sont les approches centrées sur l'enseignement qui ont – largement – obtenu les meilleurs scores. Mais il y a plus : les experts chargés d'analyser les résultats (appartenant à un cabinet indépendant pour éviter tout risque de partialité !) ont constaté avec étonnement, dans les modèles centrés sur l'élève, de faibles performances pour les compétences cognitives et l'estime de soi, inférieures à ceux qui avaient eu droit à une pédagogie pourtant censée être moins à l'écoute des chers petits bambins...
D'autres études et méta-analyses, à base de statistiques très sophistiquées, sont venues corroborer ces résultats : le programme « Direct Instruction » notamment, qui consiste en un enseignement explicite et une démarche pédagogique rigoureuse pour l'acquisition des matières de base, apparaît comme le grand vainqueur, particulièrement pour l'apprentissage de la lecture... Une étude du suivi des élèves a par ailleurs établi que ceux qui avaient bénéficié d'un enseignement de type « Direct Instruction » redoublaient moins et obtenaient par la suite un niveau de diplôme supérieur à leurs petits camarades qui avaient connu un enseignement traditionnel ou centré sur l'élève... Ces résultats ont été confirmés en 2003 auprès des élèves de l'école City Spring. Cet établissement, parmi les plus défavorisées du district scolaire de Baltimore, a réussi en six ans à améliorer les performances des élèves en lecture et en mathématiques d'environ 80 rangs par centiles, ce qui représente des progrès très significatifs.

M.F.

• « Interventions pédagogiques efficaces et réussite scolaire des élèves provenant de milieux défavorisés. Une revue de littérature », Chaire de recherche du Canada en formation à l'enseignement, université de Laval, Québec, avril 2004.

Pascal Bressoux

Comment favoriser les progrès des élèves ?

La bonne classe, le bon maître, le bon professeur... À entendre les propos des élèves et des parents, qui pourrait nier qu'il existe des différences entre les enseignants, propres à plus ou moins bien faire réussir les élèves ? Il est bien normal alors que les spécialistes se soient penchés sur cette question. Un grand nombre de travaux ont porté sur l'efficacité de l'enseignement, révélant des variations importantes d'acquisitions selon la classe fréquentée. Ces travaux distinguent d'ailleurs des « effets-classe » et des « effets-maître »: tout ce qui se passe dans une classe, en effet, ne relève pas de l'enseignant. Pourtant, ils montrent aussi que l'action du maître est essentielle.

Classes efficaces, classes équitables

Chacun connaît le lien qui existe entre l'origine sociale des élèves et la réussite scolaire. L'origine sociale, mesurée par la profession des parents et leur niveau de diplôme, explique environ 15 % de la variabilité des acquis des élèves à l'école élémentaire et au collège.

Le poids de l'effet-classe est d'une ampleur à peu près similaire[1]. C'est dire que, sur une année scolaire, la classe fréquentée par l'élève compte autant que la profession et le niveau de diplôme des parents. À l'évidence, il ne s'agit pas d'un poids mineur. Deux différences doivent cependant être notées. D'une part, la classe n'a que la durée d'une année scolaire. Tel effet-classe bénéfique une année peut être atténué, voire contrecarré, l'année suivante par la fréquentation d'une classe moins efficace. Rien de tel avec l'origine sociale, dont l'effet peut être supposé stable et cumulatif

1- P. Bressoux, « Les recherches sur les effets-écoles et les effets-maîtres », *Revue française de pédagogie*, n° 108, juillet-septembre 1994.

sur une durée longue. D'autre part, l'effet de l'origine sociale est un peu plus marqué pour l'apprentissage de la langue maternelle tandis que, à l'inverse, l'effet-classe est un peu plus fort pour l'apprentissage des sciences (mathématiques, physique, etc.). La raison en est que la langue maternelle se pratique dans le milieu familial tandis que les sciences sont davantage des disciplines dont l'apprentissage relève de l'école.

Mais en quoi consiste exactement l'effet-classe ? Si l'on définit l'efficacité comme la capacité à élever le niveau moyen des élèves alors, à l'évidence, les classes sont diversement efficaces. Mais les classes se révèlent aussi diversement équitables, c'est-à-dire plus ou moins égalisatrices : les écarts initiaux entre les élèves forts et les élèves faibles peuvent s'y s'accroître ou s'y réduire.

Ce caractère plus ou moins égalisateur est en partie lié aux conceptions que se font les enseignants de leur rôle et de leur métier. Certains sont portés vers un désir d'égalité, de promotion des plus faibles, tandis que d'autres sont tournés vers la sélection d'une élite. Ces différentes conceptions marquent des clivages plus marqués au fur et à mesure que l'on s'élève dans la scolarité et sont bien présentes au niveau du lycée[2].

Si les dimensions de l'efficacité et de l'équité ne se confondent pas, elles sont cependant statistiquement liées : on constate que, en moyenne, les classes efficaces sont plus fréquemment équitables. Car ce sont les élèves faibles qui sont le plus sensibles, dans leurs progrès, à la qualité de l'enseignement. Les variations des résultats des élèves forts, si elles existent bien réellement selon les classes, sont cependant moins sensibles.

Il serait cependant erroné d'attribuer l'entière responsabilité de l'efficacité et de l'équité des classes à l'enseignant. Le maître est en effet confronté à des facteurs sur lesquels il n'a pas de prise comme le niveau de départ des élèves, leur hétérogénéité, leur origine sociale, ou aussi les effectifs de la classe, le nombre d'heures allouées pour son cours, etc. Mais ces données sont loin d'épuiser l'ampleur de l'effet-classe, ce qui laisse penser que l'effet-maître en est une composante majeure. Les recherches montrent que d'une année à l'autre, il existe une corrélation entre les performances des classes enseignées par un même maître (alors que les élèves ont changé). Dans l'enseignement secondaire, où les enseignants ont plusieurs classes en charge, on relève là encore que les classes d'un même enseignant ont des performances proches.

2- G. Felouzis, *L'Efficacité des enseignants*, Puf, 1997.

De plus, les études expérimentales qui ont introduit des modifications dans les pratiques des enseignants montrent que cela a des répercussions sur les acquisitions des élèves.

Mais comment cerner ce qui fait qu'un enseignant est plus ou moins efficace ? Tout d'abord, il faut sortir de l'idée que cette caractéristique est attachée à la personne, que ce serait, en quelque sorte, un trait de sa personnalité. Mais il serait tout aussi vain de chercher dans une méthode spécifique la clé universelle à de meilleurs apprentissages !

Des démarches qui font la différence...

C'est dans l'interaction avec les élèves que l'expérience, le savoir-faire trouveront ou non leur potentiel ; et que certains comportements vont orienter les apprentissages des élèves et vont se révéler, *in fine*, plus ou moins efficaces.

L'explication des différences d'efficacité entre les enseignants est d'abord à rechercher dans les différences entre les pratiques. Prenons par exemple la manière dont est géré, selon les enseignants, le temps de la classe. Dans certaines classes élémentaires, on fait trois fois plus de mathématiques que dans d'autres classes. En français, le rapport peut être encore plus grand[3].

De même, le temps effectivement disponible pour le travail varie de manière très sensible. Dans certaines classes, le temps est optimisé: installation et mise en route rapides, peu de pertes de temps dans les changements d'activité, périodes de non-travail minimisées, etc. Ces manières bien différentes de gérer le temps scolaire ne sont pas sans lien avec les acquisitions des élèves.

Un autre exemple porte sur la démarche d'enseignement utilisée par chacun. De nombreux travaux ont montré que les élèves bénéficient d'une démarche très structurée, fortement guidée par l'enseignant, où la notion à enseigner est clairement explicitée, où l'on procède par petites étapes selon un rythme de leçon soutenu, en s'assurant à chaque nouvelle étape que les étapes précédentes sont maîtrisées, où l'on procède à des révisions régulières... Ce type de démarche n'est pas à proprement parler une « méthode ». Elle est souvent désignée sous l'appellation d'« enseignement direct » (voir encadré), ou « enseignement explicite ». Nombreux sont les travaux qui ont montré son efficacité dans l'enseignement

3- P. Bressoux *et al.*, « Diversité des pratiques d'enseignement à l'école élémentaire », *Revue française de pédagogie*, n° 126, 1999.

des disciplines comme la lecture, les mathématiques ou les sciences, notamment pour les élèves en difficulté .

Une exigence forte amène un niveau plus élevé

Il a été aussi montré que les enseignants qui ont des attentes élevées vis-à-vis des acquisitions de leurs élèves obtiennent effectivement de meilleurs résultats que les autres : c'est le fameux effet Pygmalion, isolé dans les années 1960 par deux chercheurs américains[4]. Mais comment cet effet d'attente se produit-il ?

D'une part, les enseignants qui ont des attentes élevées offrent un contenu plus riche, plus ambitieux aux élèves, ils s'évertuent davantage à leur faire acquérir les notions. D'autre part, les enseignants communiquent, de manière explicite ou implicite, leur degré d'attente et « persuadent » ainsi les élèves qu'ils sont capables de réussir. La psychologie sociale a bien montré le rôle bénéfique de la confiance en soi pour les élèves, qui améliore le sentiment de compétence et de contrôle sur sa propre réussite. Ces éléments sont favorables à un meilleur engagement dans les tâches scolaires, donc à de meilleurs apprentissages.

Or, tous les enseignants ne portent pas le même regard sur les élèves. Les jugements rigides ou stéréotypés sont sans doute les moins aptes à favoriser les progrès des élèves. Ces enseignants dogmatiques amplifient les différences, entre forts et faibles par exemple. Ils développent de ce fait de faibles attentes vis-à-vis de ceux qu'ils jugent faibles. Une vision rigide fait qu'ils perçoivent davantage les informations conformes à leur jugement initial, ou bien transforment les informations pour les rendre compatibles avec ce jugement. Ils s'enferrent ainsi dans une vision fixiste des élèves malgré d'éventuels signes de changements de leur part. À la longue, si les élèves ne résistent pas, ils vont finir par se voir tels qu'on les voit, se conformer à ce qui est attendu d'eux, confirmant ainsi le jugement initial[5].

À l'inverse, les enseignants efficaces font preuve d'une attitude non dogmatique, une confiance dans la capacité des élèves à progresser et aussi la croyance que les résultats ne sont pas seulement (voire pas du tout) le produit de capacités fixes, stables et générales. Cela suppose aussi une vigilance constante aux progrès

4- J. E. Brophy, T. L. Good, « Teacher behavior and student achievement », *in* Merlin C. Wittrock (dir.), *Handbook of Research on Teaching*, 3e éd., Macmillan, 1986.

5- P. Bressoux, P. Pansu, *Quand les enseignants jugent leurs élèves*, Puf, 2003.

réalisés par les élèves, de manière à réviser les jugements et, ainsi, ne pas enfermer les élèves dans la catégorie des bons ou des moins bons.

L'enseignement direct : comment ça marche ?

Le rôle actif de l'enseignant, la structuration rigoureuse des activités, telles sont les conditions requises pour ce qu'un courant de chercheurs appelle l'« enseignement direct » ou « explicite ».

Dans l'enseignement direct, l'enseignant met en situation les élèves – grand groupe classe ou en grands groupes d'élèves – et fixe préalablement les objectifs de la leçon afin de focaliser l'attention des élèves sur les notions essentielles à maîtriser. Puis il expose, assez longuement, les notions (phase de modelage). Dans la phase suivante (pratique dirigée), les élèves font des manipulations en travail collectif, parfois en équipe, dirigées par l'enseignant. Vient ensuite une phase de pratique autonome où les élèves réalisent des exercices individuels. Cette dernière étape est supposée ne pouvoir être accomplie avec efficacité que lorsque les phases précédentes ont permis une maîtrise suffisante de la notion. Des révisions régulières de la notion, hebdomadaires et mensuelles, sont ensuite réalisées afin d'assurer une accessibilité ou automatisation.

Tous les enseignants font cela, dira-t-on. Pourtant, les observations en classe montrent une très grande variété de pratiques enseignantes. L'un des fondements majeurs de l'enseignement direct tient dans le caractère systématique de ces différentes phases. Le but est d'alléger la charge cognitive en mémoire de travail. Pour cela, il est nécessaire de focaliser d'emblée les élèves sur les informations importantes et de progresser par petites étapes. La première étape doit être acquise avant d'en ajouter une autre. On vise ainsi à s'assurer que les élèves sont « cognitivement prêts » à s'engager dans une activité individuelle, qui requiert de la persévérance.

Ni simple transmission de contenu ni immersion de l'élève dans une situation de découverte autonome, l'enseignement direct se révèle efficace dans bien des cas, en particulier auprès des élèves en difficultés. On aurait cependant tort d'y voir une sorte de recette à suivre aveuglément, ou une pratique exclusive des autres.

S. Bissonnette, M. Richard, C. Gauthier, « Interventions pédagogiques efficaces et réussite scolaire des élèves provenant de milieux défavorisés », *Revue française de pédagogie*, n° 150, janvier-mars 2005. Voir aussi l'article de C. Gauthier dans le présent ouvrage.

La relation éducative, acteurs et institution

- Figures de l'enseignant d'hier à aujourd'hui (Encadré)
- Jeunes profs, la fin des grands idéaux
  (Entretien avec A. Van Zanten)
- Les nouveaux profs vont-ils changer l'école ? (M. Baumard)
- Autorité : où sont passés les modèles ? (M. Fournier)
- Au collège : ouvrir le champ des possibles (N. Catheline)
- Pédagogie contre violence (Entretien avec É. Debarbieux)
- Politique et école, la dimension anthropologique
  (A. Tarpinian)

Figures de l'enseignant d'hier à aujourd'hui

« Un vieux sage, barbu, solitaire et omniscient, qui, du haut de l'Olympe de son savoir, lâche sur la France des sujets de bac comme autant d'énigmes divines », tel est le portrait dressé par les élèves de Daniel Pennac du professeur type, celui qui juge et évalue ce que les élèves devraient savoir (*Chagrin d'école*, Gallimard, 2007)... Cette image de l'enseignant qui confine à ce que l'auteur appelle « la pensée magique » reste bien ancrée dans les représentations... Pourtant, le rôle et l'image des enseignants ont bien évolué.

La pédagogie, conçue comme l'art d'éduquer, désigne les méthodes et les pratiques d'enseignement aussi bien que les qualités requises pour transmettre et faire apprendre. La définition a le mérite d'être large et la prétention d'être consensuelle ! Mais au-delà, les choses se compliquent, surtout pour les jeunes enseignants qui feuillettent les manuels, les guides et les publications pléthoriques sur le sujet... Pédagogie active, pédagogie par objectifs, pédagogie de la maîtrise... sans oublier les didactiques propres à chaque discipline, les méthodes d'apprentissage de la lecture... Comment s'y retrouver dans cette jungle exubérante ?

Chaque époque, chaque courant philosophique, psychologique ou sociologique a fait naître de nouvelles conceptions de la pédagogie qui se sont superposées, confrontées sans que les anciennes laissent forcément la place aux nouvelles. Et chacune d'elle a dessiné une figure nouvelle de l'enseignant... De l'Antiquité au siècle des Lumières, l'éducation intellectuelle était réservée à une petite élite destinée à devenir les lettrés de la société. Éduquer consistait à transmettre la tradition, porteuse de la sagesse des hommes. L'enseignement qui reposait sur l'apprentissage des langues anciennes était dédié à un maître, dont l'autorité tout entière reposait sur son érudition. Le XIXe siècle, qui voit se développer les recherches scientifiques en même temps que l'émergence des idées démocratiques, fait naître deux nouvelles figures d'enseignants : celle du professeur et celle de l'instituteur.

Maître, professeur, instituteur...

Dans le contexte positiviste de l'époque, la tâche du professeur est d'enseigner la vérité scientifique, qui vient s'ajouter à l'enseignement des œuvres philosophiques et littéraires. Son enseignement et sa démarche, comme pour le maître de l'Ancien Régime, reposent sur l'autorité de la science et continuent de s'adresser à une petite élite. L'instituteur, quant à lui, est investi d'une mission : dans un contexte où se généralise l'instruction élémentaire, destinée aux enfants du peuple, il a en charge d'alphabétiser tout en délivrant une éducation morale. C'est aussi au XIXe siècle que la « forme scolaire » se généralise à la plupart des systèmes éducatifs : l'instruction est délivrée par un maître devant une classe.

Des programmes et des progressions voient le jour. À l'école primaire, même si les leçons reposent sur des explications exemplifiées, la méthode qui prévaut est aussi celle de l'enseignement magistral, du « par cœur » et de la répétition.
Ces figures du maître, du professeur ou de l'instituteur incarnent aujourd'hui ce que l'on regroupe sous le vocable de « pédagogies traditionnelles », dans lesquelles prime l'idée d'une transmission de connaissances et de valeurs, directement du maître à l'élève.

L'ingénieur et l'animateur
Le XXe siècle va générer tout une panoplie de modèles pédagogiques. L'époque est secouée par un puissant courant qui se développe dans tous les pays industrialisés : celui de la pédagogie nouvelle (pour une présentation détaillée, voir page 57). Se voulant profondément démocratiques, les pédagogies nouvelles postulent l'éducabilité de tous les enfants, qui doivent être traités en individus libres et autonomes. Inventeurs des méthodes actives, par lesquelles chacun est à même de construire son propre savoir, ces pédagogues récusent l'enseignement magistral et traditionnel, qui suppose une écoute docile et postule que la tête de l'enfant n'est qu'un réservoir qu'il faut remplir de connaissances et de maximes.
Cette figure de l'« **enseignant accoucheur** » se trouve confortée par le développement de la psychologie de l'enfant. Piaget, notamment, élabore sa théorie sur le développement de l'intelligence, selon laquelle celle-ci est construite par l'action du sujet dans une suite d'interactions entre l'individu et son environnement. Mais cette psychologie « constructiviste » se retrouve en concurrence avec un autre courant très puissant lui aussi durant tout le XXe siècle : le béhaviorisme, qui avance que l'on apprend par conditionnement et qui, de son côté, vient apporter de l'eau au moulin des méthodes traditionnelles. C'est de ce courant, longtemps hégémonique aux États-Unis, que naîtront les pédagogies par objectifs, l'enseignement programmé, et la pédagogie de la maîtrise… Dans ce type d'enseignement où chaque apprentissage est programmé selon une progression fixée à l'avance et évalué à chaque étape, l'enseignant devient **un technicien**, une sorte d'ingénieur qui établit les normes de productivité des élèves et se préoccupe de leur bon déroulement.
Le dernier quart du XXe siècle apporte une fois de plus son lot d'innovations. D'une part, l'ample vague de démocratisation des systèmes éducatifs et l'allongement des études pour tous les élèves confrontent les enseignants au problème de l'hétérogénéité du niveau des classes. D'autre part, l'explosion des sciences humaines, – notamment de la sociologie de l'éducation, de la psychologie sociale et de la psychologie cognitive – va faire exploser les certitudes. Des notions comme

celles de capital culturel (avancée par le sociologue Pierre Bourdieu), de dynamique de groupe (mise en évidence par Kurt Lewin), la promotion de courants d'idées issus de la rupture des années 1970 telle la non-directivité de Carl Rogers, la diffusion dans la société de la psychanalyse et le changement de regard qu'elle induit sur l'enfant vont faire entrer la pédagogie dans ce que Daniel Hameline appelle « l'ère du soupçon »[1].

Au grand dam des tenants d'une pédagogie qu'ils voudraient voir rester traditionnelle, émerge alors une figure de l'« **enseignant animateur** » qui privilégie le rapport que les élèves entretiennent avec les connaissances et la manière dont ils se les approprient...

L'enseignant du XXIe siècle : un coach?

Où en sommes-nous à l'aube du XXIe siècle ? Peut-on dire qu'une figure d'enseignant a terrassé toutes les autres? Certes non. Dans le débat public, la querelle entre traditionalistes et tenants des pédagogies actives fait toujours rage. Mais dans le quotidien des écoles, des collèges et des lycées, la réalité est devenue beaucoup plus complexe.

En France, la forme scolaire reste certes très prégnante: l'acquisition des connaissances ordonnées en programmes et en progressions, l'usage majoritaire de l'enseignement magistral, où les élèves sont regroupés par âge et par niveau, demeurent la règle. Mais les « vieilles pédagogies nouvelles », souvent d'ailleurs associées aux nouvelles technologies, sont entrées par la petite porte: travaux de groupes, pédagogie axée sur un projet construit par les élèves comme la rédaction d'un journal ou de blogs, recherches documentaires sur le Web et autres méthodes actives dans lesquelles les enfants se font auteurs de leurs propres apprentissages... Toutes ces pratiques sont présentes dans les établissements primaires et secondaires. Selon l'air du temps et les politiques au pouvoir, elles sont même encouragées par les directives ministérielles: des travaux personnels encadrés (TPE) ont été mis en place dans l'enseignement secondaire, des parcours de découverte dans les collèges qui prennent selon le moment des appellations différentes... Il faut dire qu'avec l'instauration de l'enseignement de masse, l'échec scolaire d'un certain nombre d'élèves est devenu une préoccupation majeure, donnant aux expériences de pédagogies alternatives ou innovantes une marge accrue, comme c'est le cas par exemple des écoles Freinet, ou du lycée autogéré de Saint-Nazaire dont la pédagogie sera exportée à la rentrée 2008, sur décision du ministère, dans plusieurs établissements « difficiles »...

1- F. Tilman, D. Grooters, *Les Chemins de la pédagogie. Guide des idées sur l'éducation, la formation et l'apprentissage*, Chronique sociale, 2006.

Parallèlement à ce déploiement de pratiques et de méthodes, et face à une compétition scolaire de plus en plus rude, de nouvelles figures de l'enseignant se font jour. Le « **professeur tuteur** » est apparu avec la mise en place des actions de soutien aux élèves en difficulté, et la pratique du tutorat, qui consiste à accompagner le parcours de formation des élèves, s'est généralisée dans certains établissements ainsi que dans l'enseignement supérieur.
Alors que les palmarès internationaux placent aux premiers rangs de la réussite les pays qui pratiquent les méthodes actives associées à un enseignement individualisé, c'est la figure du coach qui émerge aujourd'hui: d'extrascolaire, sous forme de cours particuliers ou *via* Internet pour les plus nantis, « la **figure du coach** est aussi mobilisée à l'école pour servir de modèle au nouveau rôle du formateur », expliquent les chercheurs Francis Tilman et Dominique Grooters de l'université de Louvain-la-Neuve. Un coach censé guider l'élève dans sa propre trajectoire d'apprentissage et l'aider à acquérir les compétences nécessaires à sa réussite...

Le maître aux mille casquettes
Maître, professeur, instituteur, animateur, ingénieur, coach... Chaque figure est évidemment sujette à critique, selon le credo pédagogique adopté... Mais que se passe-t-il en réalité? De l'aveu même des praticiens et comme le montrent les multiples recherches[2], au quotidien, l'enseignant se coiffe souvent de plusieurs de ces casquettes : magistral pendant un laps de temps, il va ensuite devenir animateur d'un travail de groupe ou coach pour répondre à des demandes individualisées, selon les activités, les besoins de la classe et des élèves, et aussi pour respecter les contraintes institutionnelles (finir un cours à l'heure, boucler le programme...).
La chercheuse Marguerite Altet souligne de son côté combien « les compétences requises pour enseigner dont devenues aujourd'hui multiples, diverses, composites, hétérogènes[3]. » C'est peut-être là la cause du malaise qui se manifeste parfois chez les enseignants...

Martine Fournier

2- D. Hameline, *Courants et contre-courants de la pédagogie contemporaine*, ESF, 2000. M. Tardif, C. Lessard, *Le Travail enseignant au quotidien. Expérience, interactions humaines et dilemmes professionnels*, De Boeck, 2000,

3- L. Talbot, M. Bru (dir.), *Des compétences pour enseigner. Entre objets sociaux et objets de recherche*, Presses universitaires de Rennes, 2007.

Entretien avec Agnès Van Zanten

Jeunes profs, la fin des grands idéaux

Quelles sont les principales caractéristiques identitaires des jeunes enseignants[1] aujourd'hui ?

En premier lieu, les jeunes enseignants ne croient plus aux idéologies collectives (politiques, syndicales, mutualistes...) autour desquelles ont pu se réunir les générations précédentes. En revanche, ils portent une plus grande attention aux élèves en tant qu'individus. Ils se montrent globalement plus soucieux de leurs besoins, désirs, souhaits, et sont donc prêts à adapter leurs pratiques aux différents publics scolaires.
En second lieu, ils entretiennent un rapport complexe à l'autorité. Ils doutent du pouvoir régulateur des grandes institutions ou de l'adhésion à une morale collective. Ils ont élaboré une conception relativiste de l'autorité qui est, pour eux, essentiellement le produit d'une négociation contextualisée et de leur propre capacité à s'imposer. Cette référence au charisme s'inscrit pour partie dans une tradition qui a toujours privilégié la dimension individualiste du métier.

Faut-il s'inquiéter de telles évolutions ?

Les jeunes enseignants mettent en œuvre des stratégies professionnelles très pragmatiques, essentiellement centrées sur l'adaptation aux situations scolaires qui leur sont proposées par le jeu des nominations. Dans les établissements les plus difficiles, on peut même reprendre la terminologie

1- A. Van Zanten, P. Rayou, *Enquête sur les nouveaux enseignants, Changeront-ils l'école ?*, Bayard, 2004.

de sociologues britanniques qui ont parlé de « stratégies de survie », c'est-à-dire de pratiques qui visent à occuper les élèves pour maintenir l'ordre à tout prix, mais dont on peut objectivement considérer qu'elles constituent un renoncement à améliorer leur niveau scolaire. En d'autres termes, ils adoptent des stratégies réactives plutôt que proactives. Ce qui signifie également qu'ils croient à un « métier » enseignant, mais pas à une « profession » : ils reconnaissent la nécessité d'acquérir des savoir-faire adaptés à chaque situation scolaire particulière, mais ne croient pas à la réalité d'une professionnalité enseignante qui serait transférable à toutes les situations d'enseignement.

On a l'impression à vous lire que, globalement, les jeunes enseignants ne partagent pas le sentiment, très répandu chez leurs aînés, d'une crise grave du métier...

Les enseignants plus âgés ont traversé la mutation fondamentale de la massification. Ils sont entrés dans la profession en tant que bénéficiaires de la logique méritocratique de l'ancien système. Mais ils ont dû confronter cet idéal à la réalité de l'éducation de masse, qu'ils n'avaient pas connue en tant qu'élève, et par laquelle l'idéal d'égalité des chances est devenu une injonction d'égalité de résultats. Eux ont donc véritablement vécu une crise. Ce n'est pas le cas des jeunes enseignants, pour qui la massification est un état normal du système. Ils l'ont déjà vue en tant qu'élève, et il leur paraît normal de s'y adapter. Ils n'ont donc pas la nostalgie d'un passé qu'ils n'ont pas connu.
En outre, comme ils sont porteurs d'une vision très segmentée du système éducatif et de leur profession, ils constatent plutôt que certains secteurs sont effectivement en crise et que d'autres fonctionnent bien. L'existence d'établissements en difficulté n'est pas pour eux le signe d'une crise de l'ensemble du système. Dans leur représentation de la carrière enseignante, certains établissements de banlieue font ainsi figure d'épouvantails qu'il convient de fuir, ou d'accepter pour quelques années en début de carrière, en y développant les stratégies d'adaptation déjà évoquées.

« Plutôt l'équité que la justice », écrivez-vous dans le chapitre « Valeurs et éthique professionnelles » de votre enquête. Quels sont les comportements des jeunes enseignants qui recouvrent cette formule ?

De même qu'ils sont réticents devant le principe des grandes réformes globales, les jeunes enseignants sont plutôt réfractaires à une idée de l'égalité qui consiste à donner à tous la même chose. Dans les établissements difficiles, cela peut se traduire par une logique plus compassionnelle qu'égalitaire, tournée vers les besoins affectifs ou identitaires des élèves, et, dans le domaine des savoirs, d'un certain relativisme, par exemple en considérant qu'il est impossible de définir un socle de savoir commun à tous. La volonté incontestablement positive de prendre en compte les besoins des élèves, qui correspond à une injonction de l'institution, risque ainsi de se payer d'un certain renoncement à la fonction intégratrice de l'école, au moins autour d'un modèle unique.
Néanmoins, comme ils se réfèrent en même temps à un principe d'équité, ils sont favorables à ce que l'école tente d'offrir à chacun des contenus et des moyens en fonction de ses besoins. Ils ne sont donc pas opposés à la discrimination positive, ainsi qu'à toutes les formes de compensation des inégalités sociales que l'école peut proposer, pour autant qu'elles soient adaptées aux besoins et aux demandes des élèves. Pour les jeunes enseignants, les individus sont bien sûr égaux, mais d'abord différents.

Propos recueillis par Vincent Troger

Maryline Baumard

Les nouveaux profs vont-ils changer l'école ?

Quelque 22 000 nouveaux enseignants ont pris leurs fonctions à la rentrée 2009. En jargon de l'Éducation nationale, on les appelle les « néos ». Quatre lettres qui signent une expérience d'enseignement inférieure à cinq années, mais taisent l'aptitude de ces novices à faire face au quotidien, voire même à réinventer le métier et esquisser à petits pas le profil du prof du XXIe siècle.

Varier, innover, surprendre

Les jeunes enseignants qui arrivent aujourd'hui dans les classes ont fourbi leurs armes pour faire vivre les savoirs, faire réussir les élèves et, avant toute chose, les intéresser. Les générations précédentes le faisaient aussi, bien sûr, mais l'approche n'est pas la même. Parce qu'ils sont eux-mêmes le produit de la massification des lycées, la gestion de l'hétérogénéité et des difficultés de concentration de leurs élèves va pour eux de soi. Et comme les querelles de chapelles ont moins prise sur eux, ils n'hésitent plus à se composer une mallette pédagogique où l'éclectisme est de mise.

Comme Vincent D., professeur de sciences de la vie et de la terre (SVT), dans un collège du Rhône, ils sont nombreux à tester des formes de cours innovantes et variées. « Il leur faut du concret, il faut qu'ils fabriquent (…). Parfois je leur propose de prendre des notes à partir d'une vidéo, pour que nous reconstituions un cours ensemble ensuite. » Puis l'heure suivante, les collégiens doivent cette fois composer une affiche résumant une leçon. « Il faut varier, innover, sans cesse les surprendre », ajoute l'enseignant.

Ce qui explique que les classes deviennent de véritables laboratoires où toutes les expériences convergent vers ce but unique :

accrocher des élèves de plus en plus réfractaires aux savoirs scolaires. « Si je peux noter une évolution depuis mon entrée en poste ici il y a six ans, ajoute le même enseignant, c'est bien celle-là. Il est de plus en plus difficile de capter l'intérêt des élèves. Il faut faire preuve de plus en plus d'imagination ».

Et ils n'en manquent pas. Ni d'audace, d'ailleurs ; au point d'oser même s'attaquer de front à ce fondement de l'institution qu'est le cours magistral. Yann B., professeur de mathématiques en collège, a un principe simple: le limiter à vingt minutes. Et encore... « Parfois pour varier les approches, je les fais copier mais leur projette mon cours sur écran... J'essaie toujours de mettre en lien ce que je vais leur enseigner et leur vie, leurs centres d'intérêt. »

Faire vivre le groupe

En primaire, la tâche n'est pas plus facile, il faut là aussi trouver le levier pour « gérer le groupe », le faire vivre, comme le remarque Céline H. qui entame sa deuxième année dans une école élémentaire d'Avignon. Et ce, au prix d'une remise en question et d'une adaptation permanente à son public. « Je trouve que je fais trop de frontal. Je voudrais plonger davantage les enfants dans la réalité, les laisser créer. L'an dernier, j'avais mis en place les "Quoi de neuf", de petits rendez-vous où un enfant raconte des choses au reste de la classe. Cette année, les enfants ne sont pas demandeurs », regrette-t-elle un peu déçue de ne pouvoir faire émerger l'envie chez ce groupe. Avec des élèves du même âge, Benoît a d'abord tenté de créer une ambiance de travail en installant des « métiers » dans sa classe de l'académie de Montpellier. Afin que le temps de parole soit équitable, il a commencé par créer une présidence du temps de parole. Puis, de fil en aiguille, un secrétaire a été nécessaire et un comptable ; avant que la classe se mette à fonctionner comme une petite société où les élèves acquièrent des savoirs pour obtenir une responsabilité, partant du constat tout simple qu'un comptable doit évidemment maîtriser les quatre opérations. Une entrée « utilitaire » qui donne un sens immédiat aux leçons.

Travaux pratiques en philosophie

Et qu'on ne s'y trompe pas, ces variations sur les apprentissages, de mise au point avec les collégiens ou les plus jeunes, sont aussi le lot des professeurs de lycées. Y compris en philosophie et en classe de terminale ! Lila E. se bat au quotidien pour faire vivre les concepts et les idées. « J'aime vraiment me casser la tête pour rendre accessibles les notions au programme. J'adore mon métier... Alors je cogite des sortes de travaux pratiques de philosophie pour trouver une démarche adaptée à chaque leçon qui tienne lieu de cours. » Lila a développé le colloque et le séminaire philosophique. Le premier permet aux élèves de travailler en groupes sur une notion au programme à partir d'un corpus de textes d'auteurs différents, présentés ensuite à la classe. Le second ne porte, lui, que sur les textes d'un même auteur et en permet une investigation en profondeur.

Pour les moins imaginatifs, reste la boîte à outils des mouvements pédagogiques. « Au stage de Toussaint qui s'intitule "Démarrer en pédagogie Freinet", on compte aujourd'hui deux tiers de jeunes enseignants, voire de sortants d'IUFM. Ils viennent parce qu'ils sont en quête de solutions, beaucoup moins parce qu'ils partagent globalement l'idéologie de l'éducation nouvelle », explique François Le Ménahèze, responsable de la formation du mouvement Freinet. Ils trouvent là ce qui leur est nécessaire et demain iront voir ailleurs. Ce qui crée des classes aux approches hétéroclites.

Générations digitales

L'innovation vient aussi souvent dans cette génération d'une utilisation subtile de l'outil informatique. L'usage en classe d'ordinateurs est une autre façon de décentrer le cours, de casser la relation fermée entre maître et élèves, de créer une géographie différente du groupe et des savoirs mais aussi de placer les élèves en position de chercheurs. Une autre manière de revoir la notion même de leçon et de créer de l'interactivité avec une génération d'élèves qui a grandi à l'ombre des écrans et passé beaucoup plus d'heures connectée sur Internet que plongée dans les livres. Cette proximité culturelle entre les « *digital natives* »[1] que sont les élèves et les plus initiés des « *digital migrants* » que sont les jeunes enseignants fait qu'ils partagent un langage et, plus que cela, une approche du monde. Hugo, enseignant d'histoire-géographie en lycée a créé son blog pédagogique, qui précise des notions, en donne un peu plus que le cours et surtout relie son programme

1- L'Américain Marc Prensky est à l'origine de ce concept qui désigne la génération née avec les nouvelles technologies.

à l'actualité. Une pratique que l'on peut estimer extérieure à la classe, mais qui rejaillit sur le cours puisque la discussion démarre souvent du contenu d'un *post* du professeur.

Pour tous, le maître mot reste bien d'intéresser ce public difficile parce que gavé d'images et de savoirs plus alléchants que ceux que propose l'école. Il s'agit ni plus ni moins de les détourner de ces ombres et, comme dans le mythe de Platon, de leur faire goûter à d'autres fruits.

Et si l'on creuse sous ces pratiques, la métamorphose de la classe enseignante ne s'arrête pas là. Sous ce foisonnement d'expérimentations, de tâtonnements et d'inventions, il s'agit en effet aussi pour les jeunes professeurs de se trouver soi-même, d'être heureux dans la classe.

La fin du sacerdoce

Parce qu'ils ont grandi éduqués par les principes d'une certaine Françoise Dolto, les jeunes adultes qui investissent les classes sont bien décidés à s'épanouir dans leur pratique quotidienne. Ils n'ont pas envie d'un sacerdoce mais d'une approche libérée du métier qu'ils abandonneront d'ailleurs peut-être demain, qui pour un concours de chef d'établissement, qui pour faire tout à fait autre chose ailleurs. Un plan de carrière suffisamment partagé pour que seuls 38 % des néotitulaires du premier degré s'imaginent toujours dans leur classe dans quinze ans[2].

En attendant cette seconde carrière, c'est pour parer aux premières urgences qu'ils sont si avides de recettes pédagogiques. Car ils ont beau être très éduqués, recrutés par des concours sélectifs, où le taux de réussite n'a pas excédé 15 % en 2008, et riches dans un quart des cas d'une expérience professionnelle antérieure, ce solide bagage ne suffit pas à les armer tout à fait pour le passage derrière le bureau. Les IUFM ont fait ce qu'ils pouvaient depuis qu'ils ont succédé aux écoles normales et aux centres pédagogiques régionaux, à l'aube des années 1990. Aujourd'hui, ils sont intégrés dans l'université et sont en train d'élaborer des masters d'enseignement.

Dès la rentrée 2010, en effet, avec un recrutement au niveau master, les nouveaux enseignants devaient même se retrouver dans les classes sans année de stage. Ils risquent du même coup de perdre le bénéfice de ces aller-retour entre théorie et pratique

2- Enquête CSA/Snuipp, « Les professeurs des écoles débutants et leur regard sur le métier », 30 avril 2007.

qui fonctionnaient aussi comme un bon antidote à la solitude du débutant et expliquaient sans doute que nous restions loin des 40 % d'abandons précoces du métier que peuvent connaître nos voisins anglais ou belges.

Faire classe portes ouvertes

Car la première rentrée est un moment d'extrême solitude, où, comme le dit Mathias, professeur de mathématiques dans l'académie de Nantes, « on se compose un rôle d'enseignant après avoir bien réfléchi à ce que l'on représente aux yeux des élèves ». Métamorphose un peu violente d'un étudiant en prof, d'un jeune en adulte. Mais il ne prend ce jour de rentrée qu'une identité d'emprunt, un costume pour la circonstance, en somme, puisqu'il faudra ensuite du temps et de la pratique pour qu'il se construise sa véritable identité professionnelle.

Aux yeux de cette génération, cette culture professionnelle ne vient d'ailleurs pas d'en haut, mais du terrain, de la pratique qu'elle se construit, mais aussi des collègues et de la culture de l'établissement. Parce que contrairement aux générations précédentes, les jeunes profs ne perçoivent pas leur métier comme une profession libérale. Alors leur classe, ils l'ouvrent. Parfois en vain comme Vincent qui dans son petit collège de Meyzieu (Rhône) attend toujours qu'un adulte qui passerait par là entre dans son cours, dont la porte reste ouverte, s'assoit, écoute, critique ; afin que demain il enseigne autrement… N'en déplaise aux syndicats qu'ils fréquentent moins, ou plus ponctuellement que les générations précédentes, c'est donc bien un rapport de terrain au métier que sont en train de construire les nouveaux venus qui colonisent peu à peu les salles des profs au point qu'en 2012, 44 % des enseignants qui étaient là en 2002 auront rangé leur cartable pour la retraite.

Dans un pays où chaque discours doit être identifié par son origine, où il faut que l'on sache si celui qui parle est républicain ou pédagogue, les jeunes profs n'en finissent pas de brouiller les pistes parce qu'ils parlent depuis la classe, se veulent les porte-parole d'eux-mêmes et de leur expérience avant d'incarner une identité professionnelle plus large. Une approche qui n'a pas fini d'avoir des conséquences dans un pays où l'école est tellement fondatrice de la société.

Martine Fournier

Autorité : où sont passés les modèles ?

« Je veux bien apprendre à lire, mais je veux pas qu'on me force », annonça Mathilde, 6 ans, à ses parents dont la maîtresse venait de faire état de quelques turbulences dans le comportement de leur fille. Cela commençait bien! On était au début des années 1980. Aujourd'hui, après une scolarité vécue comme pénible et parfois chaotique, Mathilde est cependant devenue une infirmière épanouie, attachée à son métier. De cette phrase spontanée et péremptoire, l'enfant ne résumait-elle pas l'état d'esprit qui anime les générations d'écoliers, de collégiens et de lycéens depuis lors ? Depuis quelque temps déjà, toutes les analyses le montrent, la « crise de l'autorité » a atteint l'école de plein fouet.

Nées dans des sociétés porteuses d'un idéal démocratique, les jeunes générations supportent de plus en plus mal les impératifs d'une institution scolaire qui requiert, pour fonctionner, autorité, discipline, imposition d'apprentissages et de programmes parfois bien éloignés de leurs centres d'intérêt... La démocratie s'est installée dans les familles, elles-mêmes tiraillées dans l'éducation de leurs enfants entre désirs contradictoires : souci de l'épanouissement, droit à la libre expression d'un côté et, de l'autre, aspiration très forte à la réussite de leur progéniture supposant pression et soumission librement consentie...

Les années 1970 ont porté le coup de grâce aux figures autoritaires, incarnées par ce que l'époque a appelé les « trois P » – père, patron, professeur – tout puissants. Toutes les analyses de philosophes, essayistes, sociologues, psychologues ou éducateurs ont observé ce changement de paradigme de nos sociétés qui semblait sonner le glas de l'autorité[1]. L'affaire est entendue : comme l'a expliqué le psychanalyste Gérard Mendel, pour qui l'autorité

1- Voir par exemple A. Renaut, *La Fin de l'autorité*, Flammarion, 2004.

constitue une protection contre les peurs archaïques de chacun, « les transformations du genre de vie et du rapport entre les générations, les bouleversements introduits dans la culture (...) ont affaibli les valeurs traditionnelles, dont l'autorité[2] ». Pour cet auteur d'ailleurs, vouloir concilier autorité et démocratie revient à vouloir réaliser « l'alliance de l'eau et de la flamme »...

Une autorité librement consentie ?

Aujourd'hui, les obligations et les devoirs se doivent d'être librement choisis, consentis par chacun, adulte ou enfant. Et c'est bien ce qui pose problème dans l'institution scolaire et provoque le désarroi de la plupart des enseignants.

Les descriptions sont légion de ces incivilités et contestations qui travaillent de manière incessante l'univers scolaire : des élèves qui prennent la parole de manière intempestive, contestent les enseignements, refusent de rendre le travail demandé et déploient des trésors d'imagination pour manifester leur opposition à une institution qu'ils ressentent comme coercitive... « Je ne peux plus me mettre en colère sans imaginer que l'un de mes élèves me filme avec son téléphone portable en vue d'une diffusion ultérieure sur son blog. Cela nuit considérablement à l'authenticité de ma prestation », écrit, non sans un certain humour, une jeune professeure de « quartier difficile »[3]. Est-ce à dire que toute forme d'autorité à l'école est devenue impossible ?

En fait, les choses sont beaucoup plus compliquées. Car, comme le montrent tous les psychologues, les jeunes ont besoin pour grandir de repères et de figures d'autorité. Lorsqu'on les interroge, ils disent préférer les professeurs qui incarnent une certaine autorité. Mais pas n'importe laquelle... À la question « l'existence de l'autorité se justifie-t-elle à vos yeux ? » posée à des élèves de première et de terminale, 93 % des filles et 75 % des garçons ont répondu oui. Les déclarations précisaient que l'autorité se justifiait si elle s'avérait « nécessaire, juste, souple, respectueuse et compréhensive, source de bons conseils... » Les critiques allaient à l'encontre d'une autorité « gratuite, étouffante, abêtissante, abusive et despotique ». Daniel Fabre, professeur de sciences de l'éducation

2- G. Mendel, *Une histoire de l'autorité. Permanences et variations*, La Découverte, 2003.

3- M. Goyet, « D'une détérioration générale : voilà c'est dit », *Le Débat*, n° 151, sept.-oct. 2008.

et neuropsychologue, auteur de cette enquête, prône de « décontaminer l'autorité du rapport de force[4] ».

Certes le dressage fait de châtiments physiques ou d'humiliation morale n'est plus à l'ordre du jour. Et même si, devant les difficultés que connaît l'école, certains en appellent au retour d'une autorité musclée, ces solutions ne sont plus guère imaginables dans le monde actuel. Même ceux qui prônent ces discours se gardent de les mettre en pratique avec leurs propres enfants, remarque le sociologue François Dubet. Et le philosophe Luc Ferry, alors ministre de l'Éducation nationale, avait affirmé qu'« il ne s'agit pas tant d'entreprendre une restauration impossible que de chercher à savoir quelles formes d'autorité pourraient convenir à des individus, adolescents ou adultes, épris de liberté et peu soucieux de rétrograder vers des formes archaïques d'exercice du pouvoir[5] ».

Modèles, bricolages, trucs et tactiques...

Autrefois, nous explique Annick Bonnefond, formatrice d'enseignants, « les maîtres s'identifiaient à des valeurs et des principes forts, ils étaient investis d'une mission noble et haute, l'institution était un lieu protégé, un sanctuaire à l'écart de la société. tel ne serait plus le cas[6] »... Il est aujourd'hui entendu que les ingrédients de l'autorité sont faits de discussion, de respect mutuel entre les partenaires, d'abolition des hiérarchies, d'argumentation, de justification, de contrat, de consensus... Mais ces beaux principes dressant le portrait d'une autorité démocratique consentie, et « destinée à former des sujets autonomes » ne semblent pas opérer dans la plupart des établissements scolaires. Les médias, les publications et récemment la sortie du film *Entre les murs* (Laurent Cantet, 2008), récompensé d'une palme d'or à Cannes, montrent l'ambiance parfois délétère des établissements appelés « difficiles ». Et la plupart des enseignants sont prompts à confier que, s'il est plus confortable d'enseigner dans un quartier « tranquille » ou en milieu rural, la résistance à l'autorité des professeurs et de l'institution y est également fortement présente.

4- D. Fabre, *Transformer la violence des élèves*, Dunod, 2007.

5- L. Ferry, *Lettre à tous ceux qui aiment l'école. Pour expliquer les réformes en cours*, Odile Jacob, 2003.

6- A. Bonnefond, « Changements pour l'égalité », *in* B. Galand (coord.), *Réinventer l'autorité à l'école*, CGé, 2008.

Enseignants et autorité : portraits types

Comment restaurer l'autorité de l'école? Si la question semble non résolue, ce n'est pas faute d'être alimentée par une foule de travaux et de publications... Depuis que les sciences humaines existent, le sujet de l'autorité est étudié, disséqué par les sociologues et les psychologues. Le sociologue Max Weber (1864-1920) en son temps avait dressé trois modèles d'autorité (traditionnelle, charismatique et légale-rationnelle). Au milieu du XXe siècle, dans une étude *princeps* maintes fois reprise, trois psychosociologues américains avaient mesuré l'impact des styles de *leadership* (autoritaire, démocratique, laisser-faire) sur le comportement des élèves, leurs résultats et l'atmosphère du groupe[7].

Aujourd'hui plusieurs ouvrages tentent de confronter des types de personnalités des éducateurs – autoritaires, laxistes, dogmatiques, charismatiques, bienveillants[8]... Dans l'un des derniers en date, le psychologue de l'éducation Benoît Galand dresse quatre portraits types d'enseignants[9]. Le « manager » fonde son autorité sur sa compétence en termes de savoirs et de transmission, sa personnalité assurée qui lui permet de créer une ambiance de classe (y compris en faisant rire les élèves). Le « chef de chantier » s'appuie sur les règles et les sanctions pour favoriser un climat d'apprentissage. Le « bon parent » privilégie la capacité d'écoute et l'empathie pour instaurer un climat de sécurité. Le « sociopédagogue », fortement porteur d'un idéal démocratique, utilise la négociation pour mettre en place un cadre de vie et la transmission des savoirs...

À l'issue de cette enquête cependant, les auteurs constatent la multiplicité des modèles d'autorité adoptés par les acteurs. Et de leur propre aveu, aucun modèle type ne semble offrir « un guide efficace pour faire face à la diversité des situations qui mettent en jeu l'autorité à l'école ». Sans doute, ajoutent-ils, le défi est-il de pouvoir varier ou combiner ces représentations...

7- K. Lewin, R. Lippitt, R. White, « The "social climate" of children's groups », in R. G. Barker, J. S. Kounin, H. F. Wright (dir.), *Child Behavior and Development, A Course of Representative Studies*, McGraw-Hill Book Company, 1943.

8- Voir G. Guillot, *L'Autorité en éducation. Sortir de la crise*, ESF, 2006.

9- B. Galand (coord.), *op. cit.*

Un patchwork de pratiques

Point de secret, point de recette donc ! Et c'est bien justement le problème, et le sujet de désarroi des jeunes enseignants qui arrivent dans la profession. Avant de trouver leurs marques dans un métier dont tous admettent aujourd'hui les difficultés, ils devront tâter de différents styles, essayer différentes méthodes, les adapter au profil de leurs différentes classes, aux différents moments de la journée ou au type d'exercice qu'ils auront à mettre en œuvre. Avec les modèles pédagogiques mais aussi à l'aide des trucs et des tactiques forgés par l'expérience, la plupart d'entre eux se constituent un patchwork de pratiques professionnelles pragmatiques, éprouvées sur le tas en tentant de découvrir les arcanes d'une autorité acceptée.

NICOLE CATHELINE

AU COLLÈGE : OUVRIR LE CHAMP DES POSSIBLES

Que représente l'école pour un adolescent d'aujourd'hui ? Cette institution a depuis ces trente dernières années perdu sa fonction d'ascenseur social et pourtant nul ne conteste la nécessité de sa mission. Les remises en cause régulières de son fonctionnement et surtout de ses résultats constituent autant de preuve des attentes de la société à son égard. L'école est obligatoire jusqu'à 16 ans et cela est une bonne chose. Mais pour y faire quoi ? Chacun sait qu'en dehors des apprentissages de base – lire, écrire, compter –, elle n'est plus la seule détentrice de connaissances. La technologie moderne rend les voyages plus rapides. Pour s'informer et connaître le monde les individus ont à leur disposition dès leur plus jeune âge des moyens variés et surtout plus attractifs que l'enseignement reçu d'un maître. Pourtant l'école continue à fonctionner, à quelques adaptations près, sur le même modèle que celui de Jules Ferry à la fin du XIXe siècle. Permettrait-elle donc une socialisation indispensable aux jeunes, le partage d'une culture commune pour gommer les différences de l'origine sociale et ethnique ? L'école n'offre pas et ne peut plus offrir dans notre monde actuel une totale égalité des chances aux enfants, mais elle permet le partage d'un savoir commun pour pouvoir se comprendre, communiquer et échanger. Au-delà de la somme de connaissances délivrées, elle permet aux enfants et adolescents qui la fréquentent de se construire.

Les années-collège, quatre années pour se construire

L'adolescence est par excellence la période de construction de soi. Cette longue période accordée désormais pour se construire, dans nos sociétés occidentales, à tout individu entre 13 et 18 ans (voire parfois bien plus) est devenue une période à risque. Les adultes sont à la fois désireux d'accompagner leurs adolescents vers la découverte d'eux-mêmes et de leur laisser le temps de l'expérience, d'un autre côté les excès de cette liberté (conduites à risque telles que la consommation d'alcool, de cannabis, jeux dangereux, etc.) les inquiètent, tout comme les pouvoirs publics. « La difficulté d'être soi » n'est jamais aussi vraie qu'à l'adolescence. Le collège écope de plein fouet de cette problématique identitaire, du rejet des valeurs des aînés, du besoin d'apprendre seul, de ne dépendre de personne, de faire ses propres expériences. Et pourtant la structure du collège pourrait être un véritable creuset de cette construction de soi. Il serait grand temps de se poser les bonnes questions sur la manière d'aider au mieux les adolescents à se construire et de cesser de ne parler d'eux qu'en terme de souffrance, de mal-être, de recherche de limites. Dans ce travail, le collège est un indispensable partenaire des familles. Encore faudrait-il que chacun s'accorde sur ce qu'il attend de l'autre et surtout sur la finalité de leur projet.

L'adolescence, révolution copernicienne de la pensée

La (bonne) vulgarisation des enjeux psychoaffectifs de cette période a porté à la connaissance du plus grand nombre les causes de cette « crise d'originalité juvénile[1] ». On savait déjà qu'il fallait que « jeunesse se passe », on sait maintenant que c'est douloureux. L'adolescence est souvent présentée comme une période de déconstruction, ce qui est en partie vrai, mais on insiste peu sur l'acquisition de nouvelles compétences et possibilités. Il est vrai que la sexualisation du corps à la puberté ne permet pas immédiatement l'exercice de cette sexualité, ce qui est source de tension et peut devenir mal-être. Mais on oublie trop souvent (peut-être considère-t-on que cela va de soi ?) ce qui change dans la manière de raisonner, de s'interroger sur la pensée de l'autre.

Or cette révolution copernicienne débute dès la fin de l'enfance et précède les transformations pubertaires de deux années environ. L'amitié constitue un excellent terrain d'expérimentation de cette faculté naissante. Jusqu'à 8-9 ans, un enfant se définit de la manière dont le voient ses proches. Son identité lui est donnée par son entourage, sa famille, ses camarades, ses enseignants. À partir de 9-10 ans (classe de CM1-CM2), il développe une pensée personnelle qui peut être différente de celle d'autrui : « Mickael

1- P. Male.

est mon meilleur copain pense Thomas, mais suis-je le meilleur copain de Mickael ? ». Cette pensée peut devenir taraudante si Thomas voit précisément Mickael passer beaucoup de temps avec Clément.

On le conçoit aisément, avoir une idée personnelle ouvre la voie au doute. Qui a raison ? Mon jugement est-il bon ? Par ailleurs, il est nécessaire que cette nouvelle capacité offerte par la croissance soit investie positivement par le grand enfant pour qu'elle le fasse renoncer de temps à autre à son ancien mode de fonctionnement. Il faut donc que cet accès au doute lui ouvre aussi de nouvelles voies de réflexion positive. Si le doute n'aboutit qu'à l'inquiétude, cette nouvelle capacité réflexive sera très vite abandonnée. Mais le doute est aussi source de curiosité : « Comment pourrais-je avoir la certitude que je suis le meilleur copain de Mickael ? » voilà une question bien intéressante qui va obliger Thomas à chercher des moyens d'obtenir la réponse ; ce faisant il développe des stratégies de raisonnement, des schémas logiques. Cette nouvelle capacité aura deux destins. Le premier est de développer le plaisir de penser et d'exercer son appareil psychique à ce genre de situation. Cela facilitera l'intérêt pour les situations lui permettant de l'exercer, en particulier lors des relations amicales mais aussi lors de toute situation de découverte telle que des voyages, des expositions, etc. Le deuxième destin adviendra vers l'âge de 13 ans environ et permet à l'adolescent d'accéder à l'abstraction, c'est-à-dire à la capacité de penser sur les pensées.

Une fois que le grand enfant a pris du plaisir à jouer avec ses processus de pensée, il peut désormais l'élargir à la « pensée sur les pensées », c'est-à-dire développer une métapensée. Ces transformations débutées en fin d'école élémentaire se déploient au cours des années collège. Ce dernier offre une multiplicité de situations permettant de les exercer. Il est dommage que si peu d'adultes aient connaissance de ces transformations dont la bonne mise en place est indispensable non seulement à la poursuite d'études secondaires et supérieures, mais aussi à l'équilibre psychoaffectif. En effet pouvoir, grâce à ses processus de pensée, donner du sens à ses difficultés permet de limiter le recours à « l'agir » et à la prise de risques pour faire céder la tension interne provoquée par le problème. Il s'agit donc d'une capacité protectrice, non parce qu'elle va pouvoir éviter le mal être mais parce qu'elle offrira un choix de réponses possibles pour faire céder la tension. Être en colère parce qu'on n'a pas eu la bonne note attendue est normal, mais être capable de s'interroger sur ce qui a conduit à ce mauvais résultat permet d'éviter de se scarifier les avant-bras parce qu'on est malheureux.

Enseignants et adolescents : vers une relation constructive ?

La diversité des matières enseignées offre aux jeunes collégiens de multiples occasions d'exercer cette capacité naissante, d'autant plus que la logique de raisonnement est identique dans toutes les matières, ce qui conduit l'adolescent à tirer des règles générales et le conforte dans l'intérêt de ce nouveau mode de raisonnement hypothético-déductif. Les professeurs ne s'appuient pas suffisamment, de notre point de vue, sur cette similitude et au-delà des connaissances strictes de la matière enseignée n'établissent pas suffisamment de lien avec les autres matières ce qui leur permettrait de montrer que le raisonnement est identique dans de nombreuses matières et donnerait beaucoup plus de sens à l'enseignement[2]. Trop d'élèves ne voient en effet qu'une succession de domaines sans lien entre eux. Encore faudrait-il que les professeurs eux-mêmes soient convaincus de cette priorité par rapport à la stricte étude du programme.

La croissance et la maturation sexuelle modifient de manière radicale les relations des jeunes adolescents avec leurs parents d'abord puis avec les adultes qui en sont des substituts, les enseignants en particulier. Le besoin de prendre de la distance a été largement décrit par les médecins et psychologues[3], nous n'y reviendrons pas si ce n'est pour souligner que ce besoin est si fort que l'adolescent n'en imagine même pas les conséquences. Or, refuser de se soumettre désormais aux injonctions parentales ou même simplement aux conseils de travail confronte un nombre non négligeable d'adolescents à un fléchissement scolaire dont les conséquences risquent d'être délétères. Le redoublement tout comme le passage dans la classe supérieure présentent tous les deux des inconvénients et ne sont pas propices à pouvoir reprendre avec l'adolescent ce qu'il n'a pas eu le temps d'assimiler. Les lacunes s'accumulent jusqu'au jour où les résultats interdisent l'orientation souhaitée. Beaucoup d'adolescents veulent, dès les années

2- N. Catheline, V. Bedin, *Les Années-collège, le grand malentendu*, Albin Michel, 2004.

3- Citons les différents ouvrages d'A. Braconnier et D. Marcelli. On trouvera également une synthèse de ces points de vue dans le *Dictionnaire des adolescents* (D. Le Breton, D. Marcelli, dir.) Puf, 2010.

collège, reprendre à leur propre compte l'organisation de leurs temps d'étude et de leurs temps de loisirs. Les relations amicales prennent en effet à cet âge beaucoup d'importance car elles leur permettent de construire des identifications provisoires en remplacement de celles que ne peuvent désormais plus leur offrir les parents dont ils sont obligés de s'éloigner. Malheureusement ces tâtonnements peuvent coûter cher et à trop vouloir savoir ce que l'on vaut et penser qu'on en aura la preuve en ne travaillant pas, le jeune adolescent peut atteindre le point de non-retour.

Pourtant les adolescents sont ouverts au savoir et appétants à la découverte du monde. De nombreux adultes ont fait l'expérience éblouissante d'un enseignant passionné qui au cours de leurs études leur a fait découvrir ou aimer une matière jusqu'alors désinvestie. S'ils fuient les conseils et recommandations qui, croient-ils, les infantilisent, les adolescents sont sensibles au crédit qu'on peut leur faire sur leur maturité. Ils peuvent, plus qu'on ne le croit, se montrer responsables. Leurs tentatives maladroites et le refus des conseils font penser à certains adultes qu'ils sont immatures ou irresponsables. Il faut peu de chose pour qu'ils puissent leur prouver le contraire. Le collège infantilise trop souvent les jeunes et ne sollicite pas suffisamment leur maturité. L'exercice de cette capacité activerait très positivement ce plaisir à penser sur ces pensées dont il vient d'être question.

Le groupe, levier pédagogique

Un adolescent ou deux adolescents, ça va. Trois et s'ils faisaient des bêtises ? Accusé de susciter des phénomènes d'imitation, de faire perdre toute conscience de la responsabilité individuelle, le groupe à l'adolescence n'a pas bonne presse. Les adultes préfèrent envisager les contacts avec les adolescents en situation singulière. Pourtant, s'il est un lieu où le groupe fait partie de l'institution, c'est bien la classe et l'école dans sa totalité. Or, curieusement, le groupe n'est que très peu utilisé comme levier pédagogique, hormis les pédagogies dites nouvelles (de type pédagogie Freinet) dans lesquelles l'enfant fait d'abord partie d'un groupe même s'il ne se mesure pas directement au groupe. Alors que dans la pédagogie traditionnelle, le groupe existe mais pour mieux faire rivaliser les élèves entre eux (notes, classement) mais la dynamique de ce groupe n'est jamais utilisée. Or à l'adolescence, précisément du fait de l'importance prise par le groupe des pairs, cette dynamique est portée à son paroxysme. Combien d'enseignants déplorent le temps passé à obtenir le silence et doivent au préalable tenter de régler les problèmes au sein du groupe-classe avant de pouvoir faire leurs cours qui se voient réduits d'autant ? Mais ces mêmes enseignants n'ont reçu de formation ni initiale ni continue pour les aider à gérer cela. Il faut ajouter à ce phénomène de groupe la formidable hétérogénéité des classes au collège à la fois en terme de niveau mais aussi en terme de développement physique, pubertaire et affectif. Un travail sur le groupe permettrait de faire cohabiter ces différents niveaux de développement et permettrait sans nul doute de laisser du temps au temps pour que chacun se développe à son rythme tout en tirant bénéfice de la maturation des autres.

Quand ça va mal

Tout comme l'adulte peut désinvestir son travail en cas de graves préoccupations dans sa vie personnelle, l'adolescent peut ne plus arriver à travailler s'il se passe quelque chose dans sa vie familiale. On peut donner le change pendant quelques minutes mais les efforts nécessaires à l'apprentissage ne s'accordent pas avec la tristesse ou l'anxiété. Des parents qui se séparent ou déménagent, un parent qui perd son emploi ou doit être hospitalisé, un frère ou une sœur dont le comportement monopolise toute l'attention des parents, autant de situations qui risquent d'entraîner un désinvestissement de la scolarité ou une incapacité à se concentrer sur les cours. Il ne faut pas prendre à la légère ce fléchissement et les adultes doivent pouvoir dialoguer sur ces changements. Car les adolescents n'adorent rien moins que brouiller les pistes. Il y va de leur narcissisme devenu extrêmement ombrageux. Ils ne veulent pas être pris en défaut et refusent de reconnaître qu'ils vont mal. Même lorsqu'un enseignant bien intentionné essaye de comprendre son élève, celui-ci le renvoie immédiatement à ses cours et à sa classe, en disant que cela ne le regarde pas. C'est une affaire privée, point barre. C'est la raison pour laquelle il est impératif de se rencontrer entre adultes. Les enseignants doivent le plus rapidement possible contacter les parents pour leur faire part de leurs observations. De leur côté, ces derniers doivent considérer la convocation comme une aide et non comme une culpabilisation. « Ah, vous aller divorcer ! ». Mais les parents peuvent aussi intervenir en amont et informer les enseignants du changement dans leur vie familiale. Tout ceci présuppose une confiance réciproque et passe par une disponibilité des uns et des autres. Pour se confier à quelqu'un, il faut le connaître un peu, avoir l'habitude de le rencontrer pour évaluer son écoute. Tout ceci ne peut se faire entre deux portes ou par carnet de correspondance interposé avec des rendez-vous donnés unilatéralement.

Par ailleurs, les signes du mal être d'un jeune sont très différents de ceux des adultes. Certains, très bruyants, sont en fait des tentatives pour faire réagir les adultes et constituent des appels à l'aide : par exemple un adolescent qui adopte un style vestimentaire outrancier (gothique) ou se fait faire des *piercing*. Dans ce cas, l'adolescent utilise la culture jeune pour se faire remarquer. Mais d'autres signes peuvent être pris à tort pour une adhésion à la culture jeune liée à une recherche d'identité alors qu'il s'agit déjà d'un symptôme exprimant une souffrance profonde. Par exemple, un adolescent qui s'alcoolise de manière intensive chaque week-end au cours de fêtes avec ses copains et somnole en cours le lundi, voire présente un absentéisme systématique ce jour-là. Pour autant, chaque fois qu'un adolescent se manifeste, ce n'est pas forcément de la souffrance, ce peut être aussi la trace du changement, ce que les psychologues et psychiatres d'adolescents nomment « le travail psychique de l'adolescence ». Les collégiens et lycéens passent six à sept heures par jour dans leur établissement scolaire, il est logique de les voir déployer cette problématique sur ces lieux.

La dépression à l'adolescence est particulièrement délétère pour les apprentissages. Les difficultés de concentration entravent la scolarité. Mais un autre facteur intervient. Comme l'adolescent a beaucoup de mal à se reconnaître malade et à demander de l'aide, il tente de trouver par lui-même des solutions. La consommation de produits (alcool, cannabis surtout) pour diminuer l'anxiété, pour « être zen » en est une. Les conduites à risques (vitesse excessive, sports pratiqués sans protection, sexualité sans préservatif) en sont une autre. Le décrochage scolaire surtout au lycée après l'âge de la scolarité obligatoire constitue la troisième possibilité.

Humiliations et malmenages

Le collège est le lieu où se projette le mal-être des jeunes avec les conséquences que nous venons de décrire, mais il arrive aussi que l'école soit à l'origine du mal être des jeunes. Le malmenage pédagogique, les humiliations font autant de mal que la dépression et ne sont pas étrangers au désinvestissement des élèves quant au savoir scolaire. Parfois, l'école est active dans l'apparition de la souffrance des adolescents : c'est le cas lorsqu'un enseignant ne veut pas (ou ne sait pas) s'adapter aux besoins d'un enfant, le malmène ou l'humilie. Le plus souvent, l'école ne fait que générer, par son organisation et l'absence de formation et d'encadrement des enseignants, ce mal-être. Ainsi, il n'est pas rare que des enseignants ne reconnaissent pas des signes de dyslexie ou de dysgraphie ou encore un enfant intellectuellement précoce. Enfin, l'organisation scolaire exige que les adolescents aient accès à l'abstraction en classe de quatrième de collège. Un adolescent dont les processus cognitifs tardent à se mettre en place pâtira inévitablement de cette nécessité. L'avance frontale génère des inégalités alors qu'elle était censée les combler.

Que l'école soit à l'origine de la difficulté ou simplement le lieu de leur projection, la voie finale expressive est la même : les adolescents s'agitent ou se démettent, c'est-à-dire quittent l'école. La phobie scolaire (mal nommée car ce n'est pas toujours de l'école que les adolescents ont peur, mais parfois de leurs camarades ou souvent encore de ce que la fréquentation scolaire impose de séparation avec le milieu familial) est un symptôme en voie d'augmentation dans les consultations de pédopsychiatrie.

Or, malgré les critiques que l'on ne manque pas de faire à cette institution vieille de plus de cent vingt ans, l'école demeure un lieu indispensable pour les enfants et adolescents. Avant de conclure hâtivement que les changements de la société et la crise des adolescents – devenus ingérables, violents et vivant dans une culture aux antipodes de celles de leurs aînés – sont responsables de tous les maux, il est préférable de s'interroger sur le manquement des adultes dans cette défection de l'école par les jeunes. Cette attitude serait d'autant plus positive que cela permettrait, d'une part, de rappeler aux adultes que les adolescents attendent encore beaucoup d'eux et, d'autre part, de fédérer les parents et les enseignants autour d'un projet éducatif commun.

Repenser le projet éducatif

Les années-collège sont souvent présentées comme des années difficiles tant pour les jeunes adolescents que pour les adultes, parents et enseignants. Cela est vrai mais, à trop analyser les raisons de la difficulté, on finit par en oublier aussi toutes les transformations qui vont dans le sens d'un progrès et tout ce qui existe déjà en terme d'organisation sociale pour faire de ce temps de quête de soi, de tâtonnements, de remise en question un temps d'ébauche progressive, de construction progressive, de surtout de découverte. Le collège par son exact positionnement sur les transformations cognitives jouit d'un temps privilégié pour développer ce vertige de la pensée qui ouvre le champ des possibles. La diversité des matières constitue autant de terrains d'expérience de ce nouveau mode de pensée hypothético-déductif. Il est regrettable que l'acquisition des savoirs soit prévalente au collège alors que développer la capacité à penser et ouvrir le champ des possibles serait tout aussi utile que terminer le programme.

Les mouvements psychoaffectifs de l'adolescence obligent les jeunes à se séparer de leur famille pour tenter de devenir des individus originaux. Dans cet éloignement ils rencontrent des pairs mais aussi d'autres adultes comme les enseignants. On ne peut là encore que regretter que le collège n'utilise pas plus la dynamique groupale pour permettre aux adolescents de développer des identités provisoires et parvenir par petites touches à se découvrir. De même, le rôle des adultes est trop souvent considéré en seul terme de cadre et pas suffisamment en terme d'identification. La connaissance doit s'incarner pour avoir envie de se l'approprier. Les enseignants sont laissés trop souvent seuls devant cette triple tâche de la transmission des savoirs, de la projection identificatoire et du respect du cadre. Les parents, qu'on l'accepte ou non, doivent désormais faire partie du projet éducatif. Le temps est révolu où les enseignants « arrachaient » les enfants à leur famille pour les faire accéder à la connaissance universelle. Le monde a changé, l'enseignement doit également évoluer. Par-delà la querelle du socle commun des connaissances, c'est tout le projet éducatif qu'il faut aussi repenser. Les adolescents d'aujourd'hui questionnent leurs aînés pour obtenir les clés du monde au lieu d'attendre comme par le passé que l'on veuille bien les leur tendre. L'école ne peut plus rester seule dans sa tour d'ivoire pour aider les jeunes à devenirs des adultes porteurs de connaissances et de savoir.

Entretien avec Éric Debarbieux

Pédagogie contre violence ?

Dans vos livres comme *Violence à l'école, un défi mondial*, ou *Les dix commandements contre la violence à l'école*, vous vous érigez contre un discours démagogique autour de la violence scolaire.

C'est effectivement le tout premier défi de la violence à l'école. Partout dans le monde, on utilise quelques faits divers isolés pour dresser le constat d'une école à feu et à sang et proposer les solutions les plus simplistes et populistes comme remède : le tout répressif, le rejet des jeunes des quartiers populaires, la sempiternelle accusation d'un laxisme des parents. Il faut rappeler qu'au Brésil par exemple, Lula avait été élu avec pour principe la tolérance zéro, que Ségolène Royal prônait les « camps militaires » (humanitaires, certes !) pour les jeunes délinquants et qu'en juin 2009, à l'Éducation nationale notre ministre de l'époque Xavier Darcos prônait détecteurs de métaux, fouilles des cartables et vidéosurveillance comme solutions magiques.

Face au piège de l'exagération se trouve celui, inverse, de la négation : « Après tout, ce n'est pas si grave, la violence scolaire existait déjà du temps de la guerre des boutons ! » De mon point de vue, c'est un autre politiquement correct consistant à minimiser la réalité pour ne pas faire le jeu des politiques sécuritaires, ne pas entacher la réputation des établissements scolaires, etc.

Quand survient un fait dramatique (une fusillade collective aux États-Unis, une professeure poignardée en France), il est normal de le dramatiser : la position intenable est de la banaliser, c'est alors une sorte de mépris de la victime. Mais il faut souligner que les faits divers les plus dramatiques et spectaculaires restent extrêmement rares. Même aux États-Unis, où l'on se réfère souvent au massacre de Colombine, la violence dans les écoles par les armes à feu est en diminution depuis 1993. En revanche, il existe une violence banale que ces focalisations sur des actes spectaculaires nous empêchent de voir.

Je pense que pour pouvoir coller au plus près de la réalité de la violence scolaire, il ne faut ni exagération ni négation, que ce soit dans la description, le recensement, l'explication des faits violents, ou l'intervention qui s'en suivra.

Certes, mais comment se faire une idée de la réalité ? Quelles statistiques existent ?

On sait que la statistique publique sur la délinquance en général mesure le degré de connaissance que les services de l'État ont de cette délinquance. Mais cette statistique est dépendante des incitations administratives à la produire, c'est une première limite, et surtout elles ne sont pas assez proches de l'expérience victimaire. Bien peu de victimes témoignent spontanément de leur victimation, par peur, par honte, par manque de lieux d'écoute.

C'est pourquoi, il faut procéder à des enquêtes de victimation auprès des personnes concernées sur les dommages réellement subis. Notre observatoire procède le plus régulièrement possible depuis 1993 à ce type d'enquêtes dans les écoles de France : des indicateurs mesurent par des questionnaires auprès des élèves et des adultes le climat scolaire de l'établissement, le sentiment d'insécurité, la fréquence et l'intensité des violences. Nous venons de réaliser des enquêtes auprès des personnels de direction (20 % des chefs d'établissements), d'un échantillon randomisé (tiré au hasard) de 13 000 élèves du cycle 3 en école primaire. La connaissance progresse. Elle va d'autant progresser que l'Éducation nationale a enfin décidé de faire procéder régulièrement à une vaste enquête de victimation en collèges (la première concerne 18 000 élèves au mois de mars 2011, résultats en octobre de la même année) : il aura fallu quinze ans de combat pour enfin arriver à imposer cette idée aux « États généraux de la sécurité à l'école ».

En attendant ces nouveaux résultats, rappelons que nos enquêtes de victimation montrent globalement une stabilité

de la violence scolaire. Mais ces moyennes masquent des disparités très fortes dans les établissements situés dans les zones d'exclusion, les quartiers dits « sensibles », où enseigner et apprendre est devenu très difficile.
Le problème de fond de la violence à l'école, ce sont plutôt les micro-agressions – moqueries, insultes, bagarres, vols, rackets – qui sont à prendre au sérieux lorsqu'elles se répètent sans cesse et sont toujours dirigées vers les mêmes (le plus petit, le plus gros, l'élève stigmatisé pour sa couleur de peau). C'est alors que peuvent se développer des sentiments d'insécurité et de perte d'estime de soi qui peuvent aller très loin. Les Anglo-Saxons appellent cela le « *school bullying* », c'est-à-dire des formes de harcèlement et des brutalités entre pairs. Et les recherches ont établi des corrélations entre les tentatives de suicide à l'adolescence et ces formes de harcèlement précoce. Même si l'on constate une augmentation très préoccupante de la haine pour le professeur, les premières victimes de la violence scolaire sont majoritairement les élèves qui sont aussi les plus « victimiseurs ». D'où ma proposition de pousser vers un consensus politique en faisant de la lutte contre le harcèlement à l'école une grande cause nationale. C'est ma mission actuelle.

Cette violence est-elle selon vous importée dans l'école ou spécifique à l'institution scolaire ? Autrement dit, est-on dans le modèle de la « forteresse assiégée » ou dans celui d'une institution qui générerait la violence ?

Toutes les études, notamment américaines, montrent que les causes de la violence sont multiples, avec des risques accrus par l'exclusion sociale, notamment dans les quartiers les plus sensibles. Dans tous les cas, il existe une combinaison de facteurs : familiaux, socio-économiques, liés à la position des minorités et, également, à la personnalité des enfants violents. Mais il n'existe aucun déterminisme absolu qui générerait un handicap « socioviolent » : on peut être noir, de famille monoparentale dont la mère est au chômage, vivant dans un quartier difficile sans pour autant développer une quelconque violence.
De son côté, l'école peut, elle aussi, produire de la violence. C'est ce qui se passe par exemple, lorsque la répartition des

élèves engendre de véritables « classes ghettos ». Certaines recherches présentent même les facteurs scolaires comme les plus déterminants. Ces facteurs sont liés à l'organisation des établissements, au mode de nomination des enseignants et à la stabilité des équipes, et aux pratiques pédagogiques.

Vous comparez les différents programmes mis en œuvre pour faire reculer la violence à l'école. Quelles conclusions peut-on en tirer ?

À partir des enquêtes de victimation, on sait qu'il existe une très forte corrélation entre climat de l'établissement et violence scolaire. Que ce soit dans les quartiers les plus difficiles, de très grande pauvreté et de très fort exil, en Angleterre comme en France, dans les bidonvilles de Ouagadougou ou de Rio de Janeiro, le système d'organisation de la vie scolaire s'avère extrêmement important. Même sans politique publique très forte, certains établissements parviennent, par des actions volontaristes, à faire reculer la violence.

La première condition pour cela est la stabilité des équipes éducatives et la manière dont elles se gèrent. Il n'existe pas de possibilité de travailler contre la violence scolaire avec des équipes instables ou qui ne s'entendent pas. Les enseignants isolés sont impuissants. À ce sujet, le mode français de nomination, qui consiste à envoyer de jeunes professeurs, pour leur premier poste, à 500 ou 600 kilomètres de chez eux dans un établissement de banlieue, sans parfois aucun réseau social autour ni aucune équipe constituée, est criminogène !

En général, la violence tombe sur des personnes isolées : l'enfant qui n'appartient pas au quartier, à un groupe constitué, y compris ethnique ; l'enseignant parachuté qui arrive dans une école où il n'existe pas de travail d'équipe C'est la théorie de la disponibilité des cibles, bien connue des criminologues, qui fait que les individus isolés sont plus facilement visés.

D'où l'importance d'un climat convivial dans les écoles, d'un sentiment d'appartenance à un groupe partageant des valeurs communes pour les élèves comme pour les adultes. Il existe par exemple en Espagne des programmes de « *convivencia escolar* » qui ont fait reculer très sensiblement la violence par la diminution de l'isolement des élèves : cela peut paraître banal, mais certains projets pédagogiques – organisation de fêtes scolaires, activités comme la réalisation d'une pièce de théâtre, pédagogie coopérative où les élèves prennent part aux décisions – sont pour cela très efficaces.

Et au niveau des politiques scolaires ?

D'une part, les vastes plans nationaux qui lancent de beaux mots d'ordre (« nous allons restaurer l'autorité ») sont la plupart du temps inefficaces. Pour reprendre l'expression d'Egide Royer, directeur de l'Observatoire canadien pour la prévention de la violence à l'école, « on n'a pas besoin de prêt-à-porter mais de cousu main ». Les programmes nationaux peuvent avoir des résultats lorsque les acteurs locaux s'approprient ces initiatives pour les adapter à leur terrain. C'est ainsi que lorsqu'en France on a créé les emplois jeunes, certaines équipes d'enseignants se sont mobilisées pour donner de vrais profils de postes à ces emplois, et non pour avoir des surveillants supplémentaires : par exemple, dans les écoles primaires, ils ont été employés pour faire du soutien personnalisé selon les besoins des enfants.
D'autre part, on sait que les approches en fonction des facteurs de risques, l'usage des thérapies comportementales ou cognitives sont objet de méfiance dans le débat français. Pourtant, les méta-analyses montrent que certaines interventions centrées sur les comportements ont une efficacité réelle. Elles doivent pour cela s'appuyer sur l'encouragement et non sur la répression : les camps de rééducation, voire les camps militaires pour certains délinquants, les leçons de morale, tout ce qui ressort d'une approche pavlovienne ne fait pas reculer la violence des jeunes. En revanche, l'usage des thérapies cognitives peut faire changer les comportements. Cela n'empêche pas de réfléchir sur les fonctionnements collectifs qui sont à la base des violences « antiscolaires », sur l'exclusion sociale et sur les discriminations par exemple, mais il n'empêche que dans certains cas des programmes individualisés sont nécessaires.
Encore une fois, toutes ces actions réussissent lorsqu'il existe au sein des établissements une volonté de l'équipe éducative dans son ensemble. En France, il faut bien dire que l'on est confronté à un problème très franco-français, qui est la difficulté des enseignants à travailler en équipe et le refus

du travail pédagogique dans le second degré. Rappelons que le tiers du temps d'un enseignant anglais est consacré à des tâches d'encadrement, de travail pédagogique en équipe, de suivi individuel des élèves hors des heures de cours proprement dites. Lorsque Philippe Meirieu, sous le ministère Allègre, avait voulu simplement instaurer du tutorat méthodologique (aider les élèves à mieux apprendre), il s'est mis à dos – et pour longtemps – des milliers d'enseignants !
On ne peut que déplorer le vent antipédagogiste qui souffle sur la France depuis quelques années et fait reculer toutes les initiatives que j'ai évoquées. Le succès d'un livre comme *La Fabrique du crétin*, ce pamphlet rétrograde contre la pédagogie qui s'est vendu à des milliers d'exemplaires, atteste de ce climat. Et la formation des jeunes enseignants est dramatiquement dépourvue de tous les aspects pédagogiques du métier qui devraient accompagner la transmission des savoirs, particulièrement auprès des publics difficiles L'urgence est là, les pouvoirs publics commencent à en être très conscients après une période dominée par le refus de la pédagogie. Il faut construire cette formation (et non la reconstruire). Soyons clairs : elle n'a vraiment jamais existé !

Même dans des pays où sévit une forte violence de la rue, vous montrez que l'école peut parfois être un relatif îlot de paix protégé par les habitants du quartier.

Dans les favelas de Rio tout comme en Afrique, on a pu constater une forte adhésion des élèves à leur école et à leurs enseignants, et un lien entre la communauté et l'école : les habitants du quartier, outre les parents, circulent librement dans les établissements, s'installent dans la cour.
L'impact des communautés de voisinage est d'ailleurs attesté dans certaines expérimentations anglaises pour faire reculer la violence. Aux États-Unis, il existe un mouvement dit des « petites communautés » qui consiste à restaurer le lien quartier-école. Il ne s'agit pas de communautarisme mais plutôt de lien social, à l'opposé d'une tendance qui consiste à écarter les familles de l'école. Chez nous, il faudrait une véritable révolution des mentalités pour impulser de telles pratiques.

Propos recueillis par Martine Fournier

À propos de : *L'Élève humilié*

Certaines routines scolaires relèvent d'une violence symbolique qui engendre de profonds sentiments d'injustice pour de nombreux élèves.

« Prenez une feuille : nom, adresse, profession de vos parents... » Pour Jérôme, l'humiliation commence dès le premier jour de chaque rentrée. Car cet enfant, en grande difficulté scolaire (qui sera orienté en CAP de menuiserie et deviendra décorateur de théâtre), n'est pas dupe pour autant : il sait bien que son « père au chômage » et sa « mère coiffeuse » ne vont pas lui permettre d'emporter l'estime de ses professeurs et vont même redoubler le mépris engendré par ses piètres résultats.

Nombreuses sont ces blessures narcissiques que les élèves les plus fragiles peuvent ressentir comme de véritables violences symboliques : fiche signalétique du début d'année demandée par (presque) tous les professeurs – les renseignements sont disponibles au secrétariat de l'établissement – ; rendu des copies dans l'ordre décroissant des notes, avec remarques moqueuses pour les plus faibles, voire lecture publique d'extraits particulièrement « minables » ; passage au tableau qui peut devenir un véritable « passage à tabac » lorsque l'on se fait ridiculiser devant toute la classe... L'enquête de Pierre Merle[1] recense un ensemble de ces pratiques professorales blessantes qui génèrent un profond sentiment d'injustice et laissent parfois des marques indélébiles. Il n'est pas rare que les critiques convoquent la personnalité, l'appartenance sociale ou même le physique : surnoms dévalorisants (« madame j'comprends pas » pour la fillette qui pose trop de questions, « tu ferais mieux d'aller vendre des frites au bord de la route » à l'enfant d'un restaurateur...), jugements assassins sur la personne (« morveux », « pétasse » et autres « fainéants »...). Tel aussi cet enseignant d'EPS qui s'acharnait à vouloir faire sauter en hauteur une élève particulièrement obèse, en la prenant devant les autres comme l'exemple de ce qu'il ne faut pas faire...

Une responsabilité de l'institution

Existent aussi les humiliations collectives : un instituteur qui divise sa classe entre « paradis » (les bons élèves près de la fenêtre), « purgatoire » (les moyens), « enfer » (les faibles près du mur)... Certes, ce témoignage, issu des souvenirs des stagiaires de l'IUFM de Bretagne, remonte aux années 1980, et l'on pourrait espérer (sans en être certain !) qu'il n'a plus cours aujourd'hui. Mais, à l'heure de la démocratisation scolaire, les classes de niveau se sont multipliées et les pratiques de ségrégation sont légion qui font que les « mauvais élèves » se retrouvent bien souvent stigmatisés, notamment et un peu paradoxalement dans les établissements Zep qui

1- P. Merle, *L'Élève humilié. L'école, un espace de non-droit ?*, Puf, 2005.

veulent conserver de « bonnes classes » à l'écart des plus perturbateurs.

Or, avance encore P. Merle, « le sentiment de rabaissement, de droits non respectés, occupe une place centrale, sinon première, dans la démobilisation scolaire ». Les élèves d'aujourd'hui interrogés dans son enquête en parlent sans détour, tantôt avec résignation, tantôt avec violence. Et il n'est pas le seul des sociologues de l'école à souligner une responsabilité de l'institution dans les phénomènes de violence. François Dubet les analyse comme « une révolte des vaincus[2] », dans un système scolaire qui valorise l'excellence et méprise les plus faibles.

À l'heure de la « démocratisation », où l'école accueille en son sein des élèves de tous milieux sociaux et de toutes cultures, à l'heure aussi où le respect et la dignité de chacun sont devenus des valeurs hautement revendiquées par les sociétés contemporaines, les pratiques humiliantes, ersatzs d'une tradition pédagogique qui, en France, a longtemps mis au centre de ses pratiques, férules, châtiments corporels et jugements vexatoires, se révèlent moralement inacceptables et en outre contre-performantes. Pour P. Merle, la question du droit des élèves a été ces dernières années délaissée au profit de questions plus restrictives : l'ordre et la laïcité. Il est urgent, pour que la violence n'engendre pas la violence, de la remettre à l'ordre du jour.

Martine Fournier

2- F. Dubet, « École : la révolte des "vaincus" ? », *Sciences Humaines*, hors-série n° 47, déc. 2004/janv.-fév. 2005

Armen Tarpinian

Politique et école, la dimension anthropologique

Face aux promesses et aux menaces de la modernité, peut-il y avoir une politique et une éducation pertinentes sans interrogation sur la vision de l'être humain vers lequel nous tendons ? Les questions de la famille, de l'école, de la société, de l'action politique, et celle de l'évolution de l'humanité sont en effet liées. Les apprentissages bons pour l'école le demeurent pour la vie : apprendre à connaître, apprendre à faire, apprendre à se connaître, apprendre à vivre ensemble. Ces quatre voies d'une éducation humanisante, au plein sens du terme, définies par l'Unesco, auxquelles s'ajoute aujourd'hui la voie écologique, devraient constituer la trame et la chair de toutes les formations de 7 à 77 ans…

Le terme « humanisant » se rapporte ici au processus évolutif qui peut nous conduire, individuellement et collectivement, à partir d'apprentissages et non d'exhortations ou des « bonnes intentions dont l'enfer est pavé », au déploiement de ce qui fait la maturité humaine, à savoir : la qualité du lien dans toutes ses nuances, allant de la cordialité et la tolérance à l'amitié et l'amour ; la lucidité de l'esprit qui est connaissance de soi et force du jugement dégagé des préjugés ; l'autonomie et la solidarité, vitalement complémentaires. Cela exige des formes d'éducation, d'auto-éducation et de coéducation sans lesquelles l'humanisme demeure un chemin très mal assuré.

Ce qu'il faut affirmer avec force, c'est que les expériences de terrain, les voies d'actions et les outils existent mais restent largement ignorés ou négligés. Bien qu'essentiels à la réussite humaine, des savoirs et des apprentissages tels la connaissance de soi, la capacité d'écoute, d'empathie, le sens du dialogue, la capacité de coopérer, l'esprit critique et autocritique, ou encore la capacité de mettre des mots sur ses émotions et motivations, de se lier à autrui sans soumission ni domination, de ne pas laisser les ressentiments et les conflits se dégrader en violences, ne figurent pas au programme de l'école. Pourquoi ? Ignorer cette éducation psychique : émotionnelle, relationnelle, introspective (que l'on dira ici psychosociale), n'est-ce pas pour le moins comme oublier d'enseigner l'éducation physique ? Cela s'apprend. Mais l'Institution, malgré les Recommandations du Haut Conseil de l'éducation sur l'école primaire (2006), ne lui fait pas concrètement sa place, alors qu'elle est une « voie royale » indispensable au plein accomplissement des deux missions, inséparablement liées, de l'école : instruire et éduquer, ou, si l'on préfère, transmettre et former. Les décideurs politiques comme tout un chacun, peu sensibilisés à cette dimension, peinent à saisir la nature profonde du désarroi de l'école. Ainsi, par exemple, préoccupés à juste titre par les questions d'ordre et de sécurité, la grande majorité d'entre eux restent étrangers aux éclairages que les sciences humaines apportent à la question hypersensible de l'autorité, à son vrai sens et à ses conditions d'exercice[1].

École et Société

C'est à toute la société, et non seulement à l'école, qu'incombe la responsabilité de repenser les principes, valeurs et modes d'action par lesquels elle favorise ou non le développement des qualités existentielles que nous avons rappelées. Ainsi, ce que l'on voudrait trouver au fondement des choix politiques c'est :

– une vision écologique et anthropologique fondée sur une meilleure compréhension du processus d'humanisation, c'est-à-dire de maturation mentale et émotionnelle de l'espèce ;

– une vision psychologique concernant la maturation des personnes, nourrie des connaissances des sciences humaines et sociales accumulées depuis plus d'un siècle (incluant la culture psychothérapique, l'éthologie humaine, les neurosciences...) ;

– une vision de la vie sociale, elle aussi mieux fondée sur ces sciences et permettant des apprentissages innovants et féconds d'un « meilleur vivre ensemble ».

Or, à part l'écologie, que la peur de catastrophes annoncées pousse, non sans mal, à prendre en compte, ces perspectives

1- V. Guérin, « Pour une autorité éducative », *in* A. Tarpinian, L. Baranski, G. Hervé, B. Mattéi (dir.), *École : changer de cap. Contributions à une éducation humanisante*, Chronique sociale, 2007.

vitales n'apparaissent pas dans les politiques proposées : l'éducation psychosociale est loin de prévaloir à l'école et dans la société. Elle n'est pas identifiée et reconnue, « sacralisée » comme les autres savoirs, en France en particulier où prévaut le « quotient intellectuel » (QI). Alors que ce qu'on désigne, par paraphrase, le « quotient relationnel » (QR) appelle des formations appropriées[2]. Leur prise en compte ne devrait-elle pas pourtant devenir partie intégrante de la préparation à des professions où la relation aux personnes tient une place essentielle ? Enseignants, travailleurs sociaux, médecins et métiers paramédicaux (Édouard Zarifian déplorait naguère que les qualités relationnelles ne comptent en rien dans le recrutement ou la certification des futurs médecins, qui ne reçoivent, dans le meilleur des cas, que très peu d'heures d'enseignement de psychologie médicale durant leurs études !) ; mais aussi métiers de justice, de police, de personnel pénitentiaire (où depuis peu, il est vrai, de telles formations commencent à se mettre officiellement en place).

Cela ne s'impose-t-il pas d'urgence aux métiers de service aux personnes, dits de proximité, appelés à se développer massivement ? Ce surcroît de professionnalisation les ennoblirait comme ils le méritent : les rendant plus attractifs, il contribuerait sans doute en partie à la solution du problème de l'emploi. Pour quand, de même, une formation psychosociale à l'Ena et autres Grandes Écoles ? Le comble, c'est que les étudiants en psychologie n'y sont pas spécifiquement formés ! souligne Edmond Marc[3]. L'expérience montre pourtant qu'il s'agit d'une formation qui peut être mise en œuvre à l'école, par où nous passons tous, dès le cours préparatoire – et même avant – jusqu'à l'université. Elle retentirait fortement sur la prévention des grands travers de l'esprit humain, tels l'intégrisme et le fanatisme qu'ils soient religieux ou idéologiques ; la tendance à projeter ses peurs et sa responsabilité sur des boucs émissaires ; la xénophobie et, pire, le racisme qui relève de la psychopathologie pure. Travers qui touchent tant des gens instruits que des analphabètes.

La tâche de l'école est d'ouvrir l'élève à la complexité du réel, plus animé de questions que de certitudes dogmatiques. Davantage encore qu'à ses applications techniques, c'est à l'histoire et à l'esprit de doute créatif de la science qu'il faudrait le

2- O. Clerc, « Développer le quotient relationnel : un programme pour le millénaire », *in* A. Tarpinian *et al., op. cit.*

3- E. Marc, « Les enseignants face la psychologie », *in* A. Tarpinian *et al., op. cit.*

former. L'esprit de curiosité qui favorise au mieux la maturité des jeunes n'est-il pas aussi ce qui assure la jeunesse des vieux[4] ?

La contradiction fondamentale

Sans mettre en question l'investissement positif des personnels de l'école, c'est la contradiction insidieuse et profonde entre les valeurs républicaines invoquées et les valeurs réellement transmises, qui reste principalement à repenser. Car à l'école, tout autant que dans la société, l'excellence se juge sur la capacité à surpasser les autres et non sur l'émulation constructive face à des savoirs ou des compétences à acquérir, et notamment celles de la coopération, du travail en équipe, des échanges positifs de savoirs et de savoir-faire. Aussi, l'invocation de « l'égalité des chances » se révèle être un recours éthique et pratique de faible portée dans notre système de compétition effrénée. Dans une remarquable analyse, François Dubet en a décrit avec précision les effets pervers (*Le Monde*, 1er décembre 2009). L'égalité des chances « sauve » quelques-uns, mais la bonne conscience qu'elle suscite conduit à éluder la vraie question : pourquoi l'école ne parvient-elle pas à donner à chaque enfant une chance égale de stimuler son désir d'apprendre, de déployer son humanité ? Elle est loin, répétons-le, d'être seule en cause, encore faudrait-il qu'elle assume plus lucidement la part de responsabilité qui lui revient.

L'école qui devrait être une promenade heureuse et studieuse dans la belle forêt des connaissances, mais aussi un large chemin d'apprentissage de l'autonomie et du lien social, est devenue une course où les élèves, incités à se comparer obsessionnellement, entrent sourdement ou bruyamment en rivalité[5]. Il peut être salutaire de s'interroger sur la cohérence d'un système scolaire où, dans cette course incertaine, même les mieux adaptés se trouvent dans la contrainte de prendre des cours particuliers pour assurer leurs succès. Les élèves fragilisés par des « handicaps » socio-économiques et culturels se trouvent naturellement le plus vivement exposés aux effets pervers de ce système aberrant de gagnants-perdants. Mais s'ils y sont plus nombreux, les perdants ne se rencontrent pas seulement dans « les banlieues qui brûlent », ils sont de tous les milieux. On comprend dans ces conditions que le « Collège unique » demeurera une de ces bonnes intentions dont

4- E. Morin, « Mieux répondre à la curiosité de l'enfant », *in* A. Tarpinian *et al.*, *op. cit.*

5- A. Tarpinian, *Vivre s'apprend... Refonder l'humanisme*. Chronique Sociale, 2009.

l'enfer est pavé, tant que l'école fonctionnera selon cette contre-éthique, en vérité antirépublicaine.

La carence de la dimension psychosociale dans la formation des enseignants peut expliquer pour partie leur mal-être face à la difficulté de répondre à la démocratisation massive d'une école qui continue, globalement, de fonctionner selon les critères et les valeurs d'un système où seuls 5 % des élèves accédaient au lycée. Beaucoup d'enseignants en ont conscience, se forment individuellement, en tirent profit ; des expériences fleurissent mais se fanent faute de relais officiels. La souffrance à l'école et les risques de dépression des enseignants sont plus élevés que dans les entreprises privées ou pseudo-publiques, bien que l'emploi y soit *a priori* assuré.

Qu'elle le reconnaisse ou non, l'école est en bien comme en mal fille et mère de la société et de ses valeurs. Elle gagnerait à mieux s'expliquer en quoi, en profondeur, elle stimule ou contrarie les potentialités de l'élève. Pourquoi, grâce à l'empathie de tel ou tel adulte, certains élèves très vulnérables restaurent l'estime de soi et la confiance dans leurs capacités intellectuelles.

Analyser les problèmes sous cet angle essentiel permet d'approcher, dans toute leur profondeur et complexité, les causes des échecs scolaires, et plus encore de mieux comprendre les conditions de la réussite, au sens plein du terme. Ces conditions, qui seraient hautement préventives, restent largement méconnues...

8 mesures pour une éducation humanisante

Dans une orientation générale centrée sur le déploiement de l'humain, on pourrait au niveau de l'école recommander huit mesures – parmi d'autres – dont l'efficacité psychopédagogique a été largement vérifiée. À noter qu'elles n'entraîneraient que de faibles coûts supplémentaires, car elles sont avant tout qualitatives :

1) Développer l'aptitude à coopérer et officialiser le « travail en équipe » des adultes comme des élèves. Assurer les formations appropriées ;

2) Initier les personnels de l'école à la psychologie de l'enfant et des adolescents, complétées par la psychologie des élèves et celle des enseignants ; aux théories de l'apprentissage. Les former à l'animation des groupes, du groupe classe en particulier ;

3) Promouvoir les analyses de pratiques professionnelles (partage en groupe des expériences, libérateur des méfaits du « splendide isolement de l'enseignant » (C. Blanchard-Laville, D. Fablet (dir.). *L'Analyse des Pratiques professionnelles*. L'Harmattan, 2000) ;

4) Abandonner progressivement – au profit de modes d'évaluation novateurs et auto-formateurs – les modes stigmatisants d'évaluation, plus ou moins arbitraires, qui fragilisent la confiance de l'enfant dans ses capacités et son auto-efficacité, exacerbent l'esprit de compétition, créent la hantise de la note et des classements, sous l'œil anxieux des parents, et pervertissent ainsi les motifs et le désir d'apprendre ;
5) Conférer un statut positif à l'erreur dans les processus d'apprentissage et de formation : les libérer de la phobie de la faute. Cela constituerait une véritable révolution mentale et culturelle, qui ferait notamment passer d'une pédagogie intimidante à une pédagogie sécurisante et stimulante. Un certain nombre d'enseignants œuvrent en ce sens, mais l'archaïsme du système reste surdéterminant. (D. Favre « L'erreur et la faute », *in* A. tarpinian *et. al., op. cit.*). Selon l'enquête européenne Pisa, évoquée plus loin, les jeunes français se rangent parmi les élèves les plus « inhibés » quant à leurs capacités d'expression ;
6) Appliquer les instructions officielles de la réforme de 1989 concernant les apprentissages de base en cycles de maturation, et non par année de naissance, ce qui éviterait l'effet pervers de vouloir faire avancer au même pas des élèves de 5 et 6 ans, les uns étant nés en janvier et d'autres en décembre de la même année ; c'est sans doute un élément plus déterminant de difficultés et d'échecs scolaires que l'influence de telle ou telle méthode d'apprentissage ;
7) Assurer la formation à « la médiation et à la résolution des conflits » pour les élèves comme pour les adultes. Ce qui reviendrait à développer une culture de dialogue et de paix qui ne soit pas un vœu mais un apprentissage au quotidien. La loi qui instaurerait un droit de l'enfant à la non-violence ne saurait être séparée du droit de l'enfant à une éducation à la non-violence.
8) Enrichir l'heure d'éducation civique par des pratiques d'éducation psychosociale éprouvées, favorisant la maturation de l'esprit et du sentiment de coresponsabilité démocratiques.
Soulignons que les programmes de grande valeur ne manquent pas. À retenir particulièrement le Programme pour l'école de la Coordination française pour la culture de paix et de non-violence, www.ecole-nonviolence.org. De nombreuses pistes théoriques et pratiques sont signalées à la fin des chapitres de l'ouvrage collectif, *École : changer de cap* (*op. cit.*) et dans le *Guide des ressources*, www.nonviolence-actualité. org, ou dans les sites de Georges Hervé, http://assoreveil.org et de J. Nimier, *Les Facteurs humains dans l'enseignement et la formation d'adultes*, www. PedagoPsy.eu etc.
Beaucoup de ces outils de formation psychosociale trouveraient leur place naturelle dans les Groupements d'établissements publics d'enseignement (Greta), qui fédèrent les ressources de ces établissements, les enseignants et aussi les équipements, et organisent des actions de formation continue pour adultes, www.education.gouv.fr.

Réponses de fond

Sans sous-estimer toute la complexité des facteurs en jeu, l'application (non exhaustive) de ces mesures basiques, dont chacune a fait ses preuves, pourrait susciter des effets systémiques profonds sur les représentations comme sur les valeurs et comportements implicitement induits et transmis. Elles contribueraient à remotiver les élèves : à éviter l'ennui, le désinvestissement, le « décrochage », voire l'entraînement dans des spirales d'échec dont on connaît les conséquences spectaculaires, mais trop peu les souffrances intimes qui souvent marquent toute une vie. De nature à apaiser le climat de la classe, ces mesures entraîneraient une économie d'énergie et une récupération précieuse du temps perdu à obtenir l'attention des élèves. Elles constitueraient des réponses de fond aux problèmes de la violence et de l'autorité. Elles auraient naturellement tendance à diffuser dans le corps social, à féconder les comportements politiques, et à s'intégrer au long cours dans une éthique et des pratiques citoyennes.

Souvent cités comme modèles, les pays nordiques, où la réussite humaine et la réussite scolaire sont implicitement reliées, et où « chaque enfant est important », obtiennent au niveau européen les meilleurs résultats. À noter qu'en Finlande, qui se classe en tête des pays européens, il n'y a pas de notation, au sens où nous la pratiquons, avant l'entrée en cinquième. Cette dernière mesure ne suscite, bien sûr, des effets positifs durables que dans une réorientation éthique et pédagogique plus générale du système scolaire. En tout état de cause, on peut souhaiter que le monde enseignant et les décideurs politiques « planchent » sur ces résultats.

S'engager dans ce sens permettrait à notre école d'intégrer pleinement la dimension anthropologique, qui appelle une éducation où savoirs, savoir-faire, savoir-être et savoir-être-ensemble s'apprennent conjointement, et la dimension écologique, qui requiert un développement économique sensé opposé au rendement à tout prix, aveugle sur ses conséquences. Dans cette optique, fondatrice de plus d'humanité, les sept savoirs existentiels préconisés par Edgar Morin offrent pour l'avenir des pistes d'or incontournables[6].

Sans les idéaliser, les exemples nordiques montrent que nous nous trouvons devant une évolution culturelle et sociale possible, et non une utopie. Un projet de société plus authentiquement accordé au processus d'humanisation, et pouvant insuffler plus

6- Voir dans cet ouvrage, l'entretien avec Edgar Morin.

d'âme, de sens et de consistance à l'idéal républicain et à l'action politique. Seule une compréhension systémique de l'ensemble des interactions interpersonnelles, sociétales et politiques peut fonder des changements de cap significatifs. C'est penser et œuvrer dans le long terme, ce qui permet au mieux de fonder dans le présent nos réponses aux attentes actuelles et aux souffrances pressantes.

La bonne nouvelle

Voici un siècle, Péguy écrivait que « les crises de l'enseignement ne sont pas des crises de l'enseignement, mais des crises de vie ». Nous pourrions, prolongeant sa profonde remarque, dire aujourd'hui que la crise de l'école, la crise de l'écologie, et la crise de l'économie (avec ses immenses inégalités sociales qu'elle corrige d'un côté et augmente gravement de l'autre) ont des racines anthropologiques et éthiques communes : l'immaturité de l'espèce face à son prodigieux et fragile destin, et ses erreurs de calcul dans sa recherche vitale de satisfaction, selon les mots de Paul Diel[7]. En témoignent les mille milliards d'euros que la société internationale a consacré, en 2008, aux dépenses militaires, et son impuissance à mobiliser les cent milliards d'euros par an qui permettraient, en peu d'années, de régler le problème de l'eau dans le monde, d'éradiquer la famine et la mortalité infantile, scandaleuse, liée à la misère matérielle et au défaut de soins[8].

Patrick Viveret, cofondateur des « Dialogues en Humanité », ne cesse de rappeler que l'inhumanité de l'humanité est devenue le problème central de la politique[9]. Entre les progrès exponentiels des techniques, qui nous éblouissent à juste titre, mais dont les applications restent pour partie chargés de méfaits, actuels ou potentiels, et les pas lents de notre lucidité et de notre sagesse, le contraste ne reste-t-il pas vitalement préoccupant ?

Mais au-delà de nos peurs – voire de l'angoisse abyssale – que cela entraîne, c'est dans la mobilisation concrète des acquis théoriques et des atouts pratiques fondamentaux dont nous disposons, que nous pouvons positivement ancrer notre espérance

7- P. Diel, *La Peur et l'Angoisse* (1956). Petite Bibliothèque Payot, 2004 ; *Le Besoin d'amour. Tendresse, estime et autorité dans l'éducation des enfants*. Payot, 2007.

8- Près de 9 % d'enfants dans le monde meurent avant cinq ans de maladies pour lesquelles les remèdes existent, écrit Esther Duflo, professeure au Collège de France. E. Duflo, *Le Développement humain. Lutter contre la pauvreté*, République des Idées/Seuil, 2010.

9- P. Viveret, *Pourquoi ça ne va pas plus mal ?* Fayard, 2005 ; *Reconsidérer la richesse*. Éditions de l'Aube, 2004. Voir aussi le site http://dialoguesenhumanite.free.fr.

et nos actions. C'est sur un vrai changement de notre regard sur nous-mêmes et sur le monde que l'humanisme peut se refonder. On comprend pourquoi Michelet affirmait, de façon volontairement réductrice, que la partie la plus importante de la politique était l'éducation. Et la seconde, lui demandait-on ? L'éducation. La troisième ? L'éducation. Nous dirions aujourd'hui une Politique et une École habitées par le même projet, le même souci d'humanisation.

La bonne nouvelle c'est que nous savons comment nous pourrions, dans cette aventure inconcevable de l'émergence de l'espèce pensante, avancer un peu plus sûrement sur les chemins escarpés de l'évolution[10]. Nous en laisserons-nous le temps ?

10- A. Tarpinian (dir.), *Idées-Forces pour le XXIe siècle*, Chronique Sociale, 2009.

La formation tout au long de la vie

- Pourquoi nous formons-nous ? (P. Carré)
- La galaxie de l'autoformation (P. Carré)
- E-learning et formation à distance (Encadré)
- Joffre Dumazedier, promoteur de l'autoformation (Encadré)
- L'épopée de la formation continue (P. Santelmann)
- De l'instruction publique à la formation tout au long de la vie (Encadré)
- Entrer dans la vie : le lien formation/emploi en Europe (C. Van de Velde)
- À quoi sert la validation de l'expérience ? (Encadré)
- La formation des salariés : pour qui et pour quoi ? (Encadré)
- Les stratégies marchandes de la formation (A. d'Iribarne)
- Des IUFM à la mastérisation : un devoir d'inventaire (P. Rayou)
- L'enseignement professionnel, un statut toujours ambigu (Entretien avec Vincent Troger)
- À la découverte des universités populaires (C. Halpern)
- Universités populaires : une idée qui fait son chemin (Entretien avec D. Rambaud)

PHILIPPE CARRÉ

POURQUOI NOUS FORMONS-NOUS ?

Autant dans le monde de la formation continue que dans le système scolaire, l'évocation de la notion de motivation suscite des attitudes variées. Si le praticien l'exploite pour expliquer certains comportements des apprenants, il peut également la rejeter parce qu'opaque, simpliste ou, finalement, inutile. Il peut en nier l'existence, ou au contraire, tirer du constat de sa toute-puissance une forme de résignation pédagogique. Il peut s'acharner à créer de la motivation, ou inversement, abdiquer devant sa propre incapacité à influencer ce mystérieux moteur de l'engagement éducatif.

Bref, suivant l'interlocuteur, la question de la motivation peut alternativement susciter résistance, passion, curiosité ou indifférence… Et l'on retrouvera le même clivage entre partisans et opposants de la motivation dans le débat théorique sur les dynamiques d'engagement dans la formation.

Pourtant, la question de ce « quelque chose qui pousse à l'action » prend une importance nouvelle aujourd'hui pour les chercheurs et les praticiens de la gestion des ressources humaines, du développement social et de la formation. Les nouvelles interrogations sur l'engagement des sujets sociaux dans l'action et sur les modes de mobilisation des ressources humaines sont évidemment à relier au contexte socio-économique actuel, qui tend à responsabiliser les individus dans le développement de leurs compétences et la gestion de leurs propres itinéraires[1].

De la motivation

La question du passage à l'action, ou de l'engagement dans l'acte, a été traitée de longue date par la psychologie expéri-

1- P. Carré (dir.), *De la motivation à la formation*, L'Harmattan, 2001.

mentale, bien que sur des bases épistémologiques aujourd'hui obsolètes. Depuis les années 1980, la psychologie, nord-américaine en particulier, a entrepris de revisiter le concept de motivation à partir de bases théoriques d'inspiration sociocognitiviste[2].

Pour le sens commun, la motivation représente « ce qui pousse à l'action », c'est-à-dire « l'ensemble des motifs qui expliquent un acte » (Larousse) ou « la relation d'un acte aux motifs qui l'expliquent ou le justifient » (Robert). Sur le plan scientifique, d'après R. Vallerand et E. Thill[3], le concept de motivation est un construit hypothétique censé décrire « les forces internes et/ou externes produisant le déclenchement, la direction, l'intensité et la persistance du comportement ».

Le terme de motivation, outil privilégié de la réflexion sur le sens de l'action humaine, a subi les contrecoups des dérives du béhaviorisme, et en porte encore les stigmates. Or il ne s'agit plus, aujourd'hui, de concevoir la motivation comme il y a un quart de siècle, autour du concept initial, d'orientation béhavioriste et indissolublement lié aux théories du conditionnement animal. Ni comme, aujourd'hui encore, se plaît parfois à le dévoyer une certaine littérature managériale ou pédagogique, férue de pyramides de besoins et autres schémas simples pour mieux motiver équipes démobilisées ou élèves apathiques.

S'il est une idée que les théories actuelles de la motivation établissent avec fermeté, c'est que jamais – hormis dans les cas de conditionnement de laboratoire – on ne peut directement motiver autrui : la motivation n'est toujours, pourrait-on dire en forme de tautologie, qu'automotivation. Les problématiques d'intervention posent alors la question des modes et stratégies de mobilisation, terme dont on sait, par ses connotations militaires, à quel point il peut différer de celui de motivation.

Il y a une quinzaine d'années, un colloque de ressources humaines s'est achevé sur la perplexité des participants quant à ce « concept galvaudé », autour d'une question iconoclaste qui traduit bien l'évolution de ces dernières années : « Et s'il était impossible de motiver qui que ce soit d'autre que soi-même ?[4] »

2- R. Vallerand, E.E. Thill, *Introduction à la psychologie de la motivation*, Vigot, 1993.

3- R. Vallerand, E.E. Thill, *op. cit.*

4- *Le Monde*, mardi 2 avril 1996.

Les multiples raisons de suivre une formation

À partir du postulat hérité des recherches contemporaines sur la motivation menées dans une perspective cognitive, la conception des dynamiques d'engagement éducatif des adultes se modifie pour nous entraîner à penser l'entrée en formation en partant des sujets sociaux eux-mêmes, de leurs motifs et des processus « conatifs[5] » qui les portent.

Une recherche récente[6] nous a conduits à réaliser 61 entretiens non directifs et à construire, puis à proposer à des centaines d'adultes inscrits en formation un questionnaire, afin d'apprécier le « tableau motivationnel » qui les caractérise lors de leur engagement dans un processus de formation, avant le début des activités pédagogiques. Le modèle théorique utilisé repose sur une conception de l'engagement en formation basée sur deux axes[7] :

- **Orientation intrinsèque/extrinsèque**

Certains apprenants sont motivés par le fait même d'être en formation, tandis que d'autres le sont par l'espoir d'atteindre des objectifs qui leur sont extérieurs (avantages matériels, acquisition de savoirs utilisables dans le domaine professionnel ou en dehors, etc.).

Conformément à la conception de E. Deci et R. Ryan, nous nommerons la première série motifs « intrinsèques » et la seconde motifs « extrinsèques ».

- **Orientation vers l'apprentissage/vers la participation**

Certains apprenants visent l'acquisition d'un contenu de formation (connaissances, habiletés, attitudes), et donc sont centrés sur l'apprentissage de savoirs, alors que d'autres visent la participation ou l'inscription, c'est-à-dire la présence en formation, indépendamment de l'apprentissage de savoirs.

Le tableau motivationnel

En combinant ces deux axes, on obtient une répartition en quatre quadrants spécifiques, dans lesquels peuvent s'inscrire les dix motifs d'engagement en formation mis en évidence au cours de la recherche. Ces motifs ne représentent ni des traits de

5- Voisin de motivation, le terme de « conation » a été proposé, entre autres auteurs, par M. Reuchlin, pour décrire le choix et l'orientation des conduites, c'est-à-dire des activités finalisées et organisées (dont, par excellence, la démarche de formation fait partie).

6- « Motivation et performances en formation d'adultes », recherche dirigée par Interface-Recherche en collaboration avec l'AFPA, la RATP, Renault, EDF-GDF, les universités Lille-I et Lille-III (1997-1999).

7- C. Houle, *The Inquiring Mind*, University of Wisconsin Press, 1961.

personnalité ni des styles d'apprenant : on n'est pas motivé par nature, quelle que soit la tâche à entreprendre. Les motifs traduisent le rapport qu'établit le sujet, à un certain moment, avec un certain type de formation. Ils ne sont ni uniques ni nécessairement stables : on a généralement plusieurs motifs de s'inscrire en formation, et cette combinatoire est vouée à évoluer selon les circonstances et les contenus. Le « tableau motivationnel » de l'adulte lors de son inscription en formation est en fait un instantané qui permet d'apprécier la dynamique d'engagement à l'instant T.

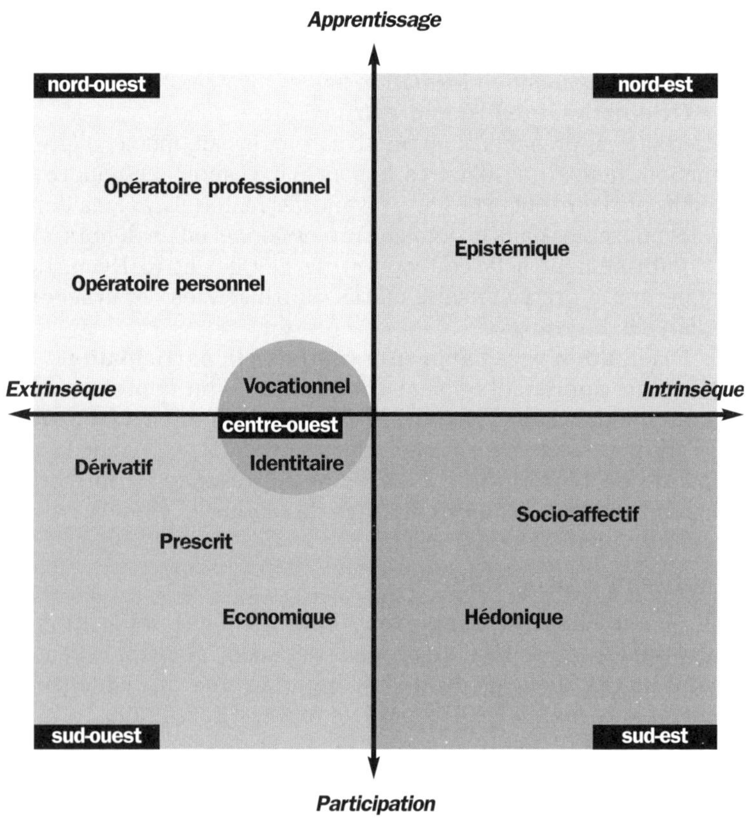

• Une première catégorie (ne comprenant qu'un motif) réunit l'orientation intrinsèque et l'orientation vers l'apprentissage (quadrant nord-est) :

– **motif épistémique :** apprendre, s'approprier des savoirs, se cultiver, etc., sont des processus qui trouvent leurs justifications en eux-mêmes. Le motif d'engagement est ici lié à la recherche de la connaissance, comme fréquentation d'un « gai savoir », source de plaisir en lui-même.

• Une deuxième catégorie associe l'orientation intrinsèque et l'orientation vers la participation (quadrant sud-est). Elle correspond à deux motifs :

– **motif socio-affectif :** il s'agit de participer à une formation pour bénéficier de contacts sociaux. Pour répondre à ce motif d'inscription, il s'agit de trouver dans la formation des occasions d'échanges avec d'autres, de permettre le développement de relations nouvelles, de s'intégrer à des groupes, de communiquer, d'établir des liens sociaux ou de les renforcer ;

– **motif hédonique :** il s'agit de participer pour le plaisir lié aux conditions pratiques de déroulement et à l'environnement de la formation, ici encore de façon relativement indépendante de l'apprentissage de contenus précis. L'« ambiance » et le confort des lieux de formation, le goût pour les outils, matériaux ou documents (du bibliophile au cyberfan) sont à la base de ce motif.

• Une troisième catégorie regroupe l'orientation extrinsèque et l'orientation vers la participation (quadrant sud-ouest). Elle renvoie à trois motifs :

– **motif économique :** les raisons de la participation sont d'ordre explicitement matériel. Le fait de participer à une action de formation amènera des avantages de type économique. Ceux-ci peuvent être directs (par exemple les allocations de chômage) ou indirects, par le biais d'avantages matériels suite à la formation (ou à la promotion qu'elle accompagne) ;

– **motif prescrit :** l'engagement en formation est le résultat de l'injonction ou de la pression d'autrui, évoquant les dimensions les plus extrinsèques de la motivation. Cela peut se faire sous des formes discrètes (la pression de conformité sociale, le conseil d'un supérieur hiérarchique, l'intervention d'une personne influente, etc.) ou explicites (la contrainte d'inscription prévue par la loi) ;

– **motif dérivatif :** l'inscription en formation permet d'éviter des situations ou des activités vécues comme désagréables. À titre d'exemples, on citera une mauvaise ambiance de travail, des tâches routinières, le manque d'intérêt professionnel, ou sur un autre registre, une vie affective ou sociale pauvre, des conflits familiaux, etc.

• Une quatrième catégorie rassemble l'orientation extrinsèque et l'orientation vers l'apprentissage (quadrant nord-ouest). Elle s'exprime sous deux formes différentes :

– **motif opératoire professionnel** : il s'agit d'acquérir les savoirs (connaissances, habiletés, attitudes) perçus comme nécessaires à la réalisation d'activités spécifiques sur le champ du travail, afin d'anticiper ou de s'adapter à des changements, de découvrir ou de perfectionner des pratiques, mais toujours avec un objectif de performance précis ;

– **motif opératoire personnel** : la formation doit permettre d'acquérir les savoirs (connaissances, habiletés, attitudes), perçus comme nécessaires à la réalisation d'activités spécifiques en dehors du champ du travail (loisirs, vie familiale, responsabilités associatives, humanitaires, religieuses, politiques, etc.), ici encore dans un but d'action bien identifié.

• Une dernière catégorie est plus « centrale », tout en relevant surtout de l'orientation extrinsèque (centre-ouest). On y rencontre deux motifs :

– **motif identitaire** : ce motif est centré sur la reconnaissance de l'environnement et l'image sociale de soi, en dehors de tout motif économique. Il s'agit d'acquérir les savoirs (connaissances, habileté, attitudes) et/ou la reconnaissance symbolique nécessaires à une transformation (ou une préservation) de ses caractéristiques d'identification sociale, à travers le maintien ou la transformation du statut social ou familial, de la fonction, du niveau de qualification, du titre, etc. ;

– **motif vocationnel** : par ce motif, la personne cherche à acquérir les savoirs (connaissances, habileté, attitudes) et/ou la reconnaissance nécessaires à l'obtention d'un emploi, à sa préservation, son évolution ou sa transformation. La raison de s'engager en formation est ici centrée sur une logique d'orientation professionnelle, de gestion de carrière ou de recherche d'emploi.

L'homme motivé : ni aliéné ni totalement libre

À côté de la combinatoire des motifs explicitement invoqués pour analyser la démarche d'engagement en formation, d'autres aspects du processus motivationnel ont été mis au jour par la recherche. Les concepts de sentiment d'autodétermination, de perceptions de compétence et d'instrumentalité du projet permettent d'appréhender la motivation à l'engagement éducatif dans la complexité de ses déterminants.

• Le sentiment d'autodétermination est un concept dû à Edward Deci[8]. Il postule une tendance fondamentale chez l'humain à se sentir la principale cause de son comportement, à effectuer des choix et à se sentir libre de ses actes. En formation des adultes, la prise en compte du sentiment d'autodétermination impose d'associer les sujets concernés aux choix de formation les concernant, afin de créer les conditions d'un engagement motivé.

• La perception de compétence est, pour E. Deci, le deuxième facteur qui influence la motivation à entreprendre une action donnée. Cette notion recoupe le concept d'auto-efficacité d'Albert Bandura[9]. Elle décrit la perception qu'a le sujet des compétences qu'il estime posséder pour réussir l'action dans laquelle il s'engage. Cette caractéristique motivationnelle a des applications immédiates sur le terrain pédagogique : les situations de formation les plus propices à développer des perceptions de compétence seront les plus susceptibles d'engendrer la motivation des apprenants…

• L'instrumentalité est la perception par le sujet de l'utilité de la formation dans la réalisation d'un projet plus large. Elle s'appréciera d'une part à travers la répartition des motifs d'engagement, entre motifs « intrinsèques », donc indépendants d'un résultat extérieur, et « extrinsèques », c'est-à-dire, précisément, subordonnés à l'obtention d'un gain externe à la formation. Le caractère plus ou moins instrumental de la formation s'exprimera à travers des formulations qui vont de l'assurance que la formation apportera le résultat recherché, jusqu'à la certitude de l'inutilité de l'engagement, en passant par le doute…

À travers l'analyse combinée des motifs d'engagement, du sentiment d'autodétermination, des perceptions de compétence et de l'instrumentalité de la formation dans le projet global, c'est une nouvelle image de la motivation éducative des adultes qui émerge.

Cernée de la sorte, la notion de motivation éducative représente la dimension dynamique du rapport à la formation. Son investigation s'inscrit dans le champ global de l'étude du rapport à la formation, en complément d'aspects cognitifs (représentations, perception, mémoire, traitement de l'information…), affectifs

8- E. Deci, *Why We Do what We Do*, Putnam, 1995.

9- A. Bandura, *Self-Efficacy – The Exercise of Control*, Freeman & Co, 1997.

(émotions, sentiments, affects...) et sociodémographiques (âge, genre, catégorie socioprofessionnelle, statut économique, origine culturelle, niveau de qualification...).

Dans ce cadre d'analyse, la motivation n'est plus pensée comme un mécanisme de type homéostatique (besoin/réponse), ni comme une réaction induite par les influences externes à l'intentionnalité, qu'il s'agisse de forces inconscientes, de lois sociologiques ou d'automatismes cognitifs. C'est dans la combinaison de ces diverses influences, et la gestion de leur complexité, que s'exercent, à la frontière de la pensée et de l'action, les différents médiateurs motivationnels brièvement mentionnés ci-dessus. Et c'est dans l'interaction entre ces processus « conatifs » du sujet et les différentes influences qui contraignent son autonomie que se dessinera l'engagement dans l'action, en formation comme ailleurs. « Ni machine, ni dieu », selon la formule de B. Weiner[10], l'homme est aujourd'hui pensé comme un juge face à l'action ; la dynamique motivationnelle, ni aliénation ni liberté absolue, devient l'instance d'exercice de son arbitrage.

10- B. Weiner, *Human Motivation. Metaphors, Theories and Research*, Sage, 1992.

Philippe Carré

La galaxie de l'autoformation

L'autoformation est une notion passionnante et bizarre. On s'en réclame ou on la décrie, mais on y est rarement indifférent. Pis encore, quand on la défend, c'est d'un bout à l'autre du spectre idéologique, et avec des arguments opposés. Pour les uns, l'autoformation « assistée » est la forme idéale d'une éducation progressiste, voire radicale, des adultes, au service de l'émancipation des sujets sociaux. Pour d'autres, c'est le bras armé du libéralisme éducatif : les dirigeants d'entreprise, particulièrement de PME, ne cachent pas leur sympathie pour cette idée dont leur propre parcours d'autodidacte semble avoir souvent fait la preuve du bien-fondé...

Notion ambiguë en même temps que fédératrice, l'autoformation rassemble, aux risques et périls de ceux qui l'utilisent, plusieurs conceptions différentes, parfois contradictoires : toute une galaxie de concepts et de pratiques évolue autour de l'idée d'autonomie en formation. On peut ainsi en concevoir une version « intégrale », autodidacte, entièrement coupée des institutions éducatives, ou au contraire, en avoir une vision « éducative », liée à l'essor des formations ouvertes ou individualisées ; on peut identifier une autoformation « sociale », qui se déploie à travers les thèmes de « l'organisation apprenante » ou des réseaux d'échange de savoirs ; en observer la déclinaison « existentielle » à travers les pratiques d'histoire de vie ou de formation « expériencielle », ou encore en repérer une figure « cognitive », centrée sur les dimensions psychologiques de l'apprentissage autonome[1]...

1- P. Carré, A. Moisan, D. Poisson, *L'Autoformation. Psychopédagogie, ingénierie, sociologie*, Puf, 1997.

Les raisons d'un succès

En deçà des nuances qui séparent ou rapprochent ces différentes conceptions, quatre séries de raisons peuvent expliquer la vogue actuelle de l'autoformation, de la plus directement perceptible aujourd'hui à la plus enfouie dans notre culture.

À une époque où les sources de financement de l'effort de formation ont tendance à stagner, voire à décroître, face à des besoins de compétences en développement permanent, tous les gestionnaires de la formation, privée comme publique, cherchent à augmenter la productivité de leurs actions (c'est-à-dire à en améliorer les résultats à coût fixe ou en diminuer les coûts à résultat identique).

Les dispositifs pédagogiques nouveaux, qu'on les appelle « ouverts », « flexibles », « individualisés », « d'autoformation », sont en effet d'abord conçus comme des vecteurs d'augmentation de la productivité pédagogique. C'est là, qu'on le veuille ou non, la première raison du succès de ces formules nouvelles basées sur l'idée d'« apprendre par soi-même ». Selon la Délégation à la formation professionnelle, les formations ouvertes, en autoformation ou avec tutorat, à domicile, dans l'entreprise ou en centre de formation, font entrer dans une « nouvelle économie de la formation », cette dernière se révélant progressivement une « dépense à optimiser »[2].

Le développement actuel des recherches et des pratiques d'autoformation semble donc être d'origine économique. On sait d'ailleurs à présent que les grandes réformes pédagogiques sont toujours venues de la nécessité : comme si, en matière éducative, depuis toujours, l'« économie mène le bal »[3].

D'autres raisons de l'essor des pratiques d'autoformation sont liées aux bouleversements des processus de travail dans les entreprises depuis le début des années 1980. Plusieurs phénomènes convergent vers la valorisation de l'autonomie des acteurs dans le travail : explosion de la micro-informatique, responsabilisation des équipes et des groupes, raccourcissement des lignes hiérarchiques, modification des identités professionnelles.

Au cœur de ces mutations professionnelles, quelques notions clés forment le noyau dur des nouvelles compétences exigées par les organisations du travail actuelles : autonomie, responsabilité,

---

2- A. Bendouba, « Les formations ouvertes, vers une nouvelle économie de la formation », *Études et Expérimentations*, n° 16, 1992.

3- J.-M. Albertini, *La Pédagogie n'est plus ce qu'elle sera*, Seuil/CNRS, 1992.

initiative, sens de la communication et du travail en équipe. Ces capacités recoupent largement celles que réclame « l'aptitude à l'autoformation »[4].

Ces modifications sont contemporaines de l'intégration massive des technologies de l'information et de la communication dans l'ensemble des processus de travail. De plus, à l'informatisation rapide des processus de gestion et de production en milieu professionnel répond de façon plus discrète, mais néanmoins significative, la mise en place des nouvelles technologies éducatives dans les programmes de formation, ce qui renforce encore la puissance de l'argument technologique dans « l'encouragement » à l'autoformation.

Une culture de l'autonomie

La troisième série de raisons est plus directement pédagogique, et fondée sur la remise en cause du modèle scolaire traditionnel et de ses variantes en formation d'adultes.

La recherche de pédagogies « autonomisantes », tournées vers l'activité de l'apprenant, ses projets, ses choix dans les activités à partir de la mise à disposition de ressources variées et adaptées, dans le cadre d'activités individuelles et collectives d'exploration et de recherche, ne date pas d'hier. Elle est étayée sur la longue tradition de l'éducation dite « nouvelle » (travail en petits groupes, liberté d'organisation, démocratie dans la classe, méthodes actives, ouverture sur l'extérieur). Aujourd'hui, tout se passe comme si les idées des précurseurs des pédagogies de l'autonomie (de Rousseau à Freinet) triomphaient à travers les concepts et les outils de l'autoformation des adultes : apprentissage par projet, contrat pédagogique, centres de ressources, formateurs-facilitateurs, environnements d'apprentissage « ouverts », etc.[5].

C'est pourquoi la forme canonique du stage (version modernisée du cours d'adultes), est sérieusement bousculée. La critique de la « formation-catalogue » en entreprise, des « stages-parking » pour demandeurs d'emploi, vient rejoindre les attaques en règle menées en formation initiale contre les errements de la pédagogie « magistrale » et du classique modèle « frontal » de la transmission du savoir. Parallèlement, on assiste à la montée de

4- B. Nyhan et coll., *Développer l'aptitude à l'autoformation*, Presses européennes interuniversitaires, 1991.

5- P. Carré, *L'Autoformation dans la formation professionnelle*, La Documentation française, 1992.

formes pédagogiques innovantes qui ont recours à des ressources diverses et mettent le sujet apprenant au centre du processus de formation (formations ouvertes, flexibles, individualisées, alternance, formation-action, etc.).

Quatrième série de raisons de cet essor, nous vivons désormais dans une véritable culture de l'autonomie. L'« obéissance à la loi que l'on s'est soi-même fixée », selon la formule de Jean-Jacques Rousseau, devient une véritable norme sociale, à une période de doutes, de turbulences et de questionnements idéologiques.

La recherche de l'autonomie réunit les suffrages de l'ensemble du corps social. On en observe les effets depuis la création des parlements d'enfants jusqu'aux politiques de maintien à domicile des anciens, en passant par l'autonomisation des groupes de production dans l'industrie ou les politiques de mobilisation pour l'emploi.

Cette montée des valeurs liées à l'autonomie s'enracine dans une évolution historique analysée, entre autres, par Joffre Dumazedier, pour qui « l'individu traditionnel, soumis aux pouvoirs discrétionnaires des institutions, est devenu un sujet social participant actif, négociateur du pouvoir institutionnel...[6] ».

Recherche de gains de productivité dans la formation, mutations sociotechniques et technologiques, évolution de la pensée pédagogique et culture de l'autonomie sont donc les quatre vecteurs qui sous-tendent l'éclosion à grande échelle des pratiques et des théories de l'autoformation des adultes aujourd'hui. L'idée d'« apprendre par soi-même » n'est pas, cependant, totalement originale : nous avons vu qu'elle plongeait ses racines loin dans l'histoire des idées pédagogiques. La nouveauté tient sans doute à la convergence actuelle de forces disparates, économiques, sociales et pédagogiques, dont la synergie favorise l'essor des pratiques d'autonomisation des sujets sociaux dans le champ de la formation.

Entrer en apprenance

Pour enthousiasmante qu'elle soit aux yeux des praticiens férus de méthodes actives, aux gestionnaires soucieux de productivité, aux apprenants indépendants et aux hérauts des technologies éducatives, l'idée d'autoformation n'en est pas pour autant indemne de tout soupçon. À une époque d'appel croissant aux

6- J. Dumazedier, « Émergence du sujet social et pratiques d'autoformation permanente », colloque international *Éducations, temps, sociétés*, Caen, 1993.

ressources personnelles des acteurs de la vie sociale, économique et professionnelle, on peut se montrer circonspect devant le recours systématique à l'autoformation comme formule panacée du développement des compétences. Le risque en effet est grand que des formules de « soloformation » hâtivement conçues, peu ou mal accompagnées, insuffisamment outillées, en viennent à remplacer les programmes conventionnels de formation, grâce à un argumentaire baroque où se mêleraient rigueur de gestion, artifices pédagogiques et injonctions à l'autonomie. Or, paradoxalement, l'autoformation s'accommode mal de la médiocrité des ressources et de l'indigence de l'accompagnement.

Il s'agit en effet de promouvoir l'autodirection des apprentissages, non l'auto-aliénation par la formation ; de développer des formes d'autoformation « éducatives » et non des pratiques voilées d'abandon pédagogique ; de favoriser l'autonomie de sujets sociaux engagés dans leur propre changement et non de subtiles formes de darwinisme social porteuses d'exclusion[7].

C'est sous la « surveillance » de ces risques de dérive éthique que l'on progressera vers le projet formulé par d'illustres pionniers, de Condorcet à Dumazedier, d'une auto-éducation réellement permanente. La pédagogie, enfin devenue « adulte », se concevra alors comme l'articulation optimale des ressources éducatives, humaines et matérielles au service d'un sujet social responsable, lui-même entré en « apprenance », c'est-à-dire en état de projet et en capacité d'apprendre, jamais sans les autres, mais toujours par lui-même.

7- P. Carré, A. Moisan, D. Poisson, *op. cit.*

E-learning et formation à distance

Un bilan en demi-teinte

Le *e-learning*, terme anglo-saxon, peut-être traduit par « apprentissage en ligne » (le *e*-fait référence explicitement aux « nouvelles » technologies). C'est une méthode de formation qui permet, en théorie, de s'affranchir de la présence physique d'un enseignant.

Avec l'apprentissage en ligne, le traditionnel « enseignement à distance » est en train de connaître plusieurs mutations: la baisse des prix des matériels et des logiciels a en effet engendré une banalisation de l'*e-learning*, tant dans les établissements que chez les étudiants. Aujourd'hui, l'*e-learning* peut donc se développer « sans contrainte financière majeure » dans la plupart des établissements traditionnels. Cependant, contrairement à ce que l'on aurait pu imaginer au début, l'*e-learning* ne dispense pas de recourir à un encadrement, au contraire : il est apparu nécessaire d'encadrer davantage les étudiants à distance. Conséquence, les coûts ont augmenté et se rapprochent aujourd'hui de ceux de l'enseignement traditionnel (1).

Beaucoup d'universités, d'établissement de formation continue, de sociétés de soutien scolaire se sont lancées dans l'*e-learning*. Mais le bilan actuel est loin d'être éclatant : le nombre de formations ne décolle pas, le taux d'abandon est très élevé. Les supports d'enseignement restent très classiques. Et les nouveaux outils – podcast de cours, conférences en ligne – sont loin de tenir leurs promesses.

L'offre professionnelle e-learning en France

Jusqu'à tout récemment, aucune étude sur l'offre professionnelle *e-learning* n'avait été réalisée en France. C'est chose faite depuis 2010, à la demande de l'éditeur spécialisé Crossknowledge, avec *Le Livre blanc du eLearning en France, guide à l'usage des professionnels du secteur* qui dresse un panorama de l'offre en matière de technologies, de contenus et de services. Premier constat : l'offre professionnelle est presque exclusivement française. Deuxième constat : les formations *e-learning* pures sont extrêmement rares en France. Enfin, les utilisateurs sont essentiellement les grosses entreprises (plus de 5 000 collaborateurs). Quant au marché des particuliers, « c'est un mythe », souligne le rapport.

Cependant la crise économique aurait eu un effet d'aubaine pour l'enseignement à distance : « Nous avons constaté, déclare l'auteur du rrapport, que le taux de croissance de la formation e-learning, suite à la crise, a été largement supérieur à celui des formations présentielles ».

V.B.

1. F. Orivel, « Analyse économique de l'éducation à distance à l'ère de l'e-learning », contribution lors du symposium international *Distances et Savoirs*, organisé au Cned (Paris) les 10 et 11 décembre 2009.
2. M. Diaz, « L'offre professionnelle e-learning en France », *Le Livre blanc du e-learning*, 2010.

Joffre Dumazedier, penseur de l'autoformation

Joffre Dumazedier (1915-2002) a été à la conquête de nouveaux champs sociologiques : les loisirs et la culture, l'andragogie (pédagogie des adultes) et l'autoformation. Les ouvrages et les rapports qui jalonnent son parcours universitaire attestent de son activité incessante, depuis *Vers une civilisation du loisir ?* (Seuil, 1962) à *Penser l'autoformation* (Chronique sociale, 2002).

Sociologue reconnu internationalement, Dumazedier n'était pourtant pas sociologue de formation, mais professeur de lettres. Il s'initie à l'enquête sociologique après la Libération en procédant à des « observations méthodiques sur les problèmes du loisir des jeunes ouvriers » (*Temps libre et modernité*, L'Harmattan, 1993). Les loisirs et la culture resteront un champ qu'il a largement défriché, essaimant autour de lui dans les pays de l'Est puis au Québec, au Brésil, au Maghreb... Parallèlement à la poursuite de ces recherches, il s'intéresse à la formation. En 1969, il débute un cours sur « La dynamique sociale de la société éducative » et en 1974, il crée une chaire de sociopédagogie de l'adulte.

Du loisir à la formation

Comment passe-t-il des loisirs à la formation ? D'abord, Dumazedier est depuis longtemps un enseignant. Pendant la guerre, à l'École nationale des cadres d'Uriage, il sera responsable de « la formation des équipes volantes du maquis du Vercors ». Au bureau d'études de l'école, il cherche à élaborer une méthode de transmission des savoirs qui permette à tout un chacun (cadre ou ouvrier) de pouvoir apprendre tout au long de sa vie. Cette méthode dite de « l'entraînement mental », inventée et perfectionnée avant la Seconde Guerre mondiale, sera appliquée dans l'association Peuple et Culture (dirigée par Dumazedier), puis popularisée dans un article (*Journal de la formation continue*, n° 242, janvier 1990). Comment fonctionne-t-elle ? « elle tente avant tout de susciter, dans chaque groupe, le désir et la capacité d'autoformation individuelle et collective pour réduire en permanence ces inégalités que la complexification de nos sociétés mutantes reconstituent sans cesse... », nous explique Dumazedier. Et pour parvenir à un projet si ambitieux, elle propose à l'apprenant de s'entraîner à se poser des séries de questions pour se libérer de ses préjugés, de ses affects et générer de nouvelles réflexions. Dans l'ordre, les apprenants se demanderont, sur des sujets variés : « Qu'est-ce qui ne va pas ? », « Pourquoi ? », « Qu'est-ce qui serait souhaitable pour que ça aille mieux ? », « Qu'est-ce qui serait possible ? » Cet entraînement de questions s'apparente à un entraînement sportif car outre la pugnacité, la méthode emprunte aussi au sport son esprit : le goût du défi, le sens de l'effort et de la coopération. Car l'autoformation, selon le sociologue, n'est pas un processus individuel :

on apprend par le formateur mais aussi par les autres formés. Bref, « auto » ne veut pas dire « solo ». De plus, l'autoformation ne signe pas la mort de l'école. « C'est une autre école », ajoute-t-il, une école qui se démarque de celle d'Émile Durkheim « pour qui l'éducation reste la transmission (autoritaire) du savoir par les anciennes générations aux nouvelles ».

Quel est l'objectif de cette école ? Apprendre à apprendre. Ceci était une nécessité sociale aux yeux de Dumazedier parce qu'il considérait que les connaissances s'usent très vite et demandent à être réactualisées périodiquement dans notre société en mouvement.

Évelyne Jardin

Paul Santelmann

L'ÉPOPÉE DE LA FORMATION CONTINUE

La Révolution de 1789, en supprimant les corporations de métiers (loi Le Chapelier de 1791), marginalise le principal système de transmission des savoirs professionnels qui datait du XIIe siècle. Pourtant, c'est durant la Révolution que la notion d'instruction pour tous va prendre corps à travers le rapport du marquis de Condorcet d'avril 1792, qui préconise : le combat contre les injustices dues à l'absence de formation initiale ; l'adaptation au renouvellement des connaissances ; la compensation des effets néfastes du travail parcellaire et la formation des citoyens.

Ces principes abordaient d'emblée l'unicité de l'effort éducatif, y compris dans sa dimension professionnelle. En fait, ils resteront largement en friche : non seulement le patronat va demeurer très longtemps réticent au développement des savoirs des salariés, mais le syndicalisme peinera à s'emparer du champ de la reconnaissance, de la valorisation et du développement des savoirs.

Dans l'industrie artisanale, la transmission des savoirs professionnels reposait sur le compagnonnage issu des traditions corporatistes. Le maître artisan transmettait un savoir-faire à ses apprentis selon des règles très strictes qui découlaient à la fois de l'expérience accumulée, d'une culture et d'une éthique. Ce modèle s'inscrivait dans une temporalité où l'apprentissage initial (très long) visait l'exercice « complet » du métier appris, l'artisan accompli devenant ensuite transmetteur de ses propres savoirs en accueillant de nouveaux apprentis. Le maître artisan était donc simultanément travailleur et formateur. C'est cette double dimension intégrée dans le travail qui sera considérablement réduite par le modèle industriel manufacturier fondé sur une division exacerbée du travail.

Une formation lacunaire au XIXe siècle

La formation professionnelle des nouveaux ouvriers restera lacunaire et contingentée durant tout le XIXe siècle. C'est l'enseignement supérieur, destiné aux ingénieurs et techniciens, qui capte l'effort de formation lié à la sophistication organisationnelle et technique du travail industriel. Ainsi la première école des arts et métiers, créée à Compiègne en 1803, se donne comme finalité de former des « ouvriers éclairés » mais se consacre à la formation des techniciens et des ingénieurs. Les ouvriers d'usine, massivement d'origine rurale et soumis à des conditions de travail éprouvantes, sont l'objet d'un grand mépris de la part des élites, à peine pondéré par quelques points de vue paternalistes. La faible propension à leur dispenser une éducation ou une formation, ne serait-ce que de base, tient tout autant à la sous-estimation de leurs capacités à apprendre qu'à la volonté de les tenir éloignés du savoir.

Pourtant le machinisme, la mécanisation et la diversification des techniques et des matériaux requièrent des nouvelles qualifications intermédiaires, qui exigent des savoirs généraux, des aptitudes au raisonnement logique et des notions techniques. Deux mouvements se conjuguent donc dans cette première phase du capitalisme industriel : la fragmentation du travail du plus grand nombre et l'apparition de nouvelles qualifications distinctes des métiers traditionnels. Pour répondre en partie à ce deuxième phénomène, un effort éducatif destiné aux ouvriers va émaner du patronat, des associations ouvrières et populaires (laïques ou catholiques) et de l'État.

Le patronat développera des initiatives ponctuelles, de type paternaliste ou philanthropique, à travers quelques écoles d'entreprise (Creusot, Schneider, Claix, Christofle) dont la mission est de former des « ouvriers qualifiés et dociles ». Si la préoccupation « éducative » du monde patronal est d'abord centrée sur l'intégration des ouvriers aux rouages du système productif, les associations ouvrières sont traversées par des courants beaucoup plus divers qui oscillent entre une volonté de sortir les ouvriers de la misère culturelle (universités populaires, cycles de conférences ou musées pédagogiques) et une finalité plus professionnelle, sous l'influence d'anarcho-syndicalistes comme Ferdinand Pelloutier ou Eugène Varlin. Ils soulignent les dangers de la division du travail qui détruit les fondements du métier et prônent un apprentissage polytechnique comme remède au chômage.

Mais ces approches demeurent minoritaires : les syndicats et les partis ouvriers sont plutôt méfiants à l'égard d'un enseignement professionnel soupçonné d'inféodation aux intérêts patronaux et certains courants sont même hostiles à l'éducation populaire, avatar de la culture bourgeoise.

L'action de l'État, quant à elle, va d'abord prendre la forme de cours municipaux centrés sur l'apprentissage des savoirs de base. En 1833, le gouvernement (circulaire du ministre Guizot) généralise ce système. En 1869, on dénombrera plus de 33 000 cours pour 793 000 auditeurs adultes, dont 13 % de femmes. Leurs auditeurs sont majoritairement des jeunes de 13 à 20 ans et sont pour 40 % d'entre eux proches de l'analphabétisme. La mise en place d'un enseignement professionnel sera beaucoup plus difficile à organiser et sera confrontée à de nombreux obstacles. Ainsi les gouvernements de l'époque ne dégageront jamais des financements conséquents dans ce domaine : « Eu égard au chiffre de sa population, la France est un des pays qui s'imposent actuellement le moins de sacrifices pour l'enseignement technique », affirme Alexandre Millerand[1], qui sera notamment ministre du Commerce puis des Travaux publics avant 1914.

L'État est d'ailleurs traversé par un conflit entre le ministère du Commerce et celui de l'Instruction, qui revendiquent tous les deux la responsabilité de l'enseignement professionnel au nom de thèses antagonistes. Pour le ministère du Commerce, les écoles professionnelles doivent tendre à reproduire les lieux de travail et être en phase avec les progrès techniques, en lien avec les entreprises locales, dans un objectif d'occupation rapide du poste de travail. L'enseignement général y est relativisé, les rudiments de polyvalence sont proscrits au profit de la cible : former un ouvrier « d'élite » dans son métier.

Pour le ministère de l'Instruction, une école professionnelle fournit au futur ouvrier des notions techniques générales, des méthodes de travail communes à plusieurs métiers, une connaissance des différents types d'outillage. Certes, elle prépare au travail, mais dans une optique plus large que l'adaptation à un métier précis.

Dans les faits, l'enseignement professionnel s'inscrira dans une division sociale prédéterminée et sera relégué. Il est pensé en rupture avec les principes démocratiques de l'enseignement primaire censé accompagner chaque élève au niveau de culture le plus élevé

1- A. Millerand, conférence à l'École des hautes études sociales *in Enseignement et démocratie*, Bibliothèque générale des sciences sociales, Félix Alcan, 1905.

possible. « La maxime est que l'instruction, si elle n'est strictement limitée, est dangereuse pour la classe des travailleurs ; on craint d'élever les esprits, de les tirer hors de leur sphère, hors de l'esprit de leur condition [...]. D'un côté la masse qui obéit ; de l'autre l'élite dans le sein de laquelle a lieu la concurrence pour les grandes places et les grands profils », affirme Gustave Lanson en 1905[2].

Rééducation au travail

Les hostilités de 1914 et l'économie de guerre ouvrent la voie à une politique de main-d'œuvre menée par l'État dans un contexte de rationalisation du travail, d'évolution de l'outillage, de standardisation et d'innovations technologiques. Cette politique intègre certains volets formatifs nécessités par la mise au travail des femmes, des étrangers et même des prisonniers de guerre. L'après-guerre sera aussi l'occasion d'une rééducation professionnelle destinée aux blessés qu'il faut remettre au travail. Mais c'est la loi Astier (1919) qui marque une tentative de réforme de la formation par la relance de l'apprentissage[3]. Elle institue des cours professionnels gratuits et obligatoires pour les travailleurs de moins de 18 ans (pendant le temps de travail) et crée le certificat d'aptitude professionnelle (CAP).

Cette opportunité sera ignorée par la majorité du mouvement syndical, confronté à la montée de l'organisation taylorienne du travail. Celle-ci apparaît en effet comme une machine de guerre contre tout effort de formation des ouvriers visant la progression professionnelle. Elle confine le travail ouvrier à un poste de travail immuable et à une intervention élémentaire et répétitive n'exigeant que le renforcement de l'encadrement intermédiaire. Les années 1930 sont pourtant marquées par la création de comités pour la formation professionnelle des chômeurs sous la pression des industriels, qui interpellent l'État sur la pénurie de main-d'œuvre qualifiée et l'opportunité que constitue le chômage pour y pourvoir. Un budget est dégagé en octobre 1935 par le ministère du Travail pour financer des centres de formation et de rééducation professionnelles des chômeurs où seront menées les premières expériences de formation accélérée (FPA).

2- G. Lanson, « L'enseignement secondaire », conférence à l'École des hautes études sociales *in Enseignement et démocratie, op. cit.*

3- En réalité, l'option scolaire va l'emporter et la tutelle de l'Enseignement technique est transférée en 1920 au ministère de l'Instruction publique, même si les locaux de la Direction générale de l'enseignement technique demeurent au ministère du Commerce.

Le Front populaire n'amplifie pas cette amorce, faute d'une ambition particulière en matière de formation professionnelle des adultes. Alors que la scolarité obligatoire jusqu'à 14 ans est instaurée en 1936, Jean Zay, ministre radical de l'Éducation nationale, continue de freiner le développement de l'enseignement professionnel. Il faut néanmoins remarquer que face à la pénurie de main-d'œuvre qualifiée, le gouvernement promeut, en 1939, une série d'orientations en matière de rééducation et de perfectionnement professionnels qui préfigurent l'effort important de formation accélérée durant la guerre et surtout dans l'après Seconde Guerre mondiale.

Entre 1940 et 1945, le régime de Vichy va s'emparer de l'axe éducatif pour en faire un outil de prosélytisme idéologique à l'égard des jeunes, mais également dans un souci de mobiliser largement la main-d'œuvre disponible. En effet, la capitulation face à l'Allemagne a entraîné une crise de l'appareil productif et nécessite une réorientation globale de l'économie. Il y a plus de 1,8 million de prisonniers de guerre, le reste de l'armée est démobilisé, l'invasion allemande et l'exode ont entraîné la fermeture des industries de guerre et de nombreuses entreprises. On compte, en octobre 1940, plus d'un million de chômeurs. Le Commissariat au chômage des jeunes, créé en 1940, prend en charge les différentes structures de formation professionnelle accélérée destinées aux jeunes et est placé sous la tutelle « idéologique » du secrétariat général à la Jeunesse.

La volonté de pallier les carences d'une main-d'œuvre insuffisamment qualifiée et inadaptée répond également aux exigences de l'Allemagne qui, à partir d'avril 1942, procède à la mise en place du Service de travail obligatoire (STO) et pousse l'économie française à une productivité accrue. Une réforme de l'enseignement secondaire est également entreprise. Elle permet une promotion de l'enseignement technique et la consolidation du CAP comme diplôme national en 1943. L'articulation entre la gestion de la main-d'œuvre et la formation professionnelle est ébauchée. Mais en détruisant la structuration syndicale du monde salarié et en promouvant la frange réactionnaire du patronat, le régime a éliminé toute possibilité de coopération entre les salariés et les patrons.

En 1946, le Commissariat général du plan fixe comme priorité un effort de reconstruction économique sans précédent et la création immédiate de près d'un million d'emplois. Un tel objectif nécessite un effort important de formation auquel l'enseignement professionnel ne peut subvenir, et qui s'appuie sur la FPA du ministère du Travail. Le défi de la reconstruction ne laisse guère de place à une ambition plus large de rénovation du système de formation professionnelle. Parallèlement, l'Éducation populaire tente de retrouver un second souffle avec la création de plusieurs réseaux éducatifs dont Peuple et Culture, créé par Joffre Dumazedier, qui fédère des sensibilités diverses.

Plus tard, c'est la fédération Léo-Lagrange qui se crée en 1950. Ces mouvements visent à construire un humanisme enraciné dans une conception de la culture populaire adaptée aux enjeux de la transformation de la société, mais ils n'auront pas d'influence prépondérante sur l'action gouvernementale. L'Éducation nationale, malgré quelques velléités qui restent lettre morte et des réorganisations secondaires, n'engage aucune réforme significative de l'enseignement professionnel.

Le rendez-vous manqué des syndicats

Au niveau syndical, la CGT, qui domine le mouvement ouvrier, ne s'ouvre à cette question que pendant la période 1945-1947. Si elle contribue ponctuellement au développement de la FPA et des centres d'apprentissage où se retrouvent de nombreux militants partisans d'un enseignement « de classe », dans la conception dominante de l'époque, c'est la bataille pour le salaire qui sous-tend le sort de la classe ouvrière. Par la suite, la CGT développe un discours critique à l'égard des innovations techniques et de la modernisation, présentées de façon unilatérale comme processus d'aggravation des conditions de travail des ouvriers et non comme opportunité d'enrichissement des savoirs professionnels. Sur ce point, les autres organisations syndicales, la CFTC et FO, développent des positions plus nuancées, mais elles se heurtent aux choix de gestion des employeurs, fondés sur l'intensification du travail non-qualifié comme vecteur principal de productivité.

Néanmoins, dans un certain nombre de grandes firmes (Snecma, Chausson, Renault, etc.) où se développe l'Association nationale des directeurs et chefs de personnel (ANDCP, créée en 1947), la question de la relation entre modernisation-productivité et formation est clairement soulevée.

À l'ANDCP, on mise sur le développement de la culture générale des responsables du personnel et on développe une doctrine d'action où la formation continue tient une place centrale : « On peut dire que la formation est l'ensemble des actions propres à maintenir l'ensemble du personnel individuellement et collectivement au degré de compétence nécessitée par l'activité de l'entreprise[4]. »

D'autres réseaux, comme le Groupement amical des responsables de formation (Garf), créé en 1954, contribuent également à cette valorisation de la formation. Les milieux syndicaux sont très peu associés à ces initiatives et ne se préparent pas à la maîtrise d'un tel sujet, même si des militants ouvriers comme Hyacinthe Dubreuil ont défendu, dès les années 1930, des conceptions organisationnelles du travail fondées sur la responsabilisation des salariés. Durant toute cette période, l'option d'un véritable paritarisme, fondé sur une dynamisation de la négociation collective et une prise de responsabilité sur des dossiers gérés ou pilotés directement par l'État, ne peut pas se construire. Ces réticences des partenaires sociaux ouvrent la voie à l'interventionnisme d'État de la Ve République et permettent la résurrection de quelques thèmes du gaullisme d'après-guerre en recherche d'une voie alternative au communisme et au capitalisme.

Années 1960 : l'intervention de l'État

La loi du 31 juillet 1959 sur la promotion sociale illustre cette option, et c'est Michel Debré qui définit les grandes lignes de ce chantier avec la création des cours de promotion professionnelle à l'Éducation nationale, la relance de l'éducation ouvrière dans certains syndicats, etc. Les ouvriers, les agriculteurs et les artisans doivent y trouver les moyens d'acquérir des qualifications et des connaissances supérieures. Les textes législatifs laissent supposer une coopération de grande ampleur des différentes composantes de la société. Ils se heurtent dans la réalité à plusieurs obstacles liés aux territoires ministériels (Travail, Éducation nationale) déjà constitués et à l'antagonisme syndicat/patronat.

Le ministère du Travail, qui organise la formation des chômeurs par le biais des centres de formation professionnelle accélérée (FPA), ne s'associe pas à la réflexion d'ensemble qui se développe, et considère d'abord la formation professionnalisée comme un instrument de régulation du marché du travail et d'apport d'une main-d'œuvre adaptée aux besoins des entreprises. Et même si les

4- R. Vatier, « La formation et les institutions de l'entreprise », journée d'étude de l'IFPC, 1958, cité par L. Tanguy, *Les Promoteurs de la formation en entreprise, 1945-1971. Un mouvement social pour la formation permanente*, janvier 2000, document éducation nationale et Dares.

concepts de promotion professionnelle ou sociale sont intégrés dans les missions de la FPA, celle-ci est plutôt entraînée dans une mission palliative des insuffisances « volumétriques » de l'enseignement technique, débordé par l'explosion démographique des années 1960 : la population des 15-24 ans passe de 6,2 millions en 1962 à 8 millions en 1968. La FPA est d'ailleurs incitée à porter son effort vers les « grands adolescents » moyennant quelques investissements en matière de foyers et de terrains de sports[5].

L'Éducation nationale ne constitue pas non plus un relais des orientations du pouvoir sur le terrain de la promotion sociale des adultes. Cette période est d'abord celle d'un essor considérable du système éducatif initial, qui voit son budget quadrupler de 1958 à 1974 et les effectifs universitaires passer de 200 000 étudiants en 1959 à plus de 500 000 dix ans après. Mais ce ministère n'opère pas de tournant qualitatif majeur dans le champ de l'enseignement professionnel de base. Les employeurs non plus ne sont guère tentés d'appuyer les orientations promotionnelles du gouvernement ou l'allongement des études alors qu'ils bénéficient de l'apport de l'immigration et d'une main-d'œuvre jeune en expansion.

C'est donc l'enseignement professionnel « court », favorisant des entrées rapides dans la vie active, qui est privilégié. De 1959 à 1968, ses effectifs passent de 330 000 jeunes à plus de 600 000[6] ! Ce contexte permet de saisir les limites du cadre institutionnel qui se construit dans cette période, et qui aboutit à la loi du 3 décembre 1966. Elle marque l'affirmation du principe « d'obligation nationale » en matière de formation professionnelle et elle jette les bases d'une construction institutionnelle fondée sur le tripartisme et la coordination interministérielle qui, malgré l'appui du Commissariat général du plan, ne parviendra pas à construire une dynamique partenariale.

Paradoxe de l'histoire. Malgré l'ambition gouvernementale proche des perspectives de l'éducation populaire, cette dernière n'aura pas l'essor souhaité. Confinée dans le champ socioculturel local (souvent municipal), elle reste éloignée des préoccupations économiques, même si certains de ses représentants influencent les réflexions en cours. Enfin, la classe ouvrière qui a connu la crise

5- P. Santelmann, « La place de l'Afpa dans l'émergence de la promotion sociale », *in* C. Dubar et C. Gadéa, *La Promotion sociale en France*, Presses universitaires du Septentrion, 1999.

6- Tableaux de l'éducation nationale, édition 1969.

des années 1930, l'occupation, les privations de l'après-guerre et le travail intensif, est profondément pessimiste et ne communie pas aux idéaux promotionnels, ni d'ailleurs aux attraits d'une société de consommation qui explose. Les ouvriers de l'époque sont plus attentifs au futur professionnel de leurs enfants qu'à leur propre avenir. Le syndicalisme, qui connaît une nouvelle fragmentation (division de la CFTC en 1964 avec la création de la CFDT), ne mesure pas les dangers liés à la persistance d'une main-d'œuvre ouvrière insuffisamment préparée aux transformations du travail et s'en tient à l'illusion du plein-emploi faiblement qualifié.

L'impulsion gouvernementale en matière de formation professionnelle correspond à une anticipation des besoins en compétences et en connaissances mais aussi des conversions professionnelles massives découlant des mutations technologiques et des bouleversements de l'appareil productif qui s'annoncent. Ces orientations buteront cependant sur une absence de relais sociaux et culturels et sur le poids des choix organisationnels et techniques d'un patronat majoritairement conservateur et rétif à la modernisation et à la négociation collective. Cette période marque incontestablement un tournant dans la reconnaissance de la formation postscolaire destinée aux adultes, mais elle demeure un exemple des limites du volontarisme politique, illustré par une production législative et réglementaire conséquente mais insuffisante pour reconstruire les pratiques sociales et surtout pour articuler formation et travail. Ce déséquilibre ne sera pas corrigé par la suite. Il engendrera une propension des acteurs sociaux à laisser l'État seul responsable de sa frilosité en matière de formation professionnelle. Notamment lors de la crise des années 1970, alors que des centaines de milliers de salariés seront licenciés, ils seront aussi fortement pénalisés par leur faible niveau de qualification dans l'effort de retour à l'emploi.

De l'instruction publique à la formation tout au long de la vie

1791 - Suppression des corporations par la **loi Le Chapelier**, qui met fin au système d'apprentissage des métiers par les corporations artisanales.
1792 - Le rapport Condorcet ébauche les principes d'une éducation permanente pour tous les citoyens.
1833 - La circulaire Guizot généralise les cours pour les adultes analphabètes.
1898 - **Mouvement des universités populaires**, qui veulent contribuer à l'accès à la culture des ouvriers sur la base d'initiatives d'associations ouvrières ou populaires (religieuses ou non).
1919 - **Loi Astier sur l'enseignement professionnel et l'apprentissage**, considérée comme une loi fondatrice de la formation professionnelle, avec pour cible les travailleurs de l'industrie et les jeunes apprentis.
1945 - Les centres de formation professionnelle accélérée (FPA) œuvrent à former une main-d'œuvre ouvrière qualifiée dans les secteurs de l'industrie et du bâtiment, reconstruction oblige.
1946 - Création de nombreux organismes rattachés à l'éducation populaire, comme Peuple et Culture créé par Joffre Dumazedier.
1959 - **Loi sur la promotion sociale (dite loi Debré)**, qui comporte trois dimensions : 1) un projet social offrant une « seconde chance » ; 2) un projet économique favorisant la mobilité professionnelle ; 3) un projet politique visant à renforcer l'unité nationale. Plus concrètement, elle fournit une aide aux stagiaires et met en place un système de conventionnement entre l'État et les centres de formation.
1963 - **Création du Fonds national de l'emploi (FNE)** qui fait de la formation professionnelle un outil de la politique de l'emploi.
1966 - **Loi fondatrice de la formation professionnelle**, qui institue le droit au congé formation et crée un fonds pour financer les actions formatrices.
1970 - Accord interprofessionnel sur la formation professionnelle, qui confirme le droit au congé individuel de formation et met en place le recours à la formation pour les salariés menacés de licenciement et licenciés pour motif économique.
1971 - **Loi sur la formation professionnelle continue dans le cadre de l'éducation permanente (dite loi Delors)**. Fondatrice, elle vise à satisfaire un objectif général de formation et de promotion. Elle oblige les entreprises de plus de dix salariés à participer au financement des actions de formation.
1976 - Une circulaire indique l'objectif principal de la formation professionnelle continue : l'emploi.

1983 - **Loi de décentralisation de la formation professionnelle et de l'apprentissage**. Un troisième acteur émerge entre l'État et les entreprises : les régions, qui acquièrent une compétence de droit commun en matière de formation.
1984 - **Extension du droit à la formation à tous les salariés**, y compris à ceux appartenant à des entreprises de moins de dix salariés.
1990 - **Création de crédit-formation pour offrir une seconde chance** aux jeunes et aux adultes dépourvus de qualification. De fait, reconnaissance d'un droit à la qualification professionnelle pour tous, qu'ils soient qualifiés ou non.
1995 - Accord interprofessionnel qui étend la contribution financière obligatoire aux entreprises de moins de dix salariés, aux indépendants et membres des professions libérales.
2002 - **Loi sur la validation des acquis professionnels**, qui permet à des adultes d'être dispensés de certains modules dans des cursus universitaires.
2009- **Loi relative à l'orientation et à la formation professionnelle tout au long de la vie** ; elle précise les conditions et les modalités du droit individuel à la formation.

Évelyne Jardin

Entrer dans la vie : le lien formation-emploi en Europe

Les modes d'insertion des jeunes diplômés diffèrent selon les pays, en fonction des politiques éducatives et du lien formation-emploi, mais aussi de normes plus culturelles définissant l'âge légitime de l'indépendance. Coup de projecteur sur les trajectoires de quelques jeunes Européens.

Chloé, française : « Se placer »

Chloé, fille d'employés, termine à vingt-deux ans une licence d'économie à Lille, et ne se sent « absolument pas prête » à entrer sur un marché du travail qu'elle redoute et assimile par avance à une « chaise électrique ». Elle juge son parcours insuffisant pour amorcer ses démarches d'insertion, préférant l'enrichir d'un master et de quelques stages de peur de « rater » son entrée dans la vie active, qu'elle devine longue et difficile. Son anxiété porte plutôt sur le choix de sa spécialisation future, qui déterminera selon elle l'ensemble de sa trajectoire professionnelle à venir.

« Se placer » : ce type de parcours dominé par le poids du diplôme et l'absence perçue de droit à l'erreur caractérise l'entrée dans la vie active de nombreux jeunes Français. Celle-ci se décline principalement en trois temps : études linéaires et encore peu cumulées à l'emploi, insertion, travail salarié. La phase intermédiaire d'insertion s'allonge actuellement à cause de la crise. L'investissement dans les études ne garantit pas systématiquement l'accès au statut social escompté, et un sentiment de « déclassement » se diffuse au sein des jeunes générations françaises. De tels parcours s'inscrivent dans une société structurellement stratifiée en statuts sociaux hiérarchisés, mais dont l'accès est conditionné au diplôme, et rendu incertain par les difficultés d'insertion.

Steven, anglais : « S'assumer »

Jeune Britannique de vingt-deux ans, Steven travaille depuis trois ans, parallèlement à ses études universitaires, comme animateur radio. Il vient d'obtenir l'équivalent de la licence et s'apprête désormais à entrer totalement dans la vie active. Son niveau lui permettrait de poursuivre en master, mais il préfère s'engager à temps plein sur le marché du travail, confiant en ses chances d'insertion rapide. Son choix est principalement motivé par l'envie pressante d'acquérir un statut d'« adulte » indépendant, bien plus valorisé à ses yeux que celui d'étudiant. Le coût d'une année supplémentaire d'études a eu raison de ses hésitations : déjà très endetté par l'emprunt d'État qu'il a contracté pour financer sa formation, il se refuse à solliciter l'aide parentale.

« S'assumer » : les choix de Steven sont représentatifs de ceux de nombreux jeunes Britanniques, surtout issus des classes moyennes et aisées. Courtes et tournées vers l'accès à l'indépendance financière, leurs trajectoires relèvent d'une émancipation individuelle par l'emploi et l'endettement, même pendant les études. Cette entrée précoce et massive dans la vie active renvoie à une configuration de facteurs : des politiques publiques d'inspiration libérale qui invitent à l'autofinancement, un marché du travail flexible, mais aussi des normes sociales valorisant l'indépendance individuelle dès la majorité.

Jesus, espagnol : « S'installer »

Jeune Espagnol de trente ans, Jesus a fini ses études d'ingénieur depuis quelques années. Il enchaîne des contrats de courte durée et travaille actuellement dans une banque. Il vit toujours chez ses parents : pour l'instant son salaire ne lui permet pas d'accéder à un logement dont il estime le prix dissuasif. Il préfère attendre les conditions de stabilité professionnelle et conjugale qu'il juge nécessaires à la décohabitation, et épargne en vue d'un futur achat immobilier.

« S'installer » : l'expérience de Jesus illustre les difficultés d'insertion et d'accès au logement des jeunes générations espagnoles, même diplômées, qui tendent à retarder l'âge de leur installation. Dans un contexte d'emploi juvénile fortement précarisé, l'occupation d'un travail salarié ne permet pas toujours l'accès à l'indépendance. Or, l'État intervient peu en faveur de l'émancipation et le départ du foyer reste conditionné à l'obtention – de plus en plus tardive – des ressources nécessaires à la création d'un nouveau foyer. Cette autonomisation difficile constitue l'un des multiples facteurs explicatifs de la chute de la fécondité dans les pays méditerranéens.

Britt, danoise : « Se trouver »

De père charpentier et de mère employée, Britt est une jeune Danoise de vingt-quatre ans. Après le lycée, elle a travaillé pendant deux ans, au Danemark et en Angleterre, afin d'acquérir la « maturité » nécessaire à ses études de dentiste. Elle a récemment pris congé de sa formation pour travailler dans une maison de retraite afin de pouvoir ensuite partir en Inde avec son petit ami. Elle estime avoir « tout le temps » avant d'entrer définitivement sur le marché du travail. Elle n'écarte pas la potentialité d'un changement de voie et se déclare prête à faire d'autres expériences professionnelles.

« Se trouver » : l'expérience de Britt n'est une exception ni au Danemark ni dans d'autres sociétés scandinaves où dominent des parcours d'études longs, discontinus, entrecoupés de segments d'expérience professionnelle. Une telle mobilité est prioritairement associée à une rhétorique de la construction de soi. L'État institutionnalise ce type de trajectoire d'alternance entre formation et emploi, par un financement conséquent et universel de la vie étudiante, sans limite d'âge. Ces parcours sont également induits par une intégration aisée sur le marché du travail et par un lien diplôme-emploi relativement souple. Ils s'inscrivent en continuité d'une socialisation précoce à l'autonomie au sein de la famille.

Cécile Van de Velde

À quoi sert la validation des acquis de l'expérience ?

Instaurée en 2002, la validation des acquis de l'expérience (VAE) permet à toute personne engagée dans la vie active de faire valoir son expérience professionnelle pour acquérir un diplôme. Pourtant seules 26000 personnes y ont eu recours en 2006, contre 60000 prévues. Marie-Christine Bureau et Carole Tuschszirer ont enquêté auprès de 15 entreprises ayant mis en place des opérations collectives de VAE pour leurs salariés.

Du côté des employeurs, l'objectif est « de mieux reconnaître le travail des salariés pour les inciter à s'inscrire dans les stratégies souhaitées ». Il peut s'agir de fidéliser la main-d'œuvre dans des secteurs peu valorisés ou d'accroître les capacités de reconversion des salariés dans des secteurs en restructuration (textile-habillement).
Pour les salariés, la démarche est souvent l'occasion de porter un regard plus positif sur leur métier. Certains se découvrent des compétences qu'ils ignoraient. Un chauffeur de car déclare : « Il n'y a pas que la vitesse, il y a la sécurité, pour moi la VAE fait prendre conscience de ça. » Parfois, les pratiques changent (« Avant, je faisais le ménage et c'était bon. Maintenant, je prends toujours un peu de temps avec la personne »).
Cependant, des confusions demeurent. L'échec, toujours possible, de la démarche est perçu comme une remise en cause des compétences personnelles (« J'avais l'impression de ne jamais avoir travaillé dans la coiffure ! »). La VAE est parfois utilisée comme outil de promotion interne, ce qui lui confère un statut ambigu. Mais surtout, la certification par la VAE ne se traduit quasiment jamais par une augmentation de salaire, point sur lequel les entreprises sont d'emblée très claires.
Offrant aux salariés une reconnaissance réelle, mais sur un plan symbolique, la VAE semble actuellement ne pouvoir être, comme le disent de nombreux candidats, qu'« un petit plus » dans leur vie privée et/ou professionnelle.

Xavier Molénat

M.-C. Bureau, C. Tuchszirer, « La validation des acquis de l'expérience est-elle un moyen de reconnaissance du travail? », *Sociologie du travail*, vol. LII, n° 1, janvier-mars 2010.

La formation des salariés : pour qui et pour quoi ?

• 44 % des salariés déclaraient en 2006 avoir suivi une ou plusieurs formations au cours des douze derniers mois, que ce soit dans un but professionnel ou personnel. Ils sont 53 % dans le secteur public, et 41 % dans le secteur privé.
• 6 formations pour motifs professionnels sur 10 sont à l'initiative de l'employeur. Dans la moitié de ces cas, le salarié affirme qu'il n'aurait pu se soustraire à cette demande.
• 77 % des salariés en formation déclarent que le but est d'être « plus à l'aise » ou plus efficace » dans son travail. Seuls 5 % d'entre eux se forment principalement pour obtenir un autre emploi.
• 3 ouvriers sur 10 seulement ont suivi une formation au cours des douze derniers mois, contre 6 cadres sur 10.
• 25 % des salariés déclarent avoir eu un besoin ou un souhait de formation non satisfait dans les 12 derniers mois (26 % des salariés du public et 21 % des salariés du privé). Paradoxalement, ce sont ceux qui en ont le plus bénéficié (cadres, professions intermédiaires) qui déclarent en avoir le plus manqué.

C. Brousse, C. Perez, P. Pommier, « Se former en cours de vie active : l'environnement professionnel est décisif », *Insee Première*, n° 1234, mai 2009.

Une comparaison internationale

Chaque année en France, seul 1 % des actifs tente d'acquérir une certification. Ils sont 4 % en moyenne dans l'Europe des 25, et même 8 % dans les pays scandinaves et 9 % au Royaume-Uni. Les salariés diplômés du supérieur ont 2,4 fois plus de chances de le tenter que les salariés non qualifiés. Cependant, l'accès à une formation certifiante est d'autant plus fréquent que l'on a cessé de travailler pendant de longues périodes. Les CAP et les BEP sont les diplômes les plus sollicités en cours de carrière. Ajoutons à cela que, d'une manière générale, les entreprises rechignent à financer des formations certifiantes dans lesquelles elles ne voient pas leur intérêt ; et qu'un dispositif comme la validation des acquis de l'expérience (VAE), instauré en 2002, pourrait réduire les contraintes qui pèsent sur les formations certifiantes.

C. Bonaïti, E. Viger, « Tenter un diplôme au cours de sa carrière : peu d'occasions pour les salariés », *Premières informations, premières synthèses*, n° 14.3, avril 2008.

Xavier Molénat

Alain D'Iribarne

Les stratégies marchandes de la formation

Quels savoirs, quelles compétences transmettre dans le cadre de formations à vocation professionnelle ? Qu'est-ce que le travail de formation pour celui qui intervient dans un univers proche des entreprises, de leurs besoins et de leurs exigences ? Pour comprendre les défis auxquels sont confrontés les formateurs dans une société comme la nôtre, il convient tout d'abord de garder à l'esprit les spécificités qu'elle partage avec toutes les sociétés que par commodité nous nommerons les sociétés de l'information et de la communication.

Dans leurs idéologies – leurs mystiques ? –, les sociétés de l'information et de la communication ont pour caractéristique commune d'accorder la plus grande importance au principe de transparence. Elles affirment qu'aucune information ne doit être dissimulée au regard des citoyens, qui ont un droit à l'information. Les sociétés de l'information, sociétés de la transparence, devraient donc être des sociétés de vérité, la vérité devant être divulguée et connue de tous. Elles devraient être également des sociétés de la connaissance car une information n'a pas réellement de valeur en elle-même. Elle n'a de valeur que s'il existe suffisamment de connaissances pour l'interpréter – lui donner du sens, voire la critiquer – et surtout pour l'utiliser à bon escient : tout voir, tout savoir, tout connaître. L'exigence de transparence tend à faire de la connaissance une valeur presque sacrée.

On peut dresser le constat que les entreprises affichent ces mêmes exigences de transparence et de connaissance, du moins à leur profit. La connaissance est conçue comme la principale ressource productive de ces sociétés. Pour cette raison, la formation tout au long de la vie, le savoir et la culture y revêtent une importance considérable. En effet, face à des demandes sans cesse renouvelées de connaissance, ces différents attributs, à défaut de garantir des réussites sociales, permettent de limiter les risques d'exclusion. Les formateurs ont donc un rôle social particulièrement lourd à assumer, et ce d'autant plus qu'ils évoluent en contact avec les besoins des entreprises.

Dans les sociétés de l'information et de la communication qui se veulent structurellement innovantes, les savoirs existants issus aussi bien de longues pratiques professionnelles et sociales que des connaissances scientifiques et techniques sont considérés par les employeurs comme susceptibles de devenir rapidement obsolètes. Ils sont, pour eux, figés dans des modèles ou des pratiques anciens. De plus, les entrepreneurs estiment souvent que les savoirs – les savoirs académiques aussi bien que les savoir-faire ou que les « savoir être » – ne donnent pas automatiquement accès à la compétence, c'est-à-dire une capacité de faire un travail donné dans une organisation donnée, avec des techniques données et ce, conformément aux résultats espérés. Les organisations productives modernes ne seraient donc intéressées que par des savoirs utiles et efficaces, c'est-à-dire collectivement mobilisables.

L'un des défis de la formation, aujourd'hui, est non seulement de « fabriquer » des individus dotés de compétences, mais encore de faire en sorte que ces compétences acquises individuellement puissent être facilement exploitées et converties en compétences collectives, c'est-à-dire en compétences communes aux membres d'un même groupe. Or, ces compétences collectives, comme par exemple la capacité à formuler un diagnostic ou à résoudre un problème, sont des sources d'efficacité d'autant plus élevées que le contenu du problème est faiblement codifié et continuellement remis en cause par les organisations productives en mouvement. Cela est vrai, par exemple, pour des équipes projets de prestation de service – applications informatiques, publicité – qui réunissent souvent plusieurs métiers et qui travaillent non moins souvent de manière informelle. Elles sont en effet susceptibles de fortement réduire les coûts de coordination et de coopération au sein de collectifs de travail plus ou moins étendus. Il en résulte que les individus, dans les sociétés de l'information et de la communication, se verraient en quelque sorte sommés d'être dotés à la fois de la volonté et de la capacité à « faire ensemble ».

La transformation des savoirs

Toute personne qui ne serait pas capable d'une coopération étendue se trouverait, *de facto*, en position de fragilisation sur le marché du travail. Les conflits entre personnes censées collaborer étant par exemple particulièrement peu appréciés par l'encadrement, celui-ci se débarrassera bien volontiers d'un « fauteur de troubles », en cas de réduction d'effectifs, tandis qu'il attendra des psychologues recruteurs qu'ils lui sélectionnent de bons profils : des profils à savoir être coopérant. Dans ces conditions, quels savoirs transmettre ? Jusqu'au début des années 1980, économistes et sociologues parlaient plus volontiers de qualification que de compétence pour définir les attentes des entreprises[1]. Ils se référaient ainsi à un travail qui se trouvait fortement codifié et spécifié par des organisations productives relativement stables. Il s'agissait, pour l'essentiel, d'être capable d'œuvrer dans des univers où la capacité à se conformer à des prescriptions l'emportait sur la capacité à inventer d'autres façons de faire. Au cours des années 1980, le terme de compétence s'est imposé, rendant mieux compte, aux dires de ses promoteurs, des évolutions du monde du travail et en particulier de la remise en cause du « vieux modèle » industriel d'organisation du travail dit « taylorien/fordien », plus ou moins associé au « modèle bureaucratique »[2].

Dans ce nouveau modèle, où le travail est plus soumis aux pressions des actionnaires et des clients qu'il ne l'était, les managers sont conduits à mener des stratégies industrielles dans lesquelles la recherche de profits constitue le critère dominant d'évaluation de la performance. Il en résulte que dans les processus de décision, les exigences d'efficacité s'en sont trouvées considérablement renforcées : abaissement drastique des coûts de revient, amélioration des niveaux de qualité, réduction des délais de conception, de fabrication et de mise à disposition des produits, fiabilité dans les services rendus. Du même coup, à la recherche de toujours plus de réactivité et d'adaptabilité, les employeurs ont été amenés à adopter des technologies nouvelles tant de conception que de production. Ils ont également été amenés à redéfinir leur organisation du travail et leur gestion des ressources humaines. Ils ont conduit ainsi les économistes et les sociologues – mais aussi les consultants – à substituer le concept de compétence à celui de qualification accompagnant le passage d'un modèle productif à un autre.

On peut résumer ainsi l'évolution qui en a découlé sur le plan de la gestion des ressources humaines :

1- A. d'Iribarne, « Trente ans du Cereq. Des qualifications aux compétences : chronique d'un oubli accepté », *Formation Emploi*, n° 76, oct.-déc. 2001.

2- M. Crozier, *Le Phénomène bureaucratique*, Seuil, 1964.

– volonté de déclasser les savoirs considérés comme des « connaissances fossilisées » au profit de connaissances opératoires, aisément exploitables et à usage immédiat ;
– volonté de ne rémunérer ces connaissances que si elles sont effectivement mobilisées et si leur efficacité peut être évaluée ;
– volonté de ne payer le travail réalisé qu'une fois ce dernier valorisé sur le marché des produits ou des services.

Des techniques aux cultures

Dans ce contexte à la fois évolutif et plus fortement fractionné, former, c'est donner à chacun des atouts pour être compétitif sur des marchés du travail où la sélection s'opère plus fortement. Donc, former des personnes compétentes, c'est leur fournir les armes nécessaires pour qu'elles puissent faire face à ces nouvelles exigences. Encore faut-il s'entendre sur ce qui fait aujourd'hui les bases de la compétence individuelle.

La notion de compétence est plurielle. Elle se décline en effet, pour le moins, en compétences d'usage des techniques, en compétences de métier et en compétences dites culturelles. Les premières, liées à la diffusion massive et généralisée des TIC à toute activité, auraient rendu leur apprentissage incontournable, de l'ouvrier au cadre. Mais ces compétences s'exercent dans des contextes qui peuvent être éminemment variés, en fonction des métiers de référence. De plus, les contenus de ces métiers sont susceptibles de changer selon les évolutions des produits ou des services proposés aux clients et en fonction des outillages et des modes d'organisation mobilisés pour les produire.

Il serait aussi nécessaire de mobiliser des compétences de métier[3]. Traditionnellement, le mot « métier » est associé à des formes archaïques d'organisation du travail relevant de l'artisanat et donc préindustrielles (comme l'ébéniste ou le boulanger). Or, avec les nouvelles organisations productives, la notion de métier est réapparue. Mais désormais, elle désigne la maîtrise d'un corps de savoirs scientifiques, technologiques et pratiques nécessaires pour disposer d'une autonomie effective dans l'exercice d'un travail plus faiblement structuré et prescrit. Ces savoirs sont nécessaires à la compréhension de la nature de l'intervention réalisée : demeureraient ainsi, en dépit des automatismes craints par tous, aussi bien un métier de verrier, qu'un métier de comptable ou qu'un métier de chercheur.

3- A. d'Iribarne, *La Compétitivité*, CNRS éd., 1992.

Il y a enfin des compétences « culturelles »[4]. Elles relèveraient du constat ethnologique que chaque groupe social dispose de ses propres codes et règles qui régissent les manières de vivre ou de travailler ensemble. La compréhension de ces codes et règles est essentielle pour limiter les incompréhensions et les conflits et établir des coopérations efficaces. Ainsi, un ouvrier néerlandais considérera les façons de faire des cadres français comme inacceptables car trop éloignées des pratiques « démocratiques » qui régissent les rapports sociaux dans son pays. Cette dernière compétence prendrait d'autant plus d'importance que les TIC permettent des coopérations étendues à des réseaux qui dépassent largement les frontières des États. Et inévitablement, les outils de communication viennent buter sur les incompréhensions culturelles. La connaissance, du moins la faculté à comprendre l'univers de l'autre, devient aussi une composante essentielle de la compétence professionnelle.

Les transformations dont sont porteuses les sociétés de l'information et de la communication influent aussi fortement le travail des formateurs. Ceux-ci se voient obligés de s'adapter pour rester crédibles auprès des entreprises, mais également des usagers, « clients » potentiels. S'adapter, cela signifie vendre des compétences recherchées par les employeurs et indirectement, par les futurs candidats à l'emploi. Dans cette logique, les formations transmises devraient avoir un taux de rendement qui permette à leurs bénéficiaires d'amortir le coût des prestations achetées à l'organisme qui aura su les séduire.

Entre coopération et concurrence

Le travail de formation, par conséquent, ne peut plus être réduit à sa seule dimension d'activité pédagogique. C'est également une activité économique, particulièrement pour la formation professionnelle, initiale ou continue. Les organismes de formation sont devenus des acteurs économiques en ce sens qu'ils doivent se positionner sur un marché, celui de la formation. Et en tant qu'acteurs de ce marché, ils sont soumis aux mêmes règles qui prévalent sur tous les marchés. Ils ont de plus en plus souvent recours à des dispositifs entrepreneuriaux pour signaler leurs spécificités. Ils n'hésitent pas, par exemple, à nouer des alliances et à constituer de véritables consortiums pour s'imposer. L'objectif

4- P. d'Iribarne, *La Logique de l'honneur*, Seuil, 1993.

est d'acquérir le prestige qui permettra d'attirer les bons enseignants, les bons étudiants et, bien sûr, les profits matériels et symboliques qui vont de pair.

En France, ce mouvement s'est manifesté en premier, au début des années 2000, dans les « Écoles » – tant d'ingénieurs que de commerce –, ces dernières se repositionnant au préalable sur le marché beaucoup plus porteur des « Écoles de gestion » et mieux, celui des « School of Management » et autres « Business School ». Il a concerné tous les niveaux dans le classement des écoles. Ont été ainsi touchées les plus prestigieuses d'entre elles qui voulaient égaler – voire dépasser –, les institutions américaines également les plus prestigieuses, telles que le MIT (Massachusetts Institut of Technology) ou du Caltech (California Institut of Technology)[5].

Mais il s'est surtout diffusé vers le milieu et le bas du palmarès, comme le montre par exemple, les orientations stratégiques retenues par la direction, entièrement renouvelée, pour l'occasion de celle qui s'appelait à l'époque l'École de commerce de Marseille-Provence. Celle-ci a commencé à bouleverser l'ensemble de ses enseignements pour quitter « la queue de peloton dans le classement réalisé par les magazines économiques nationaux »[6] et « intégrer le top 30 des écoles de commerces européennes » à l'horizon 2008. Pour cela elle s'est, entre autre, alliée au High Co Institut pour créer un nouveau MBA en « brand management » (gestion des marques) et à IBM Europe pour créer un MBA en biosciences (gestion des entreprises de biotechnologie). Par ailleurs, voulant constituer « le pôle de référence en management de l'Europe du Sud », elle a constitué avec son homologue de Sophia Antipolis, le Ceram, un réseau méditerranéen de management qui regroupe douze établissements de formation, implantés de Beyrouth à Casablanca en passant par Palerme, Barcelone et Lisbonne. Leur objectif ? Développer des programmes de recherche communs et des produits pédagogiques débouchant sur la commercialisation de produits de formation permanente[7].

5- On retiendra par exemple les discussions annoncées à l'époque entre les écoles des Mines et des Ponts et Chaussées, qui voulaient « fusionner pour percer sur le plan international » L. Bronner, « Les écoles des Mines et des Ponts et Chaussées veulent fusionner », *Le Monde*, 21 décembre 2002. Ce projet a échoué en raison de l'opposition rencontrée du côté des « anciens ».

6- G. Olmeta, « Sup de Co Marseille veut devenir une "major" de l'Europe du Sud », *Le Méditerranéen*, 16 décembre 2002.

7- Depuis, ESC de Marseille est devenue Euromed Marseille du groupe Euromed Management. Elle est classée 10e au classement SIGEM des École de commerce françaises post-prépa. Source http://www.dimension-commerce.com

Toutefois il ne s'est agi là que des mouvements d'avant-garde – les hors-d'œuvre en quelque sorte , le vif du sujet – ou si on préfère le plat de résistance, se faisant avec la mise en mouvement du monde universitaire à la suite du traumatisme constitué par le fameux « classement de Shanghai ». Sous l'impulsion ferme du Ministère en charge de l'enseignement supérieur s'est mis en marche un rouleau compresseur constitué d'abord par les pôles de recherche et d'enseignement supérieur (PRES) destinés à fédérer des établissements d'enseignement supérieur et de recherche et la loi relative aux libertés et responsabilités des universités (dite loi L.R.U.) destinée à donner une « autonomie » de gestion aux universités[8]. Puis ont été lancés les appels d'offres du « Plan Campus » destiné à faire bénéficier un nombre limité de « places universitaires » de financements exceptionnels gagés par le placement d'un capital constitué par des actions de l'EdF[9]. Dans les critères d'évaluation des projets hautement concurrentiels, figuraient bien entendu des indicateurs d'innovations de contenu et de qualités pédagogiques, mais aussi des indicateurs d'attractivité à l'international, ainsi que d'efficacité de gouvernance. L'ensemble conduit à la constitution de consortia universitaires de plus en plus intégrés, correspondant à l'implantation, dans le paysage de l'enseignement supérieur et recherche français, du paradigme productif de la coopération/concurrence.

De plus, pour mettre en œuvre leurs stratégies de conquête du marché, les organismes de formation ont dû composer avec un certain nombre d'acteurs extérieurs, et, en premier lieu, avec les instances d'évaluation et de certification. Car, que ce soit à travers des organismes privés ou publics, les usagers du « service public de l'éducation/formation », devenus des « clients », entendent êtres informés sur la qualité des prestations offertes. Et, c'est en réponse à leurs attentes, qu'on a vu fleurir toutes sortes d'évaluations comparatives. Elles proviennent tantôt des pouvoirs publics, soucieux de gérer au mieux les finances de l'État et de répondre à une demande jugée légitime, tantôt d'instances privées, tantôt, encore,

8- Les PRES ont été créés en 2006 par la loi d'orientation de programme et de recherche. La loi poursuit trois objectifs : « rendre l'université attractive », « sortir de la paralysie de la gouvernance actuelle » et « rendre la recherche universitaire visible à l'échelle internationale ». Le troisième de ces objectifs est mis en relation avec les positions des établissements français dans les classements internationaux. Voir aussi page 370.

9- L'opération campus est un plan exceptionnel en faveur de l'immobilier universitaire lancé en février 2008 à l'initiative du Président de la République. Il s'agit de faire émerger des campus d'excellence qui seront la vitrine de la France et renforceront l'attractivité et le rayonnement de l'université française. Source : http://enseignementsup-recherche.gouv.fr

de journaux qui entendent profiter d'une demande pressante[10].

Ainsi, l'institution qui veut tenir son rang devra se faire connaître des instances d'accréditation ou de certification. C'est à cette condition qu'elle pourra prétendre à une position sur le marché de la formation. Cette accréditation des formations constitue en quelque sorte une extension au secteur de la formation des certifications qualité. C'est le cas par exemple de l'accréditation European Quality Improvement System (Equis), qui est délivrée par l'European Foundation for Management Development (EFMD). L'EFMD est une association belge de type loi 1901 qui compte aujourd'hui 400 membres appartenant à quarante pays différents. Les deux tiers sont des fournisseurs de formations à la gestion, le reste étant composé d'entreprises. L'Equis « n'est pas un système officiel mais est un label dont l'intérêt semble reconnu par le marché »[11]. Il considère que trois dimensions sont essentielles : la qualité de la formation, la dimension internationale et l'interface avec le monde de l'entreprise. C'est ainsi qu'une institution comme l'Institut d'administration des entreprises d'Aix-en-Provence, qui relève de l'université d'Aix-Marseille-III, a fait très tôt labéliser ses MBA (Master of business administration) par l'EFMD, en faisant un élément important de promotion de ses formations et un support lui permettant de facturer ces formations à des « prix de marché » sans rapport avec les tarifs normaux des universités françaises[12].

Les organismes de formation sont également appelés à nouer des liens avec les entreprises et des professionnels[13]. En effet, la délivrance d'un diplôme reconnu par l'État n'apparaît plus comme une garantie suffisante. Accusé tour à tour de ne pas avoir rendu effectif le principe de l'égalité des chances, d'avoir failli dans sa mission d'intégration sociale, d'être incapable de produire des savoirs adaptés

10- C'est ainsi que l'Agence pour l'évaluation de la recherche et l'enseignement supérieur (AERES) vient de publier un rapport présentant les résultats de ses évaluations pour l'ensemble des filières de formation des universités françaises. http :// www. aeres-evaluation.

11- G. Shenton, « Comment évaluer l'internationalisation des formations au management ? », séminaire Gresup, École de Paris, 27 février 2001.

12- Les formations d'Euromed Marseille sont également labélisée Equis, l'AERES se félicite d'avoir été renouvelée le 2 septembre 2010, par l'association européenne ENQA (European Network for Quality assurance in Higher Education) comme membre de plein droit, cette dernière saluant la grande qualité de ses évaluations.

13- C'est ainsi que les Universités et Écoles sont entrées en chasses pour créer des Fondations et des « Chaires d'Entreprises » qui ne constituent pas pour elles uniquement des ressources supplémentaires, mais contribuent aussi à leur notoriété. De même, la réforme des Conseils d'administration des Universités dans le cadre de la loi LRU a renforcé la place des « personnalités qualifiées », généralement issues du « monde des entreprises ».

aux besoins de l'économie, on dénie également à l'État de plus en plus la capacité à distribuer des certifications de compétence.

Rechercher la performance

La certification de compétence qui cherche à s'imposer aujourd'hui est celle des professionnels. Hommes de terrain, ce sont eux qui sont jugés les mieux à même d'évaluer la pertinence et la validité des savoirs acquis dans le cadre d'une formation. Cette importance de la place tenue par les professionnels se manifeste, par exemple, à travers leur présence croissante dans les jurys d'examens professionnels y compris au niveau des troisièmes cycles : c'est le cas pour tous les DESS, devenus aujourd'hui des « Masters pro ». C'est également en train de devenir le cas pour les doctorats qui, suivant l'exemple des thèses financées par des Conventions Industrielles de Formation par la Recherche (Cifre), sont à la recherche d'insertions professionnelles hors du milieu de la recherche académique. Le pouvoir d'expertise des professionnels se manifeste également à travers les dispositifs divers de Validation des Acquis de l'Expérience (vae).

Ainsi, le travail dans le secteur de la formation est à l'image des mutations récentes qu'a connues le capitalisme dans les sociétés postindustrielles. La transparence, la coopération, la recherche de performance, tous ces mots d'ordre que les entreprises ont érigés en principes de gestion des ressources humaines semblent devoir être assimilés par les formateurs. On peut même dire qu'ils auraient doublement à les assimiler. Ils devraient les intégrer dans la définition des savoirs transmis. Mais ils devraient également se les appliquer à eux-mêmes, s'organisant sur des bases tout à fait semblables à celles qui prévalent dans toutes les entreprises[14]. Former des candidats à l'emploi, aujourd'hui, suppose de s'imposer face à des concurrents, comme le ferait n'importe quelle autre entreprise, sur n'importe quel autre marché[15].

14- A. d'Iribarne, « La crise de sens au travail. Comment y remédier ? », *Personnel*, n° 515, déc. 2010, pp 34-35

15- De ce point de vue, une publicité faite en pleine page dans le journal *Les Échos*, par la Rouen Business School est intéressante. Après une accroche « explorer de nouveaux mondes, entreprendre en leaders responsables », elle développe sa proposition : « Parce que les métiers du futur restent à créer et que la notion de carrière se transforme, Rouen Business School s'engage aux cotés de ses étudiants, de ses diplômés et des entreprises. La chaire Nouvelles carrières et le pôle de recherche Trajectoires explorent les mutations des parcours et nourrissent les réflexions des dirigeants. Leurs travaux irriguent les débats scientifiques et publics sur l'avenir du travail. S'appuyant sur ces recherches, le Centre Carrière, commun à l'École et à l'Association des diplômés, permet aux étudiants et aux diplômés de s'orienter tout au long de leur vie professionnelle ». *Les Échos* 28/29 janvier 2011, p 5.

Patrick Rayou

Des IUFM à la mastérisation : un devoir d'inventaire

La décision du Conseil des ministres du 2 juillet 2008 de réformer le recrutement des enseignants exprimait une volonté affichée d'améliorer leur formation. L'intégration achevée des Iufm dans des universités, la nécessité pour les reçus aux concours d'être désormais titulaires d'un master semblaient une manière efficace d'en finir avec les errances qui auraient été celles de la formation dans ces instituts. Même s'il est difficile d'apprécier à si court terme les effets réels de cette réforme, sa difficile mise en œuvre laisse penser que la solution n'est pas si aisée. Il importe de faire un point sur la pertinence des critiques récurrentes qui l'ont motivée et qui ont peut-être préparé la dilapidation de ce que ces instituts, malgré les difficultés institutionnelles et les erreurs de jeunesse, avaient commencé à construire. Là comme ailleurs, un devoir d'inventaire s'impose.

La nécessité de redéfinir profondément la formation des enseignants est clairement apparue à la fin des années 1980 lorsque l'ouverture de l'école à des élèves issus de catégories sociales qui en étaient jusque-là tenues éloignées a changé la physionomie du métier. Il fallait en effet acquérir une professionnalité nouvelle pour faire face à l'hétérogénéité des classes et contribuer au passage d'un enseignement élitiste à un enseignement de masse. Or les critiques, exprimées dès leur naissance[1], n'ont cessé d'accabler les IUFM précisément en place pour faire face à cette situation inédite. L'amer constat de l'essoufflement du processus de démocratisation de l'école depuis le milieu des années 1990 n'a fait que les aviver : on attendait beaucoup et sans doute trop de ces instituts eu égard aux défis auxquels ils étaient confrontés et aux circonstances de leur naissance.

1- Créés en 1989, les IUFM se sont généralisés en 1991 après une phase expérimentale.

Les IUFM paraissaient pourtant de nature à améliorer considérablement la formation des enseignants. La nécessité d'obtenir une licence pour y entrer a constitué, notamment pour les instituteurs devenus professeurs des écoles, une indéniable élévation du niveau académique. La deuxième année à l'institut permet à ceux qui ont franchi le cap de la partie « théorique » du concours[2] de se donner une formation professionnelle sur le mode de l'alternance entre le centre de formation et les terrains de stage. Il s'agit, une fois assises ses compétences académiques, de se préparer aux nouvelles conditions d'exercice du métier. L'enseignant d'aujourd'hui ne peut plus se contenter d'être un homme cultivé s'adressant à des héritiers ou à des boursiers, il doit devenir un praticien sachant mobiliser en situation une multitude de ressources, tant didactiques que relationnelles ou éthiques.

Dans l'opinion publique, mais aussi dans nombre d'études, enquêtes et travaux de recherche, s'est cependant exprimé un sentiment général d'insatisfaction. Il importe évidemment de ne pas confondre toutes ces critiques plus ou moins bien intentionnées, mais également de ne pas les ignorer sous peine de s'interdire toute possibilité d'amélioration d'une formation dont la professionnalisation demeure à l'ordre du jour et dont les carences ne peuvent être palliées par un illusoire retour en arrière. Une enquête de la DEP[3] a confirmé que les professeurs des écoles étaient globalement insatisfaits de leur formation initiale : seul le quart des répondants estimait que sa formation universitaire était adaptée au concours, tandis que 40 % parlaient d'inadaptation totale. Ils étaient 75 % à qualifier la formation de 2e année d'insuffisante ou très insuffisante. Leurs collègues du second degré[4] étaient un peu moins de la moitié à juger la formation reçue à l'IUFM suffisante pour l'exercice de leur métier. Mais de quoi se plaignaient donc les stagiaires et les jeunes titulaires ?

Malaise entre formateurs et formés

Leurs critiques tournaient généralement autour de l'absence des savoirs et compétences immédiatement utilisables pour faire face aux situations qu'ils rencontraient en stage ou lors de leur

2- CRPE, CAPES, CAPEPS, CAPET, CAPLP.

3- Interrogation de 1 200 enseignants du premier degré en septembre et octobre 2005. Enquête réalisée par le ministère de l'Éducation nationale/DEP.

4- DEP/Institut d'observation et de décision, « Portrait des enseignants du second degré en 2005 », note d'information pour le ministère de l'Éducation nationale.

première affectation, particulièrement dans les académies « difficiles ». Pourquoi leur demander, une fois validées les épreuves théoriques, de construire avec tant de minutie des séquences didactiques, de peaufiner leurs connaissances académiques alors que l'urgence consistait évidemment à faire en sorte que les élèves abandonnent MP3, couvre-chefs et attitudes frondeuses pour se mettre au travail ? La conviction s'enracinait chez nombre d'entre eux que les formateurs de l'IUFM étaient incompétents (pourquoi ne savaient-ils pas répondre aux questions simples qu'on leur posait sur la manière d'asseoir son autorité ?) ou pervers (pourquoi, s'ils avaient ces réponses, ne les donnaient-ils pas ?). Ils se convainquaient alors assez rapidement que le « terrain » d'où venaient toutes leurs difficultés était aussi la seule source possible de formation. Dans ces conditions, on se formerait soi-même, avec les pairs rencontrés à l'IUFM ou dans les établissements voire, dans ces derniers, auprès d'« anciens » eux-mêmes peu convaincus de la possibilité d'une formation à la pédagogie… Leur méfiance vis-à-vis de l'institut était d'autant plus grande qu'au reproche d'incompétence formative ils ajoutaient volontiers celui de traitement méprisant : pourquoi cette infantilisation qui consistait à les traiter à nouveau comme des élèves, au moment où ils devenaient enseignants[5] ?

Passé ce premier niveau de plainte, les jeunes professionnels reconnaissaient volontiers que les « recettes » qu'ils attendaient relevaient en fait de la stratégie de survie plus que de la formation : apprendre les trucs et ficelles du métier serait bien utile, mais ceux-ci seraient-ils vraiment transportables d'une personne ou d'une situation à l'autre ? Était-ce la théorie elle-même qui n'était pas pertinente ou plutôt le fait qu'elle consistait surtout en compléments académiques ? Ne fallait-il pas avoir des éclairages psychologiques ou sociologiques pour affronter des situations dans lesquelles la transformation des enfants et des jeunes en élèves ne va pas de soi ? Un malentendu semblait nourrir les rapports entre formateurs et formés : les premiers pensaient que les seconds étaient hostiles à tout savoir théorique alors que ces derniers estimaient plutôt que la théorie enseignée à l'institut redoublait celle, essentiellement disciplinaire, qu'ils avaient déjà assimilée pour passer le concours de recrutement. Au reste, une formation générale et commune, regroupant futurs enseignants des premier et second degrés autour de thématiques transversales comme « Les

5- Rapport du Comité national d'évaluation de 2001.

élèves et leurs apprentissages », devait constituer la pierre angulaire des IUFM. Mais celle-ci s'est progressivement réduite au fil des années et le procès souvent fait d'une hégémonie des sciences de l'éducation relève soit de l'ignorance, soit de la mauvaise foi. Relativisant les critiques ambivalentes des principaux intéressés, le Comité national d'évaluation a, de son côté, estimé que « les IUFM ont incontestablement contribué à améliorer la qualité de la formation des maîtres en France[6] ». On constate aussi que les néotitulaires du premier comme du second degré s'inscrivent de plus en plus, au cours de leurs dix premières années d'exercice, dans des sessions de formation continue[7]. Le feraient-ils s'ils n'attendaient vraiment rien de l'institution qui les a formés quelques années plus tôt ?

Formation académique et connaissances pratiques

On peut, de façon paradoxale, soutenir la thèse selon laquelle les IUFM n'ont pas convenablement formé, non pas parce qu'ils n'auraient pas su faire ou qu'ils auraient été clonés par on ne sait quelle idéologie politique ou pédagogique, mais parce qu'ils n'ont été qu'un maillon dans une chaîne de recrutement, de formation et d'affectation qui imposait à leur action des logiques contradictoires. Le système français se distingue, on le sait, de beaucoup de ses homologues par le caractère successif de son traitement des enseignants : il les recrute d'abord sur des compétences universitaires puis les forme au métier une fois l'essentiel du bagage intellectuel acquis. C'est donc l'université qui les forme sur la plus longue durée et sur des programmes qui intègrent encore très peu les finalités professionnelles. Rares sont en effet les stagiaires qui ont bénéficié, au cours de leurs études, d'une préprofessionnalisation. Beaucoup ont eu le sentiment d'avoir passé, non seulement avec l'IUFM mais avec l'Éducation nationale, un marché de dupes : recrutés au terme de parcours universitaires qui demeurent sélectifs, affectés souvent loin de leurs racines et dans des établissements difficiles, ils apprenaient que leur bagage académique ne leur suffirait pas à remplir leurs missions. Ils se trouvaient donc confrontés à un programme surchargé puisque, la même année, ils continuaient de se former dans la discipline, faisaient plusieurs stages dont certains en pleine responsabilité et devaient rédiger

6- *Ibid.*

7- DEP/Institut d'observation et de décision, *op. cit.*

un mémoire professionnel. Ils appréciaient ainsi souvent la première année d'IUFM parce qu'elle les avait bien préparés pour un concours dont ils découvraient cependant qu'il ne les armait pas, ou insuffisamment, pour leurs nouvelles fonctions…

Bien que conscients de ce paradoxe, les jeunes enseignants incriminaient surtout la deuxième année de formation. Manière sans doute d'atténuer le malaise ressenti devant ce qui, plus qu'une surcharge de travail, constituait une véritable métamorphose identitaire : il est souvent bien plus difficile qu'on l'imagine de faire « le tour du bureau », d'admettre que tous les élèves ne sont pas semblables au bon élève qu'on a généralement été et à qui on s'adresse spontanément dès les premiers cours. D'où sans doute leur crainte démesurée face à l'épreuve de qualification professionnelle en fin de deuxième année (une infime minorité est licenciée ou appelée à renouveler son stage). D'où aussi leurs difficultés à examiner dans leurs mémoires professionnels, comme on les y invitait, des points de pratique qui leur posaient problème : et si le jury tirait argument d'aveux de faiblesses pour vous licencier ? Ces déplacements d'inquiétude signaient vraisemblablement la difficulté du remaniement personnel que l'institution poussait à accomplir en un temps ridiculement bref. Il ne s'agit en effet pas tant de faire le deuil des connaissances très pointues que l'on a pu acquérir à l'université, que celui du modèle d'enseignant que l'on voulait être et qu'on aurait voulu avoir soi-même, souvent loin, très loin de la réalité des « nouveaux » publics des « 80 % »… Il est alors assez tentant d'imputer à la formation des difficultés dont elle est, en fait, plus le révélateur que la cause.

Trouver la bonne distance entre université et terrain

Tout cela ne dédouane pas l'IUFM de ses responsabilités. Il y a sans doute à réfléchir sur les cadres hérités d'une formation qui préparait pour d'autres types d'élèves dans une autre société. Le cadre temporel, car l'IUFM, entre formation universitaire et formation continue, n'a vraisemblablement pas encore trouvé sa juste place. Le critère de la précocité de la formation (qui fondait l'admiration pour « le plus jeune agrégé » ou l'« ancien élève de l'ENS »…) était largement celui d'une école édifiée pour doter, le plus vite possible et de façon définitive, les futurs citoyens de principes et de connaissances qui sauraient leur faire repousser les tentatives de restauration politique et consolider la République. Peut-il en être de même dans des « sociétés de la connaissance » pour lesquelles aucun viatique ne s'avère totalement suffisant ? Le cadre spatial, car entre université et terrain, a-t-il su être le creuset de savoirs spécifiques qui frottent ensemble les apports théoriques et les savoir-faire ? N'était-il pas à la fois trop loin de l'université à qui il devait emprunter ses démarches de problématisation et trop loin des terrains dont il ne pouvait méconnaître les résistances comme les solutions dont il est porteur ?

De ce point de vue, les expériences d'accompagnement à l'entrée dans le métier conduites dans quelques IUFM ont procédé à d'intéressants déplacements de lignes. C'est notamment le cas dans l'académie de Créteil où des néotitulaires ont pu bénéficier d'un complément de formation lors de leur première année de plein exercice[8]. Débarrassés de la question statutaire qui hantait l'année de stage (« sommes-nous déjà collègues ou encore élèves des formateurs ? »), les jeunes professionnels se sont livrés assez volontiers à des mises en cause de leurs pratiques, en particulier à l'occasion de co-observations entre pairs d'un même établissement. Ils s'inscrivaient ainsi dans un processus dont on peut espérer qu'il n'est pas sans fin au long de leur carrière, au sein duquel la frontière entre formation initiale et continue n'a plus guère de sens et où la notion de collectif prend corps. De même, les aspects strictement disciplinaires, sans s'effacer, y servaient d'appui à des constructions de savoirs et de compétences qui travaillent à fabriquer du « genre professionnel[9] ».

Lorsque les jeunes enseignants critiquaient tout à la fois le « formatage » par l'IUFM et l'insuffisance de son soutien, ils pointent bien ses difficultés à construire la bonne distance. D'une certaine manière, les IUFM n'ont que très peu formé les enseignants dans la mesure où l'aval et surtout l'amont de la formation professionnelle leur échappaient assez largement.

Il faut certes attendre les effets de la réforme avant de les évaluer mais on voit mal comment le nouveau dispositif dit de « mastérisation » pourrait tarir ces critiques. Car les conditions d'une formation par alternance, apte à forger les savoirs et connaissances nécessaires à l'expertise professionnelle y sont tout aussi peu réunies qu'auparavant. Voire moins. La juxtaposition d'une logique de concours et d'une logique de recherche alourdit considérablement la charge de travail des candidats sans créer les conditions d'une circulation entre les univers de la théorie et de la

8- D. Gélin, P. Rayou, L. Ria, *Devenir enseignant. Parcours et Formation*, Armand Colin, 2007.

9- Y. Clot, *La Fonction psychologique du travail*, Puf, 2004.

pratique, l'une et l'autre indispensable mais dont l'harmonie n'est pas préétablie. On risque donc de voir se durcir l'opposition entre des apports essentiellement disciplinaires et une formation par compagnonnage de terrain avec de plus anciens dont les conseils ne sont ni directement transférables d'une personne à l'autre ni toujours adaptés à la diversité des situations que rencontreront les jeunes enseignants. Privées du filet de sécurité que constituait l'année de stage, supprimée pour des raisons qui, de notoriété publique, relèvent de préoccupations assez étrangères à la formation, les jeunes recrues regretteront peut-être paradoxalement le bon vieux temps des IUFM.

Entretien avec Vincent Troger

L'enseignement professionnel, un statut toujours ambigu

Quelles ont été les mutations importantes dans l'enseignement professionnel depuis les années 1980 ?

La plus significative est la création des bacs professionnels, en 1985. On y retrouve, en réponse à la demande des entreprises, les deux tendances dominantes depuis vingt ans : l'élévation du niveau de formation des ouvriers et des employés pour les préparer aux nouvelles exigences du marché du travail, et la nécessité de rapprocher l'école et l'entreprise. Les élèves de bacs professionnels effectuent en effet seize semaines de stages en entreprise pendant leur formation, et l'évaluation de ces stages compte pour l'attribution du diplôme. Cette innovation vient en outre de prendre une nouvelle dimension avec la transformation du cursus du bac professionnel : il se déroulait auparavant en quatre ans (deux ans pour préparer un Brevet d'Enseignement Professionnel, puis deux pour préparer le bac pro) et a été ramené à la rentrée 2009 à trois ans, comme pour les autres baccalauréats.

Peut-on observer, comme pour l'enseignement général, une plus grande participation de nouveaux acteurs extérieurs à l'école (les employeurs par exemple) ?

Depuis 1948, les représentants des employeurs sont directement associés à la conception des diplômes de l'enseignement technique, et depuis 1925, le versement de la taxe d'apprentissage leur permet d'entretenir des relations étroites avec les établissements.
L'alternance a permis d'accentuer ces liens, mais de manière

contrastée : certains employeurs organisent sérieusement les stages en collaboration avec les enseignants, d'autres accueillent simplement les enfants de parents qu'ils connaissent ou les élèves des enseignants qui ont su les persuader ; les plus cyniques utilisent les stagiaires comme main-d'œuvre gratuite.

Par ailleurs, depuis une loi de 1993, les conseils régionaux ont autorité pour intervenir dans la formation professionnelle. Leur action permet parfois d'améliorer l'adéquation des formations aux besoins régionaux, mais elle peut aussi ne servir que les intérêts électoraux des élus locaux.

Les nouveaux diplômes qui ont été créés permettent-ils une bonne insertion sur le marché du travail ?

Il n'y a pas vraiment de règle générale en ce domaine. Bien sûr, en moyenne, les bacs pro sont plus performants que les diplômes de niveau inférieur, ou même que les bacs généraux les moins prestigieux. Mais ce qui est le plus déterminant, c'est l'état de l'offre et de la demande d'emploi dans chaque branche professionnelle concernée. Ainsi, les bacs pro commerciaux ou de secrétariat sont très demandés par les élèves, mais aussi très concurrencés sur le marché du travail par des diplômes supérieurs ou par les bacs généraux. À l'inverse, les bacs pro des métiers industriels, comme l'électrotechnique ou la plasturgie, sont moins demandés alors qu'ils offrent souvent de bon taux d'insertion.

Avec les bacs professionnels, assiste-t-on à une revalorisation de l'enseignement professionnel par rapport à l'enseignement général ?

Avec la réforme de 2009 qui harmonise le cursus du bac pro avec les autres bacs, il est en effet possible que la filière professionnelle obtienne une meilleure reconnaissance par rapport aux filières générales et technologiques. Jusqu'à maintenant l'orientation de fin de troisième s'opérait selon une hiérarchie implicite mais connue de tous qui réservait le choix de l'enseignement professionnel aux élèves les plus en difficulté en enseignement général et dont les parents, très massivement d'origine populaire, n'avaient pas les moyens de mettre en œuvre des stratégies de substitution.

L'enquête que je conduis actuellement en Loire-Atlantique au sein des lycées professionnels montre que la réduction du cursus du bac pro à trois ans est perçue par les familles comme un signe d'égalité symbolique avec les autres filières et un espoir de faciliter les poursuites d'études, notamment en BTS. Il est donc possible que les bacs pros attirent désormais un public plus motivé que par le passé. Mais ce succès ne sera validé qu'à deux conditions : il faudra que les possibilités de poursuites d'études technologiques supérieures offertes aux titulaires de bac pro ne soient pas un miroir aux alouettes, et il faudra que les entreprises ne continuent pas à profiter de la crise de l'emploi pour faire pression sur les conditions d'embauche et de rémunération des ouvriers et des employés, aggravant ainsi la réticence des jeunes à l'égard de formations qui conduisent prioritairement à ce type d'emploi.
Il n'en demeure pas moins que l'enseignement professionnel constitue une véritable seconde chance pour les 700 000 élèves qu'il accueille (le tiers des lycéens), notamment parce que les enseignants y établissent avec eux une relation éducative plus ouverte que celle qu'ils ont généralement connue au collège.

Propos recueillis[1] par Gaëtane Chapelle
et Matine Fournier

1- Entretien réalisé en 2000, actualisé pour le présent ouvrage.

À la découverte des universités populaires

Amphithéâtre Tocqueville, université de Caen. À 18 heures, la salle est déjà presque pleine. Beaucoup de têtes grises ou blanches mais aussi des jeunes gens. Tous attendent Michel Onfray. Certains ont soigneusement préparé la séance : ils ont imprimé le synopsis du cours et potassent sagement. Ils sont parfois venus de loin, telle cette retraitée qui, ayant entendu quelques cours sur France Culture et voulant voir « en vrai », a fait le voyage depuis la région parisienne. C'est la deuxième fois qu'elle se déplace et se dit enchantée. Elle n'a aucune base en philosophie ni fait d'études supérieures mais trouve le cours accessible. À 18 heures 30, la salle est archicomble : près de six cents personnes sont venues. Des jeunes sont assis sur les marches de l'escalier, d'autres debout au fond de l'amphi. Le cours commence. La séance est consacrée à Claude Helvétius. Dès les premières minutes fusent des concepts difficiles ? « nominalisme », « utilitarisme », « empirisme »... Les gens semblent s'accrocher. Quelques anecdotes et plaisanteries émailleront le cours somme toute austère même si M. Onfray affirme avec force ses préférences philosophiques et ne manque pas une occasion de taper sur Emmanuel Kant. Après l'heure de cours, l'heure de discussion. Les questions ont plus ou moins de rapport avec l'enseignement : une dame d'un certain âge s'enquiert de Mme Helvétius. Un autre intervient sur les francs-maçons. Toutes les questions ne sont pas pertinentes. Mais M. Onfray répond à chaque fois longuement, sans sourciller, faisant valoir ses positions. La salle n'a guère désempli.

L'université populaire (UP) de Caen est assurément un succès. Créée en 2002 par M. Onfray, elle vise à offrir gratuitement à tous, sans conditions d'âge ou de diplômes, des cours accessibles. La personnalité de son fondateur, particulièrement médiatique, explique sans doute l'audience. Certains viennent pour voir en chair et en os celui qu'ils ont vu à la télévision. Mais force est de reconnaître que cette initiative semble être dans l'air du temps : le succès des conférences de l'Université de tous les savoirs, les cafés philo, géo, psycho, le collège de la Cité des sciences, etc. attestent d'une véritable demande. L'UP de Caen a, du reste, fait des petits : Lyon, Arras, Narbonne, Avignon, la Picardie, ou Mons en Belgique. Mais de nombreuses autres universités populaires existent par ailleurs, depuis souvent plusieurs décennies, moins médiatisées et donc moins connues du grand public. Elles profitent cependant du succès de Caen et sont, elles aussi, en plein essor. L'idée des universités populaires n'est du reste guère nouvelle : elles apparaissent à la fin du XIXe siècle dans un contexte politique et social très différent. Après bien des vicissitudes, elles semblent aujourd'hui faire leur grand retour.

Des projets différents

Mais quelle unité y a-t-il derrière toutes les initiatives qui se revendiquent « université populaire » ? La question mérite d'être posée. Des UP d'ATD quart-monde à celle de M. Onfray à Caen en passant par celle du Rhin, les UP du mouvement Attac ou celle que le musée du Quai Branly prévoit de mettre en place, bien des projets très différents se cachent derrière cette expression. Pour Françoise Laot, maître de conférences en sciences de l'éducation à l'université Paris-V, « l'appellation "université populaire" n'est pas un label. C'est un titre générique pour indiquer que des gens vont discuter d'un savoir ». Reste que la tentation est grande de dégager une essence de l'UP en général pour justifier sa démarche et discréditer celle d'UP concurrentes. Deux réseaux notamment se distinguent : celui de l'Association des universités populaires de France (AUPF), présidée par Denis Rambaud (voir l'entretien p. 00), moins universitaire et plus « grand public », et celui, plus récent, plus médiatique, plus académique, du réseau de Caen. Du côté de ce dernier, on insiste sur le sérieux de l'enseignement proposé et sur sa gratuité. Le réseau de l'AUPF met davantage en avant une offre très large, moins élitiste et donc plus accessible : on y trouve des cours de philosophie, de langues, d'informatique mais aussi d'art floral, de danse, de sophrologie... Les cours sont alors souvent payants (même si le prix reste en général abordable) et nécessitent une adhésion. Le catalogue des formations, riche et hétéroclite, rapproche certaines de ces UP de structures d'animation comme les maisons des Jeunes et de la Culture.

Partage du savoir...

Michel Marc, professeur à l'IUFM d'Orléans-Tours et président de l'UP du Berry depuis 1984, explique l'intérêt d'une telle politique. À l'origine, lui et son groupe, composé essentiellement d'universitaires, montent une UP après avoir découvert celle de Mulhouse grâce à un reportage de France 3. Leur projet repose sur une idée généreuse : partager le savoir et tenter de réduire les écarts, parfois creusés à l'école, en ouvrant des espaces de connaissances. Au départ, le modèle est très académique. Le programme affiche clairement en couverture de belles colonnes doriques et les cours sont sérieux et très ambitieux. La première année, l'UP compte trois cents inscrits mais, pour la plupart, issus de la bourgeoisie de centre-ville. Voilà qui ne satisfait pas pleinement le comité directeur de l'UP : « Nous avions envie de favoriser l'accès des plus modestes à la culture et au savoir. Petit à petit, nous avons donc élargi l'offre. Nous avons toujours des enseignements de haut niveau mais nous avons aussi des cours très grand public. Or à partir du moment où les gens mettent un pied dans l'UP par des cours très faciles d'accès, ils commencent à s'intéresser à des cours plus difficiles », explique M. Marc. C'est d'ailleurs la leçon qu'il retient du passage de Simone Weil à l'UP de Bourges : « Elle détenait un grand savoir, mais les ouvriers se sont sentis en complet décalage. » Aujourd'hui, l'UP du Berry compte un millier d'adhérents dans un contexte très concurrentiel puisque de nombreuses associations de quartier et un institut municipal d'éducation permanente proposent des cours. Elle a donc réussi à faire sa place. Pour son président, la mission de l'UP n'est pas seulement le partage du savoir mais aussi l'intégration. « La question du savoir reste première au sein de l'UP, mais je n'arrive pas à la découpler du lien social. »

... mais aussi lien social

Cette idée du lien semble également fondamentale à M. Onfray, même s'il reconnaît que son ambition est plus universitaire que d'autres UP. Dans *La Communauté philosophique* (Galilée, 2004), sous-titré « Manifeste pour l'université populaire », il explique ainsi que l'UP permet de créer de nombreuses communautés de savoirs, une communauté entre les enseignants, une autre entre les enseignants et les participants, une autre encore entre les participants eux-mêmes dont certains ont sympathisé et font du covoiturage pour se rendre aux cours...

Cette idée de lien social semble aussi déterminante à Martine de Fontanes, qui a créé l'UP d'Uzès en 1989, abritée pendant dix ans dans sa propre maison, avec près de quarante cours différents allant de la poterie à l'histoire de l'art en passant par l'alphabétisation ou la culture arabe. Si cette assistante sociale a fondé une UP, ce n'est pas tant pour privilégier le savoir que pour voir des gens de tous âges et de tous milieux se rencontrer et mieux se connaître. Pour elle, l'UP est d'abord un projet militant. Et elle se défie de l'institutionnalisation. C'est du reste ce qui l'a amenée à se retirer du projet car pour mener à bien une UP, « il faut toujours être sur la brèche ». D'autres ont repris le projet et l'UP d'Uzès continue ses activités.

Pour la sociologue Dan Ferrand-Bechmann, le militantisme et le bénévolat constituent une dimension cardinale de l'UP : « Pour moi, l'UP doit être ouverte à tous et animée par des gens militants et non pour de l'argent. Mais il y a parfois des dérives d'instituts qui se disent UP mais qui ont une approche commerciale. (...) Pour moi, pour qu'il s'agisse vraiment d'une UP, il faut du militantisme, de l'engagement et un effort vers des gens qui ne viennent pas sur les bancs de l'université. » La motivation est en effet essentielle pour maintenir un tel projet dans la durée, car il suppose beaucoup de temps et d'énergie. Marie-Thérèse Boudenia, professeure de lettres à la retraite et présidente de l'UP du Châlonnais, était là dès sa création en 1984. « Nous étions une équipe. Aujourd'hui le noyau dur s'effiloche un peu. Tous les ans, on fait des appels pour rallier des bénévoles. De nouvelles personnes viennent qui restent ou pas. Mais c'est vrai qu'il y a un peu de démobilisation. » Les intervenants dans les UP ne sont pas toujours bénévoles et reçoivent parfois une rétribution. C'est le cas par exemple en Alsace : les formateurs sont indemnisés mais, par contre, l'organisation de l'UP est assurée par des bénévoles (pas moins de cent cinquante).

Mais qui sont-ils donc, ces « étudiants populaires » ?

La sociologue Geneviève Poujol, qui a beaucoup écrit sur l'éducation populaire, insiste sur la dimension politique de cet engagement : « Il faut une sacrée motivation pour être acteur de ce genre d'institutions. Les UP au xixe siècle étaient plus basées sur une offre d'intellectuels qui voulaient éclairer le peuple que sur une demande de la part des ouvriers. À l'époque, on croyait en l'école et sa capacité à effacer les inégalités. Aujourd'hui, on y croit moins et il est du coup plus difficile de trouver des militants. » Ce projet politique est du reste très prégnant aujourd'hui dans le discours de philosophes tels P. Corcuff ou M. Onfray, lequel dans La *Communauté philosophique* affirme la dimension révolutionnaire de l'UP dans un sens non pas marxiste mais libertaire : « Elle crée des occasions de liberté et de libération personnelle. »

Mais qui vient à l'université populaire ? La question fait souvent débat. Les retraités constituent-ils le gros des troupes comme on l'entend souvent ? Il est tentant de rapprocher les UP et les universités du troisième âge apparues au début des années 1970 qui ont elles aussi un grand succès. Certaines ont évolué, ne s'adressant plus seulement aux retraités, et sont devenues, gardant le sigle d'UTA, des « universités tous âges ». Mais les UP ne s'adressent pas en premier lieu aux retraités. D'ailleurs, les cours ont en général lieu le soir pour permettre aux actifs d'y participer. Qu'en est-il des faits ? Il n'existe à ce jour aucune étude systématique portant sur le public de l'ensemble des UP. En revanche, certaines ont localement procédé à des enquêtes sur leurs participants. L'estimation de D. Rambaud, président de l'AUPF, rappelons-le, confirmée par de nombreux autres responsables, fait apparaître les traits suivants. Tout d'abord, un public majoritairement féminin puisque deux tiers des participants seraient des participantes. Contrairement aux idées reçues, 70 % du public aurait moins de 60 ans. S'il y a bien sûr des retraités, dont l'appétence pour le savoir et les disponibilités sont grandes, on ne peut pas confondre UP et université du troisième âge. Le participant type serait plutôt une femme active, âgée de 35 à 45 ans, souvent mère de famille, qui parvient à trouver du temps pour elle à côté de son activité professionnelle et de sa vie familiale. Pour ce qui est du niveau d'études, qui peut constituer un bon indicateur de la démocratisation de l'enseignement, 60 % des participants auraient le bac ou plus. Mais, comme le notent D. Rambaud et M. Marc, cela veut aussi dire que 40 % n'ont pas le bac, ce qui est déjà un bon chiffre.

De la définition de « populaire »

Ces universités n'auraient-elles de populaire que le nom ? Telle est la question. L'UP des Hauts-de-Seine, créée en 2004, est tout à fait consciente de la difficulté à faire venir une population quelque peu en marge de la culture et du savoir. C'est la raison pour laquelle elle met en place des implantations dans des zones urbaines sensibles et que ses membres réfléchissent à des formes de pédagogie plus participatives pour attirer un public moins favorisé.

Les UP d'ATD Quart-Monde, créées en 1972, proposent quant à elles un modèle très différent. Ici, ce sont les personnes en situation de grande pauvreté qui sont au cœur des structures mises en place. Il existe huit UP de ce type en France (Lille, Caen, Rennes, Paris, Reims, Colmar, Lyon et Marseille). À la différence de la plupart des autres UP, où l'enseignant détient et transmet le savoir, l'idée est ici de faire reconnaître l'intelligence des plus démunis, de les amener à prendre la parole. « Si l'on veut pratiquer un partage des savoirs, il faut d'abord consolider le pouvoir de ceux qui possèdent un autre type de savoir, issu de la vie ou de l'action[1] », explique Françoise Ferrand qui animé pendant sept ans l'UP ATD Quart-Monde de Paris. Pour autant, il ne s'agit pas simplement d'un simple lieu de parole où les gens se contenteraient de raconter une énième fois leur histoire. Les personnes démunies élaborent leur pensée à partir de leur vécu et en tirent un enseignement pour tous. Parce que c'est elles qui font ce travail, il n'y a pas la surimposition de la parole de l'expert pour leur expliquer quelles leçons elles doivent tirer. Bref, il s'agit d'échapper au paternalisme et à la condescendance. Le travail se fait sur le long terme. Des groupes locaux de préparation réfléchissent et travaillent sur la question qui a été choisie et font parvenir des comptes rendus pour préparer la réunion régionale à laquelle est invité un spécialiste du problème abordé. Cette dernière a lieu une fois par mois et réunit à Paris, par exemple, 70 ou 80 personnes sur invitations. Pour participer à ces universités populaires, il convient en effet de s'engager sur le long terme. L'objectif est ainsi de réunir les conditions propices à l'expression des plus démunis. Pour Geneviève Tardieu, volontaire permanente responsable de l'UP ATD Quart-Monde de la région Ile-de-France, le projet porte également une dimension citoyenne forte car elle vise à faire connaître l'apport et la réflexion des plus pauvres au débat public. Cette démarche est particulièrement originale. Elle ne rend pas pour autant caduques les autres UP dont les objectifs affichés et le public visé sont très différents. Il n'y a pas de concept d'UP mais diverses initiatives militantes pour tenter de partager le savoir. Certaines associations d'éducation populaire, comme Peuple et culture[2], avec une autre appellation, participent du même projet.

Que veut bien dire « populaire » aujourd'hui ? Selon G. Poujol, « la référence mythique à une filiation avec le mouvement ouvrier ne résiste pas longtemps à une étude sérieuse des faits. Éducation ouvrière et éducation populaire ne sont pas ? et n'ont jamais été ? synonymes. Il y a certes une correspondance de dates frappante en ce qui concerne l'apparition des institutions qui caractérisent le mouvement ouvrier et de celles qui caractérisent le Mouvement d'éducation populaire au tournant du xixe et du xxe siècle. (...) Populaire accolé à éducation rappelle la dimension politique de l'action entreprise, formulée en termes d'apprentissage de la

1- « Les universités populaires d'ATD Quart-Monde », entretien avec Françoise Ferrand, *Lien social*, n° 683, 23 octobre 2003. www.lien-social.com/article.php3?id_article = 53

2- www.peuple-et-culture.org

citoyenneté . » Inutile donc de fantasmer une rencontre mythique entre mouvement ouvrier et éducation populaire, elle n'a jamais eu lieu. Les UP aujourd'hui l'ont du reste bien compris et insistent beaucoup sur la constitution de lien social. Il est sans doute encore un peu tôt pour dire si elles perdureront et parviendront à gagner une audience aussi forte qu'en Allemagne ou en Scandinavie. La « croyance éducative » en France ne semble en tout cas pas tout à fait morte.

Catherine Halpern

Ailleurs en Europe

Les universités populaires (UP) sont loin d'être une spécificité française. L'éducation pour adultes est parfois bien plus dynamique ailleurs, en particulier en Europe du Nord. Au Danemark, le pasteur Nikolai Grundtvig crée en 1844 la première école pour adultes, une folkehøjskoler (haute école du peuple), pour former les citoyens. Il inaugure par là un grand mouvement d'éducation populaire. En 1868, la Suède voit apparaître à son tour ses premières UP. On peut parler d'un véritable modèle scandinave tant, aujourd'hui, les taux de participation sont importants, que ce soit en Finlande, en Suède ou au Danemark.

L'Allemagne n'est pas en reste. En 1919, apparaissent les premières Volkshochschulen (université populaire) qui se développeront pendant la République de Weimar avant de prendre fin avec le régime hitlérien. Mais le mouvement renaît au lendemain de la Seconde Guerre mondiale avec une forte volonté de reconstruction citoyenne et civique après le choc dû au nazisme. Leur très grande fréquentation a de quoi laisser rêveur. Pour l'année 1997, l'Association des Volkshochschulen allemandes (Deutscher Volkshochschulverband), ne recense pas moins de 6,4 millions de participants au sein des 1 002 Volkshochschulen existantes...

En Suisse, les UP apparaissent en 1919 à Bâle, Berne et Zurich. Elles regroupent aujourd'hui quelque 200 000 auditeurs, ce qui est considérable pour un pays dont la population dépasse à peine 7 millions d'habitants. En Autriche, les chiffres sont similaires.

Les UP se développent également en Europe du Sud. En Italie, l'università popolare est en plein essor : celle de Rome, par exemple, comptait en 2005 près de 24 000 inscrits. Quant à la Fédération des universidades populares d'Espagne, elle regroupe environ 2 millions d'auditeurs. Les UP ne finissent pas d'essaimer et se développent maintenant beaucoup en Europe orientale, par exemple en Roumanie ou en Estonie...

C.H.

ENTRETIEN AVEC DENIS RAMBAUD

UNIVERSITÉS POPULAIRES : UNE IDÉE QUI FAIT SON CHEMIN

On croyait mortes les universités populaires (UP). Aujourd'hui vous affirmez leur renouveau.

Il y a vingt ans, il y avait une quinzaine d'UP. Il y en a une centaine aujourd'hui. En Alsace, il n'y en a pas moins de trente qui regroupent environ 25 000 participants. Le nombre total en France est difficile à évaluer, mais on l'estime aujourd'hui à 100 000. Sans compter tous ceux qui viennent en cours du soir au Cnam ou qui fréquentent les cafés philosophiques. On constate en tout cas clairement une forte demande du public.

Comment expliquez-vous cet essor aujourd'hui ?

Le développement des UP s'explique sans doute par la conjonction de plusieurs facteurs. La montée en puissance de la réduction du temps de travail a augmenté la disponibilité des gens. Des mouvements protéiformes tels que les cafés philo montrent qu'il y a également une volonté de réinventer des formes collectives d'apprentissage, de réflexion, de découverte. Plus fondamentalement, nous sommes dans une société où toute une série de repères classiques a changé, où les individus adhèrent moins à des systèmes idéologiques tout faits et cherchent à construire un schéma d'analyse de la société qui leur soit personnel. Notre société est également marquée par de fortes mutations technologiques. Les gens qui ont quarante ans aujourd'hui n'ont pratiquement pas vu de micro-ordinateurs pendant leur formation initiale. Face à la révolution des modes de travail, l'idée de l'éducation tout au long de la vie fait son chemin. Aujourd'hui, les parcours professionnels sont aussi souvent moins linéaires, moins automatiques. Avant, vous pouviez faire le même métier toute votre vie. Aujourd'hui, les parcours professionnels sont souvent plus complexes.

Vous êtes président de l'Association des universités populaires de France (AUPF). Quelle est la fonction de cette structure ?

L'AUPF est une fédération nationale des UP, agréée jeunesse et éducation populaire par le ministère, qui regroupe une très grande partie des UP. Elle ne développe pas un modèle unique, mais constitue un réseau d'UP qui échangent leurs expériences, leurs savoirs, et qui s'entraident. Nous éditons une revue trimestrielle, Le Savoir partagé, et nous organisons un colloque annuel, qui constitue l'occasion de faire se rencontrer une centaine de responsables d'UP pour partager des informations, des pratiques, des expériences. Pour réfléchir ensemble, une commission pédagogique autour des langues vivantes a été créée. L'AUPF est le correspondant français de l'Association européenne d'éducation des adultes (EAEA). À Bruxelles, elle regroupe des associations de trente-cinq pays qui représente 45 millions de participants.

À l'échelle du territoire français, y a-t-il de fortes inégalités géographiques concernant l'implantation des UP ?

Oui, il y a de grandes disparités. Certaines régions comptent beaucoup d'implantations et d'autres très peu. Cela dépend du contexte géographique, historique, de la concurrence d'autres types de formation. Par exemple, la région Rhône-Alpes compte une trentaine d'UP et a donc créé un comité régional. Dans le Nord, les UP commencent à se développer mais pendant longtemps il n'y en avait pas. En Alsace, en Moselle, nous sommes très bien implantés et le voisinage avec l'Allemagne, où les UP sont très fréquentées, a sans aucun doute joué un rôle. En Bretagne, par contre, il n'y en a aucune, mais il y a d'importantes universités du troisième âge.

Quels types d'enseignements dispensez-vous dans l'UP du Rhin ?

On peut distinguer quatre groupes. Le premier, et le plus important, c'est celui des langues vivantes. À Mulhouse, nous proposons 17 langues, dont l'anglais, l'allemand, l'italien et l'espagnol, qui sont les quatre langues européennes les plus demandées, mais aussi le japonais et le chinois par exemple. Ces cours s'adressent aussi bien à ceux qui veulent entretenir la langue qu'ils ont apprise à l'école qu'à ceux qui ont besoin pour leur travail d'utiliser une langue étrangère. Des examens sont proposés à ceux qui le souhaitent. Un deuxième groupe d'enseignement couvre ce que ce que nous appelons le développement personnel et humain, avec des cours de culture générale, de philosophie, de psychologie. Un troisième bloc regroupe les ateliers manuels et artistiques, comme le piano ou l'aquarelle. Les activités corporelles ? la gymnastique… ?, constituent le dernier.
On ignore souvent que les UP sont souvent des instituts de formation à part entière. Elles sont localement implantées sur le marché de la formation permanente. Et elles sont sans doute appelées à jouer un rôle important dans le cadre du Dif (droit individuel à la formation), mis en place en 2005 et qui ouvre pour tous les salariés un droit à la formation hors temps de travail de 20 heures par an cumulables sur 6 ans pour un total de 120 heures.

Propos recueillis par Catherine Halpern

UNIVERSITÉS ET ÉTUDIANTS

- Qui sont les étudiants ? (D. Galbaud)
- Une autonomie sans prise de risque (Entretien avec O. Galland)
- Un système à plusieurs vitesses (G. Felouzis)
- Les leçons du classement de Shanghai (Encadré)
- L'internationalisation de l'enseignement universitaire (Encadré)
- Des cités à Sciences Po… (M. Oberti)

Qui sont les étudiants ?

Loin d'être uniforme, l'univers étudiant en France est riche de contrastes sociaux et culturels. Dans ce vaste paysage, ce sont souvent les filières qui délimitent les frontières.

Évolution du nombre d'étudiants en France

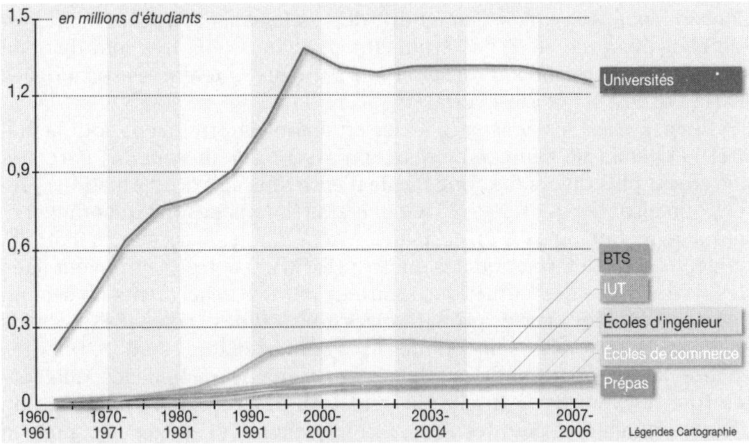

En 1960-1961, on ne comptait que 270 000 étudiants, dont 214 000 inscrits à l'université. En 2007-2008, ils étaient 2 228 000, presque dix fois plus, et parmi eux « seulement » 1 250 000 fréquentaient les facultés ! Parmi les autres cursus non représentés sur le graphique, on peut mentionner les écoles paramédicales et sociales (131 000 étudiants en 2007, 90 000 en 1980), les écoles d'art, d'architecture, de communication (61 000 en 2007, 33 000 en 1980). À l'université, alors que toutes les filières avaient connu une forte croissance entre 1989 et 1998 (entre 23 % et 39 % d'étudiants en plus), les Staps (Sciences et techniques des activités physiques et sportives) et les lettres sont les filières qui perdent le plus d'étudiants (respectivement -12,3 % et -6,8 % en 2007).

Une diversification sans précédent

Depuis les années 1960, le nombre d'étudiants en France a littéralement explosé, franchissant la barre des 2 millions en 1995. Deux accélérations se sont produites. La première, au début des années 1960, correspond à l'arrivée dans l'enseignement supérieur des générations du baby-boom.

La seconde, dans les années 1990 (+ 46 % d'étudiants dans les universités entre 1987 et 1997), traduit l'objectif, affiché par le ministre de l'Éducation nationale Jean-Pierre Chevènement en 1985, d'amener 80 % d'une classe d'âge au niveau du bac. Un objectif « repris peu ou prou par ses successeurs », observe le politiste Olivier Rey[1] : élever le niveau de qualification est devenu l'option première pour améliorer la situation de l'emploi. Le plan Université 2000, programme de construction et de rénovation lancé en 1990, et l'installation d'antennes universitaires en province ont contribué à cet essor...

L'enseignement supérieur recouvre désormais un éventail extrêmement large de formations, réparties sur tout le territoire. L'université se voit concurrencée par des filières créées pour attirer un public plus vaste. Conséquence, son poids s'amoindrit depuis les années 1980 : elle ne rassemblait plus que 56 % des étudiants en 2008, « plus très loin du seuil symbolique d'un étudiant du supérieur sur deux », notent les sociologues Marie Duru-Bellat et Élise Verley[2]).

Ainsi, si dans les années 1960, les étudiants empruntaient pour la plupart le chemin de l'université, ils connaissent aujourd'hui des parcours nettement plus diversifiés. Une partie d'entre eux suit des formations professionnalisantes qui relèvent de l'université, dans des instituts universitaires de technologie (IUT), certaines écoles d'ingénieurs ou des instituts universitaires de formation des maîtres (IUFM). D'autres se trouvent dans des lycées, dans des formations assurées par des enseignants du second degré, comme les classes préparatoires aux grandes écoles (CPGE) et les sections de techniciens supérieurs (STS) qui préparent au BTS. D'autres encore intègrent des écoles d'ingénieurs indépendantes des universités (qui relèvent de la tutelle du ministère de l'Éducation nationale ou d'autres ministères) ou des écoles de commerce et de gestion, pour la plupart privées ou dépendant des chambres de commerce. Autres voies possibles : les écoles paramédicales et sociales[3] qui relèvent de la tutelle du ministère chargé de la Santé, ou encore les écoles supérieures artistiques et culturelles (architecture, beaux-arts) dépendant du ministère de la Culture et de la Communication...

Et une démocratisation en demi-teinte

À travers cette massification, l'enseignement supérieur s'est-il vraiment démocratisé ? À y regarder de plus près, l'ouverture sociale apparaît relative. Moins de la moitié des enfants d'ouvriers accèdent au supérieur,

---

1- O. Rey, « 1987-1997 : la France redécouvre ses universités », *in* L. Gruel, O. Galland, G. Houzel, *Les Étudiants en France. Histoire et sociologie d'une nouvelle jeunesse*, Presses universitaires de Rennes, 2009.

2- M. Duru-Bellat, É. Verley, « Les étudiants au fil du temps : contexte et repères institutionnels », *in* L. Gruel *et al.*, *op. cit.*

3- Ces écoles conduisent à différents métiers : infirmier, masseur-kinésithérapeute, orthophoniste, sage-femme, technicien d'analyses biomédicales, assistant de service social, éducateur spécialisé...

contre 80 % des enfants de cadres. Et les filières semblent retracer des frontières sociales. Plus les formations sont susceptibles de conduire à des professions intellectuelles supérieures, plus le poids des enfants de cadres y est élevé. À l'inverse, plus elles débouchent sur des professions intermédiaires ou des emplois d'employés ou d'ouvriers qualifiés (comme les IUT et les STS), plus la proportion des enfants d'ouvriers est importante... Les filières professionnelles courtes tendent même à devenir de plus en plus populaires alors qu'à l'inverse, les filières d'élite s'affirment, elles, de plus en plus sélectives socialement, remarquent Marie Duru-Bellat et Annick Kieffer[4]. Autre inégalité : alors qu'elles représentent 57,8 % de la population universitaire, les filles sont encore minoritaires dans les formations les plus sélectives (classes préparatoires, IUT) et surtout dans les filières scientifiques. Majoritaires en licence et master (respectivement 57 % et 60 %), elles ne sont plus que 47 % en doctorat.

L'étudiant moyen n'existe pas

Avec l'ouverture sociale de l'enseignement supérieur, les profils des étudiants se sont largement diversifiés. En s'appuyant sur leurs modes de vie, la sociologue Valérie Erlich[5] discerne trois catégories. Le premier type, qualifié de « juvénile », regroupe les étudiants les plus jeunes : ils vivent en majorité chez leurs parents et n'ont pas encore intégré les codes universitaires. Sur le plan du travail, de la culture ou des loisirs, leurs pratiques se rapprochent de celles des lycéens. Le deuxième type, « transitionnel », rassemble, lui, des étudiants de 20 à 24 ans en logement indépendant. Ils ont intégré les règles du jeu universitaire et gagné de l'autonomie vis-à-vis de leur famille. Le dernier type, qualifié par la chercheuse de « cultivé », réunit des étudiants plus âgés, souvent en couple. Centrés sur leur vie domestique, ils anticipent leur parcours d'adulte et ont rompu avec leur passé juvénile, tant sur le plan professionnel que des loisirs.

Outre le mode de vie, les étudiants se différencient aussi selon leur manière d'étudier. « Plus ils ont un volume de travail personnel à fournir, plus ils sont amenés à organiser rigoureusement leur temps », constate le sociologue Ronan Vourc'h[6]. Tel est le cas en classes prépa où ils cumulent à la fois nombre d'heures de cours et de travail personnel. En médecine aussi, ils doivent fournir un gros travail personnel, mais comptent moins d'heures de cours. En majorité, ces jeunes se disent peu satisfaits de ce rythme de vie qui réduit leurs possibilités de détente. Du côté des IUT et STS, la situation est opposée : les étudiants cumulent beaucoup d'heures de cours et relativement peu de travail personnel. Ce sont ceux qui se déclarent les plus satisfaits de leur vie sociale, devant les étudiants de premier cycle universitaire qui, pour leur part, comptent tout à la fois peu d'heures de cours et relativement peu d'heures de travail personnel.

4- M. Duru-Bellat, A. Kieffer, « Du baccalauréat à l'enseignement supérieur : déplacement et recomposition des inégalités », *Population*, vol. LXIII, n° 1, 2008.

5- V. Erlich, *Les Nouveaux Étudiants. Un groupe social en mutation*, Armand Colin, 1998.

6- R. Vourc'h, « Des vies diversement studieuses », *in* L. Gruel *et al., op. cit.*

Un taux de réussite en hausse

Petit à petit, la hausse du taux de réussite est devenue une préoccupation centrale de la politique universitaire. Sur la période 1990-2005, il n'a cessé de croître. En 2003, 76,4 % des étudiants ont obtenu leur Deug, en tenant compte d'une durée d'obtention de deux à cinq ans. En 2006, l'indicateur a changé et c'est la probabilité de réussir en licence qui a été retenue. Dans le cadre de l'harmonisation des cursus d'enseignement supérieur européens, le cursus universitaire s'organise désormais autour de trois diplômes : la licence, le master et le doctorat.

C'est en lettres que le pourcentage d'obtention du Deug en deux ans est le plus élevé (60,3 %) et en droit qu'il est le plus faible (34,3 %) (en 2003). Dans l'ensemble, les bacheliers scientifiques réussissent le mieux, quelle que soit la discipline. À l'opposé, les bacheliers technologiques et professionnels sont ceux qui peinent le plus. Autre constat, les filles réussissent nettement mieux que les garçons, avec un taux d'obtention du Deug en deux ans de 51 %, contre 36,1 % pour leurs homologues masculins.

Malgré ces progrès, pas moins de 20 % des étudiants quittent chaque année l'enseignement supérieur sans avoir décroché de diplôme[7]. Conduite sous la direction de Nathalie Beaupère et Gérard Boudesseul, une enquête par entretiens réalisée auprès de 60 « décrocheurs »[8] montre que le décrochage est rarement immédiat. Entre le début des études et l'abandon définitif, il peut s'écouler des mois, voire des années... Avant le bac, certains de ces jeunes ont connu des scolarités « normales », d'autres plus chaotiques. Une minorité (17 %) s'est inscrite à l'université par défaut.

Point commun à tous ? Ils ne sont pas parvenus à adopter des méthodes de travail adaptées aux attentes des enseignants. Du fait du faible encadrement, ils ont peiné à s'organiser et à se réserver des temps de travail personnel. Découragés, d'aucuns ont renoncé après quelques mois, plutôt que de tenter d'ajuster leurs efforts, convaincus de ne jamais réussir à l'université.

Sur l'ensemble des jeunes interrogés, 40 % exerçaient un travail salarié en parallèle, ce qui les a parfois pénalisés. Si celui-ci était prenant, ils ont difficilement concilié leurs deux emplois du temps. L'activité salariée concurrençait les études et empiétait sur le temps de travail personnel. Pour certains, elle est même devenue une porte de sortie, lorsque l'échec à l'université s'est profilé. Sa valorisation, au détriment des cours, a pu conduire au décrochage. Quelques-uns ont trouvé dans leur travail le cadre structurant dont ils auraient aimé bénéficier pendant leurs études...

7- Selon la dernière enquête « Génération » du Céreq.

8- N. Beaupère, G. Boudesseul (dir.), *Sortir sans diplôme de l'université. Comprendre les parcours d'étudiants décrocheurs*, La Documentation française/Observatoire national de la vie étudiante (OVE), novembre 2009.

Quelle insertion professionnelle ?

Les jeunes éprouvent des difficultés croissantes à trouver un emploi en rapport avec leur degré de qualification. Cependant, selon l'économiste Jean-François Giret[9], la détérioration de la conjoncture n'atteint pas de la même manière les niveaux d'études. En s'appuyant sur les enquêtes du Céreq, le chercheur note que ce sont les diplômés des deuxièmes cycles universitaires qui semblent les plus affectés: trois ans après l'obtention de leur diplôme, leur taux de chômage avoisine en 2004 les 12 % et moins d'un tiers a accédé à un emploi de cadre (contre plus de 40 % neuf ans auparavant). Ce n'est qu'à partir du master que la majorité des jeunes accèdent à des postes d'encadrement.

Autre constat, les diplômés des licences professionnelles s'en sortent visiblement mieux que ceux des filières générales, en particulier dans le secteur tertiaire. Dans leur ensemble, les jeunes issus des voies professionnelles (IUT, STS, licence ou master professionnels) connaissent des taux de chômage moins élevés que les sortants de formations générales.

Quant aux grandes écoles, leurs diplômés semblent relativement épargnés par la conjoncture, en particulier les ingénieurs: leur taux de chômage trois ans après leur formation a rarement dépassé les 5 % ces dernières années et ils accèdent presque systématiquement à un poste de cadre (90 % contre 60 % environ pour les écoles de commerce en 2004). De surcroît, les sortants des grandes écoles échappent plus souvent aux emplois instables (CDD, intérim, contrats aidés...) que les diplômés des universités.

La pauvreté étudiante, mythe ou réalité ?

La thèse d'une paupérisation du monde étudiant est battue en brèche par l'enquête triennale de l'Observatoire de la vie étudiante (OVE)[10]. Selon Louis Gruel[11], les étudiants ne sont « ni des privilégiés ni un groupe paupérisé » : en 2006, 26,9 % d'entre eux jugent leurs ressources insuffisantes. Cette même année, seuls 4 % ont sollicité au moins une fois une aide exceptionnelle auprès des services sociaux, une situation « ni négligeable ni très fréquente »... Quant aux étudiants en « situation de pauvreté grave et durable » (non hébergés par leurs parents et disposant d'un revenu inférieur à 69 % du smic), leur proportion atteint 1,3 % en 2006.

Mais ces chiffres masquent des réalités très contrastées. Aujourd'hui, l'écart se creuse entre deux populations étudiantes au profil opposé. Les jeunes qui habitent sous le toit familial et dépendent financièrement de leurs parents – environ un tiers des inscrits – témoignent d'une relative aisance. Pour eux, les signes de difficulté sont même devenus moins

9- J.-F. Giret, « L'évolution des conditions d'insertion professionnelle des étudiants », *in* L. Gruel *et al.*, *op. cit.*

10- OVE, « Enquête Conditions de vie 2006 ».

11- L. Gruel, « Des étudiants rarement pauvres, mais une indépendance plus fréquemment associée à des tensions budgétaires », *in* L. Gruel *et al.*, *op. cit.*

fréquents, à l'exception du job « pour boucler le budget ». Mais L. Gruel note que ce travail se réduit souvent à quelques heures de baby-sitting ou de cours particuliers... En revanche, les étudiants « émancipés » qui occupent leur propre logement et sont fiscalement indépendants voient leurs conditions de vie se dégrader. Chez ces jeunes qui représentent désormais près du tiers des inscrits (30 %), les enquêtes de l'OVE révèlent une baisse continue des revenus. Cette frange la plus indépendante de la population étudiante éprouve aujourd'hui des tensions budgétaires croissantes. Et parmi cette catégorie, des étudiants subissent « très probablement » une extrême précarité : les étrangers non européens, dont près de 11 % ont sollicité en 2006 l'aide des services sociaux, ce qui traduit aux yeux de L. Gruel « un signe assez fort de détresse »...

Diane Galbaud

Entretien avec Olivier Galland

Une autonomie sans prise de risque

Comment les étudiants accèdent-ils aujourd'hui à l'indépendance ?

Ces dernières années, les jeunes ont beaucoup gagné en autonomie, ils dépendent moins de leurs parents pour ce qui concerne l'organisation de leur vie personnelle, les relations avec leurs amis... Les technologies de la communication ont créé de nouvelles formes de sociabilité adolescente totalement autonomes. Les jeunes restent en contact avec leurs amis hors du contrôle des parents, ce qui représente un changement énorme.

Sur le plan de l'indépendance, la situation des étudiants se rapproche de celle des jeunes actifs, du fait en partie de la massification de l'enseignement supérieur. Comme eux, ils peuvent rencontrer des problèmes de logement, de travail... Néanmoins, ils bénéficient d'un soutien financier de leur famille plus important que les jeunes actifs. Souvent, ils ont à leur disposition une palette de ressources : aides des parents, aides au logement, travail, bourses... Cette situation leur permet un apprentissage progressif de l'indépendance. Ils accèdent largement à l'autonomie, mais sans la prise de risque d'une totale indépendance. Ils mènent une sorte de double vie en étant indépendants la semaine et redevenant adolescents le week-end quand ils retournent chez leurs parents avec leur linge sale...

L'indépendance influe-t-elle sur la réussite universitaire ?

Est-ce la réussite qui génère l'indépendance ou l'indépendance qui favorise la réussite ? La réponse fonctionne dans les deux sens. D'un côté, la réussite peut être un facteur d'indépendance. Les étudiants les plus brillants peuvent choisir des études qui les contraignent à une mobilité géographique et les éloignent de leurs parents. Ils privilégient leur formation sur leur confort de vie et la perspective de rester dans leur famille.

De l'autre côté, l'indépendance peut favoriser la réussite. L'étudiant qui a pris ses distances par rapport au modèle adolescent, qui est engagé dans ses études et dans une activité rémunératrice a plus de probabilité de réussir que celui qui reste totalement dépendant de ses parents, veut s'amuser et sortir avec ses copains. Un emploi salarié peut être un facteur favorable aux études : il vaut mieux travailler un peu que pas du tout. Et en toute logique, plus ce travail est lié aux études, plus il favorise la réussite. Néanmoins, il convient de trouver le bon équilibre : un emploi salarié trop intense représente un facteur négatif. Les étudiants qui travaillent au-delà du mi-temps réussissent moins bien que les autres...

Quel est l'impact des bourses sur les parcours universitaires ?

Les bourses produisent des effets très positifs sur la réussite. On y peut voir une forme de validation sociale d'un système qui paraît bien fonctionner. L'explication semble plus matérielle que psychologique. Les boursiers ne sont pas plus motivés que les autres jeunes, mais ils bénéficient de bonnes conditions pour s'engager à fond dans leurs études, sans être contraints d'occuper un emploi salarié trop lourd. Les jeunes qui éprouvent de plus en plus de difficultés sont ceux de la classe moyenne inférieure qui se situent juste au-dessus du seuil pour être boursier (même si le système a déjà été élargi). Leur famille ne dispose pas d'assez de moyens pour les aider fortement. Ils sont donc contraints de s'engager dans des activités salariées souvent contre-productives.

À vos yeux, la solution consiste-t-elle à instaurer une allocation d'autonomie pour tous les étudiants comme le revendique le syndicat étudiant Unef ?

Il est vrai qu'un tel système existe dans certains pays nordiques. Au Danemark par exemple, à partir de dix-huit ans, les étudiants ont droit à une bourse, quels que soient les revenus des parents. L'État considère qu'à partir de cet âge, les jeunes sont autonomes. C'est une conception universaliste de l'aide à la jeunesse qui repose sur une vision culturelle très exigeante de l'indépendance, considérée comme un droit et comme un devoir. Dans ce pays, l'injonction à l'autonomie se révèle très forte[1].

En France, l'accès à l'indépendance demeure, lui, progressif. Notre modèle est intermédiaire entre celui des pays du Sud de l'Europe – où l'on peut parfois rester chez ses parents jusqu'à trente ans – et celui des États scandinaves. Les jeunes multiplient les expériences et les essais qui servent de transition. Ils peuvent être soutenus par les parents, l'État à travers les bourses, les aides au logement... Ce système permet un apprentissage progressif et mesuré des rôles adultes, mais reste inégalitaire. Il est surtout adapté aux familles qui ont les moyens d'aider financièrement leurs enfants et qui sont bien informées sur les filières, pas aux autres.

Faut-il pour autant adopter un modèle à la danoise pour compenser les difficultés des jeunes qui n'ont pas les moyens de réussir la transition vers l'indépendance ? Je ne suis pas favorable à un système d'allocation réservé aux seuls étudiants. Une aide pour tous les jeunes serait idéale, mais le budget ne le permet pas. À mon avis, il vaut mieux davantage cibler ceux qui sont les plus en difficulté.

Propos recueillis par Diane Galbaud

1- Sur le lien formation- emploi en Europe, voir l'encadré pages 316-317.

Georges Felouzis

Un système à plusieurs vitesses

À ne considérer que le nombre d'étudiants qui accèdent aujourd'hui à l'université, la proportion de diplômés dans une génération ou de fils d'ouvriers et d'employés en licence, on pourrait donner une vision positive du caractère « démocratique » de l'université. Non que « l'égalité » y soit parfaite et entière, ou qu'aucune différence ne s'observe entre les étudiants selon leur origine sociale, culturelle ou encore régionale. Mais si l'on en croit les travaux de Michel Euriat et Claude Thélot[1], le processus de démocratisation de l'accès à l'université est une réalité depuis 1950. Les chances d'y accéder sont moins contrastées aujourd'hui qu'hier entre enfants d'ouvriers et enfants de cadres, ceci valant d'être souligné car cela a ouvert à une part importante des nouvelles générations des horizons nouveaux en termes d'accès à la culture et à la connaissance. Dans l'immense mouvement de démocratisation de l'enseignement qui débute dans l'après-guerre en France, l'université a pleinement joué son rôle en accueillant toujours plus de bacheliers, y compris de milieux modestes.

Une grande dispersion des formations

Est-ce à dire pour autant que l'université donne les mêmes chances à tous ? La question peut paraître naïve au sociologue, car tout dépend de la perspective que l'on adopte. Une approche superficielle de la notion d'égalité des chances pourrait nous faire trop rapidement répondre par l'affirmative, tant il est vrai que tout bachelier peut s'inscrire à l'université et ainsi « jouer sa carte ». De même, si l'on considère le chemin parcouru depuis la fin des

1- M. Euriat, C. Thélot, « Le recrutement de l'élite scolaire en France. Évolution des inégalités de 1950 à 1990 », *Revue française de sociologie*, vol. XXXVI, n° 3, 2005.

années 1950, la réponse pourrait être positive. Mais à y regarder de plus près, on est tenté de dire que les inégalités se sont transformées, déplacées, et que ce qui apparaît comme une ouverture est aussi le signe de transformations structurelles fortes et de nouvelles modalités de reproduction sociale dans la société française.

Disons d'abord que l'on ne peut raisonner sur la question de l'égalité des chances à l'université sans considérer l'ensemble des formations supérieures. La fameuse « exception française » s'exprime ici par un système d'une grande complexité, très diversifié car issu d'une longue histoire et dont les différentes composantes actuelles se superposent souvent, se concurrencent parfois. En 2010, on comptait 79 universités, 114 IUT, 232 écoles d'ingénieurs, 212 écoles de commerce et de gestion, 30 IUFM, et un nombre considérable de classes préparatoires aux grandes écoles et de STS. En d'autres termes, on ne peut comprendre l'enseignement supérieur français sans aborder la question de sa dispersion et de ses différentes formes, qui sont autant de modèles pédagogiques, de modes de sélection des étudiants et de formations de compétences sociales et professionnelles.

Une comparaison de l'origine sociale des étudiants dans les formations les plus fermées et sélectives d'une part, et des étudiants universitaires de l'autre, montre qu'un changement d'échelle équivaut à dévoiler un phénomène de première importance : aux inégalités sociales d'accès à l'enseignement supérieur s'ajoutent celles qui séparent les filières très hiérarchisées. Les grandes écoles et leurs classes préparatoires font partie des systèmes les plus fermés, tant socialement que culturellement. Y accéder quand on est issu d'un milieu modeste tient encore du miracle.

On est donc dans un système à plusieurs vitesses, dans lequel les hiérarchies scolaires recoupent en grande partie les hiérarchies sociales. Les classes préparatoires sont composées presque exclusivement d'enfants de cadres supérieurs, alors que les premières années d'AES (Administration économique et sociale) ou de lettres modernes ont un public en grande partie issu des milieux modestes. La démocratisation de l'accès à l'université se paie donc aujourd'hui par une différenciation croissante des filières du supérieur, ce qui déplace quelque peu la question de l'égalité des chances d'accès vers celle de l'égalité des conditions d'étude et des opportunités.

Savoir entendre ce qui n'est pas dit

Même en considérant les formations universitaires en tant que telles, la question de l'égalité de tous reste posée. Car l'évolution du recrutement social et scolaire à l'université, dont *Les Héritiers*[2] saisissait déjà les prémisses et les conséquences au début des années 1960, a suscité des travaux de plus en plus centrés sur la socialisation et l'adaptation des étudiants au système universitaire.

Ces travaux[3] ont montré le décalage entre un système structuré autour des implicites de la culture scolaire et des acteurs de moins en moins capables d'en saisir spontanément le sens. L'université présente une sorte d'étrangeté pour les étudiants dont le niveau culturel ne permet pas (ou plus) de comprendre les implicites de la communication pédagogique. C'est aujourd'hui une banalité de dire que l'encadrement des étudiants en premier cycle est déficient. Si l'on compare ce qu'ils « quittent » au lycée et ce qu'ils trouvent en première année de fac, on se rend compte du chemin qu'ils doivent parcourir pour s'adapter aux nouvelles contraintes d'un système anomique, faiblement structuré et dont les règles sont très complexes à définir et à saisir.

La socialisation universitaire est d'autant plus difficile à réaliser dans ce contexte peu défini que le capital scolaire et social est faible. Aujourd'hui, les inégalités à l'université se mesurent aux différences des taux de réussite des étudiants en fonction de la série du bac. À ce niveau de formation, les parcours scolaires dans le secondaire ont transformé les inégalités sociales en inégalités scolaires. Et l'on peut ainsi définir de « nouveaux étudiants » dont le capital culturel et la faible maîtrise des codes universitaires rendent encore plus difficile l'adaptation à un monde où il faut « entendre ce qui n'est pas dit et voir ce qui n'est pas montré » pour reprendre l'expression d'Alain Coulon.

En d'autres termes, le système universitaire fonctionne en grande partie sur des implicites pédagogiques que seuls les plus dotés scolairement et socialement peuvent identifier. Pour les autres, c'est le plus souvent l'échec. Globalement, le taux d'accès en master pour les bacheliers technologiques est inférieur à 25 %, quand il est de près de 70 % pour les bacheliers généraux[4]. De

2- P. Bourdieu, J.-C. Passeron, *Les Héritiers. Les étudiants et la culture*, 1966, rééd. Minuit, 1994.

3- Voir A. Coulon, *Le Métier d'étudiant. L'entrée dans la vie universitaire*, Puf, 1997, et G. Felouzis, *La Condition étudiante. Sociologie des étudiants et de l'université*, Puf, 2001.

4- MEN-DPD, « Repères et références statistiques », 2004.

même, la proportion de fils d'ouvriers en master n'est que de 6,4% (contre 11,6% en licence), alors que la proportion de fils de cadres augmente, passant de 28 % en licence à 32,7% en master[5]. Beaucoup d'étudiants ne passent que rarement le cap de la première année dans les filières généralistes de l'université[6], et cela pour des raisons qui tiennent autant à leurs faiblesses académiques qu'à leur difficulté à décoder un monde universitaire qui reste flou, demande beaucoup de choses aux étudiants mais n'en exige rien ou trop peu[7]. Par beaucoup d'aspects, « l'ouverture à tous » de l'université apparaît comme un leurre auquel ne survivent que les plus dotés socialement et culturellement. Pour les autres, c'est trop souvent l'échec car on réserve aux étudiants les moins dotés les structures d'enseignement les plus relâchées en premiers cycles, les moins coûteuses aussi. La dépense par étudiant passe du simple au double d'un étudiant de première année d'université à un étudiant en classe préparatoire.

Il y a enfin la question de l'insertion et de la rentabilité sociale et professionnelle des diplômes. Là aussi, le regard s'assombrit lorsque l'on se place dans une perspective plus large que celle strictement circonscrite à l'université.

Des diplômes de moins en moins rentables

Ne doit-on pas rappeler que les diplômes servent aussi, et peut-être surtout, à former des qualifications, des compétences pour s'insérer dans le monde du travail et de la production ? La « valeur » d'un diplôme s'exprime en grande partie par son utilité sur le marché du travail. Cette utilité se mesure par la protection qu'il procure contre le chômage, le statut qu'il permet d'acquérir et le salaire contre lequel on l'échange. Et là encore, l'épreuve des faits rend pessimiste ! Les enquêtes « Génération » du Céreq[8] comme les comparaisons internationales de l'OCDE[9] montrent une dégradation de l'emploi pour les jeunes, même diplômés. Certes, le diplôme reste une protection relative contre le chômage, mais les diplômés de l'université, surtout dans les filières

5- MEN-DEP, « Repères et références statistiques », 2010.

6- A. Frickey (dir.), « La socialisation des étudiants débutants. Expériences universitaires, familiales et sociales », *Les Dossiers DPD*, n° 115, 2000.

7- G. Felouzis, *op. cit.*

8- N. Marchal, M. Molinari-Perrier, J.-C. Sigot, « Génération 2001. S'insérer lorsque la conjoncture se dégrade », *Bref*, n° 214, octobre 2004.

9- OCDE, « Regards sur l'éducation », 2005. Disponible sur le site www.oecd.org

les plus généralistes, ont de moins en moins de chances d'accéder à un emploi de cadre. Ils se retrouvent plus souvent aujourd'hui dans des emplois intermédiaires, voire d'employés et d'ouvriers. La comparaison opérée par Christian Baudelot et Roger Establet[10] entre les trentenaires de 1968 et ceux de 1998 est sans appel. Le niveau de diplôme entre ces deux générations s'est certes amélioré mais l'insertion professionnelle s'est détériorée, notamment pour les hommes, au point que les jeunes générations ont « plus perdu par la dévalorisation de leur titre qu'ils ont gagné par l'amélioration de leur formation ».

Or, quel sens peut-il y avoir à ouvrir un système d'enseignement tel que l'université si les détenteurs des diplômes ne trouvent pas de places dans la société correspondant à leur niveau de formation ? Au-delà du sentiment de déclassement et de « frustration relative » que cela produit chez les diplômés, cela relève aussi d'une aberration économique. La perte de capital humain est considérable (les compétences acquises par les diplômés ne sont pas suffisamment utilisées pour produire de la richesse et nourrir la croissance) et cela pose la question de la pertinence d'une politique éducative qui investit dans des diplômes universitaires dont la qualité est souvent incertaine et peu propice à une identification claire sur le marché de l'emploi[11].

Égalité des chances ou reproduction ?

On voit que la question de l'égalité des chances à l'université conduit à une réflexion plus globale sur les modèles pédagogiques qui y prévalent, sur la hiérarchisation des filières de l'enseignement supérieur et sur l'insertion professionnelle que procurent les diplômes. À la lumière de ces analyses, tout porte à croire que « donner ses chances à tous » doit prendre d'autres formes que l'ouverture (au demeurant partielle) d'une partie d'un système qui distribue en fait les individus dans des filières de formations et d'accès à l'emploi très inégales, tant au plan des moyens mis en œuvre que de l'efficacité pédagogique et de la rentabilité professionnelle.

Laisser jouer les principes de la « méritocratie scolaire » revient trop souvent, on le sait depuis les travaux de Pierre Bourdieu, à

10- C. Baudelot, R. Establet, *Avoir trente ans en 1968 et en 1998*, Seuil, 2000.

11- G. Felouzis, « Des mondes incertains : les universités, les diplômés et l'emploi », *Formation-Emploi*, n°101, janvier-mars 2008.

reproduire les inégalités de naissance par des moyens institutionnels qui apparaissent légitimes. Le système français d'enseignement supérieur pousse à l'extrême cette contradiction entre un « désir d'égalité » et une réalité très hiérarchisée et inégalitaire. Le problème n'étant pas que certains réussissent mieux que d'autres, ou que certaines filières forment l'élite et d'autres la « masse ». C'est après tout une fonction essentielle d'un système d'éducation supérieure dans une société elle-même hiérarchisée. Le problème réside plus simplement dans la reproduction des positions de départ et dans le lien étroit et constant entre la naissance et le « destin » social. Il y a encore dans ce domaine du chemin à parcourir pour limiter ce qui apparaît aujourd'hui moins légitime, voire inacceptable, tant du point de vue des individus que de la société dans son ensemble.

Les leçons du classement de Shanghai

Un vent de scandale souffle depuis 2003, avec la publication par l'université de Shanghai d'un palmarès des 500 premières universités du monde[1]. Le classement est peu flatteur pour les universités françaises, puisque la première d'entre elles n'est au premier palmarès qu'à la 46e place (Paris-VI), devançant Paris-XI (61e) et Strasbourg-I (92e)... Les États-Unis, eux, se taillent la part du lion avec neuf établissements (Harvard, Stanford, Princeton...) dans les dix premiers du classement. Le dernier classement (2010) donne des résultats comparables : Harvard et Stanford caracolent en tête et seules deux universités européennes figurent dans le Top 20 (Cambridge et Oxford). Trois universités françaises seulement émergent dans le Top 100 (Paris-VI, Paris-XI, Normale Sup).

Une raison de plus de crier haro sur les universités françaises et une bonne occasion de rappeler leur manque de moyens ? C'est bien sûr le premier argument que d'aucuns n'ont pas manqué de souligner. Mais il y en a d'autres, en particulier le peu de crédibilité de tels palmarès dont les critères de classement seraient plus que discutables : nombre d'anciens élèves (*alumni*) et d'équipes de recherche (*award*) ayant obtenu la prix Nobel ou la médaille Fields (la plus haute distinction en mathématiques), prédominance des domaines scientifiques (mathématiques, physique, chimie, médecine, économie...), nombre d'articles de chercheurs publiés dans les revues américaines *Science* et *Nature*, nombre d'articles référencés dans le *Science Citation Index* (SCI) et le *Social Science Citation Index* (SSCI)...

Pour François Orivel, le palmarès de Shanghai, s'il est susceptible de perfectionnements, est un outil plutôt moins contestable que bien d'autres et c'est ce qui expliquerait le « silence gêné » de la France à son sujet[2].

Selon ce chercheur de l'Iredu, c'est un problème structurel qui expliquerait le mauvais classement des universités françaises, en raison de leur impossibilité à réunir dans un seul établissement les caractéristiques communes aux cent premières du monde. Soit : d'une part, accueillir les meilleurs étudiants, attirer les meilleurs enseignants-chercheurs et bien les payer, disposer d'un potentiel de recherche ainsi que de moyens financiers au-dessus de la moyenne ; d'autre part, pratiquer une réelle pluridisciplinarité facilitant la confrontation des savoirs et invitant les étudiants à diversifier leur spécialisation ; enfin, atteindre une taille critique relativement importante (10 000 à 30 000 étudiants, plus de 1 000 enseignants-chercheurs).

Plus largement, on peut noter à la suite de Dominique Desbois, que « Le classement de Shanghai semble avoir eu, pour l'ensemble des institutions

1- Disponible sur http://ed.sjtu.edu.cn/ranking.htm

2- F. Orivel, « Pourquoi les universités françaises sont-elles si mal classées dans les palmarès internationaux ? », *Les Notes de l'Iredu*, mai 2004. www.u-bourgogne.fr/

académiques françaises, un effet de catalyse socio-institutionnelle aboutissant à une prise de conscience des effets pervers que peuvent engendrer les spécificités françaises en matière d'organisation de la recherche, qu'il s'agisse des universités, des grandes écoles et des établissements publics scientifiques et techniques[3] ».

La recherche amputée de ses élites

Pourquoi la France ne réunit-elle que rarement l'ensemble des conditions lui permettant d'intégrer le peloton de tête en matière d'enseignement supérieur ? La principale explication avancée par F. Orivel tient à une partition bien spécifique au système français, entre universités et grandes écoles. Si les premières ont bien la pluridisciplinarité, souvent la taille critique, elles sont impuissantes à regrouper en leur sein les meilleurs enseignants et les meilleurs étudiants et ont, au reste, généralement moins de moyens que les cent premiers établissements du classement de Shanghai.

De leur côté, les grandes écoles accueillent les meilleurs étudiants et ont des moyens importants, mais n'ont ni la pluridisciplinarité ni la taille critique et ne s'adonnent que très peu à la recherche. Voilà pourquoi l'École polytechnique, par exemple, considérée comme le fleuron des études supérieures françaises, n'arrivait en 2003 qu'autour de la 200e place dans ce classement...

Et c'est sur ce dernier point que le bât blesse : les grandes écoles soustraient à l'université l'élite des étudiants qui, forts de leur diplôme fortement rémunérateur sur le marché du travail, ne s'adonneront que pour très peu à la recherche et aux études doctorales. Première conséquence : le vivier des doctorants et des futurs enseignants-chercheurs des universités se retrouve amputé des 5 % d'étudiants les plus brillants.

La seconde conséquence concerne le financement de la recherche française. On la dit privée de moyens, suggérant ainsi l'indigence des crédits alloués par les pouvoirs publics. Cependant, remarque encore F. Orivel, l'engagement de l'État n'est pas plus modeste en France que dans les autres pays qui nous coiffent au palmarès de Shanghai. Ce sont les fonds issus du secteur privé qui manquent tragiquement à la recherche française... Or, ajoute-t-il, « n'y aurait-il pas une relation entre le fait que l'élite dirigeante n'a pas connu dans sa formation un passage par la recherche et sa faible motivation à la promouvoir au sein des entreprises ? »

Reste à savoir si la recommandation d'intégrer les grandes écoles aux universités, portée depuis plusieurs années par de nombreux analystes (du rapport Attali de 1998 au petit essai au vitriol de Jean-Robert Pitte[4]) pourra vaincre la résistance de ceux qui défendent la pérennité du système, à commencer par les grandes écoles elles-mêmes...

3- D. Desbois, « Peut-on mesurer l'excellence académique au plan mondial ? », *Terminal*, 10-3, article également publié dans la revue *Recherche, technologie et société*, avril 2007.

4- J.-R. Pitte, *Jeunes, on vous ment ! Reconstruire l'université*, Fayard, 2006.

Un classement des classements est-il possible ?

La culture de l'évaluation n'est pas nouvelle en matière d'enseignement supérieur et, bien avant le classement de Shanghai, on dénombrait déjà une vingtaine de classements... Le mérite du classement de Shanghai est d'avoir suscité débats et prises de conscience, voire des recherches concurrentes. Trois autres classements sont apparus depuis : le classement Times Higher Education World University Rankings se propose d'analyser la formation des étudiants d'un point de vue plus qualitatif ; le Cybermetrics, piloté par le Consejo Superior de Investigationes cientificas, lié au ministère de l'Éducation espagnol, a pour but de cerner la présence des universités sur le Web (et de favoriser celle-ci) ; enfin le classement de Mines-ParisTech – qui en est à sa troisième édition en 2009[5]– propose une évaluation des 377 premiers établissements d'enseignement supérieur au monde liée non plus aux performances des établissements en matière de recherche mais à leur capacité à « produire » les managers d'aujourd'hui. Concrètement est prise en compte la présence des diplômés de ces établissements figurant parmi les dirigeants exécutifs des 500 plus grosses entreprises mondiales (selon le classement Fortune Global). Si les États-Unis conservent une supériorité indéniable (Harvard, Stanford demeurent en tête du classement et huit établissements américains figurent parmi les vingt premiers), on note la présence dans les dix premiers établissements de trois universités asiatiques et de 6 établissements européens, dont 5 français (HEC, ENA, Polytechnique, IEP Paris, Mines ParisTech). Le premier de la liste étant l'Université de Tokyo.

Ce dernier classement, établi par une grande école française, n'est pas exempt de critiques (jugé élitiste et trop franco-français), pas plus que les autres classements cités, chacun privilégiant un point de vue. Cependant, une étude globale réalisée par le géographe Hervé Théry fait apparaître des convergences entre ces différentes études et dresse une « cartographie » du monde global universitaire fort intéressante[6]. En classant hiérarchiquement les 96 établissements présents dans les quatre classements (Shanghai/Times/Mines ParisTech/Cybermetrics), Hervé Théry propose un « classement des classements » en cinq groupes :

– Les « meilleurs de la classe » (établissements supérieurs à la moyenne sur tous les critères) que sont les universités américaines de la Nouvelle Angleterre, (Harvard, etc.) puis les universités de Chicago, Oxford, Cambridge, l'institut fédéral de technologie de Zurich, et l'université deTokyo.

– Un deuxième groupe se distingue principalement par la qualité de sa présence sur le Web et la fréquentation de ses sites Internet. Il associe des universités un peu moins connues des États-Unis (Emory, Dartmouth, Georgetown) ou d'Europe (Bath, Göttingen, Tübingen, Chalmers), ainsi que l'École Polytechnique et l'université de Cape Town.

5- http://www.mines-paristech.fr/Actualites/PR/

6- H. Théry, « Palmarès des universités mondiales. Shanghai et les autres », *m@ppemonde*, n° 96 (4-2009) ; http:// mappemonde.mgm.fr/num24/articles/art09401.html

– Le troisème groupe connaît des scores plus élevés que la moyenne pour les publications, notamment dans *Nature* et *Science*, une bonne évaluation par les pairs (et les employeurs), un grand nombre de citations de ses enseignants recensées dans les index reconnus, un profil plus « académique » et « menant à des carrières moins brillantes et moins rémunératrices » que le premier groupe. Il regroupe des universités du Middle West et du Sud des États-Unis, Mc Gill et Toronto, Kyoto, Manchester et Edimbourg.

– Le quatrième groupe est « le plus ouvert sur le monde », celui qui compte le plus d'étudiants et de professeurs étrangers, des sites abondants et très visités. Ce sont des universités australiennes, hollandaises, irlandaises et surtout britanniques (Glasgow, Durham, York, Sheffield) qui ont su se rendre attractives par d'autres moyens que celles des États-Unis ou du Japon, non représentées dans ce groupe.

– Le dernier groupe est proche de la moyenne dans tous les domaines. C'est celui des pays émergents (Chine, Brésil, Mexique) et des régions périphériques – du point de vue universitaire – de l'Europe (Scandinavie, Espagne, Autriche, Belgique).

Une telle étude a au moins le mérite de dépassionner le débat…

Martine Fournier, Véronique Bedin

L'internationalisation de l'enseignement universitaire

À l'heure où les sociétés se mondialisent, où la recherche s'internationalise, qu'en est-il de l'ouverture des universités françaises au reste du monde ?

La mobilité des jeunes enseignants chercheurs reste encore limitée. On trouve moins de 10 % d'étrangers dans les établissements supérieurs français ; parmi eux, 55 % sont européens, 23 % africains (issus des anciennes colonies françaises), le reste se partage entre Asiatiques et Américains. Les grandes écoles cependant font un peu mieux que l'université (12 % contre 7 %), ce différentiel s'expliquant par une plus grande souplesse dans les recrutements et des salaires plus attractifs.

L'internationalisation du marché du travail universitaire, si elle demeure en France très en retrait des autres États de l'Europe du Nord et notamment de la Grande-Bretagne, est cependant en progrès notent Gaële Goastellec, chercheuse de l'université de Lausanne, et Catherine Paradeise[1], sociologue au CNRS. La mise en place de l'autonomie des universités et différentes mesures récentes vont dans ce sens, ajoutent-elles, en permettant une diversification des emplois, des niveaux de salaires et une réactivité accrus de la part des établissements recruteurs.

Parmi ces mesures, il faut citer la création des pôles de recherche et d'enseignement supérieur (PRES) en 2006 par la loi d'orientation de programme et de recherche dans le but d'accompagner l'accession progressive des universités françaises à l'autonomie et de mieux prendre place dans la compétition scientifique internationale. Il s'agit de « proposer une offre de recherche et de formation plus cohérente, plus lisible et mieux adaptée aux besoins des territoires », en lien avec le développement de pôles économiques de compétitivité.

Dans ces pôles, selon les termes officiels « ce sont en effet l'ensemble des acteurs de l'enseignement supérieur et de la recherche qui se retrouvent, se concertent et unissent leur diversité et leurs forces au service de leurs ambitions communes ». Début 2011, on comptait 19 PRES. Ils regroupent près de soixante universités et de nombreux établissements prestigieux (écoles d'ingénieurs, IEP, écoles de commerce, instituts nationaux polytechniques, ENSAM, Institut de Physique de Grenoble, Institut de Physique du globe de Paris...) et centres hospitaliers... Du point de vue juridique, ils ont le statut d'EPCS (établissement public de coopération scientifique) et sont habilités à délivrer les diplômes. Toutes les publications scientifiques des sites sont

1- G. Goastellec, C. Paradeise, « L'Enseignement, une réalité de plus en plus internationale ? », *Cahiers Français*, La Documentation française, n° 344, mai-juin 2008, et « La France prône l'amélioration de la mobilité étudiante en Europe », *La Lettre de l'éducation*, n° 600, juin 2008.

désormais présentées sous la signature unique du pôle, ce qui a pour but d'améliorer la visibilité à l'international des productions scientifiques des membres du pôle.
Mutualisation des moyens, regroupements des établissements rendus plus autonomes, capacités d'accueil et visibilité internationale accrues suffiront-ils à attirer les étudiants étrangers en France ? à redonner aux universités françaises une meilleure place à l'international ? Il est trop tôt pour faire un bilan sur ce dernier point. Mais déjà les critiques se font jour contre ces « associations régionales d'universités voulues par le ministère de l'enseignement et de la recherche » qui « paraissent une aberration[2] ». « On sait bien quelles raisons ont présidé à leur création, poursuit J.-P. Pollin. Il s'agit de gagner des places au classement de Shanghaï et mécaniquement ce sera le cas : en rapprochant les universités, on additionne sous le même label tous les articles et publications de ces établissements. Pourquoi ne pas pousser la logique et créer une seule Université de France ? À coup sûr, nous occuperons la première place. On voit l'absurde de cette démarche. » D'après cet universitaire, membre du cercle des économistes, il ne fait aucun doute que les universités cherchent toutes à tisser des relations à l'international, mais pas avec leurs voisins de palier. Pour les étudiants, c'est similaire : c'est la mobilité internationale qui est recherchée, pas régionale.
Un débat qui ne fait que commencer et alimentera, dans tous les cas, la recherche en sociologie de l'éducation.

Véronique Bedin, Martine Fournier

2- J.-P. Pollin, *in La Lettre de l'éducation*, mars 2009, http://www.lalettredeleducation.fr/Jean-Paul-Pollin-Les-poles-de.html

Marco Oberti, Franck Sanselme, Agathe Voisin

Des cités à Sciences Po…

Depuis le début des années 2000, les principales grandes écoles françaises ont proposé des actions dans des lycées défavorisés visant à diversifier leur recrutement. Si la plupart interviennent pour encourager, accompagner et préparer les (meilleurs) élèves au concours d'entrée, très peu ont aménagé les conditions de recrutement et proposé des voies parallèles (dérogatoires) au concours habituel. La spécificité de l'Institut d'études politiques de Paris (Sciences Po) et des Conventions Éducation Prioritaire (CEP) qu'elle a instituées en 2001 est de combiner ces deux dimensions (voir encadré ci-après). L'idée étant qu'en agissant en amont auprès des milieux les moins représentés et les plus éloignés de l'excellence scolaire, on se donne les moyens de corriger les effets bien connus des inégalités sociales et territoriales. Le succès de la formule « convention zep » constitue d'ailleurs un affichage clair quant au public, aux territoires et aux établissements visés.

Sciences Po participe par ailleurs à un programme expérimental qui vise à améliorer la qualité de la formation dans les lycées, à travers des enseignements transversaux, des sorties culturelles, des rencontres… Sans que cela débouche nécessairement sur l'entrée à Sciences Po ou dans des filières sélectives qui conduisent à l'élite. Il s'agit moins de diversifier l'élite que d'agir pour l'égalité des chances.

Transformer les dispositions

L'enquête que nous avons menée[1] dans quatre lycées de Seine-Saint-Denis montre qu'une telle action contribue à faire émerger de

1- Enquête par questionnaire, entretiens et observation auprès des lycéens et de leurs parents, et analyse du contexte urbain de ces quatre lycées (Bondy, Épinay-sur-Seine, Saint-Ouen, Clichy-sous-Bois).

nouvelles aspirations et perspectives, dans des contextes locaux et scolaires imbriquant d'une façon plus prononcée et visible qu'ailleurs les dimensions sociales (appartenance aux catégories populaires, voire précaires) et « ethniques » (expérience migratoire, environnement culturel et linguistique, stigmatisation), liées à la forte présence de populations populaires immigrées ou d'origine immigrée. L'un des traits marquants de ces contextes est qu'une grande majorité de parents, en particulier les primomigrants, ont connu un parcours scolaire court. Loin d'être démissionnaires, ils ne se sentent néanmoins pas compétents pour juger des questions d'évaluation du niveau, de pédagogie ou d'orientation, et s'en remettent à l'institution (« je fais confiance au lycée »), mais aussi et surtout à l'enfant. Les élèves se trouvent ainsi doublement responsabilisés, par leurs parents, qui leur font confiance et attendent « une réussite », mais aussi par des actions du type Sciences Po qui valorisent, sur fond de discours méritocratique, la capacité de l'élève à s'investir personnellement et construire de manière relativement autonome sa trajectoire.

Car les programmes Sciences Po ne se donnent pas tant pour objectif d'agir sur le contenu proposé que sur les représentations et les comportements des lycéens. À travers la mobilisation de l'établissement, l'apport d'information sur le système scolaire et les filières prestigieuses, ainsi qu'une offre de culture générale et d'ouverture socioculturelle, il s'agit de contrer une certaine autocensure et d'ouvrir les élèves à d'autres univers sociaux. Les lycéens apprécient particulièrement l'engagement des professeurs, dont ils disent qu'il est un moteur essentiel de leur motivation scolaire. Ils se sentent valorisés, objet d'attention et d'écoute. L'importance de cette forme de protection ressort *a posteriori* : une jeune fille d'Épinay-sur-Seine ayant intégré Sciences Po oppose ainsi le caractère convivial, voire amical et rassurant du lycée au caractère compétitif et individualiste de Sciences Po. Elle explique sa dépression en milieu de première année par son « ras-le-bol de l'ambiance et le manque de convivialité ». Elle trouvera refuge chez sa grand-mère, et redoublera sa première année.

À travers les moyens supplémentaires mis en œuvre, les élèves ont vraiment le sentiment d'appartenir à un établissement scolaire qui lutte contre les inégalités. C'est pour eux une juste réparation (voire un privilège) de recevoir plus que les élèves d'établissements favorisés. Cela favorise la croyance en l'égalité des chances à l'école. Une fille de terminale à laquelle nous demandons si elle croit à l'égalité des chances à l'école répond ainsi : « Ben oui (...). Le lycée ça en est la preuve: les conventions Zep ça en est la preuve. »

Entre ouverture culturelle et socialisation

L'accès à l'information sur les filières sélectives de l'enseignement supérieur, une des carences majeures de ces lycéens de milieu modeste, constitue un point très sensible, et les ateliers visent également à inciter un plus grand nombre d'élèves à s'y orienter. Un discours très bien reçu par les lycéens qui stigmatisent leur posture antérieure interprétée en termes de « culture de l'échec ». Malik, en terminale, raconte ainsi: « L'autre jour je suis rentré, je leur (ses amis du quartier) ai fait oui, je leur ai juste dit que je veux intégrer Sciences Po (...). Ils ont tous couru genre pour me dire : "Allez, qu'est-ce que tu vas faire à Sciences Po, reste tranquille, tu vois. Va à Saint-Denis et casse-moi pas la tête, quoi !" » Les ambitions, c'est ce que retiennent les élèves finalement entrés à Sciences Po : « Je n'avais plus peur du concours, je n'avais plus peur d'entrer en master, ça m'a permis vraiment de changer, de me dire : mais non c'est possible. » Une bonne part de ceux qui échoueront au concours d'entrée à Sciences Po s'orientera ainsi vers des classes préparatoires ou d'autres filières sélectives.

En soutien à cette émulation, les enseignants produisent un fort discours méritocratique qui fait écho auprès des lycéens participant à ce programme (« quand on veut, on peut », martèlent-ils), mais aussi sur les autres élèves de l'établissement, comme ces élèves de première : « Tu as beau être noir, faut arrêter d'être parano un peu, c'est bon. Je viens du 93, je ne peux pas rentrer à Sciences Po, faut arrêter, c'est pas vrai ! La preuve : chaque année cinq à dix élèves de Jean-Renoir qui habitent dans le 93 rentrent à Sciences Po. »

Les programmes Sciences Po visent également à offrir aux élèves des connaissances et des aptitudes extrascolaires, sorte de présocialisation aux études supérieures (culture générale, aisance dans l'argumentation et le débat oral, ouverture culturelle et sociale). Il s'agit bien d'une logique de « conversion identitaire » qui pose la question des conditions de l'articulation entre les intériorisations originales, acquises dans la famille et le quartier, et les intériorisations nouvelles, demandées par les programmes Sciences Po. Ce troisième volet, moins « scolaire », est reçu de manière plus ambiguë.

La projection dans la scolarité à Sciences Po s'accompagne ainsi de rencontres avec divers professionnels (hommes politiques, chefs d'entreprise, journalistes) à travers lesquelles les élèves sont encouragés à abandonner un certain « esprit de banlieue », pour s'ouvrir plus largement au débat social et politique. Les lycéens les plus engagés dans l'atelier adhèrent fortement à ce principe. La virulence de leur discours contre la banlieue refermée sur elle-même est frappante. Nacira, une lycéenne de Jean-Renoir entrée à Sciences Po *via* les CEP, raconte ainsi qu'auparavant sa vision du monde était dominée par l'idée de « persécution » : « (La discrimination) ça a guidé même mes premières idées politiques (...), j'avais une vision très... communautaire en fait (...) : ils sont toujours contre nous ; "ils", on ne sait pas qui c'est forcément. » La participation à l'atelier-découverte des sciences sociales, mais aussi aux classes expérimentales et à leurs voyages, confirme cette ouverture d'horizon : « L'enjeu d'égalité des chances, j'arrive à le voir d'une manière... mondiale en fait. Surtout avec le voyage au Sénégal et puis en Martinique aussi, je me rendais compte que, même si c'était un département de France, eh bien il y avait plein d'inégalités. (...) Je ne suis plus enfermée dans la problématique des banlieues, etc., même si je m'y intéresse toujours. » De manière plus ambiguë, il s'agit aussi d'amener les lycéens à quitter leur culture populaire ou ce qui est perçu comme tel, comme lorsque durant un atelier de lecture de la presse, l'intervenant enjoint les élèves à abandonner baskets et vêtements de marque devant un auditoire médusé.

Une expérience avivée des inégalités

Directement efficace sur les « bons » élèves, ce travail de conversion identitaire rencontre cependant de nombreuses réticences, car il tend à renforcer la coupure entre l'univers urbain du quartier (et familial) et l'univers scolaire. D'où parfois une mise à distance des deux univers : « Quand je vais au lycée, j'ai une vieille mentalité, je sors dehors, je rejoins mes potes, c'est moins l'infini, plus l'infini ! », explique un élève de terminale. Ce qui traduit la vision finalement très binaire (et peut-être très française) des parcours de réussite scolaire contenue dans ces dispositifs. Il s'agit d'arracher les lycéens à leur milieu social pour les socialiser à d'autres univers de référence portés par Sciences Po. L'environnement social et urbain est interprété uniquement en termes d'obstacle, jamais comme une ressource.

La présence et la référence à Sciences Po ont indéniablement un impact global sur l'établissement, créant une dynamique qui rejaillit sur la motivation des élèves, leurs ambitions scolaires, voire leur identité. En même temps, cette logique de « surmotivation » au nom des principes d'égalité des chances et de méritocratie confronte très directement les lycéens à la réalité et à l'ampleur des inégalités scolaires.

L'année de terminale est exigeante et éprouvante, pleine d'espoirs, et marquée par un fort investissement émotionnel : « Il fallait être dans ma tête hein, quand on est revenus de Sciences Po, c'était... Pendant deux jours je n'ai pas dormi, je n'ai pas mangé. Parce que c'est tellement ce que je veux faire (...) », raconte cette élève de terminale. Or les critères de sélection ne sont pas clairs. Si le processus d'admissibilité, puis d'admission, repose en partie sur les critères scolaires classiques, la prise en compte d'autres critères moins académiques introduit un flou parfois mal perçu par les élèves, car ces critères sont moins méritocratiques.

L'oral d'admission est ainsi en partie un oral de personnalité, qui insiste sur la curiosité et l'ouverture d'esprit. L'interprétation de ces derniers critères est très large, et les attentes du jury en termes de profil et de personnalité sont incertaines pour les élèves. Émilie, aujourd'hui à Sciences Po, évaluait très mal sa prestation orale du point de vue du contenu. Elle explique davantage son succès par « sa fraîcheur, sa spontanéité ». Un élève de terminale à Clichy-sous-Bois, s'inquiète lui du caractère peu « banlieue » de ses goûts musicaux, qui pourraient ne pas correspondre aux attentes identitaires du jury. Cette inquiétude est en fait très liée à l'ambiguïté de la « discrimination positive » du dispositif, dont les élèves débattent beaucoup. Est-ce le critère social, « issu de l'immigration » ou encore « 93 », qui prime ? Autant d'interrogations qui renvoient à la question du mérite, essentielle pour ces élèves réticents au label Zep (« Ce n'est pas de la discrimination positive, j'ai autant de capacités que les autres ! », s'indigne l'un d'eux), et des raisons de cette action. S'agit-il de venir prendre les meilleurs, de favoriser les chances de tous, ou encore de socialiser des « jeunes de banlieue », voire de faire de la publicité à leurs dépens ?

La présence de Sciences Po leur révèle également des inégalités sociales et scolaires, qu'ils connaissaient certes, mais dont ils disent avoir « pris conscience » de l'ampleur à travers ces dispositifs. L'insistance sur les façons d'être et de parler, l'évaluation implicite de la culture générale, le travail de « réparation » nécessaire à leur adaptation au « milieu Sciences Po » leur dévoilent en partie les rouages d'un système dont on leur explique qu'il n'est pas si méritocratique que cela dans le fond : « Je ne suis pas dans l'optique lutte des classes, vraiment. Ce qui m'énerve c'est... voilà, (...) on est lancés finalement dans la même fosse mais on ne part pas tous avec les mêmes chances », témoigne cette jeune fille rentrée à Sciences Po *via* une CEP.

Un élitisme républicain ?

On voit donc que les effets des dispositifs Sciences Po sont ambivalents. Derrière la logique territoriale (on n'intervient pas sur des individus mais sur des zones géographiques défavorisées), l'idée est, au-delà des actions directement scolaires, d'éviter la stigmatisation des lycées et de rétablir leur attractivité. Reste que l'entrée de quelques élèves à Sciences Po risque de maintenir un « élitisme républicain[2] », c'est-à-dire de continuer à assurer de hautes performances scolaires pour un petit nombre (certes un peu plus diversifié), sans nécessairement accorder les moyens d'une élévation du niveau scolaire de la masse.

Se pose par ailleurs la question du profil des élèves visés. D'une part, si ces établissements accueillent une majorité d'élèves issus de milieux populaires et défavorisés, d'autres catégories sociales plus favorisées et diplômées y scolarisent également leurs enfants, et s'approprient plus facilement les mesures de ce type. Surtout, cela crée une situation délicate pour les lycées les plus ordinaires, restés à l'écart d'une politique territoriale de « diversification de l'élite », alors qu'ils accueillent eux aussi une proportion significative de classes moyennes inférieures et de classes populaires. D'autre part, est laissée dans l'ombre la place accordée aux critères ethniques, implicitement visés mais euphémisés par la notion de « diversité » et déniés par la logique du ciblage territorial.

Il faut enfin insister sur l'effet paradoxal de ces interventions, qui à la fois renforce la croyance méritocratique dans l'école tout en manifestant des inégalités dont les lycéens ne mesuraient pas l'ampleur. Le travail de « réparation » dont ils font l'objet leur révèle surtout l'écart avec d'autres lycées, qui vient heurter l'idée qu'ils expriment par ailleurs d'être dans un lycée comme les autres. Cette tension est au cœur de leur expérience, marquée par une « croyance nécessaire » dans la méritocratie, dans le cadre d'un programme qui leur révèle que le jeu est encore plus truqué qu'ils l'imaginaient.

2- C. Baudelot, R. Establet, *L'Élitisme républicain. L'école française à l'épreuve des comparaisons internationales*, Seuil, 2009.

Le dispositif des « conventions Sciences Po »

Outil d'ouverture sociale de Sciences Po, les Conventions Éducation Prioritaire (CEP) sont présentées comme un moyen de faire sauter le « verrou social » et de « rétablir l'égalité des chances » en luttant contre quatre handicaps des élèves de zep : le manque de moyens financiers, l'absence d'une information spécialisée, le biais social des épreuves de sélection, et un phénomène d'autocensure.

Les ateliers Sciences Po
Il y avait 74 lycées conventionnés en 2009. Tout lycée situé sur le territoire national peut signer une convention tant qu'il répond aux critères de la politique d'éducation prioritaire menée par l'État. Les établissements conventionnés organisent sur la base du bénévolat des professeurs des « ateliers Sciences Po » hebdomadaires, où les élèves sont préparés aux épreuves d'admission. Durant ces ateliers, l'information sur l'orientation dans le supérieur ainsi que la motivation pour les études sélectives sont favorisées. Les élèves sont sensibilisés au débat social et politique. En dehors de la préparation même à Sciences Po, les lycéens y trouvent également un suivi personnel et des cours de soutien dans certaines matières. Des échanges entre les lycées partenaires et Sciences Po sont organisés tout au long de l'année.

Les épreuves d'admission
L'admissibilité est déléguée au chef d'établissement et aux enseignants des lycées. Les candidats soutiennent pendant le printemps de la terminale une revue de presse réalisée en autonomie sur le trimestre précédent. Le dossier scolaire est aussi pris en compte. Les candidats admissibles doivent ensuite obtenir le bac à la session de juin pour pouvoir se présenter à l'oral d'admission à Sciences Po. Celui-ci est un entretien de 30 à 40 minutes devant un jury composé de cinq personnalités (professeurs des universités, hauts fonctionnaires, cadres dirigeants d'entreprise, enseignants et membres de la direction de Sciences Po, personnalités invitées).

M. Oberti, F. Sanselme, A. Voisin

La bataille de l'ouverture sociale

En lançant ses Conventions Éducation Prioritaire (CEP) en 2001, Sciences Po a enclenché une révolution dans le petit monde des grandes écoles. Après avoir signé une « charte de la diversité » en janvier 2005, elles se sont assez vite dotées de leurs propres dispositifs d'ouverture sociale. Ceux-ci peuvent prendre des formes variées: tutorat en direction des lycéens (programme « Pourquoi pas moi ? » de l'Essec), ouverture de classes préparatoires réservées à des élèves boursiers ou issus de Zep (lycée Henri-IV), bourses, projets communs lycée/école...

Point commun à toutes ces initiatives : refuser le « modèle Sciences Po » assimilé à de la « charité » car il consisterait à créer une voie d'accès spécifique pour ces étudiants, et donc à rompre avec le principe d'égalité devant le concours, au fondement du système éducatif français. Un principe pourtant soumis à rude épreuve étant donné la persistance des inégalités sociales dans l'accès aux grandes écoles. Ainsi, lorsque début 2010, la Conférence des grandes écoles (CGE, association qui regroupe 215 établissements) affirme son opposition à un système de quotas qui les obligeraient à accueillir 30 % d'élèves boursiers (1), Richard Descoings, le président de Sciences Po (qui ne fait pas partie de la CGE), appuie là où ça fait mal. « C'est la réaction antisociale dans toute sa franchise ! », s'exclame-t-il, voyant dans cette prise de position une « défense absolue des privilèges garantis par l'éducation nationale aux groupes sociaux les plus favorisés (2) ». Des personnalités comme François Pinault ou Alain Minc s'indigneront également de cette attitude « réactionnaire » (3). D'où, sous la pression des critiques mais aussi du gouvernement, une réflexion en cours sur l'évolution des concours (ouvrir les examens aux langues maternelles des candidats, introduire des tests de QI, des travaux d'initiative personnelle...). Mais la CGE, refusant le rôle de bouc émissaire, ne manque pas de rappeler que les inégalités scolaires se jouent bien avant l'entrée dans les grandes écoles, et que c'est sur tout le cursus qu'il faudrait agir...

Voie spécifique ou concours égalitaire, « charité » ou « élitisme réactionnaire », la portée de ces dispositifs reste en tout cas interrogée par les sociologues. D'abord, parce que les critères (élèves de Zep et/ou élèves boursiers) sont flous, et conduisent dans les faits à y inclure des élèves parfois issus des classes moyennes voire supérieures, loin d'être les plus mal placés dans la compétition scolaire. Ensuite, parce qu'ils tendent à créer de nouvelles inégalités entre les lycées inscrits dans un voire plusieurs dispositifs, et les autres, qui ne peuvent offrir les mêmes opportunités. Enfin et surtout parce qu'ils tendent à tenir lieu de politique de lutte contre les inégalités, alors qu'ils ne concernent que quelques milliers d'élèves au mieux. Ils dispensent ainsi de réfléchir au mode de fonctionnement des grandes écoles (petit nombre d'élèves, vision scolaire de l'excellence, liens organiques avec les classes préparatoires). Plus généralement, le risque est grand, comme le souligne la sociologue Agnès Van Zanten, de délaisser et de décrédibiliser « les actions globales nécessaires pour améliorer l'efficacité et l'équité du système d'enseignement, qu'il s'agisse de la formation des enseignants, de la lutte contre la ségrégation entre établissements ou de diverses formes de remédiation et d'aide au travail des élèves (4) ».

Xavier Molénat

1. P. Tapie, J.-P. Helfer, « L'ambition du mérite républicain pour les grandes écoles », *Grand Angle*, n° 3, janvier 2010.
2. Entretien avec Richard Descoings, *Le Monde*, 5 janvier 2010.
3. A. Minc, F. Pinault, « Boursiers : la réticence des grandes écoles est indigne ! », *Le Monde*, 6 janvier 2010.
4. A. Van Zanten, « "Prépas", élites et inégalités », *Le Monde*, 13 septembre 2010.

Une réussite scolaire comparable aux autres

• Entre 2001 et 2009, 603 étudiants sont entrés à Sciences Po *via* les Conventions Éducation Prioritaire (CEP). La taille des promotions est croissante (17 élèves en 2001, 123 en 2010), mais les effectifs globaux de Sciences Po ayant fortement augmenté sur la même période, elles n'ont jamais représenté plus de 6 % du total.
• 58,3 % de ces étudiants étaient issus des catégories « ouvriers » et « employés », les catégories moyennes et supérieures représentant chacune environ 20 % des effectifs. En 2007, 64 % de l'ensemble des élèves de Sciences Po étaient enfants de cadres, de chefs d'entreprise ou de membres des professions intellectuelles supérieures.
• 79 % des bénéficiaires des CEP sont boursiers.
• Les deux tiers d'entre eux ont un parent né hors de France, essentiellement en Afrique (84 %).
• 16 % de ces étudiants redoublent leur première année ou bénéficient d'un aménagement de scolarité en deuxième année.
• Sur les quatre premières promotions, on compte 11 abandons. Parmi ceux qui n'ont pas décroché, 56 % sont aujourd'hui en emploi, principalement dans le secteur privé (banques et institutions financières, entreprises, médias), 34 % poursuivent des études, 10 % sont au chômage. Selon des évaluations en cours, ces élèves semblent néanmoins désavantagés par rapport aux autres étudiants de Sciences Po, en raison notamment de la faiblesse de leur capital social (relations, connaissances) qui leur ferme certaines des portes de l'emploi.

X.M.

À lire :
A. Van Zanten, « L'ouverture sociale des grandes écoles : diversification des élites ou renouveau des politiques d'éducation ? » *Sociétés contemporaines*, n° 79, 2010/3.

ÉDUCATION ET SOCIÉTÉ : OÙ VA LE SYSTÈME ÉDUCATIF FRANÇAIS ?

- École : la question du sens (F. Dubet)
- L'école change, la classe reste (M. Tardif, C. Lessard)
- La division du travail éducatif (Encadré)
- La réussite pour tous, le grand défi de l'école française (M. Fournier)
- Éduquer plus ou éduquer mieux ? (Entretien avec M. Duru-Bellat)
- Les bons points de l'école démocratique (Entretien avec E. Maurin)
- À propos de *Les Sociétés et leurs écoles* de F. Dubet, M. Duru-Bellat, A. Vérétout
- Le miroir anglo-saxon (Entretien avec D. Meuret)
- Comment expliquer la réussite finlandaise ? (M. Fournier)
- École et immigration : pour un nouveau regard (S. Laacher)
- Déscolariser la société ? (Rencontre avec F. Dubet)

François Dubet

École : la question du sens

À l'école comme ailleurs, la question du sens, c'est-à-dire de la signification subjective des activités scolaires, ne se pose que si ce sens paraît en crise. On ne s'interroge guère sur le sens des choses quand il va de soi. Le sentiment de crise, qui domine depuis plusieurs années les acteurs de l'école, se manifeste de plusieurs façons.

L'une d'elles est la crise des motivations que l'on observe parfois chez les élèves : pourquoi étudier, à quoi sert l'école ? Il faut cependant se méfier de cette impression de crise dans la mesure où elle conduit à postuler qu'il a existé un ordre scolaire stable et naturel, une légitimité scolaire indiscutable, et souvent il s'agit là d'une simple reconstruction d'un âge d'or, celui d'une l'école républicaine figée dans son idéal. En réalité, la question du sens relève bien plus d'une mutation que d'une crise de l'école, car elle ne concerne pas seulement l'école, mais aussi d'autres institutions comme l'Église ou la famille. Nous sommes entrés dans une société où le sens de l'action et des identités est moins donné aux acteurs comme allant de soi qu'il n'est construit par eux.

L'école républicaine

L'école républicaine a su construire un ordre des choses, une hiérarchie des valeurs reconnues comme légitimes et s'imposant à tous, y compris à ceux qui ne pouvaient y accéder pleinement. Il suffit de lire les textes des « pères fondateurs » et les témoignages des instituteurs de la IIIe République pour voir combien pouvait être forte la confiance dans l'instruction. Celle-ci devait arracher les enfants aux particularismes et aux vieilles croyances pour en faire des citoyens éclairés. L'instruction était un des vecteurs essentiels de la construction d'une identité nationale. La légitimité scolaire était d'autant plus forte que l'école était au cœur d'un projet de société. Comme le montrait Émile Durkheim dans *Éducation et Sociologie* (1892), elle se situait au même « niveau » que l'Église qu'elle combattait, et les maîtres pouvaient avoir une part de légitimité « sacrée ».

Comment un sens culturel et politique aussi fort avait-il pu s'imposer et se transformer en motivations, en significations partagées ? Cela tient fondamentalement à la forme du modèle scolaire et aux conditions sociales de sa réalisation.

D'abord, l'universalisme des principes ne fait pas de l'école le lieu de l'égalité des chances, mais celui de l'élitisme républicain. Cela signifie que la naissance détermine d'emblée le type d'école auquel les enfants sont voués : les enfants du peuple vont à l'école élémentaire, ceux de la bourgeoisie au petit lycée. Seuls les meilleurs des enfants du peuple deviendront des boursiers et pourront accéder au collège, parfois au lycée. Ainsi, le principe de l'injustice n'est pas situé dans l'école, mais dans les inégalités sociales qui fixent les chances d'entrer dans telle ou telle école. L'école est juste quand elle autorise quelques parcours exceptionnels.

En outre, cette école est fortement distincte de la société. Rappelons que les sexes y sont séparés, que les familles en sont tenues à l'écart, et que la vie juvénile autonome n'y est guère tolérée. La culture scolaire ne vise nullement l'adaptation aux besoins de l'économie puisque l'essentiel de la formation professionnelle se fait sur le tas, à l'exception, notable, des concours de la fonction publique et des grandes écoles qui ont le monopole de la formation des élites. Au fond, l'école est moins un facteur d'intégration sociale qu'un agent essentiel de l'intégration culturelle et civique. Ajoutons que cette école, encore très malthusienne, distribue relativement peu de diplômes et qu'elle en garantit ainsi l'utilité sociale.

L'affirmation et l'homogénéité des finalités scolaires, le poids des sélections et la coupure avec la société entraînent la formation d'un système fortement régulé dans lequel le sens des études va de soi. L'école élémentaire est celle des apprentissages de base qui forment le socle de la participation citoyenne et de l'appartenance nationale. À quelques exceptions près, elle ne prépare pas aux études longues et repose sur les convergences des attentes entre les maîtres et les familles. Le lycée est réservé à deux types d'élèves nettement définis. Les « héritiers », d'origine bourgeoise, ont été socialement « programmés » pour des études longues et l'apprentissage des humanités ; le sens des études tient tout entier dans la connivence et l'ordre des choses. Les boursiers, d'origine populaire, au collège et au lycée, sont de bons élèves qui attendent tout d'une école qui leur garantit, s'ils jouent le jeu, une certaine promotion sociale.

L'école est une institution d'autant plus sûre d'elle-même que si son emprise est forte, elle est limitée. Les problèmes sociaux n'entrent guère dans ses murs. Les élèves peu « motivés » y étaient soit réduits au statut de cancre, soit précocement abandonnés à la vie active. Aussi, la question du sens des études pour les élèves ne se posait guère.

Les mutations de l'école

Le problème du sens de l'école surgit peu à peu quand, à partir des années 1960, l'ancien modèle se défait. Il se défait d'abord en raison du succès même de l'école dont l'emprise ne cesse de se développer avec l'augmentation des effectifs scolaires. Ce long processus de massification, conséquence (depuis les années 1920) d'une volonté réformatrice de démocratisation, introduit un changement fondamental de nature de l'école. Les élèves ne sont plus sélectionnés directement en amont du système par leur naissance, mais tout au long de leur scolarité en fonction de leurs performances, même si celles-là ne sont pas sans lien avec leurs conditions sociales. Ainsi, l'école devient le principal appareil de distribution sociale par le travail de classement qu'elle opère tout au long d'une scolarisation de plus en plus longue. Du point de vue des élèves, elle se présente comme un espace de concurrence continue, organisant les parcours au sein de hiérarchies multiples, implicites ou explicites, entre les diverses filières et disciplines, entre les établissements plus ou moins prestigieux.

Alors s'impose un registre de sens nouveau, lié à cet état de concurrence continue, appelant à la fois la mobilisation des familles et leur expertise afin de conduire les enfants de la façon la plus efficace possible. Les parents ne peuvent plus être étrangers à l'école, et même beaucoup d'entre eux deviennent des « consommateurs avertis ».

La massification a une seconde conséquence : elle fait entrer au collège, au lycée et dans l'enseignement supérieur des publics nouveaux. Ceux-là ne correspondent ni au portrait des « héritiers » sélectionnés par la naissance, ni à celui des boursiers sélectionnés par leur excellence. Pour ces élèves, le sens des études ne va plus de soi. Il ne repose plus sur la connivence de l'école et des familles. Pour les enseignants, il arrive souvent que ces élèves soient « inadaptés » aux études secondaires puisqu'ils en ignorent tous les codes culturels sous-jacents. En même temps, ces élèves font entrer dans l'école des cultures et des attitudes qui en étaient jusqu'alors exclues. Ils importent une culture juvénile, une vie adolescente, des cultures populaires et immigrées dont l'école était largement protégée quand tous ces jeunes n'étaient pas scolarisés au-delà du certificat d'étude. Tous les accords latents, toutes les connivences entre les enseignants et leurs élèves se sont brisés.

Le sens de l'école ne va plus de soi...

Mais après tout, si l'école ne peut plus jouer sur des finalités culturelles largement partagées, elle peut toujours en appeler à l'utilité des études puisque les diplômes sont de plus en plus nécessaires à l'entrée dans la vie active. En effet, plus la population est diplômée, plus la qualification scolaire est un critère discriminant : l'absence de diplôme est un handicap social. Cependant, les effets conjugués du chômage des jeunes et de la massification scolaire entraînent une élévation des niveaux de formation, voire une inflation des diplômes. Les diplômes les plus utiles sont les plus difficiles et surtout les plus longs à obtenir. Ainsi, pour un très grand nombre d'élèves, les utilités attendues des diplômes s'éloignent dans un futur incertain, quand elles ne deviennent pas imperceptibles et improbables.

À ces deux types de changement du système scolaire, il convient d'en ajouter un troisième tenant aux transformations culturelles. Les trente dernières années ont été caractérisées par la montée du souci de l'individu et de sa personnalité. La séparation traditionnelle et tranchée entre l'élève et l'enfant, entre l'élève et l'adolescent, n'est plus aussi ferme qu'autrefois. L'école doit apprendre à compter avec la diversité des élèves, de leur niveau et de leur personnalité, et les méthodes pédagogiques appellent de plus en plus souvent la participation des élèves. Culturellement, la question des motivations devient essentielle dans une société attachée à un certain individualisme moral.

Cet ensemble de mutations est souvent vécu comme une crise, comme une décomposition de l'ordre ancien. Il faut pourtant aller au-delà de cette impression parfois envahissante. Il est vrai que l'école n'est plus aussi fortement régulée qu'autrefois. Les aspirations et les codes des professeurs, des élèves et des familles ne sont plus aussi accordés que dans l'école traditionnelle. Les motivations des individus et le sens de l'école s'imposent d'autant moins à tous que les finalités de l'école se sont diversifiées. À côté d'une fonction traditionnelle d'intégration sociale, apparaît une fonction d'utilité sociale dans laquelle la formation apparaît comme un bien économique et un investissement. Enfin, on attend de l'école qu'elle soit un lieu d'éducation, de formation de la personnalité. Toutes ces finalités sont perçues comme légitimes, mais elles sont aussi largement contradictoires : on ne fait pas précisément la même chose quand on veut faire entrer les élèves dans une culture commune, quand on veut permettre à chacun d'être lui-même, et quand on souhaite que les formations débouchent sur des activités professionnelles. La guerre scolaire entre l'école républicaine et l'école catholique a été progressivement remplacée par la « guerre des dieux » à l'intérieur de l'ensemble du monde scolaire.

Utilité ? Intégration ? Vocation ?

Du point de vue des élèves, le problème du sens de l'école est une question pratique. Quel sens donner au travail scolaire, pourquoi travailler ? On peut distinguer trois registres de motivations correspondant aux trois grandes finalités de l'école, sans qu'il soit possible de les hiérarchiser.

Il est clair que de l'école élémentaire à l'enseignement supérieur, s'impose une dimension de l'utilité. L'école distribue des diplômes plus ou moins prestigieux et utiles. Parfois même quand leur utilité n'est pas précise, leur absence bloque toute perspective. La montée du thème du projet dans le monde scolaire est la manifestation la plus directe de cette dimension. Il est demandé aux élèves, souvent les plus faibles, de se motiver en construisant des projets, c'est-à-dire en associant leur formation scolaire à des perspectives professionnelles. Mais cette exigence de motivation n'est pas sans paradoxes. Plus les élèves sont dépourvus de ressources scolaires, plus on attend d'eux qu'ils construisent des projets professionnels, alors que c'est pour ceux-là que c'est le plus difficile. En revanche, les élèves des filières prestigieuses ne sont pas réellement tenus de construire des projets. Il leur suffit d'être de bons élèves et de poursuivre leurs études.

Le deuxième type de motivations tient au degré d'intégration des élèves dans la culture scolaire. C'est cette intégration qui entraîne une motivation routinière dans la mesure où, plus la distance culturelle entre l'école et la famille est faible, plus il est naturel de travailler à l'école. L'école républicaine reposait largement sur ce principe. Évidemment, il n'est plus aussi efficace avec les nouveaux publics scolarisés au collège et au lycée.

Les études sociologiques montrent que la réussite des enfants issus des milieux populaires suppose une véritable mobilisation des familles afin de soutenir les motivations de ces élèves. La motivation « naturelle », c'est-à-dire culturelle, au travail scolaire est d'autant plus incertaine pour de nombreux publics que la vie juvénile acquiert une autonomie croissante par rapport à l'école et à la famille. Dans bien des cas, la culture juvénile peut même se définir contre la culture scolaire. Enfin, les élèves peuvent travailler par intérêt intellectuel, par vocation... Ils étudient parce que les connaissances scolaires participent de la formation de soi, parce qu'elles rendent plus autonome et plus « grand ». Ce registre de motivation ne doit pas être sous-estimé, même s'il est distribué souvent de manière aléatoire.

Il faut cependant reconnaître que son épanouissement se heurte à quelques difficultés. L'une d'elles vient de ce que la culture scolaire n'est plus aujourd'hui la seule culture disponible. Quels que soient les jugements que l'on porte sur la culture de masse et les médias, il est certain qu'ils ouvrent aussi au monde et qu'ils sont les concurrents sérieux d'une culture scolaire encore largement fermée sur sa propre logique de progression qui est, à terme, celle des concours de recrutement. Un élève peut alors se demander en quoi ce qu'il apprend à l'école lui est utile pour ce qu'il perçoit de la vie. L'invective banale contre les médias soulage parfois, mais elle ne répond pas à ce problème.

Une autre difficulté tient à la hiérarchie du monde scolaire elle-même qui, en valorisant certaines disciplines (les mathématiques, par exemple), exige la mobilisation de compétences précises au détriment de celles pour lesquelles certains élèves auraient plus de goût. Autrement dit, la vocation peut se heurter au privilège de certaines disciplines, notamment scientifiques. Et bien des élèves, parfois brillants, s'ennuient dans les filières utiles.

En définitive, c'est l'élève lui-même qui doit construire ses motivations et qui doit agencer le sens qu'il accorde à ses études. Et cette exigence est de plus en plus forte au fur et à mesure qu'il avance dans ses études. Le sens des études n'est plus donné, il est construit par chaque élève. Bien sûr, cette construction est d'autant plus facile que les élèves sont bien situés dans le système, qu'ils perçoivent l'utilité des études, que la culture scolaire leur est familière et qu'ils possèdent la liberté d'agencer leurs goûts, de choisir leur formation. Au contraire, quand les élèves sont mal placés, quand leurs études ne semblent guère utiles, quand une barrière sépare leur monde social et le monde scolaire, quand ils n'ont pas véritablement choisi leur formation, il devient très difficile de construire des motivations et, parfois, l'école n'est qu'une obligation ou un pis-aller, une manière d'éviter le chômage et « la galère ».

Une redéfinition du rôle des acteurs

Quoi qu'il en soit, le sens de l'école est devenu un problème banal, un problème pratique. Les élèves ne doivent pas seulement apprendre un « métier d'élève », ils doivent aussi apprendre à donner du sens à leur expérience. Quand ils y parviennent, ils se socialisent à l'école et se subjectivisent aussi, ils sont les auteurs de leurs études. Quand ils n'y parviennent pas, ils peuvent subir l'école d'une façon strictement ritualiste. Enfin, des élèves peuvent percevoir cette obligation de construire du sens comme une violence dans la mesure où leur échec les invalide à leurs propres yeux. Ils peuvent alors se retourner contre l'école de manière plus ou moins violente. Ainsi, le problème essentiel est devenu celui de la motivation des élèves.

De ce fait, les enseignants, quelles que soient leurs convictions, sont tenus de conquérir des élèves qui ne jouent plus naturellement le jeu. Leur métier s'est profondément transformé, car chacun doit s'engager dans une relation pédagogique, à la fois cognitive et affective. Le métier est de plus en plus subjectif, il mobilise la personnalité autant que les compétences. Au fond, les enseignants se heurtent au même problème que les élèves, ils doivent aussi se « motiver » pour produire des motivations scolaires. Ils doivent fixer des objectifs, être attentifs à la progression de chacun, « séduire » des élèves, leur permettre de donner du sens à leur travail... De nombreux enseignants s'adaptent de bon gré à ces exigences qui mêlent les compétences du maître à celles de l'éducateur et parfois, du psychologue. En même temps, ils peuvent regretter la « paix » et la clarté des ordres anciens. Les capacités d'adaptation et d'innovation ne sont pas indépendantes d'un fort sentiment de nostalgie et, parfois, d'un certain conservatisme idéologique...

Une des conséquences de la crise des motivations des maîtres et des élèves est la montée des politiques d'établissement. Celles-ci restent relativement modestes en France, mais la tendance est nette, surtout dans les établissements populaires. Il ne s'agit pas seulement d'adapter l'offre scolaire aux publics concernés, mais aussi de mobiliser les acteurs autour de projets autonomes : projets de lutte contre l'échec, projets éducatifs, projets de liaisons avec le quartier, travail en équipe, projets des classes, projets individuels des élèves... Tout se passe comme si les finalités du système devaient être redéfinies « à la base » transformées directement en motivations et en pratiques.

Du temps des « héritiers » et des « boursiers », tout se jouant « naturellement », les parents n'étaient pas mis à contribution et n'intervenaient guère à l'école. Avec le durcissement de la compétition scolaire, avec la montée du souci de la personnalité de l'enfant, les parents sont de plus en plus actifs et présents. Même si les enseignants déplorent généralement cette présence, ils sollicitent de plus en plus les familles qui doivent se mobiliser pour construire une scolarité efficace en aidant les enfants, en suivant de près les orientations, en organisant des loisirs « intelligents ». Le jeu à deux – maîtres et élèves – est devenu un jeu à trois, dans lequel les parents jouent un rôle particulièrement actif. Même si les parents sont partagés entre une demande d'épanouissement et une demande d'efficacité et de réussite pour leurs enfants, il est clair que cette dernière l'emporte, surtout dans les classes moyennes qui considèrent l'école comme un service bien plus que comme une institution.

L'école, en fait, est prise dans un processus de « désinstitutionnalisation ». Les élèves ne sont plus directement confrontés à des grandes valeurs et à des « grands récits » organisant des systèmes de sens. Les fonctions de l'école se sont diversifiées, la construction du sens n'est plus transcendante, mais immanente : elle est produite par les sujets eux-mêmes. L'école formait des acteurs, elle forme des individus. Cela entraîne un sentiment irrépressible de fragilité et de nostalgie. Le risque couru est de se laisser dominer par ce sentiment et de ne pas voir qu'il s'agit là d'une mutation profonde, tout en se laissant envahir par une simple volonté d'adaptation au nouvel ordre économique, social et culturel.

Il importe alors de redéfinir le sens des études, de savoir à quoi sert l'école : quelle doit être sa culture et son utilité, quelle doit être la place de l'élève ? Comment doit-elle arbitrer entre la pluralité des dieux qu'elle adore et qui, en fait, s'opposent ? Ces choix ne dépendent pas seulement des individus, des élèves, des maîtres et des parents, car on verrait alors croître indéfiniment les écarts et les différences. Ils appellent aussi une volonté politique, celle qui fut justement aux sources de notre système scolaire.

MAURICE TARDIF, CLAUDE LESSARD

L'ÉCOLE CHANGE, LA CLASSE RESTE

À première vue, que ce soit en France ou dans les autres sociétés européennes et nord-américaines, le métier d'enseignant semble s'être transformé de manière rapide, profonde et durable depuis la fin de la Seconde Guerre mondiale. D'aucuns parlent même d'une profession en pleine mutation, qui se cherche et qui oscille, incertaine d'elle-même, de son rôle et de sa valeur, entre le changement et la tradition. Cette mutation résulterait non seulement des changements du métier d'enseignant, mais aussi de l'école elle-même et de la société tout entière.

Ces changements sont bien connus et il suffit d'en rappeler quelques-uns pour en comprendre l'ampleur. L'école s'est massifiée, modernisée et partiellement démocratisée ; la scolarisation s'est considérablement allongée et la population scolaire a connu une croissance substantielle, tout en se diversifiant, ce qui a entraîné une multiplication et une différenciation des besoins liés à l'apprentissage scolaire. Ce que certains appellent la « forme scolaire » – c'est-à-dire le passage par l'école de chaque génération – a triomphé malgré les critiques. De plus en plus de jeunes y « apprennent à apprendre » de plus en plus longtemps, notre société et le marché du travail n'ayant pas de place ou d'utilité pour des jeunes sans scolarité.

Dans ce nouveau contexte, les enseignants doivent souvent agir avec leurs élèves en caméléons professionnels et devenir tout à la fois psychologues, travailleurs sociaux, parents, pédagogues, surveillants, policiers, confidents et sexologues. Ils se trouvent alors aux limites de leur action et de leur identité. Est-il encore possible d'« enseigner » dans ces conditions ? Si oui, comment et à quel prix ? Situation d'autant plus difficile que les enseignants ne trouvent, ni dans l'institution scolaire ni dans la société, des normes et des repères stables et évidents qui viendraient légitimer leurs actes et décisions. Ils sont donc bien souvent renvoyés à eux-mêmes et doivent inventer sur le tas des identités et des projets composites à partir de leurs propres ressources et expérience. Pour survivre, certains se rabattent sur les recettes et routines éprouvées, tandis que d'autres, désireux d'innover, sont confrontés à l'inertie de leurs collègues ou des établissements, sans parler des blocages du système : administration, syndicats, etc.

L'école : une construction de plus en plus collective

De plus, l'école elle-même, en tant qu'organisation, s'est beaucoup complexifiée et alourdie. Autour des enseignants sont apparus de nombreux et nouveaux acteurs (psychologues, conseillers d'orientation, administrateurs, documentalistes, personnels d'inspection, etc.), qui représentent aujourd'hui, en France et ailleurs, plus du tiers du personnel scolaire. Les enseignants doivent donc négocier et partager une partie de leur mission traditionnelle non seulement avec ces autres professionnels, mais aussi de plus en plus avec les parents et les communautés locales. La présence de l'ensemble de ces acteurs induit une dialectique complexe et parfois lourde du contrôle, de la collaboration et de l'innovation : une énergie considérable est souvent mise à définir mais aussi à négocier les rôles de chacun, à construire collectivement un cadre d'action. Ce qui parfois peut sembler éloigner chacun de l'apprentissage des élèves.

L'école est perpétuellement confrontée à des transformations : d'une part, des changements au niveau structurel comme nous venons de l'évoquer, couplés en plus aujourd'hui à des politiques de décentralisation. Mais aussi au niveau des programmes scolaires, de la formation des maîtres et des pratiques scolaires, sous la pression des nouvelles idéologies scolaires, curriculaires et pédagogiques, et des tentatives répétées de rénovation de l'enseignement. Ces réformes témoignent que les fondements de la culture scolaire sont aujourd'hui fragilisés : entre une étroite culture d'élite et une culture-cafétéria, entre la nostalgie des classiques et les encyclopédies sur CD-Rom, les choix abondent mais aucun ne fait l'affaire. Chaque enseignant finit par se rabattre sur sa culture personnelle et par la confronter à celles des élèves. Par ailleurs, la culture de masse et les technologies de la communication, de la télévision à Internet, ont passablement sapé le monopole du savoir scolaire : les élèves apprennent et savent aujourd'hui autre chose que ce que leur enseigne l'école et beaucoup s'y ennuient, répondant parfois par la violence à ce spleen institué. Beaucoup d'enseignants le disent : « On a un enfant nouveau dans une ancienne école. »

Enfin, depuis la dernière décennie, à peu près tous les systèmes d'enseignement occidentaux sont entrés dans une phase de transformation, afin de s'adapter, dit-on, à la nouvelle économie du savoir, aux changements technologiques, aux mutations du marché du travail et des formations. À bien des égards, les savoirs et compétences scolaires ainsi que les diplômes deviennent des marchandises appelant, tant chez les élèves, les parents que les enseignants, des conduites stratégiques et utilitaires. Et ce au moment où nos sociétés connaissent une inflation des diplômes.

Bref, avec toutes ces transformations, l'école apparaît bien depuis une cinquantaine d'années comme une institution ouverte sur le changement, et une organisation bouillonnante. Or, puisque les enseignants en sont les principaux agents et qu'ils travaillent quotidiennement sur la ligne de front, on devrait s'attendre à les voir eux-mêmes engagés – voire s'engager – dans une série de transformations de leurs pratiques pédagogiques. Ne serait-ce que pour les adapter et tenter de survivre, professionnellement parlant, à la pression continue du changement qui affecte l'école, leur métier et la société.

Des résistances au changement

Pourtant, les études montrent que l'enseignement, qui relève ultimement, rappelons-le, des enseignants dans les classes, est loin d'évoluer au rythme que cherchent à imposer les réformes scolaires. Il représente plutôt, au sein de l'école, un puissant espace de résistance aux transformations de l'école et des pratiques pédagogiques quotidiennes. Par exemple, dans une remarquable étude sur l'évolution de l'enseignement de 1890 à 1990 aux États-Unis, David Tyack et Larry Cuban, historiens américains de l'éducation, ont montré que la très grande majorité des professeurs enseignent aujourd'hui à peu près comme leurs prédécesseurs il y a un siècle. Or, lorsqu'on connaît la somme de changements et de réformes qui a marqué l'école américaine au XXe siècle, ce constat est pour le moins étonnant. Dans un sens analogue, pour Andy Hargreaves, sociologue de l'éducation canadien, l'enseignement actuel – et notamment au secondaire – semble un véritable dinosaure. Implanté à l'époque de la société industrielle, il continue sa course comme si de rien n'était et les enseignants semblent avoir beaucoup de peine à intégrer les changements en cours. Bref, l'enseignement scolaire apparaît comme une structure figée, un système largement fossilisé.

Ces points de vue recoupent les conclusions de nombreuses recherches menées en France et ailleurs (États-Unis, Canada, Grande-Bretagne, etc.) sur les pratiques pédagogiques des enseignants de métier : loin d'adhérer massivement aux changements et d'épouser spontanément les nombreuses réformes, les enseignants apparaissent volontiers « traditionalistes » et souvent méfiants envers les tentatives de transformation de leur métier. Certes, ils ne rejettent pas automatiquement les efforts pour « améliorer » leurs pratiques et les adapter aux dernières innovations pédagogiques ; cependant, s'ils changent, c'est toujours en intégrant le nouveau à l'ancien et en incorporant l'innovation aux traditions établies. Autrement dit, si les enseignants transforment leurs pratiques pédagogiques et les adaptent, ce n'est jamais que lentement et comme à reculons.

Mais alors, comment concilier cette image d'une école ballottée par les changements, d'une profession en mutation, d'une société en transformation de plus en plus rapide avec cette autre image d'un métier traditionaliste et presque routinier qui semble évoluer avec lenteur et nostalgie ? Si on veut éviter de culpabiliser les enseignants en leur reprochant, comme cela se fait trop souvent, de ne pas suivre le mouvement, de retarder les réformes et de rester accrochés à leurs routines, il est nécessaire de pénétrer au cœur même du travail scolaire quotidien, afin de voir comment, dans les classes avec leurs élèves, les enseignants concilient tant bien que mal cette tension entre mutation et tradition.

La classe et les relations aux élèves au cœur du métier

L'enseignement scolaire tel qu'on le connaît existe depuis près de quatre siècles. Autrefois comme aujourd'hui, il repose sur un même dispositif de base : la classe, c'est-à-dire un espace relativement fermé, dans lequel les enseignants travaillent séparément les uns des autres en y accomplissant l'essentiel de leur tâche. Encore aujourd'hui, la collaboration entre la plupart des enseignants s'arrête à l'entrée de la classe.

L'école a beau grossir sans arrêt depuis un siècle, cette croissance s'opère essentiellement par l'ajout d'un nombre croissant de classes, provoquant ainsi l'engagement de nouveaux enseignants, contrairement à ce qui se passe dans la plupart des autres organisations sociales, et notamment économiques, où les changements technologiques et les nouveaux modes de gestion du travail ont entraîné une croissance de la production mais aussi une réduction du personnel, et une réorganisation régulière des unités de travail.

Nous avons donc affaire, avec la classe, à un dispositif vraiment stable. Ainsi, des phénomènes aussi importants que la scolarisation massive de l'enfance au XXe siècle, la bureaucratisation de l'école, l'étatisation, l'allongement de la scolarisation, etc., ne l'ont pas entamée ni sérieusement modifiée. Même les nouveautés introduites par l'éducation nouvelle et par divers courants contemporains (le constructivisme, le cognitivisme, l'enseignement stratégique, l'enseignement différencié, etc.) n'ont réellement pu transformer la classe. Si certaines autres formes d'organisation ont été et sont encore tentées (école à aires ouvertes, tutorat, etc.), elles n'ont jamais véritablement menacé l'hégémonie de la classe traditionnelle. L'enseignant actuel est et se perçoit toujours comme le principal – sinon l'unique – responsable du fonctionnement de la classe. C'est d'ailleurs cette même structure qui est reprise dans les sociétés non occidentales lorsque commence à s'y répandre l'école.

Mais que se passe-t-il dans une classe ? La classe est l'un des espaces sociaux parmi les plus contrôlés : les élèves sont triés et surveillés avant d'entrer en classe ; ils sont divisés par groupes et sous-groupes, en fonction de diverses variables (âge, sexe, résultats antérieurs, difficultés, etc.) ; dans la classe, les déplacements, les façons de s'exprimer, les postures, attitudes, gestes, prises de parole, sont réglementés ; le temps et les contenus d'apprentissage sont programmés. Mais en même temps, en dépit de tous ces contrôles, le travail en classe exige une action constante de l'enseignant. Tout enseignant le sait : une classe ne marche pas toute seule, il faut faire travailler les élèves, les occuper, les faire progresser, les observer, les surveiller, les relancer, etc.

Autrement dit, l'action en classe dépend fondamentalement de l'initiative de l'enseignant et de sa capacité à engager et à maintenir les élèves dans le travail scolaire. Cette situation est renforcée à la fois par la plupart des directions d'école qui exigent des enseignants la capacité de contrôler leurs groupes d'élèves en classe, et par les pairs, qui vivent exactement la même situation, sans demander aux autres d'intervenir : il faut donc en général faire comme les autres, c'est-à-dire se passer d'eux.

En substance, le travail enseignant en classe relève donc à la fois d'un ordre social relativement stable imposé par des normes et des contrôles institutionnels et d'un ordre social construit et mouvant, dépendant des interactions entre l'enseignant et les élèves. Cette double nature du travail en classe – donné et construit, réglementé et improvisé, imposé par l'institution et façonné par les acteurs – est l'invariant constitutif de la situation pédagogique en milieu scolaire. Par conséquent, une dimension centrale du système d'enseignement est l'autonomie « garantie » ou « obligée » des enseignants, prenant seuls des décisions quant aux procédures à utiliser en classe avec les élèves. Les enseignants ont une large juridiction sur ce qui se passe dans la classe. Telle est la première réalité de ce travail.

Un métier de relations humaines

La seconde en est l'élément humain et collectif : un enseignant ne travaille pas sur de la matière inerte, des marchandises, des objets techniques, mais avec des personnes. Il s'agit donc d'un métier de relations humaines. Il s'agit aussi d'un travail interactif, puisque toute action d'un enseignant en classe se fait envers un collectif d'élèves : l'action d'un enseignant en direction d'un élève en particulier est visible par tout le groupe et a des conséquences directes sur lui. En ce sens, si le travail en classe assure l'autonomie de l'enseignant, celle-ci constitue aussi une contrainte importante, car l'enseignant est isolé et ne peut compter habituellement que sur lui-même. Travaillant en solitaire et de façon parfaitement visible devant un collectif d'élèves, il ne peut jamais se soustraire à leur regard, ce qui peut entraîner une certaine vulnérabilité, puisqu'on « ne peut rien cacher devant les élèves », y compris ses difficultés ou ses émotions.

De plus, parce qu'il est un adulte seul face à des enfants et à des jeunes, il est responsable d'eux jusqu'à un certain point. Cette responsabilité est au cœur de sa tâche et tout enseignant doit lui donner sens. Par exemple, où s'arrête sa tâche ? Que peut-il faire pour aider et soutenir ses élèves ? Jusqu'où peut-il aller ? Doit-il lutter contre l'inertie de certains parents ? Peut-il s'opposer aux croyances religieuses de certaines familles ? Comment doit-il réagir face à l'usage de la drogue chez les adolescents, à leurs relations sexuelles, à la surconsommation, etc. ? Les enseignants que nous avons rencontrés au fil des ans vivent et se posent ces questions qui peuvent déboucher, par exemple, sur de la souffrance, de la culpabilité ou sur la constitution d'une cuirasse d'indifférence et de rationalisation devant l'impossibilité d'aider certains élèves.

Par ailleurs, ayant affaire à un groupe, la relation aux élèves est également dominée par le problème de l'équité du traitement. Chaque élève compte en principe autant que tous les autres ; l'enseignant doit par conséquent s'occuper également de chacun d'eux ; mais chaque élève est différent et a des attentes et des besoins particuliers. Comment alors concilier ces composantes relationnelles individuelles et collectives ? Par exemple, combien de temps un enseignant doit-il consacrer à un élève qui éprouve certaines difficultés d'apprentissage ? Enseigner, c'est donc être quotidiennement confronté à de tels enjeux et dilemmes.

Finalement, en comparaison avec la plupart des autres métiers et professions, l'enseignement a très peu changé sur le plan de ses techniques et procédures. Enseigner aujourd'hui, c'est toujours comme autrefois entrer dans une classe, en utilisant dans l'interaction concrète avec les élèves ces techniques à la fois rudimentaires et éprouvées que sont l'autorité, la persuasion, la séduction, la contrainte, etc. Ces techniques sont d'autant plus nécessaires que les élèves actuels sont, selon l'expression de Drebeen, des « clients conscrits » : ils sont forcés d'aller à l'école, le travail des enseignants consistant largement à faire en sorte que l'obligation scolaire soit intériorisée par les élèves ou, du moins, supportée par eux. C'est ce que les psychologues appellent la motivation, qui est aujourd'hui un véritable enjeu du travail enseignant.

En résumé, ces éléments d'analyse (isolement, autonomie à la fois « garantie » et « obligée », visibilité et vulnérabilité, action et interaction avec un collectif, responsabilité et objectif d'équité, techniques relationnelles, « motivation » à construire) montrent que les enseignants actuels, s'ils vivent dans une société et travaillent dans une école fort différentes d'autrefois, retrouvent dans la classe sensiblement les mêmes contraintes et les mêmes tâches centrales que les enseignants de générations précédentes. À bien des égards, le travail en classe avec les élèves n'a guère évolué : faut-il alors se surprendre que la pédagogie scolaire demeure par bien des côtés traditionnelle ?

Une pratique qui change tout de même

Dans le bilan qu'il brosse des dernières quinze années de réforme de la formation des maîtres en Amérique du Nord, réforme partiellement reprise en France avec les IUFM et un peu partout dans le monde, le chercheur américain T. Donahoe montre que toutes les tentatives de transformation du métier d'enseignant et de la pédagogie scolaire se heurtent justement à l'existence de la classe traditionnelle. On peut dire à la limite que ce ne sont pas les enseignants qui sont routiniers et traditionalistes, mais bien leurs conditions quotidiennes de travail. Il est normal qu'au bout de vingt ans de travail dans les mêmes conditions, les enseignants finissent par les maîtriser et par s'y reconnaître ! On aura beau changer les programmes scolaires, prôner la professionnalisation de l'enseignement, exiger des innovations pédagogiques et une approche collégiale de l'enseignement, ouvrir l'école sur la communauté locale, tant et aussi longtemps que les enseignants seront enfermés seuls dans leurs classes, devant faire en solitaire leurs preuves avec leurs élèves avec les mêmes moyens et dans les mêmes conditions qu'autrefois, nous aurons un métier à évolution lente, une sorte d'artisanat survivant au sein de la grande industrie scolaire.

Pour beaucoup d'enseignants, la classe apparaît aujourd'hui comme un refuge où ils peuvent mettre en jeu leur autonomie, se soustraire aux changements qu'ils perçoivent téléguidés d'en haut et échapper au moins partiellement aux pressions multiples qui s'exercent sur eux. Mais en même temps, la classe est aussi la limite de leurs actions et pouvoirs : ils sont les rois et maîtres d'un royaume bien étroit, et dont parfois les turbulences apparaissent difficiles à contenir.

Est-ce à dire que la situation est bloquée ? S'il est vrai que les conditions de base du travail en classe n'ont guère varié, il n'en demeure pas moins que bon nombre d'enseignants s'efforcent, à l'intérieur de ces mêmes conditions, de transformer leurs pratiques pédagogiques et de mettre en place des démarches innovatrices. Sur ce plan, il faut dire que l'école primaire a été jusqu'à maintenant un terrain plus favorable que l'école secondaire trop souvent bloquée par les clivages disciplinaires et une organisation du travail tout à fait taylorienne ou fordiste.

De plus en plus d'enseignants reconnaissent qu'ils doivent élargir leur champ de responsabilité afin d'accomplir leur mission et « tenir » sur la ligne de front, et qu'ils doivent réorganiser leur travail collectif d'instruction et d'éducation sur des bases plus « collégiales ». Mais les réformateurs, du moins dans les pays anglo-saxons où cela choque moins dans une culture pragmatique, vont plus loin. Ils s'inspirent explicitement des courants actuels en management et suggèrent que l'école se restructure selon ce nouveau credo.

Ces références managériales ne sont pas nouvelles, quoique la culture de l'entreprise valorisée ne soit plus celle du XXe siècle. En effet, déjà l'école de masse du XXe siècle s'est inspirée du monde du travail, en se coulant dans le moule de l'industrie triomphante, suivant les principes du taylorisme. Sur le même principe, les réformateurs actuels proposent que l'école se modernise sur le modèle du travail du XXIe siècle. Elle devrait adopter les principes de la « nouvelle entreprise », souple, peu bureaucratisée, « apprenante », décentralisée, fonctionnant par équipes de projets, par ailleurs imputables de leurs résultats/objectifs. Cette réorganisation du travail serait d'ailleurs tout à fait compatible avec des approches curriculaires plus multi, inter ou transdisciplinaires.

Dans la plupart des pays occidentaux, les politiques éducatives participent de cet esprit et la nouvelle recette du changement – recette unique, disent ses critiques, comme dans la « pensée unique » – combine la décentralisation, l'établissement comme pivot du système, une reddition de comptes (des contrats de performance avec des indicateurs quantitatifs) qui ne soit pas que symbolique, une formation des maîtres plus professionnelle, et une réorganisation pédagogique plus complexe prônant le cycle d'apprentissage comme cadre de base, au lieu de l'année-degré, diverses formes de pédagogie différenciée et de pédagogie du projet, et des curriculums construits suivant l'approche par compétence.

Il y a ici en devenir une cohérence d'éléments « dans l'air du temps » depuis un bon moment et qui, couplée à une forte pression de l'environnement, pourrait se fixer. La forme scolaire du XXe siècle, fondée sur la juxtaposition de classes fermées et des savoirs découpés en tranches disciplinaires, pourrait alors dans les décennies qui viennent se transformer. La transition que l'on sent – souhaite ou craint – entre un monde scolaire dépassé et celui à naître pourrait s'accomplir grâce à cette importante mutation institutionnelle.

La division du travail éducatif
Trois questions à Maurice Tardif

Le nouvel essai de Maurice Tardif (avec L. Levasseur, Presses universitaires de France, oct. 2010), répond à la question suivante : « Comment évolue notre école d'aujourd'hui, à la fois au Québec, en Amérique du Nord et en Europe ? » et offre une perspective internationale tout en présentant les résultats d'une recherche effectuée auprès du personnel technique dans les écoles. Pour étudier et améliorer le système éducatif, Maurice Tardif soutient qu'il faut pénétrer au cœur même du travail des enseignants dans les classes et les établissements scolaires. Les nombreuses études empiriques qu'il a menées sur le terrain lui ont ainsi donné une connaissance approfondie de la réalité du métier d'éducateur.

Lorsque vous analysez le système éducatif, vous vous intéressez non seulement aux enseignants, mais aussi aux professions périphériques telles que les directeurs d'établissement, les orthopédagogues, les psychologues, les techniciens, etc. Pourquoi ?
Depuis le début de ma carrière, je m'intéresse à l'ensemble du personnel qui gravite autour des enseignants. Je me suis d'abord penché sur les agents scolaires comme les psychologues, les orthopédagogues et les administrateurs. Au fil des ans, je me suis rendu compte qu'autour des enseignants tournaient ces professionnels et de plus en plus de nouveaux acteurs qu'on appelle « agents techniques ». Ces hommes et ces femmes n'ont pas de formation universitaire et s'approprient progressivement des zones de travail habituellement réservées aux enseignants. Ils sont une illustration des différents processus de la division du travail éducatif contemporain.

Dans cet ouvrage, vous mettez en évidence la croissance exponentielle, depuis les années 1960, de ces nouveaux groupes de techniciens de la pédagogie. Selon vous, cela est-il problématique ?
Oui. La situation est sensiblement la même que dans les systèmes hospitaliers. Par exemple, avant il y avait le médecin et les infirmières. Depuis trente ans, toutes sortes de personnages sont apparus autour du médecin et, de leur côté, les infirmières reçoivent l'appui d'aides-infirmières, d'aides-soignantes. On a donc affaire à un processus de division du travail horizontale et verticale. La division verticale fait en sorte qu'une partie des soins est confiée à du personnel dont la formation est beaucoup plus minimale. En éducation, il s'est passé un peu la même chose. Au cours des années 1960 ont commencé à arriver dans les écoles de nouveaux professionnels, puis des agents techniques. On constate toutefois que la division du travail se poursuit verticalement depuis, de sorte qu'une partie des tâches de l'enseignant est aujourd'hui dévolue à du personnel moins formé. Ce qu'on met en

évidence, mon collègue de l'Université de Laval, Louis Levasseur, et moi dans le livre, c'est qu'on est, en Amérique du Nord et en Europe, dans un processus de dualisation du système scolaire. On évolue vers une école à deux vitesses. Cette dualisation n'est pas juste liée au partage des publics scolaires entre certains établissements, privés et publics, élitistes et populaires. Elle est aussi le fait d'une division entre des catégories de personnels qui appliquent des traitements différents selon leurs compétences et leur statut. Or, on remarque un essor de plus en plus important de catégories d'agents qui travaillent dans les zones les plus difficiles de l'école publique et qui, à mesure que le temps passe, se voient attribuer des responsabilités de plus en plus grandes. Cette tendance s'observe partout, et particulièrement en Amérique du Nord.

Vous dites également que cette dualisation est associée à ce que vous appelez « l'échec des professionnels scolaires ». Pouvez-vous préciser votre point de vue ?

Depuis les années 1960, l'école s'est massifiée et partiellement démocratisée. La population scolaire a connu une croissance substantielle, ce qui a entraîné une multiplication et une différenciation des besoins liés à l'apprentissage scolaire. L'enseignant ne suffisait plus à la tâche. Dans ce nouveau contexte est née la volonté d'implanter des services de nature professionnelle afin d'aider les élèves qui se trouvaient en situation d'échec et de décrochage. On a donc engagé, par exemple, des orthopédagogues et des psychologues scolaires pour appuyer les enseignants dans leur mission éducative. Mais, dans les années 1980, on s'est aperçu que ce modèle psycho-éducatif était extrêmement coûteux. Pire, la difficulté scolaire continuait de progresser. Ainsi, seulement au Québec, près de 35 % des garçons de l'école publique éprouvent des problèmes avec les apprentissages scolaires en 2010. Les professionnels ne peuvent pas répondre à cette demande. Il est en effet impossible d'imaginer que chacun de ces enfants puisse recevoir les services personnalisés d'un psychologue. On ne peut même pas se les offrir dans les hôpitaux ! En d'autres mots, le modèle professionnel a été incapable de réagir aux problèmes caractérisant les populations scolaires dans une école de masse. Dès lors, les gouvernements et les écoles se sont mis à engager des techniciens, qui leur coûtaient moins cher et qui pouvaient rapidement agir dans les zones à risque. Leur mission n'était pas d'élaborer un plan d'intervention à long terme. Il s'agissait plutôt d'intervenir immédiatement lorsqu'il y avait un problème, comme gérer un conflit dans la cour d'école. L'école a choisi d'investir dans des solutions immédiates plutôt qu'à long terme, car elle est débordée par la dualisation. Il y a d'ailleurs une foule de problèmes qu'elle ne parvient plus à gérer relativement à ses clientèles. D'où l'essor des agents techniques dans les écoles. Dans nos écoles, et dans celles aux États-Unis et en Europe, il y a des millions d'enfants qui sont confrontés à des traitements scolaires dont la qualité est inférieure à ce qu'ils devraient recevoir, car les agents techniques s'approprient progressivement des territoires de travail habituellement réservés aux enseignants. Par exemple, ils ne font pas que de la surveillance. Ils aident aussi parfois à préparer du matériel pédagogique ou encore assurent l'aide aux devoirs. C'est de nos jours un mouvement de masse. Actuellement, un agent scolaire sur deux n'est pas un enseignant dans l'école publique nord-américaine.

Martine Fournier

La réussite pour tous. Le grand défi de l'école française

Le choc a été rude et la France a mis près de dix ans pour l'affronter ! On pourrait l'appeler « le choc Pisa ». Du nom de ces enquêtes désormais triennales auxquelles procède l'OCDE depuis 2000, et qui consistent à mesurer les compétences des jeunes de 15 ans dans un panel de pays de plus en plus vaste. Dans les trois domaines mesurés, la France se situe tout juste dans la moyenne des pays les plus avancés : 17e sur 29 en compréhension de l'écrit, 18e sur 60 en mathématiques, 19e sur 30 en culture scientifique.

Si la publication de ces évaluations passionne le débat public dans des pays comme le Japon, le Royaume-Uni ou l'Allemagne, elles ne sont guère en odeur de sainteté en France, un pays qui s'est longtemps targué de posséder « le meilleur système scolaire du monde », édifié en même temps que sa République. La résistance s'est alors organisée autour de la mise en cause de la validité de telles mesures qui ne prendraient pas en compte les singularités culturelles et institutionnelles nationales, ou sacrifieraient à des pratiques de *benchmarking* fleurant bon l'intrusion du néolibéralisme dans l'école…

Aujourd'hui pourtant, la plupart des experts s'accordent à reconnaître la mine d'informations que constitue le dispositif Pisa[1]. Les leçons des comparaisons internationales pourraient bien avoir leur utilité, notamment en matière de politiques scolaires.

« Le paradis de la prédestination sociale »

Hormis une notation et un classement, que nous enseignent ces enquêtes sur l'école française ? Les comparaisons s'articulent

1- www.pisa.oecd.org/document/

autour de deux valeurs : l'efficacité et la démocratie. S'agissant de l'efficacité d'abord, les élèves français sont deux fois moins nombreux que dans les autres pays de l'OCDE à « se sentir chez eux à l'école » ; et surtout, ils sont beaucoup plus à l'aise pour reproduire des connaissances apprises que pour les réutiliser lorsqu'elles sont sorties de leur contexte.

Côté démocratie, ces comparaisons internationales se penchent sur la capacité des différents systèmes à corriger les inégalités sociales, minutieusement mesurées par la profession des deux parents, leurs diplômes, la richesse de la famille, le patrimoine culturel (intégrant l'utilisation d'Internet ou la présence de lecteurs DVD...).

Or Pisa souligne – après bien d'autres études françaises – le caractère fortement inégalitaire du système scolaire français. 50 % des élèves obtiennent un score excellent dans les tests, mais l'autre moitié se partage entre 35 % de jeunes de 15 ans d'un niveau médiocre et 15 % très faibles. Autrement dit, si l'école républicaine fait très bien progresser ses futures élites (très brillants aux tests Pisa), elle laisse de côté une grande partie de son public. Dans leur analyse, les sociologues Christian Baudelot et Roger Establet voient la France comme le « pays du grand écart ». Ils la pointent en outre comme « le paradis de la prédestination sociale », montrant que le capital culturel de la famille joue pour 15 points dans la variance des notes, contre en moyenne 6 points pour l'ensemble[2].

Certes, il est plus aisé de promouvoir l'égalité des chances dans les pays où s'allient richesse économique et homogénéité sociale (en termes d'écarts pauvres-riches et présence plus ou moins grande de populations immigrées). Si la Finlande sort première de la classe OCDE c'est – en partie – parce qu'elle bénéficie de ces conditions favorables, alors que la France ou l'Allemagne (dont les scores ne sont pas plus brillants) doivent scolariser des masses d'élèves douze fois plus nombreuses et beaucoup plus hétérogènes. Et si le Japon occupe aussi les premières places du classement avec 130 millions d'habitants, les inégalités sociales de ce pays sont inférieures à la moyenne OCDE. Le Royaume-Uni, dont les notes sont supérieures à celles de la France, possède une population équivalente mais moins inégalitaire (le taux d'inégalités sociales calculé par l'OCDE est de 2,62 pour une moyenne OCDE de 3,47 ; 2,81 pour la France et 2,99 pour l'Allemagne).

2- Voir notamment l'analyse de C. Baudelot et R. Establet, *L'Élitisme républicain. L'école à l'épreuve des comparaisons internationales*, Seuil, 2009.

Or toutes les observations confirment que les pays qui obtiennent les moyennes les plus élevées sont ceux qui creusent le moins les écarts entre leurs diverses populations d'élèves. Dans une analyse récente, le sociologue Georges Felouzis les répartit en trois groupes[3] :

• Les pays du Nord de l'Europe – où il n'existe pas de tri des élèves par filières ou par établissements – sont ceux où les inégalités scolaires sont les plus faibles.

• Le Japon, la Thaïlande, l'Indonésie, l'Italie, le Mexique et le Brésil où l'origine sociale n'explique pas les scores des élèves et où les compétences dépendent bien plus fortement de l'établissement de scolarisation.

• L'Autriche, l'Allemagne et les Pays-Bas, dans lesquels les inégalités scolaires sont sensibles et où les inégalités sociales ont pour conséquence l'orientation dans des filières hiérarchisées. Il y ajoute la France, dotée d'un tronc commun jusqu'à la fin du collège mais où la réalité scolaire reste fortement marquée par le redoublement des élèves de milieu modeste…

On l'aura compris : l'injonction à promouvoir une véritable « égalité des chances » en France ne devrait pas être un vain mot. Il reste à la mettre en œuvre, alors que le débat fait rage parmi les spécialistes. Faut-il incriminer, à l'instar de la sociologue Marie Duru-Bellat, la tradition méritocratique républicaine alors que l'on sait très bien que tous les élèves ne démarrent pas leur scolarité sur la même ligne de départ[4].

Faut-il revoir le système pédagogique lui-même, qui n'a pas réussi à se défaire d'une tradition d'enseignement calquée sur celle qui était jadis destinée aux élites, avec ses programmes souvent surchargés, ses cloisonnements disciplinaires étanches et sa progression par niveau ? Faut-il réduire avant tout les inégalités sociales ?

Certainement chacun de ces ingrédients et d'autres encore seraient nécessaires pour affronter les défis auxquels doit faire face le système scolaire d'un pays avancé comme la France, confronté aux transformations majeures des sociétés contemporaines mondialisées.

3- G. Felouzis, « Systèmes éducatifs et inégalités scolaires : une perspective internationale », *Sociologies*, novembre 2009, http://sociologies.revues.org/index2977.html

4- M. Duru-Bellat, *Le Mérite contre la justice*, Presses de Sciences Po, 2009.

Entretien avec Marie Duru-Bellat

Éduquer plus ou éduquer mieux ?

À l'heure où la nouvelle loi d'orientation de l'école se fixe pour objectif 50 % de diplômés du supérieur, vous alertez, dans un petit livre[1] quelque peu politiquement incorrect, les effets néfastes de cette « inflation scolaire ». L'idée de donner plus d'éducation au plus grand nombre possible correspond pourtant à un bel idéal...

Ce problème de l'inflation des diplômés n'est pas nouveau. Il y a vingt ans que les études du Céreq, par exemple, soulignent le déclassement qu'elle entraîne. Et pourtant cet article annexé à la loi n'a même pas été discuté, d'où ma réaction par la publication de ce livre.

Par ailleurs, mon expérience d'enseignante-chercheuse montre que nombre de jeunes ne viennent pas à l'université pour se cultiver davantage, mais pour acquérir un diplôme et se placer sur le marché du travail.

Les manifestations de l'hiver 2006 contre le CPE ont souligné surtout une extrême angoisse des jeunes ; les étudiants des classes préparatoires ou de médecine, dont l'avenir est assuré, n'étaient d'ailleurs pas dans la rue. Beaucoup de formations universitaires ne mènent qu'à des concours de l'enseignement : or le taux de réussite au Capes va de 5 à 20 % selon les filières. Que font les 80 % restants ? Beaucoup d'entre eux, dans les filières lettres et sciences humaines par exemple, deviennent employés avec un bac + 4 ou + 5... Et petits boulots ou stages sont monnaie courante. Une récente étude[2] montre que les étudiants de Staps, qui visent

1- M. Duru-Bellat, *L'Inflation scolaire. Les désillusions de la méritocratie*, Seuil, 2006.

2- J.-F. Giret, M. Molinari-Perrie, S. Moullet, « 2001-2004. Les sortants de l'enseignement supérieur face au marché du travail », *NEF*, n° 21, Céreq, mars 2006.

tous les métiers du sport, s'insèrent assez bien, mais souvent dans des métiers sans rapport avec le sport ou comme vendeurs chez Décathlon...
La représentation de jeunes étudiants, intellectuels en formation, avides de savoir, est un idéal romantique qui ne correspond guère à la réalité ! Beaucoup de jeunes aujourd'hui sont étudiants malgré eux : ce qu'ils veulent, c'est du travail ! C'est plutôt pour des raisons utilitaristes que la plupart viennent à l'université. Et ce constat est international[3].

Mais les études montrent aussi que les diplômes protègent du chômage...

C'est vrai au niveau individuel. Si je suis un étudiant raisonnable, j'irai le plus loin possible... Mais est-ce souhaitable au niveau de la société ? Un martien qui débarquerait dans notre pays ne pourrait effectivement que constater qu'un bac + 3 permet une meilleure insertion qu'un bac + 2. Mais il pourrait aussi se dire que si le bac + 3 avait un bac + 2, le bac + 2 un bac + 1, le bac + 1 un simple bac, tout le monde s'insérerait aussi bien. Ce qui joue, c'est la place du diplômé dans la file d'attente. Et l'on peut déplacer le curseur sans fin, on constatera toujours qu'un bac + 10 s'insère mieux qu'un bac + 8...
Il faut donc se poser la question du rendement de cette inflation de diplômes au niveau macrosocial. Certains comportements, rationnels au niveau des individus, deviennent pervers au niveau de la société. C'est ce qu'avait montré le sociologue Raymond Boudon[4] : dans un embouteillage, chaque individu a de bonnes raisons de prendre sa voiture mais, globalement, l'effet est catastrophique, tout le monde se retrouvant bloqué. Personne ne souhaite la dévalorisation des diplômes que l'on constate actuellement, mais elle frappe tout le monde et incite les jeunes à aller encore plus loin : c'est une dynamique perverse.
Résultat : le phénomène de déclassement mis en évidence par nombre de sociologues. Un exemple parmi d'autres : au début des années 1970, 70 % des titulaires d'une licence (bac + 3), devenaient cadres, ils sont un tiers aujourd'hui.

3- Voir W.N. Grubb, M. Lazerson, *The Education Gospel. The economic power of schooling*, Harvard University Press, 2004.

4- R. Boudon, *Effets pervers et ordre social*, Puf, 1977.

Une société avancée n'a-t-elle pas besoin de travailleurs de plus en plus qualifiés ? Vous paraissez aller à l'encontre de la théorie du capital humain, qui a montré les rendements économiques de l'éducation...

Rien ne prouve que l'on ait besoin aujourd'hui de formations de plus en plus poussées. On a beaucoup soutenu cette idée à l'arrivée de la bulle Internet dans les années 1990, mais peut-on dire aujourd'hui que les nouvelles technologies ont accru les besoins de formation ? Les employeurs embauchent effectivement des jeunes de plus en plus qualifiés, mais parce que le marché les leur offre. Ce n'est pas pour autant qu'ils changent leurs tarifs : une secrétaire aujourd'hui est souvent embauchée à bac + 3, mais reste payée comme une secrétaire d'antan qui n'avait pas ce niveau de diplôme...
La démonstration de l'OCDE en ce qui concerne la corrélation entre capital humain (le taux d'éducation de la main-d'œuvre) et dynamisme économique est loin d'être convaincante, dans les pays riches, dans la mesure où il existe de nombreux cas de figure très différents ! Le Portugal, par exemple, a un fort taux de productivité (et un faible taux de chômage des jeunes) alors que le niveau d'instruction des jeunes est faible. Les pays pauvres en revanche ont intérêt à accroître leur niveau d'éducation pour se développer, mais il faut ensuite prendre en compte un effet de seuil qui fait que les besoins en diplômés ne croissent pas indéfiniment. L'argent pourrait être employé autrement...

Comment justement pourrait-on employer cet argent ?

Si, par exemple, on veut égaliser les chances, il serait bien plus juste de mettre une partie de cet argent pour améliorer l'éducation de la petite enfance. On sait que, dès l'âge de 5 ans, les enfants sont très inégaux, de par leur origine sociale et culturelle, pour aborder l'école. Il existe des programmes précoces très efficaces (mais coûteux) pour remédier à cela. Actuellement, la croissance des dépenses d'éducation se fait au fil de l'eau et cela génère énormément de gaspillage...

Vous avez publié de nombreux travaux sur les inégalités scolaires. Dans votre dernier livre[5], vous suggérez que la méritocratie aurait pour effet de légitimer ces inégalités...

La méritocratie est un mythe nécessaire car il faut bien classer les individus et le mérite semble être un critère juste. Mais elle reste un mythe car on sait bien que la réussite scolaire est liée à tout un ensemble de facteurs, en particulier l'origine familiale. Dès la maternelle, la notion de mérite est déjà faussée, et cela ne fait que s'aggraver par la suite. On aimerait bien que l'école remette les compteurs à zéro, qu'elle soit à même de combler les retards de certains enfants pour qu'ensuite le véritable mérite de chacun puisse émerger. Mais en fait, toutes les études sur les inégalités montrent que c'est le contraire qui se produit. Les handicaps sont cumulatifs dans la mesure où l'école fait progresser les enfants d'autant mieux que leur niveau de départ est bon. Se produit donc un effet boule de neige : l'école primaire entérine les écarts entre les enfants, mais c'est surtout à partir du secondaire – collège et lycée – que les inégalités s'accroissent en fonction de l'origine sociale. Interviennent alors les choix des familles, les options, les orientations qui font que lorsque les élèves arrivent au bac, tout est pratiquement joué. Les inégalités perdurent bien sûr dans les études supérieures, mais sont souvent la conséquence des scolarités secondaires. Or certains travaux comparatifs internationaux montrent que les pays où la cohésion sociale est la plus forte sont ceux, non pas qui ont le plus haut niveau d'éducation, mais où les inégalités scolaires sont les plus atténuées. L'inégalité entraîne des pathologies sociales spécifiques. La question de savoir ce qu'obtiennent les derniers de la classe est une question importante pour un pays, y compris pour sa croissance. C'est pourquoi je pense qu'il est très important de garantir un socle commun de connaissance à tous les élèves.

Par ailleurs, existe-t-il une réelle adéquation entre mérite scolaire et mérite professionnel ? Et est-elle souhaitable ?

La prévalence du mérite scolaire sur toutes les autres formes de mérite est une idée très ancrée chez les enseignants. Les

5- M. Duru-Bellat, *Le mérite contre la justice*, Presses de Sciences Po, 2009.

études du Céreq montrent que le diplôme joue beaucoup au niveau du premier emploi. Ensuite – heureusement ! –, plus on avance dans la carrière, plus d'autres compétences interviennent. Par ailleurs, on sait que le monde professionnel demande de plus en plus de compétences peu développées à l'école : savoir écouter et travailler avec les autres, accepter les points de vue différents… Or le fait que l'école est polarisée sur l'utile et la logique de compétition fait passer au second rang tout ce qui ne relève pas de l'instruction pure, notamment un certain nombre d'aspects « simplement » éducatifs ou culturels indispensables pour la vie en société.

Que pensez-vous de l'enseignement professionnel français dont on sait qu'il est toujours assez mal considéré, même si la création des bacs professionnels l'a un peu revalorisé ?

Au niveau des débouchés, il faut savoir qu'on chôme davantage avec une ou deux années de fac non validées qu'avec un bac pro. Le problème est que ces filières conduisent à des emplois dont plus personne ne veut. Les jeunes actuels sont massivement plus instruits et n'acceptent plus d'être traités comme les ouvriers des années 1960. Ils se montrent plus exigeants et, disons-le, le monde du travail n'a pas suivi cette évolution. Certains métiers présentent des conditions de travail dignes de Zola… Si les emplois ouvriers étaient plus attractifs, mieux payés et avec des conditions de travail acceptables, il y aurait davantage de candidats. Ce n'est pas l'école qui décrète la valeur de ses filières, contrairement à ce que certaines directives ministérielles laissent croire, mais bien le marché du travail.

On pourrait aussi imaginer que les hiérarchies de salaires et de prestige soient plus resserrées. Au Japon par exemple, un jeune ingénieur débute avec un salaire plus faible qu'un ouvrier expérimenté. En Allemagne, les ingénieurs ont souvent été d'abord ouvriers, ce qui donne à ce statut une meilleure considération… En France, ce qui est chic, c'est d'être philosophe ou mathématicien ! On méprise le travail manuel et l'on porte au pinacle les professions les plus intellectuelles…

La formation professionnelle française n'est cependant pas exempte d'atouts, en ce sens qu'elle délivre un enseignement qui prépare les jeunes à s'adapter aux nouveaux métiers et à acquérir de nouvelles compétences professionnelles, plutôt qu'à une insertion immédiate. Les différentes filières – BEP, bac pro, BTS – offrent en outre de bonnes possibilités d'évolution. Précisons aussi que les BTS et certaines autres filières de l'enseignement supérieur offrent, elles, de bons débouchés : ce sont, d'un côté, les grandes écoles mais aussi, de l'autre, les filières professionnalisantes de l'université : par exemple les formations d'ingénieurs, de commerce, de gestion, de droit international...

Devrions-nous instaurer une sélection à l'entrée dans l'université, comme le prône par exemple le président de la Sorbonne Jean-Robert Pitte[6] ?

L'idée que l'université est ouverte à tous reste très ancrée dans notre pays, y mettre fin risquerait de mettre tout le monde dans la rue ! On sait bien cependant qu'une sélection est nécessaire ; les étudiants eux-mêmes cherchent à entrer dans des filières sélectives... Mais cette sélection se fait actuellement par l'échec (près d'un étudiant sur deux abandonne sans diplôme) et le prix à payer en est coûteux car elle s'étale dans le temps.

En fait, plus la sélection se fera tôt et explicitement dans le supérieur, plus elle sera juste. On pourrait par exemple imaginer la première année d'études supérieures comme un palier d'orientation. Tous les bacheliers s'y trouveraient réunis, y compris les élèves actuels de classes préparatoires, de BTS ou d'IUT. Cette année conjuguerait formation scolaire et premières expériences dans le monde du travail. À l'issue de quoi se ferait une orientation, vers des études très académiques pour les uns, plus concrètes pour les autres, qui serait mieux ciblée et plus juste, tous les étudiants ayant de plus partagé une expérience commune.

Il faudrait aussi, d'une manière plus générale, que les étudiants français soient davantage en prise avec le monde du travail. Les études dans beaucoup de pays du monde, en Europe du Nord par exemple, sont aménagées pour que les

6- J.-.R Pitte, *Jeunes, on vous ment ! Reconstruire l'université*, Fayard, 2006.

jeunes puissent faire ce genre d'expérience, même s'ils doivent différer leurs études d'un an. En France, être salarié lorsque l'on est étudiant est plutôt un handicap… Pourtant, faire des études jusqu'à 24 ou 25 ans sans expérience de la vie active n'est pas formateur : cela peut même être tout le contraire !

La France a aussi un système bien particulier où les meilleurs élèves ne sont pas à l'université mais dans les grandes écoles… Que pensez-vous de cette dichotomie ?

Avec ce système des grandes écoles, nos élites n'ont que très peu de contacts avec la recherche. Ils en sont même détournés. Alors que ces écoles bénéficient de financements sans commune mesure avec l'université. Un élève de grande école coûte quinze fois plus cher qu'un étudiant de première année de droit ! Au final, l'université se retrouve ponctionnée de crédits qui pourraient lui revenir et du potentiel des étudiants les plus brillants. Notons d'ailleurs que c'est l'une des raisons pour lesquels nous sommes si mal placés dans le fameux classement de Shanghai qui s'appuie uniquement sur des critères de recherche – publications, brevets…

Propos recueillis par Martine Fournier

Entretien avec Éric Maurin

Les bons points de l'école démocratique

Dans un livre récent[1], vous dénoncez deux types de critiques adressées au mouvement de démocratisation du système scolaire français. Les unes, de nature élitiste, les autres, d'influence malthusienne...

Une première critique est qu'il serait utopique, voire dangereux, de chercher à donner les mêmes enseignements à tous les enfants jusqu'à 16 ans. Cette ambition, dit-on, ne peut produire qu'une baisse générale des exigences et du niveau. Seule une minorité d'enfants serait digne d'un enseignement secondaire général. Il s'agit d'une vision fondamentalement élitiste. On la rencontre dans tous les pays, à toutes les époques.

Une deuxième critique, d'un tout autre ordre, et plus spécifique à la France contemporaine, dénonce le divorce existant entre les besoins de l'économie et la multiplication des diplômes. On formerait, dit-on, trop de diplômés par rapport aux besoins du marché du travail, avec comme conséquence des désillusions pour les jeunes qui s'engagent dans les études et doivent au final faire face au chômage. Cette seconde critique est de nature malthusienne au sens où elle postule une indépendance entre l'évolution des « besoins » de l'économie et la diffusion des qualifications. Ces deux formes de scepticisme sont portées par des personnes très différentes politiquement. Mais élitistes et néomalthusiens se regroupent néanmoins aujourd'hui sur une même ligne conservatrice : il serait temps de mettre un terme au processus de démocratisation qui a été le fil directeur de

1- É. Maurin, *La Nouvelle Question scolaire. Les bénéfices de la démocratisation*, « Points » Seuil, 2008.

nombreuses politiques éducatives en Occident depuis cinquante ans. C'est en France que la conjonction des élitistes et des malthusiens produit la remise en question la plus dure de l'école aujourd'hui. La persistance d'un fort taux de chômage chez les jeunes a fini, dans ce pays, par faire douter jusqu'aux promoteurs mêmes de la démocratisation scolaire.

La virulence de ces attaques portées contre l'école m'a poussé à comparer les résultats des systèmes scolaires dans différents pays, à différentes époques, avant et après la mise en œuvre des politiques de démocratisation. J'ai pu, de cette manière, isoler les effets de la démocratisation et ils sont réels. À contre-courant des discours alarmistes, on constate en France comme ailleurs que les générations d'enfants bénéficiaires des politiques d'ouverture scolaires se sont mieux insérées dans la société. Ces enfants, devenus adultes, ont connu des carrières professionnelles de meilleure qualité, de meilleurs salaires et de meilleurs emplois que les générations qui n'en ont pas bénéficié.

En quoi l'expérience scandinave est-elle, pour vous, particulièrement représentative des bénéfices de la démocratisation scolaire ?

C'est en Suède, en Norvège et en Finlande que le processus de démocratisation a été mené avec le plus de cohérence et de rigueur. C'est pour ces pays, également, que l'on dispose des meilleures données d'évaluation pour ces réformes. Les pays scandinaves ont démocratisé leur école dans un climat politique houleux. Mais ils se sont mis d'emblée en mesure de trancher ses débats. Les réformes ont été mises en œuvre de façon décalée dans le temps d'une région à l'autre, en sorte qu'il a été très tôt possible d'évaluer leurs bénéfices.

Dans les années d'après-guerre, l'école scandinave n'est pas moins élitiste, ni moins fermée aux enfants de milieux modestes que celles des autres pays d'Europe. Seule une minorité d'enfants (pour l'essentiel les enfants d'origine sociale aisée) poursuit des études secondaires dans des établissements d'élite. Les élèves sont sélectionnés à l'issue de la scolarité primaire sur la base des notes qu'ils ont obtenues. Seuls les plus performants peuvent poursuivre leur scolarité au collège. À partir des années 1950, les pays scandinaves,

Suède en tête, passent progressivement au système du collège unique obligatoire pour tous. Les portes du collège s'ouvrent à un nouveau public : les enfants d'origine modeste et très modeste, moins bien préparés par leur famille à suivre des études longues. L'évaluation de cette réforme montre que partout où elle a été mise en œuvre, l'instauration de l'école unique s'est accompagnée d'une réduction des inégalités entre enfants de milieux sociaux différents et d'une augmentation du niveau moyen des élèves.

On pourrait citer d'autres exemples. La Grande-Bretagne, qui fonctionnait également sur un modèle de sélection des enfants à l'issue du primaire, a choisi dans les années 1960 d'évoluer vers une « école unique » (la même pour tous) obligatoire jusqu'à 16 ans. La réforme n'a pas été conçue pour être immédiatement évaluable, comme en Suède. Cependant, tous les districts anglais ne sont pas passés au collège unique au même moment. On peut aujourd'hui observer que dans ceux qui ont unifié les premiers leur école, le niveau des élèves et leurs salaires à l'entrée sur le marché du travail se sont améliorés.

Alors que la plupart des pays européens sont passés au collège unique, l'Allemagne n'a pas renoncé à sélectionner précocement les élèves. Comment expliquer une telle hétérogénéité des systèmes scolaires en Europe ?

En Allemagne, les élèves sont orientés dans le secondaire en fonction de leurs aptitudes. Ils vont soit à la Hauptschule soit à la Realschule. Le collège unique n'existe pas encore. L'arrivée sur le marché des résultats du test Pisa, qui évalue internationalement le niveau des élèves à 15 ans, a été un vrai choc dans ce pays. En termes de compétences scolaires, l'Allemagne arrive aujourd'hui derrière la plupart des autres pays européens. Elle est systématiquement derrière la France par exemple. Les experts allemands s'interrogent désormais sur la pertinence de leur système sélectif, de l'orientation dès 11 ans des élèves les plus faibles vers des filières professionnelles.

L'abandon de la sélection précoce et la démocratisation du secondaire font partie du mouvement très général des sociétés modernes vers davantage d'égalité. Ce mouvement rencontre partout des résistances, même si elles sont moins fortes dans les démocraties libérales du nord de l'Europe que dans les pays d'Europe centrale comme l'Allemagne ou l'Autriche. On peut attribuer la persistance d'une école sélective en Allemagne aux traditions autoritaires, élitistes des pays d'Europe centrale. Entre ces deux traditions, on trouve la France, où une institution comme le collège unique a fini par passer, non sans résistances. Jusqu'à la fin des années 1980, une part importante d'enfants français continuait encore à être orientée vers des filières techniques dès la fin de la cinquième.

Les années d'unification de l'école en France sont des années où le taux de redoublement a explosé. Les nouveaux publics qui sont arrivés étaient clairement moins bien préparés par leur milieu familial à poursuivre de longues études académiques et rien de concret n'a été mis en œuvre pour leur éviter l'échec.

Pourtant, l'analyse méticuleuse des données disponibles montre que le destin des enfants de milieux défavorisés s'est amélioré. Le bénéfice est particulièrement sensible pour les générations nées entre le milieu des années 1960 et le milieu des années 1970. Des enfants d'ouvriers, de paysans ont connu un destin social sans commune mesure avec ce qu'aurait été le leur si l'enseignement secondaire leur était resté fermé.

Je crois que, dans de nombreux pays, la violence du débat sur la démocratisation vient de la difficulté à faire la part entre ses effets bénéfiques sur les générations qui en profitent et ses effets déprimants sur les enseignants, voire sur les classes sociales favorisées soudain en butte à une concurrence beaucoup plus vive.

Vous avancez qu'en France, les nouvelles générations d'enseignants sont les plus sceptiques sur les bénéfices de la démocratisation scolaire. Comment l'expliquer ?

La France se distingue assez nettement des autres grands pays développés du point de vue du recrutement de ses enseignants. Les enseignants sont recrutés sur un concours qui sanctionne essentiellement l'excellence disciplinaire, moins l'intérêt pour l'enseignement ou les capacités à enseigner. Le décalage entre le niveau des enseignants et

le niveau des classes auxquelles ils sont confrontés, notamment en début de carrière, explique pour moi en grande partie leur désillusion.
D'autres logiques de recrutement et de formation sont possibles. Dans les pays du nord de l'Europe par exemple, il n'y a pas de concours. Quiconque est capable d'obtenir son diplôme d'enseignant peut ensuite exercer ce métier, s'il trouve une école pour le recruter et le garder. En un sens, seuls subsistent dans le métier ceux qui font leurs preuves sur le terrain...

Dans son livre, *L'Inflation scolaire. Les désillusions de la méritocratie*, la sociologue Marie Duru-Bellat s'interroge : passer de 60 % de bacheliers à 80 % aurait-il encore une influence sur la croissance, dès lors qu'un certain seuil a été franchi ? Les besoins économiques sont-ils extensibles à merci ?

Les diplômés affluent sur le marché du travail depuis maintenant plusieurs années. Si les besoins de l'économie étaient constants, cela aurait dû entraîner une érosion de leurs salaires et de leurs statuts. Or, on ne constate rien de tel, ni en France ni ailleurs. L'économie n'est pas statique, elle est en perpétuel renouvellement, en partie sous l'effet même de l'élévation du niveau général de la population. Le marché du travail n'évolue pas indépendamment du niveau de formation des générations qui se succèdent. Aujourd'hui, on dénombre 35 à 40 % de diplômés du supérieur. Ce qui est clair, c'est que si l'on amenait 5 % de jeunes de plus à ce niveau l'année prochaine, ils trouveraient aussi à s'employer. Il faut bien voir que les pays occidentaux sont dans une période de changements technologiques très profonds. Les technologies qui arrivent dans les entreprises rendent caduques un nombre croissant d'emplois peu qualifiés, ceux dont l'exercice demande simplement de répéter les mêmes tâches. En revanche, les nouvelles technologies sont de plus en plus complémentaires des personnes dont l'activité n'est pas programmable à l'avance, tous ceux à qui l'on demande de combiner des idées, d'interagir... Le capital humain transforme les entreprises en sa faveur. Il m'apparaît évident que le monde évolue en faveur des plus diplômés.

Propos recueillis par Florence Mottot

À propos de : *Les Sociétés et leurs écoles*

« L'éducation peut tout : elle fait danser les ours », disait Gottfried Leibniz. Certes, mais peut-elle à elle seule produire une bonne société ?, auraient pu lui rétorquer François Dubet, Marie Duru-Bellat et Antoine Vérétout. Dans *Les Sociétés et leurs écoles* (Seuil, 2010), leur dernier ouvrage, les trois sociologues ont voulu interroger l'idée, particulièrement prégnante en France d'après eux, selon laquelle il suffirait d'avoir une école égalitaire pour que la société devienne juste.

Pour répondre à cette question, ils se sont lancés dans une vaste comparaison internationale. Objectif : établir statistiquement si oui ou non il y a, dans tous les cas, continuité entre les caractéristiques des sociétés et celle de leur école. Sophistiquée, l'étude réduit chaque société et chaque système scolaire à deux dimensions : l'intégration et la cohésion. Une société est intégrée quand le marché du travail est dynamique, le chômage faible, l'emploi de bonne qualité, les inégalités de revenus réduites. Elle est cohésive quand ses membres appartiennent à des associations, des syndicats, quand ils sont tolérants et ont confiance envers les autres et les institutions. L'intégration scolaire se mesure, elle, aux taux de scolarisation des élèves et à leurs performances scolaires. Quant à la cohésion scolaire, elle se manifeste par le sentiment d'utilité des apprentissages, la confiance envers les professeurs ou encore le goût du travail en groupe que déclarent les élèves.

Au terme de cette analyse complexe, les trois sociologues montrent la grande diversité d'arrangements possibles entre ces quatre dimensions, assez nettement indépendantes. Mais ils pointent surtout l'absence de corrélation entre les caractéristiques du système scolaire et celles du système social. L'Espagne, l'Italie ou la Pologne combinent ainsi des inégalités scolaires relativement faibles avec des inégalités sociales fortes. À l'inverse, les sociétés allemandes ou belges se révèlent nettement moins inégalitaires que leur école. Seuls les systèmes scolaires scandinaves « semblent être en "harmonie" avec leur société ». De la même manière, les auteurs montrent que le poids de l'origine sociale sur les performances scolaires, s'il est partout avéré, est cependant d'ampleur très variable.

École et société n'entretiendraient-ils donc que des relations arbitraires ? Pas tout à fait, car les trois chercheurs mettent en évidence un facteur nettement plus discriminant que les inégalités scolaires (importantes différences de performance entre élèves, influence des origines sociales sur la réussite scolaire) : « l'emprise » du diplôme. Dans une société donnée, plus les diplômes « rapportent » (en termes de salaires et d'emploi), plus les inégalités scolaires sont fortes. Les sociétés méritocratiques comme la France sont aussi celles où le chômage des jeunes est le plus important, le marché du travail le moins dynamique, et la reproduction sociale (rapport entre le salaire du père et celui des enfants) la plus forte.

Prudents sur la portée des données qu'ils présentent, F. Dubet, M. Duru-Bellat et A. Vérétout en savent néanmoins assez pour rejeter « à la fois la thèse du volontarisme scolaire et celle de la reproduction mécanique ». Et se sentir confortés dans la critique du système français qu'ils avaient développée dans certains de leurs ouvrages précédents. Le constat d'une multiplicité de modes d'emboîtement, lâches ou serrés, des écoles dans les sociétés invite en tout cas, selon eux, à complexifier nettement notre regard sur les relations circulaires entre inégalités scolaires et inégalités sociales.

Xavier Molénat

Entretien avec Denis Meuret

Le miroir anglo-saxon

Comparer les systèmes scolaires américains et français, tel est le projet auquel s'est attelé Denis Meuret dans son ouvrage intitulé Gouverner l'école[1].

On y apprend notamment que, bien que la société américaine soit demeurée plus religieuse que la société française, l'école française a davantage hérité des conceptions éducatives chrétiennes. Cela tient évidemment à l'héritage catholique, plus autoritaire en matière éducative que la tradition protestante, mais surtout aux choix opérés au moment de la création de l'école républicaine. Comme l'exprimait clairement Durkheim, l'école républicaine, pour s'opposer à l'influence catholique sur les jeunes esprits, a dû se construire contre l'Église. Le projet républicain et durkheimien d'une éducation à la raison pour former les citoyens d'une société moderne passe donc par l'exercice de l'autorité et la méfiance à l'égard de l'autonomie des individus, qui est l'exacte réplique de l'autoritarisme et de la méfiance à l'égard des « mauvais penchants » de l'enfance qui caractérisait la plupart des écoles catholiques.

*À l'inverse, dès 1791, la Constitution américaine a instauré, selon la formule de Jefferson, un « mur infranchissable » entre la religion et l'État. Du coup, c'est l'influence de pédagogues progressistes, et surtout la figure du philosophe et pédagogue John Dewey qui a influencé l'école américaine. Au début du XX*e *siècle, J. Dewey s'est appuyé sur la tradition politique américaine pour défendre une pédagogie plus démocratique, orientée vers la multiplication des échanges, de l'exercice de l'imagination, de la découverte du monde, de l'exploration du réel au moyen de l'expérimentation.*

C'est à l'appui de ces considérations que D. Meuret interprète le libéralisme de l'école américaine dans un sens beaucoup moins critique que celui qui a souvent cours en France.

1- D. Meuret, *Gouverner l'école*, Puf, 2007.

Carte scolaire, autonomie des établissements, discrimination positive... Ces orientations des politiques scolaires en France sont-elles inspirées du néolibéralisme anglo-saxon ?

Pour améliorer les performances du secteur public, les politiques néolibérales anglo-saxonnes utilisent la concurrence, ou si l'on préfère l'émulation, entre institutions. Pour les partisans américains du choix de l'école, créer la concurrence est sa principale vertu. Des politiques existent ainsi, aux États-Unis et en Angleterre, qui, par des quotas, combinent concurrence et promotion de la mixité sociale. Les écoles sont en concurrence, mais dans une zone donnée, aucune ne doit recruter plus de x % d'élèves blancs, riches, ou bons, c'est selon.

Au contraire, le projet français actuel consiste à accroître le choix des familles sans accroître la concurrence entre les établissements. Tout doit se passer dans la limite des places disponibles, sans que les établissements aient la liberté de faire évoluer leurs effectifs. En France, le fait qu'un établissement scolaire puisse être tenu pour responsable de ses résultats apparaît une idée intolérable, une idée qui contredit le principe durkheimien selon lequel il est impensable que l'école rende des comptes à la société puisque c'est elle qui autorise l'existence de cette société en disciplinant les élèves. Dans cette logique, l'échec ne peut être attribué qu'aux seuls élèves (et non à l'école). Or les évaluations américaines montrent que c'est plutôt la responsabilisation des établissements (*accountability*) qui est susceptible d'améliorer l'efficacité et l'équité des systèmes éducatifs.

Ce que je crains dès lors, c'est l'apparition d'une concurrence défavorable à l'équité. En effet, si la limite des places disponibles est respectée, le choix de l'établissement ne pourra concerner qu'un nombre très restreint d'élèves et l'on peut penser que les familles favorisées seront plus à même de se mobiliser pour défendre leur « droit ». La concurrence existera bel et bien, mais comme aujourd'hui, cachée, et donc défavorable aux familles les plus défavorisés.

Quelle est l'influence aux États-Unis de ceux qui, comme en France, s'inquiètent d'une baisse du niveau des élèves et l'attribuent au laxisme du système scolaire ?

Elle existe. D'une part, dans tous les pays, le discours antilaxiste semble plus facile à tenir que le discours anti-autoritaire, comme si l'école en était encore là où les sociétés en étaient durant l'entre-deux-guerres, quand il semblait évident que les démocraties ne pouvaient qu'être vaincues par les dictatures parce que l'autorité était moins discutable dans ces dernières. D'autre part, les États-Unis ont été marqués par les premières évaluations internationales qui, notamment en mathématiques, les mettaient en piètre position. On a incriminé la trop faible exigence de l'école et des programmes qui ne portaient pas assez sur les compétences de base. « *Back to basics* », a-t-on réclamé.

Peut-on voir, à travers ces critiques croisées, une certaine convergence dans l'évolution des systèmes éducatifs des pays avancés ?

Certainement. En Angleterre, Margaret Thatcher a créé un programme national. Des systèmes autrefois très centralisés, comme le système suédois, ont attribué la responsabilité des écoles aux communes. La forme vers laquelle tendent les systèmes scolaires peut être caractérisée, à grands traits : un long tronc commun visant la transmission à tous d'un socle de connaissances, suivi de filières plus ou moins longues proposant de multiples possibilités de combinaisons ; une autorité centrale en charge de la définition des standards (les compétences que les élèves doivent acquérir), de la certification des enseignants et de l'évaluation ; une décentralisation de la gestion au niveau local et une grande autonomie pédagogique des établissements.
Le système scolaire français cessera d'entrer à reculons dans cet avenir-là seulement s'il accepte de porter un regard plus confiant sur le monde, son évolution et sur ses propres enfants. J'ai été frappé de voir que l'école américaine avait besoin de penser qu'elle transmettait les valeurs de sa société (tolérance, ouverture, envie de découvrir...) – quitte, naturellement, à idéaliser ladite société –,

tandis que l'école française aime au contraire s'imaginer en îlot de vertu et de rigueur dans un océan de médiocrité, d'hédonisme de bas étage et d'individualisme asocial, et aime d'ailleurs imaginer que l'école américaine est engloutie depuis longtemps dans cet océan-là. Je crois que le gouvernement actuel devra choisir entre cette partie de son discours qui en appelle à la responsabilisation des acteurs, et cette autre qui intronise les enseignants derniers remparts contre la barbarie, c'est-à-dire entre la régulation du système par les résultats et le retour à une conception religieuse de l'autorité du maître. Il est difficile en effet, de demander à une institution de rendre des comptes si elle se prétend la seule à porter et à permettre l'idéal républicain.

Propos recueillis par Vincent Troger

Comment expliquer la réussite finlandaise ?

Quelle ne fut pas la surprise de voir, à la publication des enquêtes Pisa, que c'était un petit pays bien discret qui affichait les meilleurs scores globaux des pays testés par l'OCDE. Mais il y a plus : la Finlande, montre l'enquête Pisa, fait partie des pays où l'impact des disparités sociales est le plus faible sur la réussite des élèves. Autrement dit, au pays des rennes et des Lapons, on a réalisé l'objectif visé par de nombreuses démocraties : un système éducatif à la fois performant et qui corrige les inégalités sociales...

Quels sont les secrets d'une telle réussite ? D'une part, la Finlande est un État qui soigne son école (la dépense moyenne par élève est cependant légèrement moindre qu'en France), dotée d'établissements relativement petits (le nombre moyen d'élèves par établissements est de 167, contre 512 en France). Repas chauds et transports gratuits, cadre soigné, tout est fait pour le meilleur accueil possible des élèves.

Surtout, il semble que ce succès doive être attribué à une certaine philosophie de l'éducation, à l'œuvre d'ailleurs dans tous les pays scandinaves (Suède, Norvège, Danemark). Ces États ont été les premiers a instaurer une véritable scolarité unique (de 7 à 16 ans), sans hiérarchie, sans filière, sans évaluation pénalisante ou problème de « passage dans la classe supérieure ».

Les parcours des élèves sont individualisés. En Finlande, la devise est « chaque élève est important ». En cas de difficulté, l'élève est pris en charge par une équipe d'enseignants. La diversité des rythmes des enfants est une préoccupation majeure, et le redoublement est proscrit, sauf cas exceptionnel. Les notes n'apparaissent qu'au bout de sept ans, moment où les élèves commencent à composer eux-mêmes leur cursus en choisissant des options, en vue de leur orientation future. Les méthodes pédagogiques privilégient l'activité des élèves et la coopération (familles-écoles, enseignants de diverses disciplines, entraide entre élèves d'âges différents).

À noter que dans ces systèmes, les établissements scolaires bénéficient d'une très grande autonomie, et que « l'obsession de faire le programme prescrit par le ministère semble étrangère à la Finlande » (1). Mais les experts soulignent également un niveau d'exigence élevé en matière de formation des professeurs.

Un problème subsiste : le modèle finlandais est-il exportable dans des États plus peuplés comme la France, où la population scolaire est nettement plus hétérogène ?

M.F.

1. H. Charpentier, « Systèmes scolaires et équité sociale », *in* Armen Tarpinian (dir.), *École : changer de cap. Contributions à une éducation humanisante*, Chronique sociale, 2007.

Smaïn Laacher

École et immigration : pour un nouveau regard

Depuis plus d'une vingtaine d'années, l'école est au centre de débats de nature différente. Pour dire les choses rapidement, il y a ceux qui visent à la critique de son organisation interne et de ses modes de transmission du savoir, et il y a ceux qui ne cessent de s'interroger sur son « identité », c'est-à-dire sur ses rapports avec les classes populaires et plus largement à la société.

L'apparition de nouvelles revendications mettant en avant l'identité religieuse comme principe d'identité majeur au sein même de l'espace scolaire a sans aucun doute accru la place stratégique de l'institution scolaire dans sa fonction de socialisation et d'intégration sociale et professionnelle. Mais à y regarder de plus près, les débats sur la laïcité ont été une autre façon de reprendre, plus dramatiquement que les débats précédents, la question de la place de l'immigration et des populations qui en sont issues dans la société et les institutions, et en premier lieu l'école. Pourtant, dans les débats, intéressants mais relativement abstraits, entre partisans et adversaires du « foulard », il a été finalement peu question de l'école et des rapports symboliques que ces enfants et leurs familles nouent avec elle. Certainement parce qu'une nouvelle fois on pensait, à tort ou à raison, qu'une partie de ces populations était devenue un problème pour l'école mais aussi pour la société française, et qu'il était urgent de trouver une solution juridique.

Mais la situation avait la vertu de montrer que la question de l'immigration ne pouvait plus se limiter à une simple gestion de main-d'œuvre et de populations extérieures à l'ordre national français. Les immigrés ont émigré avec leur histoire, et leur présence sur le sol français s'étend, implique et suscite de multiples effets : sociaux, culturels, politiques. Au cœur de cette transformation, que retrace l'histoire sociale de l'immigration, la relation à double sens entre les immigrés (quelle que soit leur nationalité, française ou non) et l'école, dans sa vocation d'intégration sociale et culturelle au symbolisme dominant, occupe une place centrale.

La réussite scolaire des filles, un pur parti pris

Curieusement, les sciences sociales ne se sont quasiment pas emparées de ces questions, qu'il s'agisse de comprendre la complexité des trajectoires scolaires, le rapport à l'école selon l'histoire migratoire et familiale, ou les effets socialement bénéfiques d'une scolarité longue. Sans doute parce que ces analyses sont moins médiatiques et moins gratifiantes que les discours populistes ou misérabilistes sur le malheur immigré.

Pourtant, analyser statistiquement par exemple, comme je l'ai fait, la différence de réussite scolaire, entre Français et « étrangers », et au sein de cette dernière catégorie, entre filles et garçons, fait voir à quel point les débats à ce sujet sont souvent proches du pur parti pris idéologique. En témoigne un aspect significatif de cette recherche que je voudrais relater ici très brièvement. J'ai analysé la répartition des élèves de terminales de sept académies (Dijon, Grenoble, Metz, Nice, Orléans, Rennes et Toulouse) lors de l'année scolaire 1989-1990 selon la nationalité et le sexe. L'un des apports de nos résultats est de révéler que la différence de réussite scolaire entre filles et garçons étrangers réside non pas dans l'écart entre les taux de réussite, puisqu'ils sont statistiquement peu significatifs, mais dans la distribution selon le sexe entre les séries. La série est donc une variable déterminante pour les étrangers. Les filles sont massivement présentes dans les filières non scientifiques de l'enseignement secondaire (G, A, B)[1] alors que les garçons, comme leurs homologues français, accèdent d'abord aux filières où les matières scientifiques sont importantes, voire décisives (F, G, C). Encore faut-il préciser que la série G ne doit pas masquer le fait que plus de la moitié de ses effectifs, pour la catégorie étranger, est constituée de filles (478 filles contre 233 garçons). Seule la série D est, pour les Français comme pour les étrangers, celle qui accueille sensiblement le même pourcentage de filles et de garçons. Nous avons ainsi d'un côté un pôle littéraire/tertiaire (G, A, B), celui des filles, qui s'oppose au pôle des

1- Les filières A, B, C, D, E ont été remplacées en 1994 par les filières S, L, ES. Les filières technologiques F et G ont été remplacées par la série des filières STI, STG, STL.

garçons industriel/scientifique (F, G, C).

Mais il y a plus. Certes, les filles étrangères accèdent en terminale en nombre légèrement supérieur à celui des garçons (elles représentent 1 424 des 2 508 admis d'origine étrangère), mais leur répartition entre les séries est plus inégalitaire que celle des garçons. Autrement dit, ces derniers ont des probabilités d'accès à un plus grand nombre de séries que les filles, qui n'ont que des probabilités relativement réduites d'accéder à d'autres filières que G et A, ces deux filières totalisant à elles seules 855 filles, c'est-à-dire 60 % des effectifs de l'ensemble des sections.

Produire des enfants qui font honneur

Ce travail m'a également permis de faire émerger des questions et des thèmes dont je ne soupçonnais pas l'importance sociologique. Par exemple comment la famille, que l'on se plaît à qualifier d'immigrée, à sa façon et avec la force et les ressources accumulées au fil de son histoire, contribue à produire des élèves qu'elle destine, en accord avec l'école, à une longue scolarité. On accède ainsi à une compréhension de l'univers domestique et à ses procédures de transmission d'une morale de l'effort et de la bonne tenue scolaire.

Si les parents ne sont bien souvent que d'un faible recours pour les choix fondamentaux concernant la scolarité de leurs enfants, c'est que rien ne permet à ces parents d'être naturellement des médiateurs (entre la famille et le reste de l'environnement) et des interprètes de la complexité du monde – à commencer par la complexité du fonctionnement de l'institution scolaire. Dotés d'expériences différentes de celles de leurs enfants, les parents n'ont pas dans le domaine de l'école de consigne ou de modèle pouvant se traduire concrètement par des réponses du type « voilà comment j'ai résolu ce problème ». Cette défaillance des parents dans l'espace scolaire et social n'interdit pas des scolarités plus ou moins remarquables. Un mot revient très souvent dans les récits que nous avons recueillis pour rendre compte du rôle des parents dans la scolarité de leurs enfants, c'est celui de « présence » : « Ils étaient toujours présents », « Ils ne m'ont pas laissé tomber », « Mon père était tout le temps à la maison, il n'allait jamais au café », « Ma mère, c'est grâce à elle que je suis en fac, quand ça n'allait pas, elle était là », « Ma mère était un vrai télescope, j'étais toujours sous surveillance », etc.

Mon hypothèse est que ces familles sont dotées d'une morale

éducative, d'un système éducatif gouverné par une morale de la prudence, de la mise en garde mais aussi et peut-être surtout d'une morale de la persévérance. L'école n'est pas le tout de cette morale, elle n'en est qu'une dimension. Cette éducation, faite de tensions permanentes, ne vise nullement à produire prioritairement de brillants élèves, elle est tout entière tournée vers la production, en terre d'immigration, d'enfants « dignes » de ce nom, des « enfants qui font honneur ». Les enfants « qui ne sont pas perdus » et « qui ne se sont pas perdus ». Elle signe l'existence d'une relation sensée avec le monde, la chose qui donne sens, la chose la plus sensée dans ce monde insensé. Que de fois n'avons-nous pas entendu que l'on pouvait considérer qu'une famille s'en était bien tirée, que les enfants avaient « bien tourné », qu'ils étaient « maintenant des hommes », qu'ils n'avaient « pas fait honte », tout simplement parce qu'aucun d'entre eux n'avait eu affaire avec la police, la justice ou n'était devenu dealer ou toxicomane.

Réussite à l'université et éloignement social

Ainsi, au lieu de répéter ce que l'on sait sur l'échec scolaire des enfants d'immigrés en se plaçant du point de vue de l'école et de ce que celle-ci estime être les critères de la réussite et l'échec scolaire, j'ai mené parallèlement une analyse quasi ethnographique sur le temps des études universitaires. Un temps pensé non seulement comme un moment qui en dit long sur le passé de l'étudiant et de sa famille, mais aussi comme un retour réflexif sur soi s'efforçant de comprendre et de mesurer ce qui a été accompli et la manière dont cela a été accompli.

En déroulant différemment le cursus scolaire de ces enfants d'immigrés devenus étudiants, c'est-à-dire en partant de leurs études à l'université et non pas de leur scolarité à l'école élémentaire, mon ambition est de mieux comprendre, analytiquement et empiriquement, la dimension cumulative des conditionnements sociaux. Cette période constituée par le temps des études dans l'enseignement supérieur apparaît comme une période d'intense théorisation de la rupture avec l'ethos du foyer et de la communauté d'origine. Au lycée, et encore plus lors des études supérieures, l'obéissance alternative à deux codes culturels, celui de la famille et celui des groupes d'adoption, devient tout bonnement impossible. Plus la scolarité se prolonge, c'est-à-dire plus elle « réussit » pour ceux qui la prolongent, plus la distance sociale et culturelle s'accroît et finit par devenir incommensurable entre les bien scolarisés et les mal scolarisés, et plus les familles se résolvent à accepter cette distance, à s'en accommoder, à la comprendre en comprenant la métamorphose qui s'est accomplie et que l'école a accomplie sur la personne de leurs enfants. Mais aussi, plus elles peuvent s'en enorgueillir et tirer profit des avantages symboliques de cette remarquable scolarité.

C'est bien pour tenter de comprendre ces multiples transformations morphologiques et les mécanismes qui leur sont liés qu'il m'a semblé nécessaire d'historiciser la question scolaire quand elle est rapportée à l'immigration et aux enfants d'immigrés, et d'examiner cette fois-ci à partir du point de vue des familles, c'est-à-dire de leur confrontation aux impératifs de l'institution scolaire, comment se constitue, avec ou sans héritage scolaire, un double processus de séparation d'avec le groupe d'origine et d'agrégation, problématique mais réelle, aux mondes de la culture dominante.

Un témoignage parmi des dizaines d'autres que j'ai recueillis au cours de mes recherches, celui de Karim.

« À Sciences Po, je parle comme les gens de Sciences Po. Et puis quand je suis à la cité ou dans ma famille c'est moi qui parle de Sciences Po. Mes parents ne savent pas du tout ce que ça représente. La différence se fait au niveau du langage. Chez moi et même dans ma cité, il y a des conduites, des mots et des choses qui m'énervent. Mais je ne dis rien. J'accepte, je sais qu'ils n'ont pas le même univers que moi. Je pardonne. Je ne supporte pas quand ils ont des jugements négatifs sur telle ou telle personne : c'est presque du rejet raciste. Alors je m'oblige à expliquer. Avec mes frères aussi je ne supporte pas leurs rapports aux choses. Comme la question israélo-palestinienne, leur jugement est trop catégorique. Tout ça devient difficile à gérer. Ça devient vraiment difficile. De plus en plus, je sens qu'ils appartiennent à des mondes différents du mien. Ils mettent ça sur le dos de l'école. En fait, la rupture elle s'est faite il y a environ deux ans quand j'ai vraiment commencé à me mettre à travailler à Sciences Po. »

Sans aucun doute possible, l'école a été et reste un dispositif central non seulement de ces changements internes à l'immigration, mais aussi corrélativement dans la production de nouvelles dispositions culturelles d'individus et de groupes ayant pour effet de diffuser une nouvelle relation à l'immigration.

Rencontre avec François Dubet

Déscolariser la société ?

En publiant Faits d'école *(EHESS, 2008) le sociologue François Dubet revient sur quinze ans d'enquêtes et d'interventions publiques autour du système scolaire, et plaide pour un véritable débat autour des objectifs à lui donner et des moyens pour y parvenir.*

Quelle perspective était la vôtre lorsque vous vous êtes intéressé à l'éducation ?

À l'époque, la sociologie de l'éducation était dominée par deux grands modèles, ceux de Pierre Bourdieu et de Raymond Boudon qui, chacun à sa manière, s'intéressaient à la question des inégalités scolaires. Pour le premier, elles s'expliquent par la répartition très inégale parmi les élèves des capitaux culturels, économiques, sociaux... Pour le second, elles sont avant tout le résultat de stratégies familiales divergentes. Ces deux modèles ont cependant en commun d'être des sociologies sans acteurs, fondées uniquement sur des statistiques. Personne ou presque ne s'intéressait alors aux élèves. Or j'avais l'impression que c'était d'eux qu'il fallait partir. Non pas pour contredire les théories dominantes, mais pour proposer une image inversée du système scolaire : voir ce que les élèves ont dans la tête pour comprendre ce que fait l'école aux individus. Les jeunes ne sont pas simplement des séries statistiques qui réussissent ou qui échouent. Ils ont une vie à l'école, des sentiments, des relations, des motivations. Et ce d'autant plus qu'ils y passent environ quinze ans de scolarité: ce n'est pas rien dans la vie des individus.

Vous êtes donc allé interviewer des lycéens, des étudiants, des écoliers, des collégiens... Qu'est-ce qui vous a le plus étonné ?

J'ai trouvé d'abord qu'il y avait un problème majeur de motivation. Ça m'avait frappé quand j'avais enseigné en collège en 1995 : ce qu'on leur enseignait – pas seulement moi –, au fond, ne les intéressait pas. Au-delà de la plus ou moins grande distance à la culture scolaire, ça interrogeait le sens de la relation éducative.

J'ai ensuite « découvert » que l'école française ne sait pas quoi faire de la vie juvénile qui l'a envahie. Longtemps, l'école a séparé l'élève de l'enfant et de l'adolescent. L'expérience scolaire des jeunes n'est désormais scolaire que pour une part: les relations, les amours, les amitiés viennent « parasiter » la relation scolaire. Mais c'est aussi cela qui les forme.

Troisième et derniers constat : le système est cruel. Beaucoup d'élèves disent « on m'oblige à jouer un jeu dans lequel je perds ». À l'image de cette élève qui, à la fin du film de Laurent Cantet, *Entre les murs* (2008), dit au professeur : « Cette année, j'ai rien appris, je ne comprends pas ce qui se passe. » Lorsque mes livres ont paru, une réaction commune était de dire que les gamins n'étaient pas adaptés à l'école parce qu'ils venaient de milieux populaires. Selon moi, ça allait bien au-delà.

Vous voulez dire qu'au cours des années 1980-1990, on a changé de système ?

Oui. On a ouvert les portes du lycée non plus à 12 ou 15 % mais à 70 ou 80 % d'une classe d'âge. On a donc changé d'école. Mais dans notre imaginaire, celui des enseignants et de nos hommes politiques, c'est toujours la même école républicaine, qu'il faudrait simplement adapter. D'où beaucoup de souffrance chez les élèves et les enseignants, parce que l'on est dans une forme et des objectifs scolaires qui ne sont plus ceux qui conviennent.

L'école républicaine a fonctionné sur des principes assez simples. D'abord, chaque catégorie avait son école : aux classes populaires, l'école élémentaire, aux catégories intermédiaires, le collège, aux bourgeois, le lycée. Ensuite, ne faisaient des études longues que les héritiers ou les boursiers, c'est-à-dire des élèves « croyants », disposés à jouer le jeu scolaire. Enfin, c'était une école dont tous les gens n'attendaient pas qu'elle leur donne une position dans la société, qui restait largement déterminée en amont par la naissance.

La massification a transformé l'école républicaine en école méritocratique, en disant aux élèves : vous deviendrez ce que vous avez fait à l'école. Cela change complètement la règle du jeu, qui se tend et devient beaucoup plus cruelle. Car l'échec scolaire ne signifie plus seulement « je ne suis pas doué pour l'école », mais « je vais rater ma vie ». D'où des comportements utilitaristes chez les élèves, qui passent leur temps à calculer ce qu'il est rentable de faire ou pas : ils ne travaillent pas la physique par amour du savoir mais pour aller en terminale scientifique.

Face à cela, une tendance réactionnaire s'est affirmée dans l'école, qui estime qu'il faudrait retrouver la culture d'avant, les élèves d'avant, les professeurs d'avant. Ce qui me paraît tout à fait raisonnable, à condition d'exclure 70 % des élèves... Et pourquoi pas de rétablir un examen d'entrée en sixième !

Vous avez pourtant critiqué la notion d'« égalité des chances », qui est au cœur de l'école méritocratique. Pourquoi ?

J'ai en effet mené une réflexion un peu générale (les Britanniques la menaient depuis longtemps) sur les principes de justice à l'école. J'en ai tiré deux conclusions.

La première, c'est que dans une société non aristocratique, l'égalité des chances est le seul principe de justice sur lequel peut s'appuyer l'école : il faut bien que les individus se hiérarchisent selon leur mérite.

La seconde, c'est que ce principe est extrêmement difficile à mettre en œuvre. D'une part, les élèves n'ont pas les mêmes chances au départ, en raison de leur origine sociale, de leur capital culturel, d'autre part, c'est un principe très cruel, qui dit aux bons « vous avez droit à tout » et aux mauvais « tant pis pour vous ».

Comment faire alors pour rendre « l'égalité des chances » moins injuste ?

On peut pondérer ce principe, en faisant par exemple valoir ce que John Rawls appelle le principe de différence[1] : il faut faire en sorte que le déroulement de la compétition méritocratique ne dégrade jamais le sort des vaincus. D'où ma défense du collège unique, qui ne doit pas servir à sélectionner des enfants, mais à les amener tous au même niveau.
Ensuite, si les inégalités scolaires ne sont pas parfaitement justes, il est injuste qu'elles déterminent à leur tour les inégalités sociales. L'école ne devrait pas être la seule institution susceptible de distribuer les individus dans la société. Il y a des moyens de détendre un peu le jeu, comme par exemple le développement d'une véritable formation professionnelle, pour que les enfants qui échouent à l'école puissent se dire que leur vie ne s'arrête pas là.
Enfin, je m'inquiète actuellement du fait que l'école française n'a pas, ou plus, de projet éducatif. Les seules questions sont désormais : « les élèves ont-ils un bon niveau ? » et « la sélection est-elle juste ? » Ce que l'école fabrique comme individu, la totalité de l'échiquier politique s'en désintéresse. Pourtant, la seule manière d'éviter que l'école devienne complètement un marché serait de fixer à l'école des objectifs éducatifs : tout élève qui sort de l'école doit par exemple avoir le sentiment d'avoir de la valeur, ou être capable de s'exprimer en public sans avoir honte... En France, ces propositions sont marginales et suscitent de formidables résistances.

Pourquoi justement est-il si difficile de réformer l'école ?

Deux hypothèses sont possibles. Soit le politique est très faible, soit la société française a trouvé un consensus autour de l'école et ne souhaite pas qu'on y touche. Je crois que les deux jouent. On n'a en tout cas jamais pu, comme les pays scandinaves tant admirés, se dire « l'école a changé de nature, changeons les règles ». Par exemple, tout le monde sait que certains établissements dans les « quartiers en difficulté » sont dans des situations impossibles. On leur donne

1- J. Rawls, *Théorie de la justice*, 1971, rééd. Seuil, coll. « Points essais », 1997.

quelques moyens financiers en plus (très peu !), mais on ne touche ni au mode de recrutement des enseignants, ni à leur mode de formation, ni au statut des établissements. On refuse de toucher à la forme même de notre système scolaire.

L'école tendrait-elle à penser que « le mal vient de l'extérieur » ?

Oui, l'institution a le réflexe d'externaliser ses problèmes. Je l'ai encore vu lors des débats autour d'*Entre les murs* auxquels j'ai participé : les enseignants rejetaient la faute sur les parents, le capitalisme, la crise, la société. Bien sûr, la société n'est pas parfaite, mais ce type de croyances peut, même avec les meilleures intentions, être catastrophique. Marie Duru-Bellat a par exemple soulevé clairement un problème de dévaluation des diplômes[2]. Dans l'Éducation nationale, on vous répond que ce n'est pas le problème de l'école mais celui du marché du travail, qui n'a qu'à créer des emplois qui correspondent aux diplômes produits. Non ! Car on peut agir politiquement sur la création de diplômes plus facilement que sur la création d'emplois qualifiés !

Avez-vous des réformes à proposer ?

Ce serait présomptueux de ma part. Je rappelle juste que dans un monde globalisé, où nos capacités d'action politique sont plutôt faibles, il reste un domaine où nous avons une capacité d'action totale : l'éducation. Or l'éducation est sortie du débat public. Bien sûr, Philippe Meirieu, le « pédagogue » prônant l'adaptation des méthodes d'enseignement à la diversité des élèves, s'oppose à Alain Finkielkraut, le « républicain » défenseur de l'autorité et du savoir académique. Mais on ne peut pas dire que l'on a, dans le champ politique en particulier, une confrontation de projets. On y a renoncé.

Pourtant, il y a des pistes pour améliorer l'école. Sans idolâtrer les enquêtes comparatives de l'OCDE (enquêtes Pisa), on ne peut pas faire comme si d'autres pays n'avaient pas une école meilleure et plus équitable. Par exemple, dans la

2- M. Duru-Bellat, *L'Inflation scolaire. Les désillusions de la méritocratie*, Seuil, 2006.

plupart des pays qui fonctionnent bien, ou mieux, les établissements sont plus autonomes qu'en France, en particulier sur le recrutement des enseignants. De son côté, le ministère a une capacité de contrôle des résultats beaucoup plus forte. En France, ce serait perçu comme une volonté de « privatiser » l'école, ou de rompre avec « l'égalité républicaine » – même si chacun sait que c'est une vaste plaisanterie.

La sociologie de l'éducation a aujourd'hui cumulé beaucoup de résultats. Quelles questions devrait-elle chercher à élucider dans les années à venir ?

Après avoir analysé ce que la société fait à l'école (P. Bourdieu, R. Boudon), puis ce que l'école fait aux élèves (M. Duru-Bellat, A. Van Zanten, moi-même), la sociologie devrait se demander ce que l'école fait à la société, c'est-à-dire analyser les conséquences de l'organisation des systèmes éducatifs sur la vie sociale. Ce que permettent les méthodes comparatives internationales. Tout le monde dit par exemple qu'il faut développer l'enseignement supérieur. On peut en discuter : ne faudrait-il pas plutôt développer la qualité de l'enseignement élémentaire? Ne serait-ce pas meilleur pour la société ?
Ma conviction, c'est qu'il faut déscolariser la société, c'est-à-dire sortir de l'idée que l'école doit fabriquer une « bonne » société. L'école doit fabriquer une bonne école. Si on veut réduire les inégalités, réduisons les inégalités entre cadres et ouvriers. Ce sera plus efficace que de permettre à des enfants d'ouvriers de devenir cadres!

À la fin de votre ouvrage, vous dites que les enseignants « ne croient pas les sociologues », et qu'ils ont raison. Pourquoi ?

Pour enseigner – je suis enseignant –, il faut vivre avec des fictions. Il faut être convaincu, au moment où l'on fait son cours, que ce que l'on va dire va transformer les gens, que tout le monde peut apprendre, que le savoir a une valeur en soi. Sinon on ne le fait pas. Or la sociologie a pour effet de refroidir ces illusions : « ne vous racontez pas d'histoire, tout cela est déterminé »...

Je connais par exemple des professeurs de lycée très imprégnés des thèses de P. Bourdieu. Mais quand ils sont face aux enfants, ils les laissent de côté. Ils ne vont jamais dire à un enfant d'ouvrier en échec « c'est normal, c'est à cause de ton faible capital culturel ». Ils vont lui dire qu'il est aussi intelligent que les autres et qu'il peut réussir s'il le veut. Il y a un devoir d'espérance dans l'école.
Donc je crois qu'il ne faut pas trop écouter les sociologues. Il faut entendre ce qu'ils disent, mais sans que cette connaissance détruise les illusions nécessaires à l'action. Les enseignants ont raison de résister, y compris à mes propres discours.

Propos recueillis par Xavier Molénat

ANNEXES

- Lexique
- Bibliographie
- Index des notions
- Index des noms propres
- Contributeurs
- Table des matières

Lexique

Apprenance
Concept forgé par Philippe Carré (*L'apprenance. Vers un nouveau rapport au savoir*, Dunod, 2005), « l'apprenance » place l'individu au cœur de sa propre formation : « il n'est plus question de trouver les moyens d'apporter le savoir aux acteurs, mais de donner aux sujets les moyens d'aller le chercher ». « Ce que l'on apprend, c'est ce que l'on apprend par soi-même », rappelle l'auteur, en citant Kant.

Apprentissage(s)
L'apprentissage désigne le changement dans le comportement des activités motrices ou mentales d'un individu, résultant d'interactions avec son environnement et se traduisant par un accroissement de son répertoire de comportements. Dans le développement de l'enfant, l'apprentissage se distingue de la maturation.
L'apprentissage en pédagogie
La conception psychologique de l'apprentissage est associée à une conception pédagogique, et inversement. L'idée d'un apprentissage par conditionnement renvoie aux méthodes passives d'acquisition selon le principe : la répétition est l'art de l'enseignement.
L'apprentissage par essai-erreur renvoie, sur le plan pratique, à un enseignement où l'élève doit progresser par tâtonnement expérimental.
L'approche cognitive (qui suppose une transformation d'un cadre de pensée) invite à déployer des stratégies de « situations-problèmes ».
L'approche psychosociale favorise l'apprentissage en groupe ou « coactif », durant lequel les enfants apprennent en même temps et s'épaulent mutuellement, se stimulent et se confrontent.
L'apprentissage organisationnel
Développée par Chris Argyris et Donald A. Schön (*Organizational Learning : A Theory of Action Perspective*, 1978), la théorie de l'apprentissage organisationnel s'intéresse aux dimensions cognitives des processus d'apprentissage au sein des organisations.
L'expression « apprentissage organisationnel » désigne notamment les dispositifs assurant le passage des connaissances individuelles aux connaissances collectives, les expériences de chacun participant à l'élaboration d'une « connaissance commune » permettant d'agir de manière coordonnée sans pour autant avoir codifié précisément ces connaissances. L'organisation est à ce titre elle-même « apprenante ».
L'apprentissage organisationnel concerne aussi bien les structures d'évaluation, d'information et de régulation que les structures de formation interne.

Autorité
Au sens courant, le mot « autorité » désigne un certain type de pouvoir qui est reconnu comme légitime. Lorsque l'on dit d'un enseignant qu'il « a de l'autorité », c'est qu'il sait se faire respecter. Lorsqu'une personne « fait autorité » dans son domaine – scientifique ou professionnel –, on suppose que ses compétences sont reconnues de tous.
Dans *Économie et Société* (1922), le sociologue allemand Max Weber analyse les types d'autorité qui sont pour lui des formes de légitimation du pouvoir :
- la forme traditionnelle repose sur le respect sacré des coutumes et de ceux qui détiennent du pouvoir en vertu de la tradition ;
- la forme légale se fonde sur la validité de la loi, établie rationnellement par voie législative ou bureaucratique ;
- la forme charismatique repose sur le dévouement des partisans pour un chef en raison de ses talents exceptionnels.

L'adjectif « autoritaire » comporte une signification différente. Un style de pouvoir est dit autoritaire lorsqu'il ne laisse aucune place à la négociation.
Le psychosociologue Kurt Lewin (1890-1947) a distingué trois types de *leadership*, dans la gestion de groupes d'enfants : autoritaire, démocratique et laisser-faire. Avec ses collaborateurs Ronald Lippitt et Ralph K. White, K. Lewin a tenté de mesurer l'impact des styles de *leadership* sur le comportement des enfants, leur productivité et l'atmosphère du groupe. Ces expérimentations montrent la supériorité du style démocratique sur le laisser-faire total ou sur le style autoritaire en ce qui concerne l'efficacité des groupes. Les travaux de K. Lewin sur l'autorité et le *leadership* ont particulièrement inspiré les théoriciens des organisations.
Aujourd'hui, les sociologues sont unanimes à diagnostiquer un déclin de l'autorité dans la société en général. C'est la fin du patriarcat dans les foyers, la perte d'autorité des enseignants. Dans la famille, l'école, l'entreprise, les structures pyramidales et la hiérarchie s'estompent. Dans les relations de travail ou les relations personnelles, la négociation et la communication priment sur les injonctions autoritaires, de moins en moins bien acceptées. Ce mouvement semble aujourd'hui si profond que, depuis les années 1990, de nombreux observateurs s'inquiètent d'un tel déclin de l'autorité – des parents sur leurs enfants, des enseignants sur les élèves – qui laisserait des enfants sans repères ni limites.

Béhaviorisme (ou comportementalisme)
Le béhaviorisme est une théorie psychologique de l'apprentissage dans laquelle le conditionnement tient un rôle central. Le béhaviorisme repose sur deux idées centrales :
- la psychologie se veut une science du comportement qui ne se préoccupe que des conduites observables et non des états mentaux du sujet ;
- la base des conduites humaines est le conditionnement, c'est-à-dire l'apprentissage par association entre un *stimulus* (S) et une réponse (R).

Le béhaviorisme a eu une influence déterminante sur la psychologie américaine des années 1930 aux années 1960. J.-B. Watson (1878-1958) est le chef de file de l'école béhavioriste. Les Américains Edward L. Thorndike (1874-1949), Clark L. Hull (1884-1952) et Burrhus F. Skinner (1904-1990) en furent les principaux représentants.

Binet-Simon (test)
Le psychologue Alfred Binet est

surtout connu pour être l'inventeur des tests d'intelligence (*Échelle métrique de l'intelligence*, 1905).
En 1881-1882, l'école publique obligatoire est instituée en France. Tous les petits Français doivent désormais suivre une scolarité à l'école primaire. En principe, car certains élèves s'avèrent incapables de suivre l'enseignement d'une classe ordinaire. En octobre 1904, le ministre de l'Instruction publique met en place une commission chargée d'identifier ces enfants pour les orienter vers un enseignement particulier.
On confie alors à Alfred Binet le soin de trouver les moyens techniques du dépistage. Il procédera avec son collaborateur Théodore Simon à un énorme travail empirique : des centaines d'élèves de 3 à 13 ans sont soumis individuellement à des épreuves brèves et de difficulté croissante. Il s'agit de déterminer à quel âge les enfants normaux réussissent chaque exercice. Ces recherches aboutiront à la construction de l'échelle métrique de l'intelligence ou « échelle de Binet-Simon ». L'enfant commençait par l'épreuve du plus jeune âge et poursuivait jusqu'au moment où il était incapable de réussir les exercices demandés. On déterminait ainsi son âge mental. Quand l'âge réel (l'âge chronologique) était très supérieur à l'âge mental, l'élève devait être dirigé vers un enseignement différent.
La renommée du test Binet-Simon aura bientôt une audience internationale. Aux États-Unis, Lewis M. Terman (1877-1956) l'adaptera aux enfants américains ; David Wechsler (1896-1981) construira des échelles d'intelligence qui en sont également des dérivés. Le psychologue allemand William Stern (1871-1938) introduit, quant à lui, le quotient intellectuel - le célèbre QI - en 1912.

Cognition/cognitif
(du latin *cognoscere* = connaître).
La cognition désigne l'ensemble des actes qui relèvent de la connaissance, de sa genèse, de sa mémorisation, de ses utilisations, de sa transmission...
Ce terme, très utilisé depuis l'apparition des sciences cognitives dans les années 1970, réhabilite la vie mentale (laissée de côté par les béhavioristes) et son rôle dans les comportements des individus.

Cognition située (ou distribuée)
En sciences cognitives, la cognition située vise à prendre en compte les facteurs de l'environnement dans les processus mentaux. Elle s'est opposée à l'approche cognitiviste dominante qui envisage les processus mentaux (perception, mémoire, apprentissage, résolution de problème, langage) comme des mécanismes internes produits par un agent individuel (homme ou machine). La cognition distribuée s'intéresse au collectif formé par un individu au travail et son environnement technique ou humain. Le pilotage d'avion en est le modèle de référence : le pilote n'est pas un individu isolé, car il est assisté de copilotes et de tout un dispositif de pilotage automatique formant une unité qui dépasse l'intelligence individuelle. La cognition située trouve de nombreux prolongements en éducation et en ergonomie cognitive.

Cognitivisme
Dans un sens général, le cognitivisme est assimilé aux recherches menées en sciences cognitives et qui adoptent l'idée de traitement de l'information. Dans un sens plus restreint, il est assimilé au « computationnisme » ou modèle computo-représentationnel. Ici, les hypothèses sont plus restrictives. Ce modèle postule :

1. l'existence d'états mentaux ; 2. que ces états mentaux sont traités sous forme de représentations symboliques et d'attitudes propositionnelles ; 3. que des opérations logiques (association, implication) forment un « langage de la pensée » similaire à un programme d'ordinateur.

Compétences (gestion des)
Aujourd'hui, la notion de gestion des compétences devient cruciale en matière de formation. Les savoirs théoriques et pratiques ainsi que certaines capacités (être adaptable, travailler en groupe, se concentrer dans le bruit, échanger facilement avec les autres) doivent être mobilisés et même gérés par les individus et les organisations afin de pouvoir intégrer et s'adapter au nouveau marché du travail fluctuant. La notion de « compétence » a remplacé peu à peu celle de « qualification » qui figeait les individus dans une situation donnée ; elle doit se comprendre en termes dynamiques. Il ne s'agit pas seulement de posséder les savoirs théoriques (connaissances), procéduraux (savoir-faire techniques, méthodologiques, relationnels...), les connaissances pratiques (liés à l'expérience)... mais la notion de compétence suppose de les combiner dans une situation professionnelle donnée et changeante, par définition, et donc de savoir anticiper.

Connexionnisme
Théorie cognitive fondée sur des modèles informatiques ou modèles de « réseaux de neurones formels » inspirés de l'organisation des cellules du cerveau. Le traitement des données est réalisé par un réseau de micro-unités qui traitent en parallèle et simultanément. Il existe plusieurs types de modèles connexionnistes.

Constante macabre
C'est une tradition ancrée dans le système scolaire français qu'André Antibi, professeur de mathématiques et chercheur en sciences de l'éducation, dénonce déjà depuis de nombreuses années sous le nom de « constante macabre » : dans les contrôles, les notes, pour être crédibles, doivent suivre une courbe de Gauss, répartissant implacablement les élèves d'une classe en un tiers de bons, un tiers de moyens et un tiers de mauvais. À tel point que certains enseignants s'inquiètent s'ils doivent mettre trop de bonnes notes et se réjouissent d'une copie qui fera baisser leur moyenne !
Si c'est loin d'être le cas dans beaucoup d'autres pays (anglo-saxons et nordiques notamment où l'on met plus l'accent sur l'encouragement que sur la dévalorisation), en France, on évalue la réussite des uns par les échecs des autres ; il faut des gagnants et des perdants, et lorsque l'on interroge les « évaluateurs », c'est comme si cette pratique était le fruit d'une sélection naturelle et irrémédiable...
La constante macabre ne s'observe pas partout. Elle est particulièrement visible, comme par hasard, dans les matières qui jouent pour l'orientation : mathématiques, et plus encore français et philosophie, où les bonnes notes plafonnent à 14 ou 15. Et elle atteint son paroxysme, dans les classes préparatoires où, malgré le bon niveau général des élèves, la pratique des notes négatives est courante ! Cette tradition suscite désormais de nombreux débats au sein de la communauté éducative.

Constructivisme
En psychologie, ce terme est assimilé à la théorie de Jean Piaget qui conçoit le développement de l'intelligence comme une construction progressive

associant une maturation biologique (ou schèmes d'action ou de pensée préexistants) et l'expérience (l'acquis). Le constructivisme est donc ici distinct à la fois de l'innéisme et de l'empirisme. Le constructivisme est également associé au courant de pensée issu de l'école de Palo Alto qui conçoit la réalité comme une « invention » ou une « construction mentale ».

Curriculum

Le terme « curriculum » désigne les manières de penser, d'organiser et de diffuser la culture scolaire, ainsi que les parcours d'apprentissage des élèves. Dans les pays anglo-saxons, les *curriculum studies* constituent une branche majeure de la sociologie de l'éducation, reprise par des chercheurs francophones comme Jean-Claude Forquin et Philippe Perrenoud. Ces derniers distinguent un curriculum formel d'un curriculum réel et d'un curriculum caché ou implicite.

– Le curriculum formel comprend tout ce que l'école prétend explicitement transmettre : les contenus cognitifs (programmes), et aussi le découpage disciplinaire en progressions et objectifs.

– Le curriculum réel est ce que l'école transmet vraiment et qu'elle évalue explicitement.

Car dans les faits, chaque enseignant opère des choix dans les programmes, présente les savoirs sous des angles divers, privilégie telle ou telle capacité dans ses modes d'évaluation. Chaque élève construit un curriculum caché, qui répond plus ou moins aux normes de comportement attendues par les enseignants. En effet, l'expérience scolaire n'est pas faite que de composantes instrumentales. Viennent s'y ajouter d'autres dimensions d'ordre affectif, social, moral qui débordent des prescriptions officielles et peuvent même, implicitement, les contredire.

Déclaratif/procédural

Une connaissance « déclarative » est un savoir associé à un contenu précis, par opposition aux connaissances procédurales qui portent sur les savoir-faire.

La distinction entre déclaratif et procédural est surtout utilisée en psychologie cognitive pour décrire différentes mémoires.

La mémoire déclarative porte sur les connaissances que possède l'individu sur les faits, les choses et les événements. Son contenu est verbalisable, accessible à la conscience, et peut donc être déclaré. La leçon apprise à l'école sur la vie de Charlemagne, ou la connaissance de l'organigramme d'une entreprise, sont des connaissances déclaratives.

La mémoire procédurale est, elle, la mémoire des aptitudes comportementales ou cognitives. Elle contient des connaissances sur la façon de faire les choses et est donc difficilement verbalisable. La façon de rouler à bicyclette, par exemple, est typiquement une connaissance procédurale : expliquer verbalement comment faire ne permettra pas de trouver son équilibre dès le premier essai.

Cette distinction est utilisée en sciences de l'éducation, ainsi qu'en gestion des organisations. Elle est utile pour comprendre les phénomènes de mémoire. Mais tout éducateur doit se rappeler que ces deux mémoires coopèrent dans tout apprentissage, et qu'on ne peut donc mobiliser l'une sans l'autre.

Didactique

En sciences de l'éducation, la didactique concerne un champ bien délimité : celui de l'enseignement des

contenus disciplinaires. On parle de didactique des mathématiques, du français, des activités sportives... La démarche didactique se compose de deux volets.
La didactique interroge les connaissances : le choix des savoirs à transmettre ; à partir de quelle problématique ?, de quels supports (choix des documents) ? Ce volet fait appel à la réflexion épistémologique et éthique : quel point de vue adopte-t-on par rapport à un savoir ? En histoire, devra-t-on enseigner la Révolution française selon les thèses d'Albert Soboul ou celles de François Furet ? Les débats autour de ces questions ont généré le concept de « transposition didactique », qui montre l'écart entre le « savoir savant » et le « savoir enseigné ».
D'autre part, la didactique étudie la manière dont les élèves s'approprient les savoirs, en fonction de leurs propres conceptions et des contraintes imposées par les situations de classe. Ces aspects induisent la recherche des meilleures modalités possibles de la transmission : réflexions sur les méthodes et sur les médiations pédagogiques appropriées.

Discrimination positive
La « discrimination positive » est entrée dans le débat public en France dans les années 2000. D'abord cantonnée à des cénacles spécialisés, l'expression a longtemps été présentée comme une traduction des mesures américaines d'*affirmative action*.
Dans une acception large, l'instauration d'une discrimination positive consiste à tenter de réparer une inégale distribution des positions sociales entre groupes d'origine différente. Cependant, les modalités de cette « discrimination positive » continuent de susciter de nombreux débats en France.

e-learning
Le *e-learning*, terme anglo-saxon, peut-être traduit par « apprentissage en ligne » (le e- fait référence explicitement aux technologies de l'information et de la communication/TIC).

Empirisme
Doctrine philosophique selon laquelle les connaissances viennent du monde extérieur (et non des idées). Selon la formule célèbre du philosophe John Locke (1632-1704), l'esprit est une « *tabula rasa* » sur laquelle les connaissances issues du monde sensible viennent s'imprimer progressivement. En sciences, la démarche empirique établit les connaissances à partir des données de l'expérience, sur des critères communicables.

Évaluation
L'évaluation vise à apprécier, par des moyens scientifiques, l'acquisition de savoirs et de compétences. Née dans le monde de l'entreprise anglo-saxonne, cette notion a été introduite dans le système éducatif avec la pédagogie par objectifs.
Il existe plusieurs conceptions de la démarche évaluative : L'évaluation est **prédictive** si elle a pour but d'estimer l'effet probable de décisions. Elle est **sommative** lorsqu'elle mesure les résultats obtenus : par exemple, noter un devoir. L'évaluation peut aussi être **formative** si elle vise à corriger la démarche de l'apprenant, pour lui permettre d'atteindre un objectif fixé.
L'évaluation dépend aussi de la référence que l'on prend en compte : le niveau moyen de connaissances de la classe (évaluation normative), le résultat attendu par rapport à un objectif fixé (évaluation critériée), le progrès effectué par l'apprenant par rapport à ses performances antérieures.

Les approches cognitivistes de l'apprentissage, quant à elles, analysent les processus de résolution de problème et les stratégies cognitives utilisées par l'apprenant.
Aujourd'hui, dans l'éducation, la formation, la recherche, les organisations, l'évaluation est devenue un instrument de validation indispensable.

Fonctionnalisme
On peut compter le temps avec un réveil mécanique ou une montre à quartz : quel que soit le support matériel, la fonction assurée est toujours la même.
Selon le fonctionnalisme, courant de la philosophie de l'esprit, on peut comprendre les phénomènes mentaux à partir de leur fonction (et de leur signification interne), indépendamment du support ou des structures qui permettent de les réaliser. Le cognitivisme, par exemple, est considéré comme un courant fonctionnaliste dans la mesure où il étudie les processus mentaux fonctionnels, issus de structures différentes (le cerveau ou l'ordinateur).

Gestalt theorie
Selon Max Wertheimer (1880-1943), Kurt Koffka (1886-1941) et Wolfgang Köhler (1887-1967), les principaux représentants de ce courant de la psychologie, la perception visuelle organise les données de l'environnement à partir de formes (*Gestalt* = forme) très prégnantes, (les « bonnes formes »). Percevoir, c'est donc projeter sur la réalité des formes ou des configurations connues.

Habitus
Bien que cette notion existe déjà chez Aristote (*hexis*) et qu'on la retrouve chez Norbert Elias ou Marcel Mauss, c'est surtout le sociologue Pierre Bourdieu qui va la mettre au centre de sa théorie. Pour Bourdieu (1930-2002), l'*habitus* est « un ensemble de dispositions durables, génératrices de pratiques et de représentations ». Il montre que ces dispositions sont comme une seconde nature et nous permettent d'agir « sans y penser ». L'*habitus* est le produit de notre éducation et de notre appartenance sociale : un ouvrier par exemple qui se retrouve dans une réunion mondaine aura toutes les chances de ne pas se sentir à l'aise, car il ne maîtrise pas les règles du jeu mondain. Pour Bourdieu, l'individu est déterminé par ses *habitus*, mais en même temps ceux-ci lui permettent d'agir librement dans un milieu donné.

Handicap socioculturel
Pour expliquer les inégalités sociales de réussite scolaire, la sociologie analyse comment l'enfant acquiert dans sa famille à la fois une culture, des valeurs et des outils cognitifs, tels que le langage. Et, de manière insidieuse, l'environnement familial des enfants de milieu populaire est parfois décrit de manière entièrement négative (défectologique, diront certains) : culture moins large, familles moins impliquées, langage moins complexe, vocabulaire moins étendu… Pour englober tous ces aspects négatifs, on parle alors de handicap socioculturel.
D'autres sociologues contestent cette notion en soulignant que ces environnements familiaux ont aussi leurs aspects positifs, et surtout que c'est l'école qui transforme, par ses exigences particulières, ce qui n'est que différences en véritables handicaps.

Inférence
Opération logique qui permet de

passer d'une proposition à une autre, par déduction, induction, généralisation.

Innéisme
Selon cette doctrine philosophique, les idées sont déjà présentes dans l'esprit humain dès la naissance (voir également nativisme).
Depuis Darwin, cet inné est devenu, pour les évolutionnistes, le produit de ce que l'espèce avait acquis au cours de l'évolution.

Intelligence cristallisée
L'intelligence cristallisée, ou verbale, met en jeu les connaissances, scolaires ou culturelles.

Intelligence émotionnelle
Daniel Goleman, professeur de psychologie à Harvard, a suggéré l'existence d'une « intelligence émotionnelle ». L'idée de départ est que certaines personnes, pourtant douées de bonnes capacités intellectuelles, se montrent incapables de maîtriser leurs propres émotions. C'est le cas de l'élève intelligent qui rate ses examens, ne pouvant pas gérer sa panique lors de l'épreuve alors qu'il sait résoudre les problèmes posés ou encore d'un responsable d'entreprise qui a du mal à affronter les problèmes autrement que par le conflit et le stress.
L'intelligence émotionnelle peut être définie par les aptitudes à :
- percevoir et exprimer ses émotions de façon adéquate ;
- utiliser les émotions pour aider la réflexion
- faire un usage efficace du savoir émotionnel
- réguler ses émotions.
S'il n'existe pas à proprement parler de QI émotionnel (c'est-à-dire de test standardisé), il prétend, en avançant ce terme, concurrencer la prédominance qui est toujours accordée au QI intellectuel.

Intelligence fluide
L'intelligence fluide, appelée aussi logico-mathématique ou de performance, désigne les capacités de raisonnement.

Intelligences multiples
Avec sa théorie des « intelligences multiples », Howard E. Gardner (*Les Formes de l'intelligence*, 1983) s'oppose à l'idée qu'il n'existerait qu'une seule forme d'intelligence, la pensée abstraite conceptuelle et déductive valorisée par le système scolaire. Il distingue donc plusieurs intelligences : linguistique, logico-mathématique, spatiale, musicale, corporelle-kinesthésique, personnelle (faculté de bien se connaître et de comprendre les autres), etc.

Maturation
Processus par lequel une fonction biologique ou psychologique atteint la maturité. La maturation évoque une évolution interne de l'organisme, correspondant à un programme de développement d'une fonction ou d'un organisme. Elle se distingue donc de l'apprentissage.

Médiation
À l'école et en formation, l'enseignant est de plus en plus souvent désigné comme un médiateur entre l'élève et le savoir. Cette notion sous-tend un changement dans les conceptions de l'acte d'apprendre. L'enseignant n'est plus le dispensateur des connaissances ; il devient une aide pour l'élève qui construit ses savoirs. Dans cette optique constructiviste, on admet que la pensée progresse

par rupture avec les conceptions antérieures devenues insuffisantes. L'un des objectifs majeurs de l'enseignement devient alors d'aider l'élève à franchir les obstacles qui lui permettront de rompre avec ses conceptions antérieures. L'enseignant assure la médiation entre l'élève et les connaissances nouvelles en provoquant des questionnements (ce que les pédagogues appellent des « objectifs-obstacles »), en créant des « situations-problèmes » adaptées au niveau de l'élève, en le guidant dans cette démarche de déconstruction-reconstruction par une attention particulière aux difficultés de chacun (pédagogie différenciée).

Mémoire de travail/à long terme
Se rappeler une course à faire, une adresse avant de la noter sur son carnet..., c'est le rôle de la « mémoire de travail ». La mémoire de travail conserve provisoirement les informations nécessaires à la résolution d'un problème. Elle intervient dans nombre d'opérations intellectuelles complexes : effectuer un calcul mental, envoyer un mail, jouer aux échecs ou planifier un projet.
La mémoire de travail se distingue de la mémoire à long terme au moyen de laquelle nous stockons des informations durables (savoir faire une addition ou monter à vélo) qui sont réactivées en fonction des sollicitations.

Métacognition
La métacognition (terme initié par le psychologue américain J. Flavell, 1977) désigne l'analyse que le sujet fait de son propre fonctionnement intellectuel : savoir que l'on a des difficultés avec les fractions ou que l'on comprend mieux un problème en faisant un schéma sont des compétences métacognitives pour un élève. La métacognition renvoie aux stratégies mises en œuvre dans le traitement de l'information, pour apprendre, se souvenir, résoudre un problème...
La plupart des pédagogues contemporains le proclament sans cesse : une condition importante de la réussite scolaire est de donner à l'élève la possibilité de construire lui-même ses apprentissages pour devenir autonome. « Seul l'élève apprend, mais il ne peut guère apprendre seul », affirme depuis longtemps déjà le pédagogue Philippe Meirieu. C'est dans cette optique qu'une équipe d'enseignants et de chercheurs de l'Université Lumière (Lyon-II) a mené une étude auprès d'élèves de l'enseignement primaire et de collèges, et de groupes d'élèves en difficulté, sur le processus de la « métacognition ». « L'apprenant parvient graduellement à conduire lui-même ses progrès dans l'intelligence du monde », explique Michel Grangeat (*La Métacognition*, ESF éditeur, 1999), coordonnateur de l'ouvrage. Par exemple, lorsque l'énoncé d'un problème est présenté à des élèves, les uns lisent directement la question finale avant le texte lui-même (« Pour savoir ce que l'on cherche. »), d'autres notent les données chiffrées au fur et à mesure de leur lecture (« Ainsi, souvent, je sais ce qu'il faut chercher avant d'arriver à la fin du problème. ») et certains disent n'utiliser aucune stratégie particulière...
Les études présentées montrent que le travail avec les élèves sur la métacognition peut accroître leur motivation. Il peut aussi améliorer l'efficacité de la pédagogie différenciée dont l'objectif est de prendre en compte les différences entre les individus. Dans cette démarche, le rôle de l'enseignant comme médiateur prend alors toute son importance.

Motivation
Au sens courant, « être motivé », c'est vouloir quelque chose intensément et volontairement (pour arrêter de fumer, réussir un examen, pratiquer un sport avec ardeur, etc.). La psychologie donne à la motivation un sens plus large : elle recouvre tout ce qui nous pousse à agir, volontairement ou non, qu'il s'agisse d'instincts, de pulsions ou de désirs. L'histoire de la psychologie est riche en théories de la motivation, qui s'inspirent toutes d'une certaine vision de l'être humain et d'un paradigme psychologique.
Psychologie sociale et motivation
De multiples travaux de psychologie sociale ont mis en évidence le rôle important joué par le regard d'autrui dans les motivations humaines. La volonté de paraître et le désir de reconnaissance seraient, dans cette optique, un des ressorts principaux des comportements humains. De multiples expériences ont montré que le fait d'être observé par quelqu'un durant une activité (sportive par exemple) contribue à stimuler l'effort et à accroître la performance.
L'orientation cognitiviste se concentre, quant à elle, sur les processus mentaux et sur les buts conscients qui interviennent dans la motivation. Les psychologues américains Edward L. Deci et Richard M. Ryan ont étudié l'impact des besoins d'autonomie et de compétence sur la motivation individuelle. Ils distinguent ainsi « motivation intrinsèque » et « motivation extrinsèque » (*Intrinsic Motivation and Self-determination in Human Behavior*, 1985). La première est l'exercice d'une activité pour la satisfaction qu'elle procure. Inversement, on parle de motivation extrinsèque lorsque l'intérêt pour l'activité est lié aux avantages dérivés qu'elle procure (bonnes notes, promotion, salaire, éloges, etc.).
L'approche cognitive considère donc la motivation à partir des buts qu'un individu se fixe. Ces buts peuvent s'organiser selon des niveaux hiérarchiques : les plus élevés sont plus généraux et abstraits (par exemple, être un bon élève), puis viennent des buts intermédiaires (réussir son année scolaire), et enfin les plus immédiats (apprendre la leçon du jour). Après avoir accompli une action, l'individu compare les résultats obtenus aux objectifs qu'il s'était fixés, ce qui l'amène, selon le cas, à arrêter l'action, à la poursuivre ou à la modifier.
Alors que les théories évolutionniste, psychanalytique, béhavioriste... mettent l'accent sur ce qui pousse l'individu à agir (les pulsions, l'instinct ou les besoins selon les théories), les théories cognitives s'intéressent à ce qui le tire en avant (les buts et les attentes). L'individu peut se comporter en « stratège », qui non seulement se fixe des buts, mais les réévalue, les réajuste ou les reformule en fonction de ses résultats.
Les approches interactives
Selon Claude Lévy-Leboyer, spécialiste de la motivation au travail, aucun modèle ne peut prétendre synthétiser à lui seul toutes les dimensions du processus motivationnel, même si chacun l'éclaire en partie. Il est donc vain de vouloir rechercher « la » bonne théorie des motivations (C. Lévy-Leboyer, *La Motivation dans l'entreprise*, 1998). Seule une approche pluraliste permet de « faire la synthèse des différentes pièces du puzzle ». Les facteurs de la motivation sont toujours multiples, changeants, liés aux caractéristiques de la personne et à celles de l'environnement (l'organisation, la société d'appartenance...).
Par exemple, la motivation au travail dépend de nombreux facteurs : le contenu de la tâche, les relations

dans l'entreprise, la reconnaissance sociale, le salaire... Pour un même poste de travail, telle personne pourra être motivée (en fonction de ses aspirations, ses compétences) et une autre non. Cette motivation pourra changer ensuite au cours du temps. Pour comprendre la motivation, il faut donc se livrer à une analyse *ad hoc*, en disposant d'un « modèle flexible de la motivation » qui mobilise tour à tour tel ou tel facteur. « La motivation n'est pas un état stable, mais un processus, toujours remis en question. » À partir de là, il faut se méfier des recettes toutes faites qui résultent de l'application d'un modèle simple et univoque. La diversité des approches doit servir de grille de lecture pour une approche flexible, et une analyse au cas par cas invitant à des solutions spécifiques.

Nativisme
Ce courant soutient que le cerveau est prééquipé à la naissance. Pour le linguiste Noam Chomsky par exemple, le cerveau est équipé des structures d'une grammaire universelle de la langue. Les thèses nativistes récentes s'appuient entre autres sur des méthodes nouvellement utilisées qui permettent de mettre au jour certaines compétences des nourrissons jusqu'à présent ignorées.

Neurosciences
Ensemble de disciplines (neurophysiologie, neuropsychiatrie, neuropsychologie, neuroendocrinologie, neurobiologie, etc.) qui prennent comme objet d'étude le système nerveux central, son anatomie, sa physiologie et son fonctionnement. Cette étude se fait le plus souvent en liaison avec des activités mentales particulières (le langage, la mémoire, la vision, etc.).

Pédagogie par découverte/ pédagogie de projet
Cette pédagogie repose sur une démarche dans laquelle les élèves découvrent par eux-mêmes ce qu'ils ont besoin d'apprendre, par exemple, pour mener à bien un projet. Ainsi, l'organisation par une classe d'un voyage scolaire peut être l'occasion de découvrir la géographie d'une région ou des pourcentages pour évaluer les frais à engager... L'initiateur de la pédagogie de projet fut le philosophe américain John Dewey (1859-1952), qui la résumait par la formule « *learning by doing* ». Ces approches pédagogiques reposent sur une démarche dite « active » dans laquelle l'élève est censé construire lui-même ses savoirs dans l'action (on parle alors d'approche « constructiviste »). Elles ont pour but notamment de stimuler la motivation en donnant du sens aux apprentissages. On trouve l'origine de telles pédagogies dans le courant de l'éducation nouvelle qui, depuis le XIXe siècle, propose des alternatives à la pédagogie traditionnelle en se centrant sur les besoins et les intérêts des enfants.

Procédural
Une procédure est un ensemble d'instructions à effectuer pour réaliser une tâche. Le raisonnement « procédural » désigne l'ensemble des règles à suivre pour atteindre un objectif donné. Il s'oppose aux connaissances déclaratives.

Psychologie évolutionniste
Courant de la psychologie en plein essor aux États-Unis et qui considère les différentes aptitudes mentales comme des dispositifs adaptatifs, hérités de l'évolution.

QI, QIP, QIV
QI : quotient intellectuel.

Pour Wechsler, le QI n'est plus un quotient d'âge mental mais simplement un classement du sujet par rapport à ses performances. Il distingue le QI de performance (QIP) du QI verbal (QIV).

Représentation (ou représentation mentale)
Le mot « soleil » est une représentation verbale d'un astre qui brille dans le ciel, le drapeau américain est une représentation d'un pays, le signe « + » est une représentation logique de l'opération « ajouter ». Prendre en compte les représentations dans les activités mentales les plus élaborées (raisonnement, vision, mémoire, etc.), c'est admettre que le traitement des informations passe, à un certain niveau, par des symboles, des images ou des signes. Le modèle de l'ordinateur où chaque information est traitée sous forme symbolique est à l'origine de la redécouverte de la notion de représentation. La prise en compte des représentations est considérée comme le grand apport des sciences cognitives par rapport à la psychologie béhavioriste.

Schème d'action
Piaget appelait schème d'action « une structure d'actions repérables » qui se généralise dans la répétition de cette action. Ces schèmes (ou schémas d'action) s'inscrivent progressivement dans le cerveau au cours du développement. Selon la théorie des stades de Piaget, les premiers schèmes sont sensori-moteurs, comme par exemple la succion qui permet à l'enfant de s'alimenter ; viennent ensuite des schèmes d'opérations concrètes puis formelles. Schème sensori-moteur : qui a trait au toucher, à la vision et aux mouvements.

Sciences cognitives
Apparues dès les années 1950, les sciences cognitives sont nées avec l'ordinateur qui portait l'immense espoir de décrire le fonctionnement du cerveau humain. Si cet espoir tel qu'il était formulé alors ne s'est pas réalisé, les sciences cognitives ont connu cependant un développement considérable depuis les années 1980, grâce à l'imagerie cérébrale qui permet de voir le cerveau en action. Pourra-t-on un jour lire les pensées de tout un chacun ? C'est le fantasme de bien des chercheurs...
En attendant, les sciences cognitives, qui se situent au carrefour des sciences du langage, de la psychologie, des neurosciences, de l'intelligence artificielle, de l'anthropologie, de la philosophie, ont produit des découvertes majeures, sur le fonctionnement de la vision, la mémoire, le raisonnement et le traitement de l'information, et suscitent de nombreux débats notamment à propos de la philosophie de l'esprit.

Socio-constructivisme
Le socio-constructivisme, tout comme le constructivisme, reconnaît l'importance de l'activité propre de l'individu. Il se différencie cependant du constructivisme, notamment celui de Jean Piaget, qui apparaît beaucoup trop individualiste. Influencée par les perspectives de Lev Vygotski et de Jerome Bruner, cette conception postule que le développement de compétences et l'acquisition de connaissances ne surviennent qu'en contextes sociaux et culturels : interactions multiples avec autrui, avec des technologies, avec des médias, etc.

Théorie de l'esprit
La « théorie de l'esprit » désigne la

capacité à attribuer des intentions, des croyances, des désirs ou des représentations mentales à autrui. Lorsque face à un ami qui semble perdu dans ses rêves, on lui pose la question « à quoi penses-tu ? », on fait preuve d'une théorie de l'esprit ; on suppose en effet que l'esprit d'autrui est bien occupé par ces états mentaux particuliers qu'on nomme les « pensées ».
Cette aptitude toucherait, selon les psychologues, un aspect central de la cognition humaine et donc du développement.

Transfert d'apprentissages
Transférer les apprentissages (ou les connaissances), c'est savoir les utiliser dans des contextes différents ; autrement dit, appliquer une solution connue dans une situation nouvelle. Le transfert, question centrale de l'enseignement, suppose l'interaction de tout un ensemble de stratégies cognitives : accessibilité aux connaissances de la mémoire à long terme, évaluation par le sujet de leur validité et adaptation pour aborder une situation nouvelle... Il suppose des capacités à la généralisation et à l'abstraction.

WAIS, WISC, WPPSI : les échelles de Wechsler
Ces sigles désignent les différentes échelles (tests) d'intelligence, mises au point à partir de 1939 par le psychologue américain Daniel Wechsler. Ces tests, régulièrement réétalonnés, sont encore très utilisés aujourd'hui partout dans le monde.
– WAIS : Wechsler Adults Intelligence Scale ;
– WISC : Wechsler Intelligence Scale for Children ;
– WPPSI : Wechsler Preschool and Primary Intelligence Scale (pour les enfants de 4 à 6 ans).

Zone proximale de développement
La ZPD rend compte de la distance entre ce qu'un sujet peut faire seul et ce qu'il peut faire avec l'aide d'autrui. Cette notion a été élaborée par Lev S. Vygotski pour qui l'apprentissage avec la médiation d'autrui (un adulte ou d'autres enfants) était le moteur du développement.

Bibliographie

Ouvrages généraux

- L. Arenilla *et al., Dictionnaire de pédagogie et de l'éducation*, Bordas, 3e éd. 2007.
- J. Beauté, *Les Courants de la pédagogie contemporaine*, Chroniques sociales, 5e éd. 2004.
- P. Champy et C. Etévé (dir.), *Dictionnaire encyclopédique de l'éducation et de la formation*, Retz, 2005.
- B. Charlot, *Les Sciences de l'éducation, un enjeu, un défi*, ESF, 1995.
- C. Desvé (dir.), *Guide bibliographique des didactiques des ressources pour les enseignants et les formateurs*, INRP, 1993.
- H. Hannoun, *Anthologie des penseurs de l'éducation*, Puf, 1998.
- J. Houssaye (dir.), *La Pédagogie : une encyclopédie pour aujourd'hui*, 7e édition, ESF, 2007.
- V. de Landsheere, *L'Éducation et la Formation*, Puf, 1992.
- G. et J. Pastiaux, *Précis de pédagogie*, nlle éd., Nathan, « Repères pratiques », 2005.
- F. Raynal et A. Rieunier, *Pédagogie : dictionnaire des concepts clés*, éd. revue, ESF, 2009.
- A. Van Zanten (dir.), *L'École. L'état des savoirs*, La Découverte, 2000.
- A. Van Zanten (dir.), *Dictionnaire de l'éducation*, Puf, « Quadrige », 2008.

Éducation et sciences humaines/repères historiques

- E. Becchi, D. Julia (dir.), *Histoire de l'enfance en Occident*, 2 vol., Seuil, coll. « Points », 2004.
- M. Cherkaoui, *Sociologie de l'éducation*, Puf, « Que-sais-je ? », 2010.
- C. Darwin, *L'Expression des émotions chez l'homme et chez les animaux*, 1874, rééd. Rivages, 2001.
- D. Ottavi, *De Darwin à Piaget. Pour une histoire de la psychologie de l'enfant*, CNRS, 2002.

- W. Preyer, *L'Âme de l'enfant. Observations sur le développement psychique des premières années*, 1881, rééd. L'Harmattan, 2005.
- A. Prost, *Éducation, société et politiques. Une histoire de l'éducation en France de 1945 à nos jours*, Seuil, 1992.
- J.-J. Rousseau, *Émile ou De l'éducation*, 1762.
- J. Sully, *Studies of Childhood*, 1895.
- V. Troger (coord.), *Une histoire de l'éducation*, éd. Sciences Humaines, coll. « Les Dossiers de l'éducation », 2006.

Courants et pratiques pédagogiques

- M. Abdallah-Pretceille, *L'Éducation interculturelle*, Puf, « Que-Sais-Je ? », 2004.
- J.-P. Astolfi, *L'École pour apprendre*, ESF, 8e éd. 2007.
- J. Beillerot, C. Blanchart-Laville et N. Mosconi (dir.), *Pour une clinique du rapport au savoir*, L'Harmattan, 1996.
- C. Gauthier, M. Tardif, *La Pédagogie : théories et pratiques de l'Antiquité à nos jours*, Gaëtan Morin, 2e éd. 2005.
- J.-M. Gillig, *Les Pédagogies différenciées : origine, actualité, perspectives*, De Boeck, 1999.
- C. Hadji, *L'Évaluation, règles du jeu ; des intentions aux outils*, ESF, 1990.
- R. Hess, G. Weigand, *La Relation pédagogique*, Economica, 2007.
- P. Meirieu, *La Pédagogie entre le dire et le faire*, ESF, 1995.
- P. Meirieu, *L'École mode d'emploi. Des pédagogies actives à la pédagogie différenciée*, ESF, nlle éd. 2009.
- F. Morandi, *Modèles et méthodes en pédagogie*, Nathan, 2e éd. 2005.
- P. Perrenoud, *Métier d'élève et sens du travail scolaire*, ESF, 4e éd. 2000.
- P. Perrenoud, *Enseigner. Agir dans l'urgence, décider dans l'incertitude*, ESF, 2e éd. 1999.

Comment apprend-on ? Cognition et apprentissages

- J.-P. Astolfi, *L'Erreur : un outil pédagogique pour enseigner*, ESF, coll. « Pratiques et enjeux pédagogiques », 8e éd. 2008.
- D.P. Ausubel, *Educational Psychology : A Cognitive View*, Holt, Rinehart & Winston, 1968.
- C. Bastien, *Les Connaissances de l'enfant à l'adulte*, Armand Colin, 1997.
- B.-M. Barth, *Le Savoir en construction. Former à une pédagogie de la compréhension*, Retz, nlle éd. 2002.
- J. Bruner, *The Process of Éducation*, Harvard University Press, 2e éd. 1977.

- J. Bruner, *L'Éducation, entrée dans la culture*, Retz, 1999.
- F. P. Büchel (dir.), *L'Éducation cognitive, le développement de la capacité d'apprentissage et son évaluation*, Delachaux et Niestlé, 1995.
- M. Crahay, *Psychologie de l'éducation*, Puf, « Quadrige », nlle éd. 2010.
- J.-Y. Fournier, *À l'école de l'intelligence : comprendre pour apprendre*, ESF, 1999.
- D. Gaonac'h et P. Larigauderie, *Mémoire et fonctionnement cognitif : la mémoire de travail*, Armand Colin, 2000.
- B. Galand, E. Bourgeois (dir.), *(Se) motiver à apprendre*, Puf, 2006.
- H. Gardner, *Les Intelligences multiples*, Retz, nlle éd. 2004.
- A. Giordan, J. Saltet, *Apprendre à apprendre !*, Librio, 2007.
- G. Goupil et L. Lusignan, *Apprentissage et enseignement en milieu scolaire*, Gaëtan Morin, 1993.
- G. Goupil et G. Lusignan, *Le Portfolio au secondaire*, Les Éditions la Chenelière inc. 2006.
- M. Grangeat, P. Meirieu (dir.), *La Métacognition, une aide au travail des élèves*, ESF, 1997.
- P. Meirieu, *Apprendre, oui mais comment ?*, Esf, 1992.
- M. Sanner, *Modèles en conflit et stratégies cognitives*, De Boeck, 1999.
- R.S. Siegler, *Intelligence et développement de l'enfant*, De Boeck, 1999.
- J. Tardif, *Le Transfert des apprentissages*, Éditions Logiques, 1999.
- R. Viau, *La Motivation en contexte scolaire*, De Boeck, 2e éd. 2009.

Savoirs, transmission et évaluation

- S. Alava (dir.), *Cyberespace et formations ouvertes. Vers une mutation des pratiques de formation ?*, De Boeck, 2000.
- O. Bassis, *Se construire dans le savoir, à l'école, en formation d'adultes*, ESF, 1998.
- F. Boulanger, *À la découverte de la lecture*, éd. sciences Humaines, coll. « Dossiers de l'éducation », 2010.
- C. Hadji, *L'Évaluation, règles du jeu ; des intentions aux outils*, ESF, 1990.
- G. Chauveau, *Comment l'enfant devient lecteur*, Retz, 1997.
- I. Compiègne, *La Société numérique en questions*, éditions Sciences Humaines, coll. « PBSH », 2011.
- F. Desbiens *et al.*, *Pour une théorie de la pédagogie. Recherches contemporaines sur le savoir des enseignants*, De Boeck et Presses de l'Université de Laval, 1997.
- M. Develay (dir.), *Savoirs scolaires et didactiques des disciplines ; une encyclopédie pour aujourd'hui*, ESF, 1995.

- B. Lahire, *Culture écrite et inégalité scolaire*, Pul, 1993.
- C. Lévy-Leboyer, *La Gestion des compétences*, Éditions d'Organisation, 2e éd. 2009.
- P. Merle, *L'élève humilié*, Puf, 2009.
- E. Morin, *Les Sept Savoirs nécessaires à l'éducation du futur*, Seuil, 2000.
- D. Raulin, *Le Socle commun*, Hachette, 2008.
- H. Romian (dir.), *Pour une culture commune, de la maternelle à l'Université*, Hachette, 2000.

Relation éducative, acteurs et institution

- R. Hess et G. Weigand, *La Relation pédagogique*, Armand Colin, 1994.
- A. Barrère, *Les Lycéens au travail*, Puf, 1997.
- E. Bautier, J.-Y. Rochex, *L'Expérience scolaire des nouveaux lycéens : démocratisation ou massification ?*, Armand Colin, 1998.
- N. Catheline, *Psychopathologie de la scolarité*, Masson, 2007.
- N. Catheline, *Les Années-collège, le grand malentendu*, Albin Michel, 2004.
- B. Charlot, *Du rapport au savoir en milieu populaire*, Anthropos, 1999.
- B. Charlot, E. Bautier, J.-Y. Rochex, *École et savoirs dans les banlieues… et ailleurs*, Armand Colin, 1992.
- É. Debarbieux, *Violence à l'école, un défi mondial*, Armand Colin, 2006.
- É. Debarbieux, *Les dix commandements contre la violence à l'école*, Odile Jacob, 2008.
- F. Dubet, D. Martuccelli, *À l'École. Sociologie de l'expérience scolaire*, Seuil, 1996.
- F. Dubet, M. Duru-Bellat, *L'Hypocrisie scolaire*, Seuil, 2000.
- F. Dubet (dir.), *École, familles, le malentendu*, Textuel, 1997.
- M. Graner, *Comprendre nos comportements. Raisons et déraisons d'agir*, Chronique Sociale, 2011.
- G. Langouet et A. Léger, *Le Choix des familles, écoles publiques ou écoles privées*, Fabert, 1997.
- J. Lecomte, *Introduction à la psychologie positive*, Dunod, 2009.
- M. Postic, *La Relation éducative*, Puf, 1979.
- P. Rayou, *La Cité des lycéens*, L'Harmattan, 1998.
- M. Tardif et C. Lessard, *Le Travail enseignant au quotidien*, De Boeck, 1999.
- A. Tarpinian et al., *Vivre s'apprend… Refonder l'humanisme*. Chronique Sociale, 2009.
- F. Tilman, D. Grooters, *Les Chemins de la pédagogie*, Chronique sociale, 2006.

La formation tout au long de la vie

- S. Atsou *et al.*, *L'e-learning, une solution pour votre entreprise*, Edi Pro, 2009.
- J. Aubret *et al.*, *Savoir et pouvoir, les compétences en questions*, Puf, 1993.
- J. Aubret et P. Gilbert, *L'Évaluation des compétences*, Mardaga, 2003.
- P. Carré, *L'Apprenance. Vers un nouveau rapport au savoir*, Dunod, 2005.
- P. Carré (dir.), *De la motivation à la formation*, L'Harmattan, 2001.
- P. Carré *et al.*, *L'Autoformation. Psychopédagogie, ingénierie, sociologie*, Puf, 1997.
- P. Carré, P. Caspar (dir.), *Traité des sciences et techniques de la formation*, Dunod, 2e éd. 2004.
- P. Carré, F. Fenouillet (dir.), *Traité de psychologie de la motivation*, Dunod, 2009.
- A. Feyfant, « L'Enseignement professionnel : enjeux et tensions », *Dossiers d'actualité*, n° 44, 2009.
- A. Guittet, *Développer les compétences par une ingénierie de la formation*, ESF, 1995.
- G. Malglaive, *Enseigner à des adultes*, Puf, 2005.
- F. Laot, E. de Lescure, *Pour une histoire de la formation*, L'Harmattan, 2009.
- E. Marc, J. Garcia-Locqueneux (dir.), *Guide des méthodes et pratiques en formation*, Retz, 1995.
- P. Merle (dir.), *La Compétence en question. École, insertion, travail*, Puf, 1993.
- J.-C. Ruano-Borbalan (dir.), *Savoirs et compétences en éducation, formation et organisation*, Demos Éditions, 2000.
- C. Van De Velde, *Devenir adulte. Sociologie comparée de la jeunesse en Europe*, Puf, 2008.

Universités et Étudiants

- N. Beaupère, G. Boudesseul (dir.), *Sortir sans diplôme de l'université. Comprendre les parcours d'étudiants décrocheurs*, La Documentation française/Observatoire national de la vie étudiante, 2010.
- T. Chevaillier, S. Landrier, N. Nakhili, *Du secondaire au supérieur. Continuités et ruptures dans les conditions de vie des jeunes*, La Documentation française/Observatoire national de la vie étudiante, 2009.
- G. Felouzis, *Les Mutations actuelles de l'université*, Puf, 2003.
- D. Fischer, *L'Histoire des étudiants en France, de 1945 à nos jours*, Flammarion, 2000.

- O. Galland, *Sociologie de la jeunesse*, Armand Colin, 4e éd. 2007.
- O. Galland, M. Oberti, *Les Étudiants*, La Découverte, « Repères », 1996.
- L. Gruel, O. Galland, G. Houzel, *Les Étudiants en France. Histoire et sociologie d'une nouvelle jeunesse*, Pur, 2009.

École et société

- J.-M. Barreau, *Dictionnaire des inégalités scolaires*, ESF, 2007.
- J.-L. Derouet (dir.), *L'École dans plusieurs mondes*, De Boeck/ INRP, 2000.
- F. Dubet, *Faits d'école*, Ehess, 2008.
- F. Dubet, M. Duru-Bellat, A. Vérétout, *Les Sociétés et leurs écoles, emprise du diplôme et cohésion sociale*, Seuil, 2010.
- M. Duru-Bellat, *Le mérite contre la justice*, Sciences po-Les presses, 2009.
- Y. Dutercq, *Politiques éducatives et évaluation*, Puf, 2000.
- S. Laacher, *L'Institution scolaire et ses miracles*, La Dispute, 2005.
- F. Lantheaume, C. Hélou, *La Souffrance des enseignants*, Puf, 2008.
- E. Maurin, *Le Ghetto français. Enquête sur le séparatisme social*, Seuil, « La République des idées », 2004.
- E. Maurin, *La Nouvelle Question scolaire*, Seuil, 2007.
- D. Meuret, *Gouverner l'école. Une comparaison France-États-Unis*, Puf, 2007.
- M. Tardif, L. Levasseur, *La Division du travail éducatif*, Puf, 2010.
- F. Vaniscotte, *Les Écoles de l'Europe : systèmes éducatifs et dimension européenne*, INRP, 1996.
- A. Van Zanten, *Choisir son école*, Puf, 2009.
- A. Van Zanten et M. Duru-Bellat, *Sociologie de l'école*, Armand Colin, 2006.

Index des notions

Abstraction : 101, 105, 107, 114, 115, 180, 182, 262, 267
Accommodation : 101, 108, 113
Active (pédagogie, méthodes) : 38, 46, 53, 55, 57, 58, 60, 61, 62, 66, 125, 167, 203, 232, 243-246, 299, 300
Addition : 74, 105, 106, 139, 157, 193
Adulte : 9, 18, 27, 28, 31, 37, 42, 59, 60, 62, 79, 85, 89, 90, 102, 103, 106-108, 115, 116, 122, 123, 125, 132, 150, 151, 153, 178, 202, 212, 253, 254, 256, 257, 261, 263-270, 272, 281-283, 291, 292, 295, 297, 299, 300, 303, 307, 308, 312, 313, 314, 315, 316, 317, 345, 347, 353, 359, 398, 416
Agression : 101, 270
Alphabétisation : 16, 201, 341
Alternance : 34, 300, 317, 329, 333
Analyse transactionnelle : 85
Apprenant : 8, 41, 43, 45, 75, 89, 93, 125, 128, 129, 146, 156, 172, 289, 291, 292, 295, 297, 299, 300, 303, 401
Apprentissage : 8, 15, 34-37, 39, 46-50, 55, 56, 60, 61, 65, 71-78, 82-87, 90, 99-102, 107, 109-125, 128, 129, 131-132, 135, 136, 139, 140, 142-145, 147-153, 155-165, 167-173, 183, 189-191, 195, 197, 198, 203, 209-215, 219, 221, 225, 226, 228-231, 233-234, 236, 238, 243-246, 251, 255, 258, 260, 265, 266, 277, 280, 280, 282, 291-294, 297, 299, 301, 305-308, 310, 314, 315, 323, 331, 334, 346, 357, 359, 386, 403, 420, 441, 443
Argumentation : 47, 83, 128, 132, 257, 374
Assimilation : 101, 108, 113
Attention : 31, 70, 74, 76, 79, 95, 120, 139, 153, 154, 159, 163-165, 168, 198, 212, 213, 229, 239, 247, 265, 283, 373
Autodidacte : 297
Autoformation : 62, 129, 297-301, 303-304
Automatisme : 118, 119, 296, 324
Autonomie : 31, 46, 59, 60, 65, 66, 69, 73, 125, 158, 159, 178, 182, 200, 277, 280, 296-301, 316, 317, 323, 326, 353, 357, 359, 370, 378, 390, 398, 399, 400, 422-424, 426, 450
Autorité : 9, 13, 28, 46, 81, 89, 91, 127, 132, 180, 243, 247, 255-259, 273, 278, 283, 284, 330, 399, 422-425, 436, 442

Baccalauréat : 25, 55, 67, 183, 192, 195, 223, 336, 353
Bébé : 31, 36, 103-105, 107-109, 114
Béhaviorisme : 34, 72, 76, 99, 111, 115, 130, 167, 168, 244, 290, 442

Calcul : 60, 105, 109, 116, 117, 119, 197, 206, 211, 449
– Dyscalculie : 163
Cas (méthode des) : 85
Citoyenneté : 52, 188, 195, 200, 344
Civique (instruction, éducation) : 200, 282, 386
Classe, Groupe-classe : 9, 32, 38, 46, 50-53, 57, 60, 63-65, 67, 68, 71, 72, 77, 81, 82, 86, 87, 90, 92, 95, 125, 139, 141, 142, 146-148, 150, 151, 158, 169, 178, 190, 192, 198, 204, 214, 216-218, 220-224, 226-228, 232, 235-237, 239, 243, 244, 246, 250-254, 258, 259, 261, 263-265, 267, 271, 275, 276, 282, 283,

299, 302, 328, 361, 363, 375, 392, 393, 395, 396-402, 411, 419, 426
Classe d'âge : 183, 352, 433
Classe préparatoire : 352, 353, 361, 363, 374, 379, 380, 408, 413, 444
Classe sociale : 9, 22, 25, 29, 180, 308, 310, 312, 316, 323, 358, 364, 377, 379, 387, 392, 408, 409, 411, 418, 427, 433
Classement (des élèves) : 78, 158, 224-225, 236, 264, 282
Classement (des universités, des systèmes scolaires) : 9, 283, 325, 326, 366-368, 371, 405, 406, 414
Classes (cadres logiques) : 45, 115
Cognitivisme : 76, 116, 397, 443, 447
Collège : 14, 16, 19, 21, 54-56, 65-67, 140, 150, 177, 178, 179, 194-197, 199, 200, 204, 205, 207, 209, 217, 218, 224, 227, 235, 245, 250, 251, 254, 260-268, 281, 386, 387, 390, 407, 411, 416-418, 433, 435, 449
Compagnonnage : 45, 46, 305, 335
Compétence(s) : 26, 36, 38, 46, 49, 50, 70, 77, 78, 82, 87, 92, 112, 113, 133, 147, 148, 149, 150, 153, 156-164, 191, 194, 196-200, 203, 207, 211, 212, 220, 221, 226, 234, 238, 246, 258, 261, 280, 289, 295, 298, 301, 311, 313, 315, 318, 320-324, 329-331, 333, 361, 363, 364, 390, 391, 395, 401, 403, 405, 407, 412, 413, 417, 424, 444, 446, 449, 451
Compétition : 24, 26, 69, 105, 106, 124, 152, 158, 277, 246, 280, 282, 370, 379, 392, 412, 435
Concentration : 63, 250, 266
Conditionnement : 26, 71, 82, 99, 113, 167, 244, 290, 430
Conflit sociocognitif : 83, 124, 127, 128
Connaissance :
- déclarative : 74, 116, 117, 445
- procédurale : 74, 117, 118, 451
- conditionnelle : 74, 117
Constructivisme : 101, 111, 120, 167, 168, 232, 397
Corporation, corporatisme : 18, 181, 191, 305, 314
Cours préparatoire (CP) : 57, 64, 142, 144, 166, 279, 212
Culture :
- de masse : 227, 390, 394
- scolaire : 17, 18, 24, 192, 193, 200, 362, 386, 389, 390, 394, 433

Décentralisation : 315, 394, 401, 424
Démocratisation : 7, 180, 209, 244, 275, 276, 281, 328, 342, 352, 360, 361, 387, 415, 416, 418
Déterminisme : 29, 187, 271
Développement (de l'enfant) : 31, 32-37, 58, 66, 67, 71-73, 79, 83, 84, 89, 100, 102, 103, 105-110, 115, 116, 122-124, 127, 128, 140, 141, 157, 158, 162, 164, 168, 169, 196, 199, 200, 228, 244, 265
Didactique : 37, 77, 89, 128, 138, 170, 181, 182, 192, 193, 222, 227, 243, 329, 330
Différenciée (pédagogie) : 37, 41, 49, 53, 401, 449
Diplôme : 18, 22, 29, 50, 69, 234, 235, 316-319, 338, 354, 355, 360, 363, 364, 367, 370, 377, 386, 388, 395, 406, 408-410, 412, 413, 415, 419, 420, 436
Disciplines (scolaires) : 20, 100, 124, 168, 178, 179, 181, 182, 185, 186, 190-193, 195, 198, 200, 207, 219, 221, 236, 238, 387, 390, 426
Discrimination positive : 9, 29, 249, 376, 423
Dynamique des groupes : 79

Échec scolaire : 67, 221, 226, 227, 245, 430, 434
École : 7, 9, 10, 13, 15, 16, 17, 19-27, 29, 30, 32, 33, 37, 38, 46, 47, 49-73, 74, 82, 85, 86, 87, 88, 90, 92, 93, 94, 99, 102-106, 108, 109, 123, 132, 133, 135, 137, 138, 141, 142, 143, 145, 150-153, 166, 167, 169, 172, 178-181, 183, 183, 187, 190-195, 197-200, 202-208, 214, 216-224, 227, 228, 234-237, 243-251, 253-258, 260, 262, 264, 266-285, 328, 332, 340, 342, 385-397, 399-408, 410-412, 415-438
- maternelle : 18, 38, 53, 55, 63, 65, 66, 70, 104, 105, 172, 217, 229, 234, 411
Éducation nouvelle : 8, 33, 39, 57-70,

86, 167, 252, 397, 451
Effet-classe : 235, 236
Effet-maître, effet-enseignant : 236
Effet-pygmalion : 238
Égalité des chances : 22, 29, 248, 260, 280, 360, 361, 364, 372, 373, 375, 376, 378, 386, 406, 407, 434, 435
E-learning : 302, 446
Élitisme républicain : 9, 377, 386, 406
Empirisme : 48, 111, 112, 338
Enfant : 9, 13, 15, 18, 19, 24, 25, 29, 31-38, 49, 51-62, 64-66, 68, 69, 70, 79, 81, 83, 89, 99, 101-110, 112, 114-119, 122-129, 132-135, 138, 142, 144, 145, 152, 162, 164, 165, 169, 179, 181, 197, 202, 210-214, 225, 229, 232, 234, 243-245, 251, 255-257, 259-262, 264, 267, 268, 271-273, 275, 280, 282-285, 300, 313, 330, 352, 353, 356, 360, 361, 373, 377, 381, 385-388, 390, 392, 395, 398, 403, 410, 411, 415-418, 421, 424, 426, 427, 429-431, 433, 435, 437, 438
Entreprise : 28, 80, 84, 85, 182, 281, 297, 298, 299, 306, 307, 309, 311, 314, 315, 318-322, 324, 325, 327, 344, 367, 368, 374, 378, 381, 401, 419
Environnement social : 36, 102, 115, 375
Épanouissement : 67, 255, 390, 392
Épistémologie : 35, 108
Équité : 236, 249, 380, 399, 423, 426
Erreur : 8, 37, 38, 46, 54, 103, 104, 105, 107, 108, 113, 119, 130, 137, 139, 143, 144, 145, 167, 197, 213, 215, 226, 230, 231, 232, 282, 284, 316, 328
Estime de soi : 8, 86, 147, 155, 157, 159, 220, 234, 271, 281
Établissement : 14, 25, 30, 60, 66-69, 75, 132, 177, 198, 204, 216-219, 225, 234, 245-249, 253, 254, 257, 266, 269-275, 283, 325, 326, 330, 331, 333, 366, 367, 368, 370-380, 387, 391, 394, 401-403, 407, 416, 423, 424, 426, 436, 437.
Éthique : 42, 43, 47, 89, 249, 280, 281, 283, 284, 301, 305, 329
Étudiant : 7, 43, 46, 54, 55, 134, 146, 189, 254, 279, 312, 314, 317, 325, 341, 351-364, 366-371, 374, 376, 378, 379, 381, 408, 409, 413, 414, 430, 433
Évaluation : 9, 41, 53, 62, 65, 70-72, 78, 122, 136, 149, 151, 152, 157-159, 161, 175, 178, 197, 198, 219, 222, 223, 225-227, 231, 234, 282, 322, 326, 327, 330, 331, 368, 369, 373, 376, 381, 405, 416, 417, 423, 424, 426
– formative : 78, 226, 227, 331, 446
– sommative : 78, 446
Examen : 44, 45, 67, 75, 76, 152, 157, 196, 197, 206, 208, 223, 225, 348, 379, 434
Exclusion : 52, 54, 270, 271, 301, 321
Expérience : 9, 24, 29, 32, 36, 44, 58, 59, 60, 66, 73, 79, 80, 85, 90, 99, 101, 106, 107, 111, 112, 120, 121, 126, 128, 139, 142, 157, 159, 183, 227, 228, 237, 245, 246, 250, 253, 254, 259, 261, 264, 268, 277, 279, 281, 282, 305, 308, 317-319, 333, 347, 359, 362, 373, 375, 377, 391, 394, 408, 413, 414, 416, 429, 433
Explication : 61, 92, 93, 136, 139, 142, 150, 163, 177, 186, 231, 232, 237, 244, 270, 358, 367

Famille(s) : 17, 23-27, 29, 55, 65, 67, 69, 85, 142, 144, 179, 180, 181, 183, 225, 227, 255, 261, 268, 271, 274, 277, 316, 317, 342, 353, 357-359, 374, 385-390, 392, 398, 406, 411, 417, 423, 426, 427, 429-431
Femmes : 18, 53, 183, 204, 307, 308, 402
Filles : 26, 29, 164, 183, 202, 203, 204, 256, 353, 354, 428, 429
Formateur : 7, 9, 10, 79, 83, 84, 161, 209, 246, 282, 299, 302, 305, 320, 321, 324, 329, 330, 333, 341, 400, 401, 414
Formation continue, formation professionnelle : 10, 28, 83, 151, 226, 283, 289, 303, 305, 310, 331, 332,
Formation des enseignants (formation des maîtres) : 10, 161, 200, 215, 219, 274, 281, 328, 329-335, 352, 380

Gestalt theorie : 74, 99, 447
Gestion des ressources humaines : 289, 322, 323
Gouvernance : 326
Grammaire : 181, 192, 197, 203-208, 229
Grandes Écoles : 9, 26, 55, 279, 352, 355, 361, 367, 370, 372, 379, 380,

381, 386, 413, 414
Groupe (classe) : voir classe
Groupes (dynamique de) :
voir dynamique

Hiérarchie sociale : 180, 181
Humaniste(s), humanisante(s) conceptions : 8, 86-87, 133, 146, 187, 200, 277, 278, 281

Identité : 42, 180, 187, 254, 261, 266, 268, 298, 375, 385, 393, 394, 427
Illettrisme : 209
Imitation : 60, 82, 101, 107, 109, 114, 132, 190
Incivilités : 65, 86, 256
Inégalités sociales : 15, 22, 23, 26, 27, 29, 182, 249, 284, 361, 362, 372, 376, 379, 386, 406, 407, 420, 421, 426, 435, 447
Inné-acquis : 34, 36, 163, 448
Insertion : 28, 115, 316, 337, 355, 409, 413, 459
Insight : 74, 99
Instituteurs : 18, 20, 192, 206, 207, 330, 385
Intégration : 86, 215, 221, 317, 389
Intelligence : 31, 66, 100, 104, 114, 127, 135, 169, 448, 453, 457
Interaction sociale : 83, 124, 127
Internet : 154, 195, 216, 217, 219, 221, 246, 252, 368, 394, 406, 410
IUFM (Institut universitaire de formation des maîtres) : 10, 27, 52, 64, 182, 226, 252, 253, 275, 329-335, 340, 352, 361, 399

Jeu : 61, 90, 92, 93, 114
– de rôles : 79, 84, 85

Langage : 22, 32, 34, 104, 105, 107, 111, 112, 114, 115, 122, 123, 126, 128, 144, 153, 162, 168, 186, 214, 226, 252, 431, 443, 444, 447, 451, 452
Langues étrangères : 229
Leadership : 79, 80, 81, 84, 258, 442
Lecture : 8, 23, 25, 37, 38, 44, 70, 72, 75, 87, 106, 117, 137, 139, 140, 142, 144, 152, 157, 164, 165, 166, 167, 170-172, 189, 197, 201, 202, 203, 207-214, 220, 227, 229, 234, 238, 243
Logiciel : 302
Logique : 23, 54, 87, 92, 93, 107, 113, 119, 120, 134, 138, 141, 204, 263, 447
Lycée : 67, 68, 199, 145, 266, 373, 374, 375, 377, 378, 379, 386, 387, 390, 411, 430, 433, 438

Magistral (cours) : 22, 29, 44, 49, 181, 226, 231, 251
Management : 325, 401
Massification : 248, 250, 352, 387, 388, 434
Master : 135, 253, 287, 327, 329-335, 354, 355, 362, 363, 374
Mémoire : 3, 100, 105, 106, 112, 116, 117, 119, 135, 168, 172, 229, 231, 232, 445, 449
– de travail : 119, 135, 229, 239, 449
Métacognition : 161, 168, 449
Méthode globale : 38, 61, 66, 214
Motivation : 73, 80, 86, 89, 146-154, 155, 156, 160, 162, 164, 289-296, 341, 342, 373, 376, 378, 385, 386, 388, 389, 390, 391, 392, 399, 433, 450-451

Narration : 121, 132
Notation, notes : 70, 223-227, 383
Nourrisson : 36, 115
Nouvelles techonologies : 61, 129, 215-222, 245, 252, 299, 410, 419
Numérique : 105, 106, 215-222

Orientation : 291, 413, 426
Orthographe : 143, 201-208

Parents : 22, 23, 28, 50, 51, 54
Parole : 43, 44, 46, 210, 214, 251, 256, 343, 397
Pédagogie(s) :
– active : 46, 57, 243
– alternatives : 63, 65-67, 69, 124, 245, 451
– différenciée : 37, 41, 49, 53, 401, 449
– institutionnelle : 60, 66, 68
– de projet : 451
– par objectif : 231, 232
– traditionnelle(s) : 8, 57, 58, 66, 68, 244, 245, 264, 389, 451
Perception : 36, 74, 79, 100, 111, 126,

130, 147, 148, 149, 158, 172, 295, 443, 447
Performance : 101, 117, 148, 155, 156, 159, 164, 228, 230, 294, 322, 328, 401, 420, 448, 450, 452
Pisa (enquêtes) : 9, 220, 282, 405, 406, 417, 426, 436
Portfolio : 77, 78, 151, 457
Privé (enseignement) : 25, 55, 319, 367
Professionnel (enseignement) : 7, 28, 79, 84, 177, 182, 183, 197, 199, 291, 292, 294, 299, 307, 309, 310-314, 319, 336-338, 412, 459
Programmes scolaires : 161, 195, 394, 400
Psychologie :
- cognitive : 8, 35, 73, 100, 102, 116, 118, 130, 136, 167, 168, 171-173, 209, 244, 445
- culturelle : 36, 102, 111, 120
- du développement : 34, 116
- de la forme (Gestalt) : 74, 99, 447
Punition : 15, 58, 99, 150, 152
Pygmalion (effet) : 238

Qualification : 28, 294, 296, 306, 311, 313, 315, 322, 333, 352, 355, 363, 388, 415, 444
Quotient intellectuel (QI) : 133, 162, 279, 443, 451

Raisonnement : 50, 73, 86, 101, 105, 107, 120, 141, 262, 263, 306, 448, 451, 452
Rationalisme : 112, 116
Récompense : 91, 99, 146, 150, 152, 153, 257
Redoublement : 51, 157, 198, 263, 407, 418, 426
Réussite scolaire : 24, 25, 26, 27, 29, 62, 87, 135, 136, 155-160, 209, 225, 234, 235, 239, 289, 375, 381, 411, 420, 428, 447, 449
Routine : 275, 394, 396
Ruse (pédagogique) : 9, 39, 89-95

Savoir(s) : 24, 30, 32, 37, 44, 45, 47, 52, 53, 62, 69, 74, 116, 155, 177, 178-188, 190-193, 199, 200, 219, 230, 232, 249, 250, 251-253, 258, 268, 274, 277, 279, 280, 283, 291, 293, 294, 297, 302, 303, 305-307, 310, 320-323, 327, 328, 330, 334, 339, 341, 343, 346, 366, 396, 401, 444-446, 448, 451
Scolarisation : 16, 17, 162, 163, 180, 387, 393, 397, 407, 420
Scolarité : 24-27, 30, 55, 133, 135, 142, 156, 162, 192, 195, 197, 198, 209, 221, 236, 255, 265, 266, 309, 354, 374, 381, 387, 392, 393, 407, 411, 416, 426, 428-432, 443, 458
Socialisation : 21, 24, 70, 82, 180, 260, 317, 362, 363, 374, 427
Socle commun : 194, 196, 198, 200, 268
Stades (théorie des) : 34, 35, 36, 100, 101, 103, 104, 106, 107, 110, 168, 197, 452
Stage : 64, 79, 197, 252, 253, 299, 316, 330, 332-337, 408
Stress : 156, 448
Summerhill (École de) : 58, 62, 66
Supérieur (enseignement) : 9, 10, 54, 146, 191, 246, 306, 326, 327, 351-354, 357, 361, 364, 365, 367, 368, 370, 374, 387, 389, 408, 413, 430, 437
Système éducatif : 9, 14, 29, 53, 179, 189, 196, 197, 206, 216, 248, 312, 379, 383, 402, 404, 426, 430, 446
Systémique (analyse) : 85, 129, 283, 284

Taylorisme : 50, 401
Technique (enseignement) : 282, 307, 308, 309, 336
Télévision : 56, 115, 139, 339, 394
Tests d'intelligence : 162
TIC ou Tice (technologies de l'information et de la communication) : 215, 217-221, 323, 324, 446
Training group : 79, 84, 85
Triangle pédagogique : 129
Tutorat : 86, 87, 246, 274, 298, 379, 397

Université : 333, 334, 340, 342, 344, 352, 371

Validation des acquis de l'expérience : 315, 318, 319, 328

Violence : 29, 63, 68, 86, 257, 269-274, 275, 276, 282, 283, 391, 395, 418, 458

Zep (Zone d'éducation prioritaire) : 9, 142, 275, 372, 374, 376, 378, 379

INDEX DES NOMS PROPRES

Alembert J. d': 184
Altet M. : 246
Ames C. : 149, 151, 152
Anderson J. : 116, 117
Argyris C. : 441
Ariès P. : 13, 14, 15, 17, 19
Ausubel D. : 74

Baillargeon R. : 36, 104
Balint M. : 85
Bandura A. : 36, 82, 101, 128, 147, 155, 157, 295
Barrère A. : 24
Beillerot J. : 183, 226
Bergson H. : 188
Bernstein B. : 22
Binet A. : 32, 58, 162, 234, 442
Bohr N. : 131
Boudon R. : 22, 29, 409, 432, 437
Bouffard-Bouchard T. : 149
Bourdieu P. : 15, 16, 21, 22, 23, 27, 29, 179, 245, 364, 432, 437, 438, 447
Bronckart J.-P. : 83, 122
Brown A. : 133-134
Bruner J. : 10, 36, 73, 102, 119, 120, 130-132, 452
Buisson F. : 58, 206, 207

Canada : 7, 35, 78, 234, 396
Caspard P. : 16, 18
Charlot B. : 24
Chervel A. : 20, 192-193
Chevallard Y. : 192
Chomsky N. : 451
Claparède E. : 58, 60
Coménius : 37, 86
Compère M.-M. : 19
Condillac E. de : 111
Cousinet R. : 32, 59, 60, 62, 129
Covington M.V. : 151
Cuban L. : 395
Curien H. : 186

Darcos X. : 269
Darwin C. : 32, 33, 35, 448,
Deci E. : 152, 291, 295, 450
Decroly O. : 38, 57, 58, 61, 66, 67, 112, 214
Descartes R. : 111
Dewey J. : 37, 52, 57, 58, 60, 66, 113, 167, 422, 451
Diderot D. : 184
Dubet F. : 10, 23, 24, 27, 29, 257, 276, 280
Dumazedier J. : 300, 301, 303-304, 310, 314
Durkheim E. : 21, 22, 190, 304, 386, 422
Duru-Bellat M. : 26, 29, 352, 407, 408, 411, 436, 437
Duruy V. : 177, 178

Eccles J. : 147
Europe : 161, 184, 196, 316-317, 319, 325, 327, 344, 358, 368, 370, 402, 407, 416, 418,
États-Unis : 35, 36, 58, 70, 72, 78, 84, 133, 187, 225, 244, 270, 274, 368, 369, 396, 423, 424, 451

Ferrière A. : 58, 59
Ferry J. : 16, 192, 206, 257, 260
Ferry L. : 179, 257

Finlande (Finlandais) : 51, 161, 218, 218, 225, 283, 344, 406, 416, 426
Freinet C. : 38, 57, 60-61, 63, 64, 65, 66, 68, 214, 252, 264, 299
Freud S. : 81, 108

Gaonac'h D. : 118
Gauthier C. : 239
Grezes-Rueff F. : 182-183
Guizot F. : 205, 307, 314

Hameline D. : 245-246
Helvétius C.A. : 111, 339
Herbart J.-F. : 112
Houdé O. : 35, 97, 169
Hume D. : 111

Inhelder B. : 103

Jones B.F. : 76

Kant E. : 339, 441
Kerschensteiner G. : 58
Köhler W. : 99, 447
Korczak J. : 38, 66

La Salle J.-B. de : 203
Lahire B. : 24
Langouët G. : 25
Le Goff J. : 13, 14, 15
Lécuyer R. : 104
Legrand L. : 53
Lelièvre C. : 181
Lewin K. : 79, 84, 245, 442
Lippitt R. : 442
Locke J. : 111, 446

Marrou H.I. : 13, 14 ? 15, 19
Martuccelli D. : 24, 29, 458
Mayer R.E. : 75
Mayo E. : 80
Meirieu P. : 10, 84, 274,, 436,, 449
Montaigne M. de : 184, 187
Montessori M. : 37, 52, 57, 58, 66, 70, 112
Moreno J. : 84
Morin E. : 10, 190, 280

Neill A. S. : 57, 61, 62, 66

Oury F. : 52, 66

Paris S. G. : 150
Pascal B. : 184
Passerault J.-M. : 118
Passeron J.-C. : 22, 23, 29
Perrenoud P. : 23, 73, 226, 445
Pestalozzi J.H. : 37, 52
Piaget J. : 8, 34, 35, 36, 58, 66, 73, 100, 101, 103-110, 114, 168, 244, 444, 452
Pintrich P. : 147
Pisa (voir index des notions)
Platon : 111, 253
Pléty R. : 83
Prost A. : 17, 18, 19, 53, 178, 191

Rayou P. : 27, 247
Reddie C. : 58
Redl F. : 81-82
Rey O. : 352
Rochex J.-Y. : 24
Rogers C. : 66, 85, 86, 245
Ropé F. : 181
Rousseau J.-J. : 31, 37, 54, 58, 59, 112, 187, 299, 300
Ryan R. : 291, 450

Schön D. : 441
Shanghai (classement de) : 326, 366-369, 371, 414
Siegler R.S. : 35, 105-106
Simon T. : 442-443
Skinner B. : 73, 82, 99, 113, 114, 167, 442
Stipek D.J. : 150, 153

Tanguy L. : 28, 183, 311
Tardif M. : 27, 246, 402
Thill E. : 290
Thorndike E. : 113, 442
Tolstoï L. : 59
Turner J.C. : 50
Tyack D. : 395

Vallerand R. : 147, 152, 290
Van Zanten (Voir lettre Z)
Vincent G. : 180
Vygotski L.S. : 34, 36, 82,, 83, 101, 115, 122- 127, 453

Wallon H. : 34, 36, 58, 66, 115, 177-179, 194
Weil-Barais A. : 140
Weiner B. : 147, 296
Weinstein C. : 75, 150
Wertheimer M. : 99, 447
White R. : 442
Wittgenstein L. : 131
Wlodkowski R.J. : 152-153

Zanten A. (van) : 25, 30, 247, 380, 381, 437

Ont contribué à cet ouvrage

Claude Bastien
Professeur émérite de psychologie cognitive à l'université de Provence.

Maryline Baumard
Journaliste.

Véronique Bedin
Directrice des Éditions Sciences Humaines.

Pascal Bressoux
Professeur de sciences de l'éducation à l'université Pierre-Mendès-France/ Grenoble 2, Directeur du Laboratoire des Sciences de l'Éducation.

Jerome Bruner
Psychologue américain. Fondateur, en 1960, du Centre d'études cognitives de Harvard. Nombre de ses travaux portent sur la psychologie de l'éducation..

Philippe Carré
Professeur des universités en sciences de l'éducation à l'université de Paris-Ouest/Nanterre et responsable de l'équipe « Apprenance et formation des adultes » au Cref (Centre de recherche éducation formation)

Nicole Catheline
Pédopsychiatre au Centre Hospitalier Henri-Laborit de Poitiers.

André Chervel
Linguiste, grammairien, chercheur associé au service d'histoire de l'éducation de l'INRP.

Marcel Crahay
Professeur aux Universités de Genève et de Liège.

Isabelle Compiègne
Enseignante en psychosociologie de la communication et sémiologie à Lyon (BTS Communication, Pôle Supérieur Tertiaire Saint-Louis Les Chartreux).

Éric Debarbieux
Professeur en sciences de l'éducation à l'université Bordeaux-II, il dirige l'Observatoire européen de la violence à l'école, laboratoire de recherche sur les phénomènes de violences scolaires et urbaines.

François Dubet
Professeur de sociologie à l'université Bordeaux-II, directeur d'études à l'EHESS et directeur adjoint du Centre d'analyse et d'intervention sociologique (Cadis).

Marie Duru-Bellat
Sociologue, professeure des universités à l'IEP-Paris, membre de l'Observatoire sociologique du changement (OSC).

Michel Fayol
Professeur des universités, directeur du laboratoire CNRS de psychologie sociale et cognitive à l'université Blaise-Pascal de Clermont-Ferrand.

Georges Felouzis
Professeur en sociologie des politiques éducatives, Université de Genève.

Martine Fournier
Rédactrice en chef du magazine *Sciences Humaines*.

Benoît Galand
Professeur en sciences de l'éducation à l'Université catholique de Louvain.

Diane Galbaud
Journaliste, consultante et formatrice en communication.

Olivier Galland
Sociologue, directeur de recherche au CNRS et chercheur au Gemas (Groupe d'études des méthodes de l'analyse sociologique).

Clermont Gauthier
Professeur titulaire au département d'études sur l'enseignement et l'apprentissage de l'université Laval (Québec).

Georgette Goupil
Professeure titulaire, Département de psychologie, Université du Québec à Montréal.

Jacques Grégoire
Professeur de psychologie à l'université catholique de Louvain.

Michel Grangeat
Maître de conférences en sciences de l'éducation, Université Joseph Fourier (IUFM), Grenoble.

Yves Guégan
Psychologue et formateur.

Catherine Halpern
Journaliste scientifique au magazine *Sciences Humaines*.

Olivier Houdé
Professeur de psychologie du développement à l'université Paris-Descartes, membre de l'Institut universitaire de France (IUF).

Alain d'Iribarne
Économiste, directeur de recherche au CNRS.

Évelyne Jardin
Journaliste.

Smaïn Laacher
Sociologue, chercheur au Centre d'étude des mouvements sociaux (CNRS-Ehess). De 1999 à 2008, juge assesseur représentant le Haut Commissariat des Nations Unies pour les réfugiés (HCR) à la Commission des recours des réfugiés et à la Cour nationale du droit d'asile.

Jacques Lecomte
Psychologue, consultant, chargé de cours à l'université Paris-X.

Claude Lessard
Professeur titulaire à la Faculté des sciences de l'éducation de l'université de Montréal. Titulaire de la Chaire.

Guy Lusignan
Consultant en éducation.

Edmond Marc
Professeur émérite de psychologie à l'université Paris-X-Nanterre.

Éric Maurin
Économiste et sociologue. Directeur d'études à l'EHESS.

Philippe Meirieu
Professeur des universités en sciences de l'éducation ; dirige la collection « Pédagogies » chez ESF éditeur.

Denis Meuret
Chercheur à l'Iredu, université de Bourgogne.

Xavier Molénat
Journaliste scientifique au magazine *Sciences Humaines*.

Edgar Morin
Philosophe et sociologue.

Marco Oberti
Professeur de sociologie, Sciences Po- OSC.

Dominique Ottavi
Maître de conférences à l'université Paris-VIII.

Denis Rambaud
Président de l'AUPF (Association des universités populaires de France) et directeur de l'université populaire du Rhin.

Dominique Raulin
Directeur du CRDP d'Orléans-Tours.

Patrick Rayou
Professeur en sciences de l'éducation à l'université Paris-VIII.

Marie-José Rémigy
Professeur des universités, Lisec, université de Haute-Alsace.

Franck Sanselme
Docteur en sociologie.

Paul Santelmann
Responsable de la prospective à la direction générale de l'Afpa (Association nationale pour la formation professionnelle des adultes).

Maurice Tardif
Professeur titulaire en fondements de l'éducation à la Faculté des sciences de l'éducation de l'université de Montréal.

Armen Tarpinian
Psychothérapeute, directeur de la *Revue de Psychologie de la Motivation*.

Vincent Troger
Maître de conférences à l'IUFM-Pays-de-la-Loire, université de Nantes.

Cécile Van de Velde
Maître de conférences en sociologie à l'EHESS.

Rolland Viau
Professeur associé, département de pédagogie, université de Sherbrooke (Canada).

Agathe Voisin
Doctorante en sociologie à l'OSC, Sciences Po.

Agnès Van Zanten
Directrice de recherche au CNRS, membre de l'Observatoire sociologique du changement (OSC).

Table des matières

Introduction

- Mieux éduquer et mieux former (Martine Fournier) 7

Sciences humaines et éducation : Repères historiques

- Une histoire de l'éducation (Vincent Troger) 13
- La sociologie de l'éducation (Vincent Troger) 21
- Aux origines de la psychologie de l'enfant (Dominique Ottavi) 31
- Psychologie du développement et des apprentissages (encadré) 34
- Petite histoire de la pensée éducative (encadré) 37

Courants et pratiques pédagogiques

- Les voies de la pédagogie (Philippe Meirieu) 41
- Profession pédagogue (Entretien avec Philippe Meirieu) 49
- Un siècle d'éducation nouvelle (Martine Fournier) 57
- Enquête sur les pédagogies alternatives (Martine Fournier) 63
- Des théories de l'apprentissage à l'enseignement (Georgette Goupil, Guy Lusignan) 71
- L'usage du portfolio : vers une évaluation personnalisée (encadré) 78
- Se former en groupe (Edmond Marc) 79
- Les conceptions humanistes de l'éducation (Jacques Lecomte) 86
- De l'usage de la ruse en éducation (Yves Guégan) 89

COMMENT APPREND-ON ? COGNITION ET APPRENTISSAGES

- Les psychologies de l'apprentissage (encadré) 99
- Piaget, quarante ans après (Olivier Houdé) 103
- Psychologie de l'éducation : les fondements de l'apprentissage (Marcel Crahay) 111
- Lev Vygotski : L'apprentissage par le groupe (Michel Grangeat) 122
- Quand les désaccords favorisent l'apprentissage (Marie-José Remigy) 126
- L'éducation, porte ouverte sur le sens (entretien avec Jerome Bruner) 130
- Et si l'école rendait intelligent ? (Claude Bastien) 135
- La motivation-Condition de la réussite (Rolland Viau) 146
- Réussite scolaire et estime de soi (Benoît Galand) 155
- Apprendre à apprendre en Europe (encadré) 161
- Troubles d'apprentissages : le calvaire scolaire (Jacques Grégoire) 162
- Sciences cognitives et pédagogie : une alliance difficile (Martine Fournier) 166
- « Nous avons un devoir d'humilité » (Entretien avec Michel Fayol) 171

SAVOIRS, TRANSMISSION ET ÉVALUATION

- Les critiques de la forme scolaire (Vincent Troger) 177
- Affronter l'incertitude (entretien avec Edgar Morin) 184
- La fabrication des disciplines (Martine Fournier) 190
- Que faut-il enseigner ? (Dominique Raulin) 194
- Spendeur et misère de l'orthographe (André Chervel) 201
- Débat autour de la lecture (Martine Fournier) 209
- Les méthodes de lecture (encadré) 214
- Nouvelles technologies : pratiques et enjeux
- Troubles d'apprentissages : le calvaire scolaire (Isabelle Compiègne) 215
- Pourquoi noter les élèves ? (Vincent Troger) 223
- Qu'est-ce qu'un bon prof ? (Clermont Gauthier) 228
- Comment favoriser les progrès des élèves ? (Pascal Bressoux) 235

LA RELATION ÉDUCATIVE, ACTEURS ET INSTITUTION

- Figures de l'enseignant aujourd'hui (Martine Fournier) 243
- Jeunes profs, la fin des grands idéaux (Entretien avec Agnès Van Zanten) 247
- Les nouveaux profs vont-ils changer l'école ?
- Jeunes profs, la fin des grands idéaux (Maryline Baumard) 250
- Autorité : où sont passés les modèles (Martine Fournier) 255
- Au collège : ouvrir le champ des possibles (Nicole Catheline) 260
- Pédagogie contre violence (Entretien avec Éric Debarbieux) 269
- À propos de *L'Élève humilié*, de Pierre Merle 275
- Politique et école, la dimension anthropologique (Armen Tarpinian) 277

LA FORMATION TOUT AU LONG DE LA VIE

- Pourquoi nous formons-nous ? (Philippe Carré) 287
- La galaxie de l'autoformation (Philippe Carré) 297
- E-learning et formation à distance (encadré) 302
- Joffre Dumazedier, penseur de l'autoformation (Évelyne Jardin) 303
- L'épopée de la formation continue (Paul Santelmann) 305
- De l'instruction publique à la formation tout au long de la vie (chronologie) 314
- À quoi sert la Validation des acquis de l'expérience ? (encadré) 318
- La formation des salariés : pour qui et pour quoi ? (encadré) 319
- Les stratégies marchandes de la formation (Alain d'iribarne) 320
- Des IUFM à la mastérisation : un devoir d'inventaire (Patrick Rayou) 329
- À la découverte des universités populaires (Catherine Halpern) 339
- Ailleurs en Europe (encadré) 344
- Universités populaires : une idée qui fait son chemin (Entretien avec Denis Rambaud) 345

Universités et étudiants

- Qui sont les étudiants ? (Diane Galbaud) 351
- Une autonomie sans prise de risque (Entretien avec Olivier Galland) 357
- Un système à plusieurs vitesses (Georges Felouzis) 360
- Les leçons du classement de Shanghai (Véronique Bedin, Martine Fournier) 366
- L'internationalisation de l'enseignement universitaire (encadré) 368
- Des cités à Sciences Po... 372 (Marco Oberti, Franck Sanselme, Agathe Voisin)

Éducation et société : où va le système éducatif français ?

- École : la question du sens (François Dubet) 385
- L'école change, la classe reste (Claude Lessard, Maurice Tardif) 393
- 3 questions à Maurice Tardif sur la division du travail éducatif 402
- La réussite pour tous, le grand défi de l'école française (Martine Fournier) 405
- Éduquer plus ou éduquer mieux ? (Entretien avec Marie Duru-Bellat) 408
- Les bons points de l'école démocratique (Entretien avec Éric Maurin) 415
- À propos de *Les Sociétés et leurs écoles* de F. Dubet, M. Duru-Bellat, A. Vérétout 420
- Le miroir anglo-saxon (Entretien avec Denis Meuret) 422
- Comment expliquer la réussite finlandaise ? (Martine Fournier) 426
- École et immigration : pour un nouveau regard (Smaïn Lacher) 427
- Déscolariser la société ? (Rencontre avec François Dubet) 432

Annexes

- Lexique 441
- Bibliographie 455
- Index des notions 461
- Index des noms propres 467
- Ont contribué à cet ouvrage 471
- Table des matières 475

Achevé d'imprimer en mars 2011
Par l'imprimerie Lannoo, Tielt, Belgique
Dépôt légal : premier trimestre 2011